ALTERAÇÃO UNILATERAL DO CONTRATO ADMINISTRATIVO
(Interpretação de Dispositivos da Lei 8.666/1993)

Fernando Vernalha Guimarães

ALTERAÇÃO UNILATERAL DO CONTRATO ADMINISTRATIVO
(Interpretação de Dispositivos da Lei 8.666/1993)

Alteração Unilateral do Contrato Administrativo

© Fernando Vernalha Guimarães

ISBN 85-7420-521-4

Direitos reservados desta edição por
MALHEIROS EDITORES LTDA.
Rua Paes de Araújo, 29, conjunto 171
CEP 04531-940 — São Paulo — SP
Tel.: (0xx11) 3078-7205 Fax: (0xx11) 3168-5495
URL: www.malheiroseditores.com.br
e-mail: malheiroseditores@zaz.com.br

Composição
PC Editorial Ltda.

Capa
Criação: Vânia Lúcia Amato
Arte: PC Editorial Ltda.

Impresso no Brasil
Printed in Brazil
08-2003

Dedico aos meus pais,
JAIRO e ANA.

PREFÁCIO

A temática da modificação dos contratos administrativos encontra-se na origem do próprio instituto. Como se comprova da jurisprudência do Conselho de Estado Francês, as primeiras cogitações sobre a figura do *contrato administrativo* envolveram, ainda que indiretamente, questões relacionadas à competência administrativa para modificação unilateral. Considerava-se, então, que tal espécie de *potestade* derivava das prerrogativas extraordinárias deferidas ao Estado e às manifestações estatais. O critério do direito administrativo era a presença da *puissance publique*, a qual se traduzia na prerrogativa de alteração unilateral das condições contratuais.

Ao longo do século XX o instituto do contrato administrativo foi absorvido pelo Direito Brasileiro, submetendo-se a um processo de depuração política, econômica, cultural e, enfim, jurídica. A incorporação dos conceitos franceses atinentes à modificação unilateral acabou por desencadear, ao menos a partir dos anos 90, uma trajetória própria e peculiar.

Sob certo ângulo, o tema da modificação do contrato administrativo apresenta algumas peculiaridades não conhecidas no ambiente francês. A questão da alteração do contrato administrativo envolve, no atual cenário jurídico pátrio, duas grandes controvérsias jurídicas. Há, por um lado, a disputa sobre o *interesse público*. Por outro, deve considerar-se a questão atinente à vinculatividade da licitação.

O princípio da supremacia e da indisponibilidade do interesse público fornece os alicerces da estruturação do direito público, como derivação direta e imediata da República. No entanto, toma-se consciência, de modo crescente, de que a invocação ao interesse público acaba por traduzir um expediente de imunização dos atos de autoridade ao controle e à fiscalização. É problemático até mesmo identificar a natureza desse *interesse público* enquanto conceito jurídico. Trata-se de um conceito indeterminado? Resposta positiva é problemática. Envolve uma avaliação de cunho político? Afigura-se inegável que sim. Não seria exagero assimilar a fórmula do *interesse público* a experiências anteriores, muito trágicas, produzidas por regimes políticos totalitários. O interesse público resulta como uma espécie de *interesse geral do povo*, cuja identificação é reservada privativamente ao titular do poder político. Bem por isso, a melhor doutrina teve de dissecar o conceito de interesse público, para estabelecer uma diferenciação inafastável entre interesse público primário e secundário. O tema apresenta enorme relevância no Direito pátrio, que somente agora vai sendo impregnado por concepções democráticas.

A evolução da Democracia importa produzir a desconstituição do interesse público – ao menos, tal como herdado das etapas políticas anteriores. Isso não equivale exatamente a rejeitar o princípio da supremacia do interesse público, mas a negar-lhe a função, até agora desempenhada, de imunização dos atos estatais a controle (jurisdicional, mas não apenas).

Isso significa, antes de tudo, rejeitar o monopólio administrativo da avaliação do interesse público. Não se admite que a avaliação do interesse público seja reservada, de modo privativo, ao ocupante eventual de um cargo público ou de uma função governamental. A ampliação da natureza democrática da organização estatal acarreta o compartilhamento da avaliação do interesse público entre as diversas instâncias sociais.

A identificação do interesse público incumbe ao Estado, mas deve ser justificada em face da comunidade. É inafastável que todo ato governamental (especialmente os de natureza administrativa) traduza materialmente a concepção adotada sobre o interesse público no caso concreto e a solução praticada. Afasta-se a invocação de *discricionariedade administrativa* como instrumento de rejeição à motivação e à transparência das decisões públicas. Todo ato administrativo funda-se em motivos e se orienta a certas finalidades. Num Estado Democrático é inconcebível que o governante pretenda ocultar do conhecimento público seus motivos, ou se negue a indicar a finalidade buscada. Logo, torna-se vedada a invocação ritualística da expressão "interesse público" para produzir a exclusão da fiscalização dos atos estatais.

A questão da modificação dos contratos administrativos é impregnada por essa nova concepção das competências administrativas. Afinal, a mutabilidade do contrato administrativo é reconhecida como derivação imediata do princípio da supremacia do interesse público. Mais do que discutir a natureza do instituto da mutabilidade, cabe avaliar a relação concreta e efetiva entre o exercício da competência e o atendimento a uma necessidade coletiva ou um valor consagrado pelo Direito.

Poder-se-ia afirmar que se evolui de um regime jurídico formal para um de cunho material. A funcionalização da atividade estatal deixa de ser puramente semântica para transformar-se em material, de fundo.

Essa questão propicia enfocar outro prisma da matéria. Seria possível afirmar que o interesse público demanda, em toda e qualquer hipótese, a atribuição ao Estado do dever-poder de modificação unilateral do contrato administrativo? Resposta positiva automática apenas se compatibiliza com uma concepção formalista de interesse público. Na medida em que se exija uma relação de causalidade concreta e real entre a modificação unilateral e a satisfação do interesse público, abre-se oportunidade para reconhecer que em determinadas situações torna-se ociosa e desnecessária a presença da *prerrogativa*.

Afastar a possibilidade de modificações unilaterais por parte da Administração pode produzir inclusive efeitos práticos relevantes, na medida em que sua presença acarreta redução de riscos para o particular. E isso se traduz na ampliação do universo de interessados e na diminuição dos preços praticados.

A outra vertente a considerar sobre o tema da modificação dos contratos administrativos relaciona-se com a eficácia da licitação. A submissão dos contratos administrativos a obrigatoriedade de licitação prévia conduz a um dilema. O conteúdo do contrato tem de respeitar as condições apuradas na licitação. Então, o respeito absoluto à licitação conduziria a excluir alteração superveniente da contratação. Mas a supremacia do interesse público pode conduzir à necessidade de modificação – o que importa um desmerecimento ao resultado obtido por meio da licitação. A doutrina e a jurisprudência francesa não contêm solução para essa dificuldade, pela precisa razão da ausência de uma regra de cunho constitucional similar àquela contemplada no art. 37, XXI, da Constituição Federal de 1988. A contraposição vem sendo superada pela legislação, pela doutrina e pela jurisprudência pátrias.

Essas questões impregnam o trabalho de FERNANDO VERNALHA GUIMARÃES. Uma virtude marcante das meditações desse autor reside na preocupação em estar à altura dos tempos. O trabalho enfrenta o Direito Brasileiro, mas realiza erudita e útil incursão pelo Direito Comparado. Apresenta ao leitor o estado atual do pensamento alienígena, sem pretender a adoção impensada e automática do Direito Estrangeiro. Tal se passa sem que o autor omita exame das diversas tendências, doutrinárias ou jurisprudenciais, que se verificam no âmbito nacional. Mais ainda, a obra não escapa à responsabilidade de posicionar-se em face de dúvidas ou disputas, tomando em vista as diretrizes constitucionais fundamentais. Atende ao compromisso do doutrinador, que consiste no dever de colaborar para a concretização dos princípios e dos valores fundamentais à ordem jurídica.

Não constitui surpresa, então, que a Banca de Mestrado da Faculdade de Direito da UFPR, integrada também pelos professores Drs. Carlos Ari Sundfeld e Romeu Felipe Bacellar Filho, tenha atribuído a nota máxima ao trabalho que deu origem a esta publicação. Não tenho dúvida de que idêntico será o julgamento dos leitores.

MARÇAL JUSTEN FILHO
Professor Titular da UFPR

AGRADECIMENTOS

O presente livro é fruto de dissertação apresentada junto ao Curso de Mestrado da UFPR, onde tive a honra e o prazer de contar com a orientação do professor MARÇAL JUSTEN FILHO (UFPR) e com as inquirições dos professores CARLOS ARI SUNDFELD (PUC/SP) e ROMEU FELIPE BACELLAR FILHO (UFPR).

Agradeço, muito especialmente, ao professor MARÇAL JUSTEN FILHO pela valiosíssima orientação que dedicou a este trabalho, determinante para as conclusões produzidas ao longo de sua trajetória. Tenho no professor MARÇAL um exemplo de cientista do Direito, a quem a comunidade jurídica muito já deve.

Agradeço ao professor ROMEU FELIPE BACELLAR, além da amizade e do estímulo, as sempre relevantes e oportunas inquirições que produziu por conta de minha defesa oral.

Agradeço igualmente ao professor CARLOS ARI SUNDFELD pelas lições e críticas formuladas, agregando inestimável valor a esta obra. Não poderia, ainda, deixar de consignar minha gratidão ao professor CARLOS ARI pelo auxílio na publicação do presente livro.

Ao professor LUIZ ALBERTO MACHADO, minha gratidão pelo incentivo à profissão e ao estudo acadêmico nos anos de convivência.

Manifesto, por fim, o agradecimento aos amigos LUIZ FERNANDO PEREIRA e RAFAEL MUNHOZ DE MELLO pelo auxílio na revisão do texto; ao amigo ROBERTO MUNHOZ DE MELLO, pela ajuda na coleta de material bibliográfico junto à Faculdade de Direito da Universidade de Milão/Itália.

SUMÁRIO

PREFÁCIO 7
AGRADECIMENTOS 11

INTRODUÇÃO
1. Atualidade do tema 17
2. Circunscrição do objeto 19
3. Estrutura do trabalho 22

CAPÍTULO I
NOÇÃO DE CONTRATO ADMINISTRATIVO

1. Considerações introdutórias 25
2. Noção de "contrato" e sua compatibilidade com o regime jurídico-público 26
   2.1 Síntese 40
3. Teoria do contrato administrativo 40
4. O contrato administrativo no Direito Europeu 51
   4.1 A contratação pública no Direito Comunitário/União Européia 51
   4.2 O contrato administrativo no Direito Espanhol .. 56
   4.3 O contrato de direito público alemão 61
   4.4 Os contratos da Administração Pública na Itália .. 65
   4.5 O contrato administrativo em Portugal 69
5. O contrato administrativo no Direito Brasileiro
   5.1 Breve síntese histórica 74
   5.2 Definição de "contrato administrativo" e suas características em face do direito positivo 76
   5.3 Contrato administrativo e contrato jurídico-privado da Administração 80

14 ALTERAÇÃO UNILATERAL DO CONTRATO ADMINISTRATIVO

    5.3.1 Contrato administrativo e contrato jurídico-privado da Administração.Admissibilidade de poderes exorbitantes (enfoque teórico) 82
    5.3.2 A questão tratada à luz do direito positivo. A disposição do § 3º do art. 62 da Lei 8.666/1993 88
  5.4 *Caracterização do contrato administrativo para fins do exercício de poderes de autoridade* 91
    5.4.1 Síntese conclusiva 102
  5.5 *Releitura do conceito de "cláusula exorbitante"* 104
  5.6 *Regime jurídico do contrato administrativo* 105

CAPÍTULO II
PODER DE MODIFICAÇÃO DO
CONTRATO ADMINISTRATIVO ("IUS VARIANDI")

1. Considerações introdutórias 110
2. Fundamentos doutrinários 111
  2.1 *A tese afirmativa* 114
  2.2 *As teses restritivas*
    2.2.1 As posições limitativas de Gaston Jèze e Francis-Paul Bénoit 116
    2.2.2 Doutrina negativista de L'Huillier 120
3. Caracterização da figura no Direito Brasileiro
  3.1 *Conceito e fundamento* 122
    3.1.1 "Ius variandi" e os princípios "lex inter partes" e "pacta sunt servanda" 127
    3.1.2 "Ius variandi" e "fato do príncipe" 129
  3.2 *Natureza jurídica* 132
    3.2.1 Noção de "poder jurídico-público" 132
  3.3 *Veículo* 136
    3.3.1 Crítica proposta 140
  3.4 *Objeto do "ius variandi"* 143
4. Notas juscomparativas 147
  4.1 *"Ius variandi" no Direito Francês* 147
  4.2 *No Direito Espanhol* 151
  4.3 *No Direito Português* 158

CAPÍTULO III
PRESSUPOSTOS HABILITANTES DO EXERCÍCIO
DE MODIFICAÇÃO UNILATERAL
DO CONTRATO ADMINISTRATIVO

1. Considerações introdutórias 163
2. Pressupostos substanciais 164

SUMÁRIO   15

2.1   Exigência de fato superveniente (aspectos teóricos)............. 165
2.2   A questão dos erros cometidos pela Administração na
      formulação das condições contratuais como pressupostos
      habilitantes do "ius variandi" (aspectos teóricos)................ 170
2.3   Os pressupostos à luz da Lei 8.666/1993............................ 175
      2.3.1 Erros na formulação do projeto como situação
              subsumível à alínea "a" do inciso I do art. 65........... 179
2.4   A tarefa de qualificação dos pressupostos fáticos................ 182
      2.4.1 Ainda a qualificação dos pressupostos:
              o uso normativo de conceitos indeterminados.
              Interpretação ou discrição?...................................... 185
              2.4.1.1 Síntese... 190
      2.4.2 A tarefa de interpretação na qualificação dos
              pressupostos... 191
3. Pressupostos formais... 194
   3.1 A revalorização do procedimento...................................... 195
         3.1.1 A nova faceta do procedimento e as alterações
                 unilaterais de contratos administrativos................. 202
   3.2 Aplicabilidade do procedimento como instrumento de
         formação do ato "variandi"... 203
   3.3 Injuntividade e disposição do procedimento..................... 204
   3.4 Procedimento não-formalizado.. 205
   3.5 Fases do procedimento... 206
   3.6 Requisitos procedimentais.. 207
         3.6.1 Escopo fiscalizatório... 208
         3.6.2 Função contraditória... 214
         3.6.3 Escopo de otimização da ação administrativa...... 216
         3.6.4 Chamamento de terceiros envolvidos. A tutela dos
                 usuários de serviços públicos................................ 221
   3.7 Breve nota sobre a motivação como instrumento
         fiscalizatório... 224

CAPÍTULO IV
REGIME PRINCIPIOLÓGICO APLICÁVEL
AO PODER DE MODIFICAÇÃO UNILATERAL

1. Considerações introdutórias.. 227
2. Regime principiológico do "ius variandi"............................... 228
   2.1 Princípios gerais
         2.1.1 Princípio da proporcionalidade.............................. 231
         2.1.2 Princípio da economicidade.................................. 234
         2.1.3 Princípio da eficiência... 236
         2.1.4 Princípio da dignidade da pessoa humana............ 240
         2.1.5 Princípio da boa-fé.. 244

2.1.6 Princípio da legalidade 247
2.2 Princípios específicos
  2.2.1 Princípio da inalterabilidade do objeto contratual 251
  2.2.2 Princípio da preservação das condições de exeqüibilidade do objeto originalmente contraídas pelo co-contratante 257
  2.2.3 Princípio da intangibilidade da equação econômico-financeira do contrato 259

CAPÍTULO V
DISCIPLINA DO CONTEÚDO DO ATO MODIFICADOR. EXEGESE DAS REGRAS DA LEI 8.666/1993

1. Considerações introdutórias 263
2. A regra do art. 65 da Lei 8.666/1993 como "norma geral" 264
3. Natureza "injuntiva" das regras que conformam o "ius variandi" 268
4. Tipologia das alterações contratuais (unilaterais) 269
  4.1 Alterações qualitativas. A hipótese da alteração do projeto: alínea "a" do inciso I do art. 65 da Lei 8.666/1993 270
    4.1.1 Aumento ou redução do "escopo do contrato" como alteração qualitativa 271
    4.1.2 As limitações à alteração qualitativa 274
      4.1.2.1 A inaplicabilidade do § 1º do art. 65 às alterações qualitativas 275
        4.1.2.1.1 A tese restritiva (da possibilidade de extravasamento dos limites) à via consensual 280
  4.2 Alterações quantitativas 284
  4.3 A questão da eleição bilateral dos preços unitários: § 3º do art. 65 288
  4.4 Possibilidade de extravasamento dos valores fixados às modalidades licitatórias 292
  4.5 As regras atinentes à manutenção do equilíbrio econômico-financeiro 295
  4.6 Extensão do ressarcimento indenizatório 298
  4.7 Necessidade de adequação do "prazo" 300
  4.8 Revisão da garantia 302

CONCLUSÃO 304

REFERÊNCIAS BIBLIOGRÁFICAS 317

INTRODUÇÃO

1. Atualidade do tema. 2. Circunscrição do objeto. 3. Estrutura do trabalho.

1. Atualidade do tema

É objeto central deste estudo o poder de modificação do contrato administrativo, classicamente denominado *ius variandi*. Se é certo que a base teórica que originou esse instituto remonta ao início do século XX, a contribuição jurídica dos tempos atuais tem imprimido à figura um tratamento bastante distanciado daquele nascido à luz de noções vigentes no passado. Isso porque o tema apresenta vinculação estreita com o perfil evolutivo do Estado, relacionando-se com o exercício de competências públicas imperativas.

É fato que o Estado Brasileiro passa por um processo de modificação de suas dimensões. Verificam-se transformações quantitativas e qualitativas no desempenho das tarefas públicas. A história corrente das privatizações (tomadas em sentido amplo), que timbra o perfil do Estado Pós-Social,[1] justifica-se como conseqüência da falência do Es-

[1]. Falar-se em Estado Pós-Social não significa pressupor a morte do Estado Social; pelo menos não como supressão de garantias sociais adquiridas à custa de longo tempo de conquistas políticas da sociedade. O atual perfil do Estado justifica-se mais pela adoção de novos mecanismos de atingimento das finalidades constitucionais e sociais do que pelo abandono dos escopos fundamentais propugnados pelo Estado Social. Muda-se o perfil da ação estatal, mas não se descura da tutela de garantias fundamentais. Comenta J. L. Martínez López-Müniz: "Liberalizar o privatizar, por ello, no tiene por qué entenderse como algo que pone em crisis al Estado Social. Muy al contrario, son procesos que éste exige en la mayor medida

tado-Providência e traz a redução e a reformulação das competências estatais como novo instrumentário na busca pelo bem-estar social. A participação do particular assume renovada importância na atuação pública, despertando-se a relativização da dimensão do autoritarismo do poder estatal. Passa o Estado a gerir a coisa pública *com* e não mais *contra* o cidadão. Assiste-se ao desenvolvimento de formas concertadas de ação em substituição ao uso de vias autoritárias e unilaterais. É sobretudo como subproduto deste panorama que surge o fenômeno da *contratualização*.[2]

Particularmente no âmbito da contratação administrativa verifica-se, dentre outras notáveis conseqüências, o surgimento de um ambiente restritivo ao uso de prerrogativas especiais. Vislumbra-se que estes poderes de interferência no contrato não são mais concebidos como fruto de simples *direitos* da Administração, não decorrendo, assim, de *juízos de conveniência e oportunidade*, mas se põem nos estritos lindes de competências funcionalizadas, vinculadas e dirigidas ao atingimento das indisponíveis finalidades coletivas. Há o reconhecimento de que não é a vontade administrativa o que condiciona o andamento da relação contratual, mas o dever – indisponível e funcional – de atualização das necessidades públicas.

Além dessa evolução na concepção substancial do poder estatal de instabilização do contrato, tem-se admitido que a postura consensual que assume a Administração Moderna vem despertando o incremento ao processo de *formação* da competência. Constata-se que no Estado Pós-Social a *consensualidade* passa a contaminar a relação entre Estado, co-contratante e cidadão, permitindo à produção decisória estatal derivada da tutela sobre as contratações administrativas a extração de soluções conciliatórias e mais eficazes. Isso se concretiza pela

en que en cada país sean realmente posibles, sin suprimir ni recortar la garantía social (aunque cambien las formas asegurala)" ("Nuevo sistema conceptual", in Gaspar Ariño Ortiz (coord.), *Privatización y Liberalización de Servicios*, p. 140).

2. Na visão de Vasco Pereira da Silva (citando Parejo Alfonso): "Relativamente à Administração Pública, a opção por formas de actuação concertadas, assim como a crise da noção autoritária de acto administrativo, vão a par da necessária adaptação das estruturas e dos modelos de organização administrativos. Característico desta moderna Administração concertada é a 'crescente dificuldade não só da autónoma definição (abstracta e objectiva) do interesse público, mas especialmente da sua realização pela via autoritária e unilateral. De uma forma crescente, portanto, o interesse público vê-se na necessidade de induzir a colaboração da economia privada e chegar a fórmulas de concerto, transação e cooperação com grupos sociais e agentes privados'" (*Em Busca do Acto Administrativo Perdido*, p. 126).

instituição de métodos procedimentais, cada vez mais aceitos como fator substancial da validade dos atos decisórios.

A intensificação da processualização com a instituição de métodos de participação na formação do ato de instabilização do contrato administrativo emerge de uma tendência revelada pelo Estado Moderno de alcançar uma administração plural. Os atos estatais devem admitir que seus efeitos estão endereçados a uma pluralidade de classes e grupos marcados por uma heterogeneidade dinâmica. Gere-se pontualmente a coisa pública de molde a contemplar uma constelação de direitos e interesses que se articulam e se renovam numa verdadeira trama democrática. A técnica do consenso produz a mecânica da sintetização dos interesses relacionais e relacionados com cada decisão perseguida pela Administração.

Disso extrai-se que o *ius variandi* deve ser visto como um ato que resulta muito mais de uma síntese de interesses relacionais do que puramente de formulações técnicas e fechadas a uma relação de poder entre a Administração e o co-contratante.

A partir deste caldo de cultura é que se propõe uma releitura acerca da abordagem do poder de modificação unilateral do contrato administrativo.

Para tanto faz-se imprescindível uma revisão doutrinária adequada e suficiente sobre a matéria, alçando desde os fundamentos doutrinários originários do instituto até as formulações mais recentes e revisionistas. A missão a que remete o caminho traçado ao longo deste trabalho é justamente a de tentar confrontar estas teses, de molde a produzir conclusões coerentes e harmônicas e que se prestem sobretudo à operacionalização do Direito. O recurso ao Direito Comparado e às Escolas clássicas que traçaram a evolução dogmática da figura servirá a fornecer subsídio teórico para o enfrentamento proposto. Nosso objetivo, no entanto, é muito mais produzir efetivamente orientações úteis ao tratamento da matéria do que versar abstratamente acerca de controvérsias infindáveis ou de divergências meramente subjetivas.

Postas essas considerações preliminares acerca do contexto em que se insere o tema enfocado, cabe delimitar o âmbito de investigação que marcou a abordagem do trabalho, circunscrevendo seu objeto.

2. Circunscrição do objeto

Certamente, o presente estudo não se constitui em um amplo e exaustivo exame acerca da figura do *ius variandi*, seja à guisa de uma teoria geral, seja no tratamento de sua incidência particular a partir da tipologia dos contratos administrativos. O que se busca é tão-somente o exame de aspectos jurídicos relevantes da figura, tomado a partir da teoria geral do contrato administrativo.

A primeira ressalva que se põe na tarefa de circunscrição do tema alude à *generalidade* que preside o estudo produzido – é dizer, do tratamento conferido ao *ius variandi* neste âmbito escapa o exame pormenorizado da manifestação própria da competência *variandi* na tipologia dos contratos administrativos,[3] de modo a não alcançar o reflexo individuado desse poder na seara de contratos específicos, limitando-se, pois, a tecer considerações genéricas e fundamentais.[4]

Embora os aspectos abordados se insiram em um exame sistemático, compondo um plexo de itens criteriosamente definidos, o objeto do estudo não se apresenta exaustivo, completo – a completude é relativa ao recorte do temário proposto. Quer-se dizer que aspectos pertinentes podem ter restado à margem do exame posto, devido à sumariedade que caracteriza este trabalho, muito aquém de significar um tratado sobre a matéria.

O tema – centrado no exame das cláusulas exorbitantes dos contratos administrativos – está circunscrito à manifestação unilateral do Poder Público de modificação do vínculo contratual-administrativo.

3. Como anota Laubadère, o alcance do poder de modificação unilateral não é o mesmo em todos os tipos de contrato administrativo, porquanto é variável o grau de participação do co-contratante no serviço público, sendo variável, portanto, a cláusula de sujeição imposta ao co-contratante (*Traité des Contrats Administratifs*, 2ª ed., vol. 2, p. 404). Também Gaston Jèze explica que "existem diferenças na aplicação do princípio (do *ius variandi*), segundo a natureza dos contratos administrativos: segundo o grau de colaboração do contratante no funcionamento do serviço público, em especial, segundo a duração: contrato de concessão de serviço público, contrato de obras públicas ou contrato de *suministros* de prestações múltiplas, contrato de obras ou de fornecimento de prestação única. A natureza e a importância das modificações não são as mesmas segundo os casos" (*Principios Generales del Derecho Administrativo*, vol. 4, "*Teoría General de los Contratos de la Administración*", p. 236).

4. Cabe uma advertência: as considerações que se lançarão a par da abordagem traçada neste trabalho, embora sejam de cunho geral e, por isso, se prestem a todas as tipologias contratuais, podem apresentar discrepâncias pontuais relativamente às concessões de serviços (e de obras) públicos. Isso porque esta tipologia (a concessão) é marcada por uma especialidade tal que permite, em alguns aspectos, apartá-la das demais espécies. Por esse motivo, as orientações genéricas produzidas ao longo deste estudo devem ser vistas com reservas quando aplicadas às concessões.

INTRODUÇÃO 21

Estão afastadas do tratamento deste estudo as demais manifestações *exorbitantes* de que se vale a Administração no âmbito de execução dos contratos públicos. Não se trata, pois, de examinar o poder de instabilização contratual tomado em seu sentido amplo,[5] envolvendo aspectos fiscalizatórios e de interpretação contratual, mas sim de privilegiar a análise do poder específico de modificação unilateral da execução contratual como alteração nas prestações do contrato. Desta forma, o poder de rescisão[6] e o poder de suspensão do contrato – que, em alguma doutrina, são estudados a par do *ius variandi* – também estão excluídos deste estudo. Não obstante, é inegável que muitos dos pontos enfocados prestam-se ao exame das outras competências.

Não dizem, ainda, respeito ao exame as causas de mutabilidade do contrato administrativo que não aquela fruto do poder estatal e unilateral de alteração *direta* e *formal* do contrato administrativo. Muitas vezes quando se alude à *mutabilidade* do contrato administrativo se está a referir não apenas a seu traço mais marcante (*ius variandi*), mas também às demais causas que conferem *dinamicidade* ao vínculo contratual público, como o *fato da Administração* e o *fato do príncipe*, capazes de indiretamente produzir reflexos "modificativos" na relação contratual-administrativa. Aqui toma-se a mutabilidade em sentido estrito,[7] referida tão-somente como modificação formal direta e unilateral do Poder Público.

---

5. Horgué Baena anota que "junto a um conceito estrito de modificação, tido como a variação do objeto do contrato, tradicionalmente se maneja outro mais geral que dá cobertura a qualquer incidência na execução que altere alguns de seus elementos, em concreto a suspensão e, inclusive, em certas ocasiões, se entende a desistência como a manifestação mais radical" (*La Modificación del Contrato Administrativo de Obra (el "Ius Variandi")*, p. 59).

6. Péquignot, definindo modificações diretas no âmbito do contrato administrativo, parece incluir nesta classe as transformações que acarretem a resolução do vínculo. Para o autor, modificações diretas são aquelas que visam aos termos contratuais, quer as que acrescentem ou diminuam as obrigações das partes; quer as que transformem o modo de execução do contrato, seja as que lhe ponham fim (*Théorie Générale du Contrat Administratif*, p. 395).

7. Allan R. Brewer-Carías observa que, "quando se fala das modificações unilaterais do contrato administrativo, não se incluem todas as medidas ditadas por autoridades públicas suscetíveis de repercutir alterações na situação do co-contratante. Com efeito, na doutrina se tem feito a distinção a respeito das diversas modificações indiretas que podem resultar para a situação dos contratantes provenientes de múltiplas medidas legislativas, regulamentares ou individuais suscetíveis de serem pronunciadas pelo Poder Público. Estas intervenções, sejam quais forem suas repercussões sobre os contratos administrativos, não devem ser indiferentemente

Importa anotar, ainda, que, diante do propósito acadêmico e não didático do presente estudo, em muitos registros recorreu-se à síntese, abrindo-se mão de um exame mais profundo acerca de temas correlatos. Isso porque uma das preocupações que nortearam a feitura deste trabalho foi a de não escapar de seu tema central em prol do aprofundamento de temas periféricos. Quanto a isso – parafraseando André Gonçalves Pereira –, restou-nos a impressão de termos sido sintéticos, mas não incompletos.[8]

3. Estrutura do trabalho

O presente estudo compõe-se de cinco capítulos.

O primeiro capítulo destina-se a fornecer – ainda que de forma restritamente operacional e utilitária ao exame do tema principal – uma noção de contrato administrativo. Para tanto, revisita, primariamente, a discussão a respeito da pertinência da figura do contrato no campo do direito público, realizando, na seqüência, abordagem acerca do desenvolvimento da teoria do contrato administrativo no Direito Comparado (no Direito Francês, Espanhol, Alemão, Italiano e Português), para, após, proceder à construção de uma noção de contrato administrativo em face do Direito Brasileiro. A partir do fornecimento da definição da figura do contrato administrativo, o estudo busca investigar possíveis critérios de qualificação destas avenças.

Já no segundo capítulo adentra-se propriamente o tema do poder de modificação unilateral do contrato administrativo. Abre-se o exame com breve exposição da evolução dogmática e histórica das doutrinas (de origem francesa) que visaram a explicar/caracterizar a figura do *ius variandi*. Após, busca-se definir a competência em face do Direito nacional, caracterizando seus traços fundamentais. O capítulo encerra-se com a exposição de algumas notas juscomparativas acerca dos Direitos Francês, Espanhol e Português.

---

alocadas dentro do exercício do poder de modificação unilateral" (*Contratos Administrativos*, pp. 171-172).
 Também Pedro Gonçalves diz que o poder de modificação unilateral não deve ser confundido com outros poderes que a Administração detém, no campo das concessões, assim como não se deve confundi-lo com outras figuras próximas. Neste particular, o autor diferencia o poder de modificação unilateral do poder de direção contratual (*A Concessão de Serviços Públicos*, p. 246).
 8. *Erro e Ilegalidade no Acto Administrativo*, p. 13.

INTRODUÇÃO 23

Delineados os traços fundamentais do *ius variandi*, cuida-se no terceiro capítulo do exame de seus pressupostos. Propõe-se a distinção entre pressupostos substanciais e procedimentais. Enquanto os primeiros relacionam-se com os motivos que autorizam a investida de instabilização, os segundos estabelecem a necessidade de obediência a um rito formal na produção do ato-decisão. Os pressupostos procedimentais são analisados à luz de novas perspectivas do estudo do procedimento e traduzem-se em requisitos de suficiência a que a instituição do procedimento (de natureza injuntiva) deve atender.

No quarto capítulo o trabalho examina o regime principiológico do poder de modificação no Direito Brasileiro. É objeto de análise o catálogo de princípios aplicáveis à matéria, a fim de fornecer uma base normativa axiológica para a aplicação das regras que a disciplinam.

Por fim, e no último capítulo, há o enfrentamento do regime normativo específico incidente sobre o *ius variandi* consagrado na Lei 8.666/1993. As considerações lançadas neste tópico pretendem compor um quadro de vinculação normativa ao conteúdo do ato modificatório a partir da exegese dos arts. 58 e 65 da Lei 8.666/1993. Neste propósito, repousa-se análise sobre questões fundamentais que poderão surgir na aplicação dos preceitos a casos concretos, construindo-se interpretações razoáveis a partir da leitura sistemática da legislação.

Fecha-se o trabalho com considerações conclusivas acerca do temário abordado, apontando-se as principais sínteses extraíveis.

Capítulo I
NOÇÃO DE CONTRATO ADMINISTRATIVO

1. Considerações introdutórias. 2. Noção de "contrato" e sua compatibilidade com o regime jurídico-público: 2.1 Síntese. 3. Teoria do contrato administrativo. 4. O contrato administrativo no Direito Europeu: 4.1 A contratação pública no Direito Comunitário/União Européia – 4.2 O contrato administrativo no Direito Espanhol – 4.3 O contrato de direito público alemão – 4.4 Os contratos da Administração Pública na Itália – 4.5 O contrato administrativo em Portugal. 5. O contrato administrativo no Direito Brasileiro: 5.1 Breve síntese histórica – 5.2 Definição de "contrato administrativo" e suas características em face do direito positivo – 5.3 Contrato administrativo e contrato jurídico-privado da Administração: 5.3.1 Contrato administrativo e contrato jurídico-privado da Administração. Admissibilidade de poderes exorbitantes (enfoque teórico) – 5.3.2 A questão tratada à luz do direito positivo. A disposição do § 3º do art. 62 da Lei 8.666/1993 – 5.4 Qualificação do contrato administrativo para fins do exercício de poderes de autoridade: 5.4.1 Síntese conclusiva – 5.5 Releitura do conceito de "cláusula exorbitante" – 5.6 Regime jurídico do contrato administrativo.

1. Considerações introdutórias

Não apenas atos unilaterais e imperativos compõem as formas de atuação do poder público, mas, ainda, atos consensuais e bilaterais, os quais reclamam a participação/colaboração de terceiros. Esses atos, comutativos em regra, conformam os contratos da Administração Pública.

Usualmente tem-se admitido, sob o gênero dos contratos da Administração Pública, a existência de duas espécies: (a) contratos jurídico-privados da Administração[1] e (b) contratos administrativos.[2] Embora se possa afirmar inexoráveis vinculações jurídico-públicas a ambas as espécies contratuais, é certo que os primeiros têm a relação jurídica decorrente regida por um regime predominantemente de direito privado, enquanto os segundos regulam-se pelo direito público, admitindo subsidiariamente a aplicação de normas privadas.

Interessa, nesta sede inicial, a caracterização do *contrato administrativo*, cujo âmbito recepciona poderes exorbitantes deferidos à Administração-contratante, dentre eles o *ius variandi*, seu traço mais marcante e o objeto nuclear deste estudo.

É preciso, todavia, e antes a caracterizar o *contrato administrativo*, firmar-se o que se entende por *contrato* – isto é: pretende-se o fornecimento de uma noção utilitária de *contrato* como instituto jurídico tomado a partir da Teoria Geral do Direito. Não se trata de delinear sua natureza jurídica ou investigar, em profundidade, seus pressupostos, mas de afirmar, sinteticamente, uma noção operacional que servirá à análise do temário abordado neste trabalho. O exame passa pela afirmação da pertinência da figura do contrato no campo do direito público.

2. Noção de "contrato" e sua compatibilidade com o regime jurídico-público

A figura jurídica do contrato não respeita, como já houveram dito, exclusivamente ao direito privado. É categoria genérica erigida a partir da Teoria Geral do Direito que adquire feições diversas segundo o regime jurídico que o recepciona.[3]

---

1. O presente estudo usará a terminologia "contratos administrativos" e "contratos jurídico-privados da Administração" para nominar as espécies de avenças celebradas pela Administração Pública e tradicionalmente aceitas pela doutrina universal. Embora se reconheça que a Administração não celebra propriamente contratos sob a égide exclusiva do direito privado, havendo sempre presente a projeção do regime de direito público, a terminologia adotada – "contrato jurídico-privado da Administração" – tem lugar pela consagração do termo na doutrina especializada.

2. Os contratos administrativos descendem do gênero *contratos públicos*, o qual compreende, ainda, os acordos internacionais, convênios e consórcios executivos.

3. É conveniente ressaltar que a aceitação da unidade da figura-gênero contratual não nega, evidentemente, a existência de regimes jurídicos distintos para ambas as figuras-espécies (relativas ao direito privado e ao direito público). Parece que o equívoco daqueles que negam a pertinência da figura do contrato no campo do direito público repousa na tentativa de transpor a figura-espécie (jurídico-priva-

Não se nega que a afirmação da unidade da noção de contrato, como construção jurídica que serve, em essência, tanto ao direito público quanto ao direito privado, vem marcada por uma diuturna e não tranqüila discussão acerca de seu cabimento. Isso porque parte da doutrina administrativista[4] há muito recusa a idéia de contrato como instida) ao âmbito do direito administrativo. O direito administrativo, neste aspecto, não necessita trabalhar com a figura contratual desde sempre concebida e estruturada segundo a teoria geral de direito privado, mas com a figura-gênero, pertinente, antes, à Teoria Geral do Direito. Há um núcleo conceitual comum que atrai a incidência de postulados específicos, os quais, cuidando da regulação de aspectos gerais e fundamentais acerca da relação jurídica que se estabelece, acarretam a configuração de um instituto-gênero: o contrato. Assim, em todos os contratos concebe-se, por exemplo, a incidência do *pacta sunt servanda* e da *lex inter partes*. Brewer-Carías – apoiado em García de Enterría – defende que o contrato "é uma instituição geral a todo o Direito, e não uma figura própria de uma rama jurídica específica; é comum ao direito civil, ao direito mercantil, ao direito do trabalho, ao direito administrativo; e se qualifica de civil, mercantil, do trabalho ou administrativo, quando se somam, a suas características básicas e genéricas, as notas peculiares e específicas do regime regulado nessas ramas do Direito". Complementa: o "fato histórico de que o contrato, como instituição, haja tido sua origem substantiva no direito privado, e que ali tenha encontrado sua aplicação e regulação mais depurada, não pode conduzir à conclusão de que seja uma figura exclusiva de direito civil, e que as instituições contratuais similares que têm vida em outros âmbitos jurídicos tenham que construir, a todo custo, uma substantividade própria" (*Contratos Administrativos*, p. 42).

Ainda, Dromi, repudiando o exclusivismo de figuras jurídicas publicistas ou privatistas, reconhece que o gênero *contrato* escapa do marco estreito do Código Civil (*Derecho Administrativo*, 5ª ed., p. 304). Também Cretella Júnior assevera que: "Contrato é, numa formulação genérica, o acordo de duas ou mais pessoas a respeito de declaração de vontade comum, destinada a regular os respectivos direitos e obrigações. Assim definido, categorialmente, o contrato não é nem privado, nem público. É a figura *iuris* matriz aproveitada depois pelas duas alas da Ciência Jurídica" ("As cláusulas de 'privilégio' nos contratos administrativos", *Separata da Revista de Informação Legislativa* 89/309). Afirma o mesmo autor, em outro registro, que a figura contratual surgiu como "verdadeira categoria da Ciência do Direito que, ao lado de outros princípios e institutos, é uma realidade universal permanente, que transcende as peculiaridades casuísticas para envolver, em sua essência, sempre, o acordo de vontades opostas para a produção de uma relação *de iure*, que, eleita livremente pelas partes, acaba por subjugá-las" (*Dos Contratos Administrativos*, 2ª ed., p. 16).

4. A doutrina alemã foi a que, com maior intensidade, exerceu uma dialética de rechaça à figura do "contrato de direito público". Emblemática é a lição de Otto Mayer, que – citando G. Meyer (para quem seria lógico, no âmbito do direito público, renunciar à palavra "contrato") – aduziu que o contrato de serviço público (*Staatsdienstvertrag*) "não é e não pode ser um contrato no sentido do direito civil". E, em relação ao contrato administrativo, constata: "O Direito Francês conhe-

tuto aplicável ao regime de direito público, especialmente em face de relações havidas entre o Estado e os particulares, dada a incompatibilidade entre a autoridade pública – fruto do Estado soberano e onipotente – e a índole contratual – presa aos postulados da *lex inter partes* e do *pacta sunt servanda*. Como pano de fundo desta argumentação está o princípio do equilíbrio contratual e igualdade entre as partes.[5]

O exame detido dessas posições negativistas – que certamente não é objeto deste estudo – é complexo e arrasta consigo um importante "lastro dogmático", já que diz com a modulação sofrida pelas instituições de direito civil no âmbito do direito administrativo.[6] Tentar-se-á, aqui, apenas esboçar algumas considerações primárias acerca do problema, sem a pretensão de exaurir o assunto; aliás, muito aquém disso.

É preciso reconhecer, de início, que a aceitação da identidade (ou sua negação) de matizes entre o contrato privado (historicamente concebido pela teoria geral do direito privado) e o contrato público, admitindo que em ambos os casos está-se diante de um *contrato* – aceitando-se,

---

ce seus 'contratos administrativos', que na realidade nada têm de contrato" (*Derecho Administrativo Alemán*, vol. 1, p. 184). Otto Mayer, em outro registro, consignou: "El contrato, en sentido próprio, es inaplicable en el derecho administrativo; los que se llaman 'contratos' son, en realidad, actos administrativos, los cuales pueden resultar eficaces únicamente con el consentimiento del interesado" (*Teoría del Contrato de Derecho Público*, vol. 3, pp. 1 e ss., citado por Fritz Fleiner, *Instituciones de Derecho Administrativo*, Madri, 1933, nota 92, p. 169, e por Juan P. Ramos, *Ensayo sobre la Concesión de Servicios Públicos*, Buenos Aires, 1937, p. 167, apud Miguel Angel Berçaitz, *Teoría General de los Contratos Administrativos*, 2ª ed., p. 166).

Também autores italianos – como Cammeo, Ranelletti e Zanobini –, seguindo a posição alemã, entenderam que os contratos administrativos são simples atos unilaterais do Estado, sendo a posição do particular meramente acessória, da qual depende tão-só a eficácia do ato. Daí que – na ótica dessa doutrina (doutrina dos atos unilaterais) – a vontade do co-contratante não é um elemento essencial, não se podendo daí inferir a existência de um contrato (*apud* Miguel Angel Berçaitz, *Teoría* ..., 2ª ed., p. 174).

5. De fato, as doutrinas negativistas recusam o contrato como instrumento jurídico aplicável ao regime de direito público, aceitando que aquilo que se *batizou* de "contrato de direito público" não se trata de contrato, mas de ato administrativo dependente da manifestação de vontade de sujeição do destinatário. De outra parte há aqueles que sustentam ser o contrato de direito público essencialmente diferente do contrato de direito privado, limitando-o às relações jurídicas de direito público, onde se estabelece um vínculo de subordinação entre o particular e o Estado, ficando aquele sempre sujeito aos atos de autoridade emanados do poder público.

6. Cf. García de Enterría e Tomás-Ramón Fernández, *Curso de Derecho Administrativo*, 10ª ed., vol. 1, p. 675.

de conseguinte, a figura do contrato-gênero no âmbito do direito público –, depende, antes, do conceito que se tem de *contrato*. Conforme a significação jurídica que se impute ao termo "contrato", e tomadas as características próprias dos *contratos* regulados pelo direito público, ter-se-á ou não de admitir sua unidade, bem assim sua pertinência nas relações de direito público. Trata-se, antes de tudo, de uma questão semântica.[7]

7. "Ao inventar nomes (ou aceitar os já inventados), traçamos limites na realidade, como se a cortássemos idealmente em pedados; ao assinalar cada nome, identificamos o pedaço que, segundo nossa decisão, corresponderá a ele. Um nome é uma palavra tomada voluntariamente como uma marca que pode suscitar em nosso espírito um pensamento semelhante a algum outro pensamento que tivemos antes e que, sendo formulado perante os demais homens, é para eles um signo que representa o pensamento que havia no espírito do interlocutor antes de falar" (Eurico Marcos Diniz de Santi, "Análise crítica das definições e classificações jurídicas como instrumento para compreensão do Direito", in *Direito Global*, pp. 292-293).

Não que essa atribuição de significado, no âmbito da Ciência do Direito, possa ser desinteressada ou arbitrária. Há de manter adequação e fidelidade ao sistema do direito positivo, daí passível de afigurar-se *correta* ou *incorreta*.

Essa posição rivaliza, em termos, com a clássica lição de Carrió – também explorada por Gordillo, entre outros de nossa doutrina –, na qual se afirma não ter sentido refutar uma classificação, ou seu resultado, porque "falsa", eis que "as classificações não são *verdadeiras* nem *falsas*, são *úteis* ou *inúteis*" (*Notas sobre Derecho y Lenguage*, 4ª ed., p. 99).

Parece correto que o resultado da operação classificatória – desde que se utilizem critérios estritamente jurídicos – há de estar conforme ao ordenamento positivo. De fato – e como expõe Eurico Marcos Diniz de Santi –, a classificação elaborada pelo cientista do Direito, cuidando de proposição descritiva, deve "manter coerência e fidelidade aos critérios previstos no direito positivo: sendo correta, é verdadeira; caso contrário, é falsa". Agrega, ainda, que "o critério da utilidade da classificação é, juridicamente, inútil para a Ciência do Direito em sentido estrito" ("Análise crítica ...", in *Direito Global*, p. 298).

Embora se concorde com a orientação desse autor, em prejuízo do raciocínio de Carrió, aceitando-se assim que no campo da Ciência do Direito pode-se mesmo atribuir os valores aléticos "correto" e "incorreto" às proposições descritivas, no que toca à crítica formulada à *utilidade* ou *inutilidade* das classificações se diverge. Dentre as proposições não-*incorretas* formuladas no âmbito da Ciência do Direito é possível conceber atitudes classificatórias *úteis* ou *inúteis*. Desde que não incorreta, a classificação formulada por um cientista pode traduzir-se *útil* ou *inútil* de acordo com a operacionalidade que assume no âmbito em que é manipulada. Sem fugir à correspondência com o regime jurídico, as classificações podem traduzir-se em "múltiplas maneiras" de agrupar "um campo de relações ou de fenômenos; o critério para decidir-se por uma delas é dado por considerações de conveniência científica, didática ou prática" (Genaro R. Carrió, *Notas ...*, 4ª ed., p. 99).

Portanto – e antes, propriamente, de se pretender conceituar o contrato administrativo –, cabe preencher de significação o que se entende por "contrato", demonstrando, na seqüência, a compatibilidade do instituto com o regime de direito público.

Tome-se, assim, o conceito predominante na doutrina especializada. Diz-se *contrato* "o acordo vinculativo resultante da fusão de duas ou mais declarações de vontade contrapostas, mas harmonizáveis entre si, destinado a estabelecer uma regulamentação de interesses entre as partes".[8]

Examinando o conceito posto, verifica-se que o primeiro vestígio do aparente choque que se estabelece entre a idéia de contrato e o exercício funcional administrativo assenta-se no princípio da autonomia de vontade. Isso porque não é possível coadunar a vontade em seu sentido subjetivo com o regime jurídico-administrativo, que consagra a *funcionalidade* das competências manipuláveis pelos agentes públicos. Só é possível admitir a existência de *contrato* sob a *normação* que projeta o regime jurídico-administrativo se a tal conceito não respeitar a autonomia de vontade[9] em sua configuração *psicológica* – é dizer: em seu

---

8. Antunes Varela, *Direito das Obrigações*, p. 119.

9. A doutrina brasileira parece afastar a noção de autonomia privada (contratual) na seara público-administrativa. Neste particular é paradigmático o parecer de Marçal Justen Filho, observando que "a evolução do direito administrativo conduziu à integral rejeição da possibilidade de identificar autonomia privada e discricionariedade administrativa. Não há qualquer similitude entre esses conceitos. A evolução do pensamento jurídico conduz à separação da concepção de que a discricionariedade consistiria em uma liberdade dentro da lei, para reconhecer-se que o Direito não é apenas limite, mas a própria máxima do agir e decidir discricionários" ("Contratos entre órgãos e entidades públicas", *Revista de Direito Administrativo Aplicado* 10/688).

Na doutrina portuguesa, Maria João Estorninho entende que "só optando por um conceito depurado de "autonomia", compatível com a existência de inúmeras limitações e vinculações, se poderá ainda eventualmente falar em 'autonomia privada' da Administração Pública" (*A Fuga para o Direito Privado*, p. 207). Em Portugal predomina o entendimento de que não existe autonomia contratual (nos moldes da autonomia contratual concebida pelo direito privado) na atividade administrativa.

Mesmo admitindo-se que no âmbito do direito privado o próprio conceito de *autonomia contratual* vem sofrendo certa renovação (relativização) em face de transformações da *praxis* jurídica (a proliferação dos contratos de adesão, por exemplo), donde sua noção apresentar-se "menos exigente", entende-se que ainda assim não é possível afirmar a pertinência desta autonomia no âmbito público-administrativo, especialmente pela natureza da *função* que contamina, na origem, as ações administrativas.

aspecto puramente subjetivo, como verdadeiro ato volitivo. A vontade poderá integrar o conceito de contrato desde que aceita *objetivamente*, conquanto resultado de um processo funcional, declaração que a norma reconhece como produtora de efeitos jurídicos, independentemente da investigação da *intenção* de quem declara.

Parece, pois, que a pertinência da figura do contrato em face do regime de direito público, neste aspecto, vem autorizada pelo reconhecimento de um processo de objetivação da *vontade* integrante da noção de contrato, fruto da evolução histórica sofrida pelo conceito jurídico de *autonomia de vontade*. Na evolução da teoria e da disciplina dos contratos – explica Roppo – verifica-se "uma tendência para a progressiva redução do papel e da importância da vontade dos contraentes, entendida como momento psicológico da iniciativa contractual".[10]

Se a concepção de contrato predominante nos séculos XVII, XVIII e XIX era aquela assentada em base jusnaturalista, que tributava à vontade humana – de pressupostos psíquicos – o papel de fonte primária de todo efeito jurídico, é certo que o incremento do volume de vínculos contratuais verificado na sociedade moderna, aliado (e produtor de) à proliferação de formas alternativas de contratação – formato de adesão –, acabou por objetivar as transações de troca, donde se procedeu à substituição da *teoria da vontade* pela *teoria da declaração*,[11] objeti-

A teleologia normativo-legal e a conseqüente relação de conformação exigida implicam considerar que o fenômeno discricionário nunca exsurgirá de forma plena, a ponto de caracterizar uma liberdade autônoma ao âmbito subsuntivo legal, mas tão-somente irromperá na tarefa de integração necessária da norma ao caso concreto; exercerá uma função integrativa e acessória no processo de aplicação da lei.

Logo, é certo que a Administração Pública ressente-se do que se chama de "autonomia contratual" (de vontade), que se distingue, em essência, de discricionariedade. É possível aludir – na esteira de Sérvulo Correia – a uma autonomia pública, consistente em uma "liberdade de decisão positivamente orientada pelo ordenamento jurídico. Os actos concretos em que a autonomia pública se manifesta recebem uma conformação teleológica provinda de normas aplicáveis e emergem da deliberada omissão de uma predeterminação do acto, omissão esta que é apenas parcial e nunca integral" (*Legalidade e Autonomia Contratual nos Contratos Administrativos*, 1985).

Forçoso concluir, a partir disso, que o regime jurídico-administrativo impõe-se à Administração não apenas como seu limite, mas como seu próprio fundamento. Impensável, por isso, a importação do princípio da autonomia contratual, nos moldes concebidos pelo direito privado, para o direito administrativo.

10. *O Contrato*, p. 297.

11. É certo que – como leciona José Beleza dos Santos – a teoria da declaração (Savigny), para o direito civil, apresentou falhas de logicidade, mostrando-se

vando, assim, o tratamento jurídico da vontade,[12] antes apoiado em elementos de psicologia individual, agora estruturado a partir de elementos exteriores e socialmente reconhecíveis.

Perceba-se que a idéia de *autonomia de vontade* alterou-se sensivelmente nos últimos tempos também devido à proliferação de formas contratuais alternativas, as quais primaram por um desequilíbrio das forças contraentes. O surto dos contratos de adesão significou o reconhecimento de que, em face do Direito, a vontade constituinte do vínculo contratual não deve ser aquela estritamente aceita como atitude psicológica, livremente formulada. Mas a vontade aludida como peça estrutural do vínculo contratual passa a afigurar-se muito mais como atitude objetiva de aderir a regras postas, isto é, de declarar[13] a aceitabilidade (se obrigando) a regras estatuídas.

Essa depuração do conceito de *autonomia de vontade* conduziu à aceitação de que a *liberdade jurídica* essencial ao conceito de contrato é aquela de vincular-se à relação jurídico-contratual, e não a de formular, no todo ou em parte, o objeto do contrato.[14] Explica Marcello Cae-

---

em algumas situações inadaptável às exigências práticas; não soluciona, de resto – e como refere o autor –, o problema da divergência entre a vontade real e a declarada (*A Simulação em Direito Civil*, pp. 20-26).

12. Marçal Justen Filho adverte, nesse particular, não ser possível aludir à vontade "como um processo psicológico cuja presença e autonomia sejam pressuposto de validade da figura contratual" ("Contratos ...", *Revista de Direito Administrativo Aplicado* 10/689).

13. Junqueira de Azevedo diz que "a vontade não é elemento do negócio jurídico; o negócio é somente a declaração de vontade. Cronologicamente, ele surge, nasce, por ocasião da declaração; sua existência começa nesse momento; todo processo volitivo anterior não faz parte dele; o negócio todo consiste na declaração" (*Negócio jurídico – Existência, Validade e Eficácia*, São Paulo, Saraiva, 1986, p. 96, *apud* Edmir Netto de Araújo, *Do Negócio Jurídico Administrativo*, p. 23).

14. "Pouco importará que as pessoas possam determinar livremente, na totalidade ou em parte, o objecto da relação; mas é essencial que, dado determinado objecto, as pessoas possam ou não vincular-se a seu respeito" (Marcello Caetano, *Manual de Direito Administrativo*, 10ª ed., vol. 1, p. 572).

Também Joaquim Torno Más aduz que, no âmbito do contrato administrativo, se as prerrogativas da Administração rompem a igualdade das partes, não quer isso dizer que haja desaparecido a existência de um vínculo contratual, eis que "se mantém a liberdade de obrigar-se e as prerrogativas são compensadas com a garantia da manutenção do equilíbrio econômico pactuado no contrato" ("Actuaciones relativas a la contratación: pliegos de cláusulas administrativas y de prescripciones técnicas, perfección y formalización de los contratos, prerrogativas de la Administración", in *Comentario a la Ley de Contratos de las Administraciones Públicas*, p. 281).

tano que enquanto assim acontecer "o fundamento da obrigatoriedade da relação está no reconhecimento legal da eficácia criadora da vontade dos indivíduos".[15]

A *funcionalidade* que caracteriza a vontade declarada pelo Estado não impede o reconhecimento de que seus efeitos jurídicos sejam aceitos como formação do negócio jurídico administrativo. Certamente, o fato de a vontade estatal definir-se como *normativa*, adstrita ao atingimento de finalidades predeterminadas na lei, em nada conduz à sua exclusão como pressuposto do vínculo contratual. Perceba-se que a idéia de *funcionalização* não é exclusiva da vontade pública; está também presente no campo privado – na declaração de vontade da pessoa jurídica, por exemplo. Da mesma forma que o interesse coletivo fundamenta a declaração da vontade estatal, o representante de uma empresa privada age conduzido pela "proposta social", quase sempre fruto da suma de vontades individuadas de seus sócios.[16] Negar, neste particular, a declaração de vontade estatal[17] é quase o mesmo que negar a possibilidade de as pessoas jurídicas privadas celebrarem contratos – o que se põe, em nossos dias, impensável.

Assim, parece perfeitamente possível o entendimento de que o poder público, cuja vontade – funcional – é do tipo *normativa*, está juridicamente apto à celebração de contratos. Mesmo que internamente o processo de formação do contrato aluda muito mais a uma técnica própria do agir administrativo, em relação ao co-contratante, as declarações do poder público fruto da formação do *contrato-ato* são aptas a instalar uma relação jurídico-contratual. O ato contratual produz normas que vinculam a Administração e o co-contratante.

Também resulta lícito entender-se que há *contrato* na adesão do co-contratante aos termos unilateralmente postos pela Administração (e deve-se reconhecer que tal adesão não é absoluta, pois que ao particular cabe, sob um certo ângulo, discutir cláusulas contratuais).[18] Não

---

15. *Manual* ..., 10ª ed., vol. 1, p. 573.

16. É verdade que há traços distintivos entre a noção de *representação* inerente ao Estado enquanto atuante na prossecução do interesse coletivo e da *sociedade* atuando em nome de seus sócios. Para o exame que se propõe, entretanto, interessa o mecanismo de funcionalização, cuja analogia é viável.

17. Edmir Netto de Araújo, contraditando o pensamento de Cretella Júnior, admite que há declaração da vontade do Estado formadora de negócio jurídico (*Do Negócio* ..., pp. 199-201).

18. A formulação de propostas no âmbito do procedimento licitatório vem a demonstrar que o co-contratante produz influência no conteúdo do contrato.

há, de fato, como houveram dito, falta de equivalência entre a vontade pública e a vontade do particular, concorrentes para a formação do vínculo – isto é, não se pode negar a existência de contrato entre a Administração e o particular sob o fundamento de que este não poderá discutir as cláusulas pactuadas, as quais resultam previamente postas pela Administração. Como bem, já há muito, observou Mário Masagão: "É freqüentíssimo, no domínio contratual, mesmo de direito privado, estatuir uma das partes as normas, e a outra as aceitar, apenas. Nem por isso deixa de haver contrato. O passageiro não discute, na estação ferroviária, ao adquirir um bilhete, nem o preço, nem o horário, aos quais se submete. Estará excluindo, na hipótese, o contrato de transporte? Os indivíduos que, à porta de um teatro, adquirem ingressos não discutem o preço, a hora, a qualidade do espetáculo, previamente fixados pela empresa. Deixou, por isso, de haver contrato?".[19] E sintetiza o autor, referindo que, desde que as vontades se ajustem a respeito das relações jurídicas recíprocas, "pouco importa que as competentes cláusulas tenham sido formuladas por uma das partes, ou por ambas".[20]

A segunda questão que deve ser examinada no que toca à possibilidade de a Administração celebrar contratos com os particulares diz com a implicação do postulado da igualdade que informa o regime jurídico dos contratos – produzindo uma espécie de igualação das partes contraentes – na supremacia da Administração Pública em face do particular, como ente promotor do interesse geral.[21]

Note-se que não existe um desnivelamento jurídico entre a pessoa administrativa contratante e o particular. O princípio do Estado de Direito produziu o entendimento de que o ente estatal deve se manifestar, assim como os particulares, *sub legem*. Toda e qualquer pretensão do Estado em face do indivíduo "deve assentar-se em um fundamento jurídico", donde a "limitação do poder do Estado pelo Direito e o reconhecimento, pela ordem jurídica, da personalidade do indivíduo criam, a este, um *status libertatis*, não só de fato, como decorrência de sua natureza humana, mas propriamente jurídico. Dentro dessa esfera de liberdade, o particular é, pois, juridicamente igual ao Estado".[22]

---

19. *Natureza Jurídica da Concessão de Serviço Público*, p. 81.
20. Idem, pp. 80-81.
21. Conforme Berçaitz, a igualdade jurídica não é norma vetora do conceito de contrato, nem do contrato de direito privado, em termos absolutos (*Teoria ...*, 2ª ed., p. 164).
22. Consoante o pensamento de George Jellinek, que se traduziu como resposta à objeção de o Estado contratar com particulares (Bornhak) (trazido por Ruy

É de se ver, ademais, que o interesse público, considerado como elemento finalístico do contrato, paira acima do vínculo e produz *dinamicidade* na relação, condicionando-a. Não que essa flexibilidade seja fruto de uma manifestação autoritária e independente da Administração-contratante, mas é ditada pelo interesse maior envolvido, do qual a Administração é mera gestora. Sob um certo ângulo, pode-se afirmar que o interesse que orienta a mutabilidade contratual é externo às partes e condiciona *objetivamente* o vínculo. Já disse Marcello Caetano: "O interesse público é, em relação à Administração, uma idéia transcendente, que não depende dela, pelo contrário, exerce sobre ela o seu império".[23]

A Administração não é, assim, hierarquicamente superior ao cocontratante por uma situação *subjetiva* e apriorística, mas o é pela instrumentalidade ao interesse geral que, na sede contratual-administrativa, caracteriza sua atuação.[24]

Por isso, não se entende que a imperatividade estatal, traduzida nas prerrogativas especiais de quem se incumbe da busca do interesse público, possa significar a impossibilidade de aceitar-se laços contratuais entre a Administração e particulares. O Estado não está, neste propósito, abdicando de seus poderes inerentes (instrumentais) e se colocando em pé de igualdade com o particular, mas utilizando instrumento jurídico necessário ao agir administrativo e compatível com seu regime jurídico, o qual implica a assunção de obrigações mediante técnica constitutiva; o Estado não deixa, por isso, de manifestar um exercício administrativo. Aliás – e como lembra Marcello Caetano –, a Administração pratica atos constitutivos de direitos a particulares, e, neste sentido, vincula-se juridicamente aos particulares beneficiários. Ora, "desde que o Estado pode vincular-se juridicamente aos particulares através de actos legais das autoridades públicas, nada impede que essa vinculação se opere por contrato".[25]

Cirne Lima, "Contratos administrativos e atos de comércio", *RDA (Seleção Histórica)*, 1991, p. 275).

23. *Manual* ..., 10ª ed., vol. 1, p. 588.

24. Como já argutamente expôs Marçal Justen Filho: "Não há qualquer caráter predeterminado (como, por exemplo, a qualidade do titular) apto a qualificar o interesse como público". Aduz que "o processo de concretização do Direito produz a seleção dos interesses, com a identificação do que se reputará como interesse público em face das circunstâncias" ("Conceito de interesse público e a 'personalização' do direito administrativo", *RTDP* 26/133).

25. Marcello Caetano, *Manual* ..., 10ª ed., vol. 1, p. 577.

Por último, a *mutabilidade* (propiciada especialmente pela pertinência de poder de modificação unilateral deferido à Administração) dos contratos públicos (relação jurídico-contratual administrativa) nem está a atestar a incompatibilidade dessa com o contrato privado (relação jurídico-contratual privada), nem afirma o entendimento de que aqueles não constituem propriamente contrato.

É de se referir que a imutabilidade, mesmo nos contratos privados, sofreu profunda relativização pela evolução conceitual da figura.[26] O dirigismo contratual e a tutela do interesse público produziram a *mutabilidade* do contrato privado,[27] donde se constata que esta não é peculiaridade exclusiva do contrato administrativo. Em ambas as situações a mutabilidade vem ditada e orientada por fundamentos jurídicos próprios de cada regime jurídico.[28]

É sabido que o *princípio da imutabilidade do contrato*, no seio da teoria geral de direito privado, erigiu-se no fito de "impedir que uma das partes, prevalecendo-se de circunstâncias favoráveis, imponha à outra a sua vontade".[29] Daí que a *mens* da norma assenta-se na boa-fé que deve conduzir as relações contratuais;[30] assim, o Direito, recepcionando a boa-fé como *standard* de comportamento contratual, haverá de reputar ilícita a conduta daquele contraente que aja com má-fé, vi-

---

26. Examinando o princípio da imutabilidade dos contratos, Caio Tácito observa que: "Mesmo no campo do direito privado, a noção não conserva mais o caráter absoluto, penetrando a lei no domínio da vontade, para, sob certa forma, patrocinar o dirigismo contratual, em resguardo do interesse público ou na garantia da igualdade entre as partes" ("Fato do príncipe e contrato administrativo", in *Temas de Direito Público*, vol. 2, p. 1.388).

27. Orlando Gomes aponta que a rígida aplicação do *pacta sunt servanda* por vezes acaba por traduzir-se em situações injustas. Daí esse princípio comportar exceções (*Transformações Gerais do Direito das Obrigações*, 2ª ed., p. 95).

28. Monedero Gil contrapõe a cláusula *rebus sic stantibus* como concepção da mutabilidade no direito civil ao *ius variandi*, figura do direito administrativo. Anota seus traços distintivos, apontando que o *ius variandi* não se fundamenta em razões de eqüidade, mas de satisfação permanente ao interesse público; não pode ser construído sobre razões subjetivas, mas advém de razões pragmáticas e objetivas de interesse público; não se trata de cláusula *sobreentendida* passível de interpretação restritiva pelos tribunais, mas de uma faculdade administrativa (*Doctrina del Contrato del Estado*, pp. 390-391).

29. Cf. Orlando Gomes, *Contratos*, 12ª ed., p. 182.

30. Nada impede – agregue-se – que se convencione no contrato (privado) a atualização/modificação, no todo ou em parte, do objeto do contrato conforme se verifiquem acontecimentos determinados. O que não se admite é uma infundada e arbitrária modificação *unilateral* do vínculo.

sando a mudar unilateralmente os termos do contrato para melhor lhe convir.

A tutela da boa-fé conduz à convivência sistemática de princípios na seara contratual-privada. É possível verificar que a *imutabilidade* do contrato em muitos casos restará flexibilizada em face da projeção normativa de outros princípios que, em sistema, compõem o regime jurídico-contratual. É o caso, por exemplo, do princípio que acolhe a teoria da imprevisão ou a cláusula *rebus sic stantibus*, propiciando a mutabilidade do contrato privado, permitindo ao particular que recorra à tutela jurisdicional para atualizar/modificar os termos contratuais conforme situações novas que determinem essas alterações. O que se põe, diante do sistema jurídico contratual, é que determinados princípios, a par da situação concreta, se sobrepõem a outros, fazendo com que as regras jurídicas que dão concreção àqueloutros restem afastadas. Assim, o princípio da intangibilidade contratual, embora válido, diante de determinada situação concreta, poderá ver-se sobreposto pelo princípio da imprevisão a favor da eqüidade e boa-fé; nesse aspecto, as regras jurídicas que apontam para a imutabilidade contratual devem ter sua aplicação afastada, porquanto seu princípio-matriz, o qual aquelas cuidam de concretizar, perdeu aplicabilidade.

O mesmo se passa no âmbito do sistema jurídico do contrato administrativo. Não se nega que o princípio da imutabilidade projeta normatividade de molde a exigir das partes o cumprimento da avença; a Administração vincula-se ao pactuado (assim como o co-contratante), tanto em questões de cunho regulamentar como em aspectos econômico-financeiros do contrato. Ocorre que em determinados casos a situação concreta reclama a relativização[31] desta norma principiológica pela

---

31. Cristiane Derani explica que a aplicação dos princípios "obedece a graus de intensidade. O limite está no conteúdo mínimo do princípio". Pois eles não entram em colisão, mas se alternam. "O que ocorre é a precedência de um sobre outro dentro de definidas situações concretas" (Cristiane Derani, *Atividades do Estado na Produção Econômica: Interesse Coletivo, Serviço Público e Privatização*, p. 132).

Também ensina Eros Grau – com espeque em Dworkin – que os princípios, ao contrários das regras, podem comportar exceções. Afirma Eros Grau: "Desde que os pressupostos de fato aos quais a regra refira – o suporte fático hipotético, o *Tabestand* – se verifiquem, em uma situação concreta, e sendo válida, em qualquer caso há de ser ela aplicada. Já os princípios jurídicos atuam de modo diverso: mesmo aqueles que mais se assemelham às regras não se aplicam automática e necessariamente quando as condições previstas como suficientes para sua aplicação se manifestam" (*A Ordem Econômica na Constituição de 1988 (Interpretação e Crítica)*, 7ª ed., pp. 97-98; consultem-se, ainda, o item 5.6 deste capítulo e o item 2 do Capítulo IV).

pertinência de outra: o princípio da prossecução do interesse geral envolvido na contratação. O princípio, pois, que confere concretude à imutabilidade, diante daquela situação, deve ser afastado pela projeção de princípios que visam a instrumentar a atualização/modificação do interesse público.[32]

De outra parte, o *ius variandi* assim como as demais prerrogativas exorbitantes, sendo os principais elementos de distinção entre as categorias de direito público e privado de contratos, não podem ser tomados como produto de manifestação discricionária da Administração. Não se trata o exercício de tais prerrogativas unilaterais de um direito que a Administração possui para, a partir de um juízo livre seu, promover a alteração contratual, arranhando, assim, os interesses protegidos pelo princípio da imutabilidade do contrato. Há condicionantes objetivos que ensejam o exercício desses poderes, donde tal emanação produz-se por eventos exteriores às partes. A Administração, valendo-se de poderes instrumentais, cuida de executar as alterações contratuais recomendadas pelas necessidades públicas surgidas a partir de fatos concretos e supervenientes (ou de conhecimento superveniente) à celebração do contrato.[33]

---

32. Balizados os princípios a partir da tutela da boa-fé, não se admite que a relativização possa se operar em sede de cláusulas econômicas do contrato – ou, melhor: desequilibrando a economia contratual. Muito ao contrário disso, em virtude da aplicabilidade do princípio da colaboração do co-contratante com o interesse público, a intangibilidade da equação econômico-financeira assume rigidez mais acentuada, até, que nos contratos privados.

33. Perceba-se que com a idéia de se exigir, para fins do exercício de modificação unilateral dos contratos (assim como para fins do exercício do poder rescisório), a modificação das circunstâncias iniciais do contrato parece cumprir-se o atendimento a um princípio de imprevisão. Neste particular vale referir o pensamento de Saroit Badaoui, que, buscando explicar o poder de modificação unilateral do contrato administrativo, desenvolveu, a partir da jurisprudência do Conselho de Estado Francês, a teoria da alteração necessária das circunstâncias iniciais do contrato. Observou o autor que a noção de alteração de circunstâncias não é específica da matéria do contrato administrativo, mas serve, antes, para solucionar problemas decorrentes de atos unilaterais, concluindo que, no domínio da teoria geral do contrato administrativo, "a teoria da imprevisão não é senão a aplicação desta mesma idéia de alteração de circunstâncias". Daí que "la notion d'imprévision peut jouer en faveur du particulier comme en faveur du cocontractant" (Saroit Badaoui, *Le Fait du Prince dans les Contrats Administratifs*, Paris, 1955, p. 103, apud Augusto de Athayde, *Poderes Unilaterais da Administração sobre o Contrato Administrativo*, p. 55).

A mesma idéia extrai-se da lição de Bardusco, chegando o autor a expressamente referir a prevalência do critério do interesse público, no âmbito do exercício

Assim é que se percebe que esses "poderes" têm lugar pela projeção normativa de princípio relativo a contratos público-administrativos perfeitamente compatível com os interesses tutelados pelo princípio da imutabilidade do contrato. Aliás, a convivência da tutela do interesse público com a tutela de interesses privados do co-contratante vem demonstrada pelos direitos que esse possui – condutíveis à eqüidade das partes – em face de modificações contratuais.

Ademais, quando o particular contrata com a Administração, cujo objeto é passível de contrato administrativo, o faz ciente de que está a assumir um *status* de colaborador com o interesse geral, donde haverá de suportar alterações nos termos contratuais originariamente postos, caso as necessidades públicas as imponham.[34] Não há, assim, no exercício unilateral de modificação do contrato, quebra da boa-fé, interesse maior tutelado pelo principio da imutabilidade em sua conformação aplicada aos contratos privados.

É óbvio, contudo, que o exercício modificativo da Administração nos contratos administrativos se vale de título jurídico de competência pública auto-executória. E neste aspecto se poderia cogitar de exercício autoritário, desnivelador da relação Administração/particular. Mas, como dito, tal competência, funcionalizada, está pautada por pressupostos determinados, os quais condicionam a emanação do *ius variandi* mediante a verificação concreta de circunstâncias que, não existentes à época da contratação – ou não conhecidas –, sejam determinantes de uma modificação em prol da atualização das necessidades públicas.

Sucede que, sem negar as diferenças dos regimes jurídicos aplicáveis a ambas as espécies contratuais – pública e privada –, é lícito concluir que nem o poder de modificação unilateral do contrato é arbitrário, nem a *mutabilidade* é peculiaridade exclusiva do contrato público

---

de poderes exercitáveis no campo das convenções urbanísticas, como "quase uma implícita cláusula *rebus sic stantibus*. Esta prevalência, afirmou a jurisprudência italiana, tornaria legítima toda modificação introduzida pela Administração no exercício das suas autoridades públicas". Vale dizer, "le Amministrazioni locali o centrali potrebbero bensì concordare validamente con i privati piani di sistemazione urbanistica o di sviluppo edilizio, ma non potrebbero tuttavia autolimitare i propri poteri discrezionali sulla materia" (Aldo Bardusco, *La Struttura dei Contratti delle Pubbliche Amministrazioni*, p. 265). Consulte-se, acerca do assunto, o item 2.1 do Capítulo III desta monografia.

34. Pontua Caio Tácito que "a noção de mutabilidade do contrato administrativo é compatível com o sinalagma que caracteriza tal espécie bilateral de relação jurídica porque se reputa uma cláusula implícita e, portanto, consentida pelas partes" ("Contrato administrativo", in *Temas de Direito Público*, vol. 1, pp. 620-621).

– muito embora se reconheça a distinta dimensão em que esta é assumida nos respectivos regimes jurídicos incidentes.

2.1 Síntese

Essas considerações são úteis na medida em que servem a depurar o contrato como figura autônoma do sistema civilista a partir do qual comumente é tomado. De fato, o contrato é categoria jurídica pertinente à Teoria Geral do Direito; transcende os lindes do sistema privatístico. Ou, melhor: é categoria que ora é utilizada no âmbito do sistema de direito privado, ora no sistema publicista, afeiçoando-se ao regramento próprio de cada regime. As matrizes, contudo, permanecem intactas, e são estas que compõem o conceito de *contrato*.

Vale, por fim – e mais uma vez –, ressalvar que as ponderações atrás formuladas não tiveram qualquer pretensão de exaurir o assunto, muito menos de formular classificações jurídicas dos aspectos abordados. Afinal, o que é de utilidade a este estudo certamente não é a *forma* com que as doutrinas têm examinado o tema, ou mesmo a *classificação* que se dê aos fenômenos, mas os *efeitos jurídicos* que a construção jurídica capitulada de *contrato administrativo* irradia. À medida que seja necessário elucidar determinados conceitos para o exame deste objeto, assim será feito; sempre, entretanto, à guisa de utilidade.

3. Teoria do contrato administrativo

Na esteira do que se expôs no tópico anterior, aceita-se a existência de contratos regidos pelo regime jurídico de direito público; logo, toma-se o *contrato administrativo* como figura de natureza contratual, de acordo com o enfoque sistemático deste estudo.[35]

Para explicar o que significa o *contrato administrativo*, parta-se da clássica divisão, adotada pelos países que recepcionaram a teoria do contrato administrativo, das espécies dos *contratos administrativos* e dos *contratos jurídico-privados da Administração Pública*. O exame

---

35. Não é propósito deste estudo o exame das variadas classificações existentes acerca da figura dos contratos administrativos, nem tampouco a análise da disputa doutrinária acerca de sua natureza jurídica. O que se busca é um enfoque operacional do instituto, afirmando desde logo traços de seu regime jurídico próprio, os quais todas as doutrinas acolhem, muito embora o façam sob diferentes atitudes classificatórias. Como já afirmou Carrió: "Buena parte de las controversias entre juristas consisten en problemas de clasificación, abordados como si se trata de cuestiones de hecho" (*Notas ...*, 4ª ed., p. 99).

comparativo é necessário a destacar as especificidades da figura do contrato administrativo; não se pode aludir a uma figura do *contrato administrativo* sem atribuir-lhe particularidades comparativamente a outras espécies.

Embora no que respeita à formação do vínculo se possa falar em um regime comum de direito público para ambas as categorias, nas modalidades de execução e conclusão do contrato tem-se a projeção de um regime misto,[36] sede em que o contrato administrativo terá um regime jurídico preponderantemente de direito público, e o contrato de direito privado da Administração Pública, preponderantemente (mas não exclusivamente) de direito privado.[37] A relevância da distinção

36. Evidencia-se – como alude Lúcia Valle Figueiredo – que não há possibilidade de um regime unitário, quer para uma, quer para outra espécie. Esta consideração advém do reconhecimento da superação da clássica divisão entre direito público e direito privado (*Extinção dos Contratos Administrativos*, 3ª ed., p. 20).

Sabino Cassese aponta que, "em lugar da oposição original, pouco a pouco se começou a verificar um fenômeno de 'mescla' entre direito público e direito privado na Administração". Daí afirmar que: "Tanto no ordenamento das organizações, como no do pessoal, ou, finalmente, no das atividades, o direito privado penetra no direito Público e vice-versa" ("Derecho público y derecho privado de la administración", in *Problemática de la Administración Contemporánea*, p. 24). Essa conclusão já vem sendo afirmada por inúmeros juristas. Consultem-se: José Luis Villar-Palasi e José Luis Villar Escurra, *Principios de Derecho Administrativo*, 4ª ed., vol. I, pp. 39-41; Prosper Weil e Dominique Pouyaud, *Le Droit Administratif*, 17ª ed., pp. 71-72.

37. Vale ressaltar que mesmo nos contratos jurídico-privados há uma tendência de se afirmar algumas vinculações jurídico-públicas inexoráveis. Em termos lógicos (e não cronológicos), é possível – com Maria João Estorninho – identificar historicamente um processo de intensificação das vinculações jurídico-públicas em face da atividade contratual privada. Numa primeira fase verifica-se a existência de meras vinculações jurídico-públicas esparsas; na segunda, a separação de uma fase preparatória para cada atuação jurídico-privada, submissa ao direito público; na terceira, a unificação entre toda atuação de direito privado, quando se identificam momentos de direito público "destacáveis" em relação à base da atividade (sujeita ao direito privado); na última, enfim, há o entendimento de que essa "base" da atividade privada da Administração também estaria sujeita, em alguma medida, ao direito público, ao menos em termos de uma vinculação à prossecução dos fins jurídico-públicos aos quais a entidade em causa está vinculada (Maria João Estorninho, *Réquiem pelo Contrato Administrativo*, pp. 152-153).

Quanto a esse assunto pode-se referir também nosso estudo apresentado em Congresso Brasileiro de Direito Administrativo: Fernando Vernalha Guimarães, *Estágio Atual das Contratações Públicas: a Escolha Entre as Formas de Atuação e as Vinculações Jurídico-Públicas à Atividade Contratual Privada da Administração*, 2000.

conceitual apontada reside, portanto, na diferença de regimes jurídicos aplicáveis; por isso, "a transcendência da distinção será maior ou menor conforme seja a distância existente entre ambos os regimes".[38] Além de a distinção não se apresentar absoluta, a projeção dos regimes não é "unitária" e "compacta", isto é, "não existe um único regime jurídico para os contratos administrativos, senão vários regimes distintos a cada lado da linha divisória".[39]

É na classe dos contratos administrativos, portanto, que despontam mais peculiarmente as chamadas "cláusulas *exorbitantes*" do direito privado, autorizadoras de poderes gerais de instabilização do vínculo, deferidas à Administração Pública na qualidade de gestora do interesse geral. A caracterização desses poderes típicos, tidos como principal elemento de distinção entre ambas as espécies contratuais, erigiu-se a partir formação da teoria dos contratos administrativos.

Surgida como fruto de um fenômeno de sistematização doutrinária da jurisprudência dos Tribunais Franceses, a teoria do contrato administrativo, à equivalência de outras instituições de direito administrativo, produziu-se pelas decisões do Conselho de Estado e do Tribunal de Conflitos Francês, despertando na doutrina a necessidade de construção de uma base teorética para a explicação do fenômeno.

Mesmo antes do aparecimento do *critério do serviço público*, quando começa definitivamente a desenvolver-se a idéia de contrato administrativo, a jurisdição administrativa francesa já era competente para a apreciação de contratos em que a Administração Pública fosse parte (todos eles), devido a um critério orgânico de divisão. Nessa época, vigente a teoria dos *atos de gestão* e dos *atos de autoridade*[40] como

38. Eduardo García de Enterría e Tomás-Ramón Fernández, *Curso* ..., 10ª ed., vol. 1, p. 691.
39. Idem, ibidem.
40. O critério dos atos de gestão e atos de império significou a divisão dos atos emanados da Administração Pública em duas classes: os *atos de mera gestão*, que respeitavam ao direito privado, porquanto a Administração atuava como mero particular; e os *atos de "imperium"*, em que a Administração, atuando imbuída de autoridade, sujeitava-se a um regime de direito administrativo. Essa teoria foi defendida por autores como Batie, Ducroq, Aucoc, Laferriére (seu sistematizador) e Barthélemy.

Foi Laferrière, então Vice-Presidente do Conselho de Estado, quem fez nascer a sistematização da distinção entre *atos de gestão* e *atos de autoridade*, em período que se segue a partir do famosíssimo aresto *Blanco*, de 8.2.1873 (quando o Tribunal de Conflito Francês delegou ao Tribunal Administrativo a competência para o julgamento do caso *Blanco*). Acrescenta Jean Rivero que, ao contrário do

a primeira sistematização do direito administrativo, muito embora se considerassem os contratos celebrados pela Administração Pública como *atos de gestão*, remetia-se sua apreciação jurisdicional ao Conselho de Estado por uma opção pragmática, porquanto os tribunais administrativos, além de mais céleres, estavam mais a par do funcionamento da Administração Pública.[41]

Não existiam nesse tempo diferenças entre o regime jurídico dos contratos celebrados pela Administração Pública (contratos administrativos e contratos privados da Administração), sendo todos os pactos considerados verdadeiros *atos de gestão* da Administração, por respeitarem – segundo se entendia – a questões de natureza civil.

O critério *monista* de competência foi substituído por uma dualidade fundada inicialmente ainda em questões de índole pragmática; por força de lei, alguns dos contratos celebrados pela Administração foram submetidos à jurisdição administrativa, quando se entendeu, mediante um critério restritivo, que todos os demais contratos haveriam de ser remetidos à jurisdição comum. É nestes termos que exsurge a primeira distinção entre o contrato administrativo e o contrato privado da Administração, ainda que tal não tivesse razões de fundo, substantivas, tendo surgido como conseqüência de uma opção de jurisdição feita pelo legislador. Não havia sido criada, portanto, uma base de sustentação para a figura do contrato administrativo, eis que a distinção que se vislumbrou entre os contratos celebrados pela Administração Pública tinha relevância apenas no campo processual, "destituída de qualquer importância ao nível material ou substantivo".[42]

O surgimento, no início do século, do *critério material do serviço público*[43] como núcleo de sistematização do direito administrativo propiciou um "salto dogmático"[44] da doutrina na tentativa de construir a

que se pensa, não foi a contribuição do aresto *Blanco* a de fomentar um novo fundamento para a competência administrativa tirado da noção de serviço público; "na realidade, é muito mais tarde que será interpretada nesse sentido a alusão feita pelo aresto *Blanco* ao serviço público" (*Droit Administratif*, 18ª ed., p. 164).

41. Cf. Maria João Estorninho, *Réquiem* ..., p. 33.

42. Maria João Estorninho, *Réquiem* ..., p. 34.

43. Com efeito, o critério do serviço público não se erigiu senão a partir de arestos de grande importância, que – sob o fundamento do serviço público como elemento distintivo das atividades pública e privada, autorizando este a utilizar-se de processos derrogatórios do direito comum – uniram a competência administrativa ao serviço público (v. Jean Rivero, *Droit Administratif*, 18ª ed., p. 164).

44. Expressão de García de Enterría ("La figura del contrato administrativo", in *Studi in Memoria di Guido Zanobini*, vol. 2, p. 645).

substantividade da figura. Com efeito, sob a fundamentação de que a atividade administrativa se diferencia da atividade privada pela prossecução daquela a um serviço público, cuja busca pelo interesse geral se faz mediante processos derrogatórios de direito comum, devendo submeter-se, assim, à jurisdição administrativa, o *critério do serviço público*, como não poderia deixar de ser, produziu reflexos no campo dos contratos celebrados pela Administração Pública, fomentando a teorização do contrato administrativo. Entendeu-se que aqueles contratos que diziam de perto com o serviço público, instrumentando a organização e o funcionamento dos serviços públicos (em sentido amplo), haveriam de submeter-se à jurisdição administrativa, caracterizando-se como *contratos administrativos*; enquanto os demais contratos celebrados pela Administração, que não tivessem relação com o serviço público, seriam classificados como contratos privados, de competência da jurisdição comum.

A partir desse marco é que se inicia o desenvolvimento de uma teorização buscando o critério de distinção dos contratos administrativos e dos contratos de direito privado da Administração. A doutrina francesa, acolhendo o critério do serviço público – e já influenciada por este –, cuidou de construir uma base teórica para a explicação do contrato administrativo, singularizando-o, em termos substantivos, do contrato privado da Administração Pública. Há quem sustente[45] representar tal esforço uma inversão da lógica substantividade/processualidade, porquanto a aludida teorização do contrato administrativo haveria surgido como resposta a uma opção jurisdicional. Vale dizer: a *autonomização* do contrato administrativo deveu-se a uma tentativa de justificação dialética, intentada pela doutrina francesa, a partir da submissão legislativa de determinados contratos à jurisdição administrativa.[46] Este fato para certos autores[47] revela uma verdadeira ausência de direito material do contrato administrativo.

---

45. Nesse sentido: García de Enterría, "La figura ...", in *Studi* ..., vol. 2, p. 666; Martín-Retortillo, "La institución contractual en el derecho administrativo: en torno al problema de la igualdad de las partes", in *Studi in Memoria di Guido Zanobini*, vol. 2, p. 251; Maria João Estorninho, *Réquiem* ..., p. 37.

46. Maria João Estorninho comenta que "é como conseqüência dessa autonomização processual, e recorrendo a título de justificação à prossecução de fins de serviço público, que se foi progressivamente transferindo, para a gestão desses contratos, as técnicas normais de actuação da Administração e, em especial, o seu privilégio de autotutela" (*Réquiem* ..., p. 37).

47. Martín-Retortillo, "La institución ...", in *Studi* ..., vol. 2, p. 251.

Com a crise da noção de *serviço público*[48] como noção sistematizadora do direito administrativo, um outro critério foi acolhido pela doutrina e jurisprudência francesas na tentativa de explicar o instituto do *contrato administrativo*: o *critério das cláusulas exorbitantes*.[49] A solução encontrada para a categorização do contrato administrativo estava na presença de cláusulas exorbitantes do direito comum; a introdução de cláusula exorbitante em contrato celebrado pela Administração Pública convertê-lo-ia em administrativo,[50] já que, "segundo a doutrina dominante na França, tal circunstância fazia presumir a intenção de acudir ao regime de contrato público, e só residualmente a jurisprudência apelava ao critério do serviço público, exigindo, em tais casos, que o contratante participasse de forma direta na gestão do serviço público".[51] Desta forma, somente nos casos em que se verificava mais intensa relação com o serviço público, executando o contratante diretamente o serviço, os tribunais entendiam dispensável a presença de cláusulas exorbitantes como fator de classificação do contrato.

Mas, o que significavam as tais "cláusulas exorbitantes" como critério definidor do contrato administrativo? Houve quem respondesse como sendo aquelas cláusulas que, se insertas em um contrato privado, qualificar-se-iam como ilícitas (Waline,[52] Rivero[53]); houve quem as

48. Jean Rivero observa que a crise manifesta-se por três vias: (a) o desenvolvimento da gestão privada, com a multiplicação dos serviços industriais e comerciais; (b) as incertezas sobre a definição do serviço público; (c) as hesitações da jurisprudência (*Droit Administratif*, 18ª ed., pp. 166-169).
49. Esse critério foi introduzido pelo *arrêt* "Société des Granits Porphyroides des Vosges", de 1921. Antes disso, porém, o *arrêt* "Terrier", de 6.2.1903, nas *conclusões* "Romieu", já havia reconhecido a existência de contratos administrativos em que a Administração, agindo no interesse de um serviço público, se põe na posição de particular, destituindo-se de prerrogativas funcionais públicas.
50. Nas palavras de Vedel e Devolvé: "La présence d'une ou de plusiers clauses exorbitantes confère au contrat un caractère administratif, même si ce contrat n'a pás de rapport avec le service public" (*Droit Administratif*, 12ª ed., vol. 1, p. 391).
51. Juan Carlos Cassagne, *El Contrato Administrativo*, p. 19.
52. Em crítica à concepção de Vedel, Marcel Waline propõe o critério da "ordem pública". Para o jurista a cláusula exorbitante não poderia ser inserida em um contrato privado sem infringir a *ordem pública*: "A cláusula exorbitante de direito comum é aquela que não se encontra normalmente no contrato de direito privado, seja porque ela foi introduzida no contrato pela autoridade administrativa em função de preocupações de interesse público que são estranhas às pessoas de direito privado, quando contratam entre si" (*Droit Administratif*, 9ª ed., 1963, p. 572, *apud* José Cretella Júnior, *Dos Contratos Administrativos*, 2ª ed., p. 36).
53. Rivero pontua que: "Sont certainement dérogatoires les clauses excédant cette liberte, et dès lors insusceptibles de figurer dans un contrat entre particuliers, comme contraires à l'ordre public" (*Droit Administratif*, 18ª ed., p. 122).

reputasse apenas como cláusulas não-usuais em contratos civis (Vedel,[54] Laubadère[55]). Predominou, pois, o entendimento extensivo, fixando-se a noção de *exorbitância* como não somente algo ilícito para o direito privado, mas também algo pouco usual.

O recurso à idéia de cláusula exorbitante assentava-se em visão *voluntarista*[56] do contrato, de modo que o fato de as partes contraentes inserirem no âmbito do contrato estipulações exorbitantes significaria a intenção de celebrar um contrato administrativo, e daí de submeter a avença à jurisdição administrativa.[57] A intenção das partes como fator implícito à noção do critério das cláusulas exorbitantes vem afirmada por inúmeras decisões do Tribunal de Conflitos Francês.[58]

54. Como anotado por Georges Vedel e Pierre Devolvé: "La question qui se pose est de savoir si la clause exorbitante est une stipulation Qui ne se recontre pas dans les contrats de droit privé parce qu'elle y serait *illicite* ou simplement parce que, en fait, les contractants n'ont pas l'habitude d'y recourir. A la vérité, la plupart des clauses que la jurisprudence retient comme exorbitantes du droit commun ne seraient pas illicites dans un contrat de droit privé, mais y sount in suelles en fait (cf. G. Vedel, in *Mélanges Mestre*, n. 23)" (*Droit Administratif*, 12ª ed., vol. I, p. 389).

55. "La clause exorbitante n'est pás nécessairement une clause qui serait illicite dans les contrats entre particuliers; elle est quelquefois une clause simplement inhabituelle dans ces contrats" (Laubadère, *Traité des Contrats Administratifs*, 2ª ed., vol. 1, p. 91).

56. Cf. Laubadère, *Traité* ..., 2ª ed., vol. 1, pp. 86-87.

57. Diz Francis-Paul Bénoit: "Ces clauses révéleraient le libre choix effectué par les parties entre les deux regimes contractuels, leur volonté d'adopter le regime de droit public. Les clauses ne conféraient donc pas par elles-mêmes le caractère administratif au contrat; elles constituaient simplement la preuve de la volonté des parties de choisir le regime de droit public" (*Le Droit Administratif Français*, p. 599).

58. São exemplos as seguintes passagens de decisões do Tribunal de Conflitos Francês: "(...) les transports effectués pour le compte de l'État ne peuvent relever (...) des tribunaux de l'ordre judiciaire que dans le cas où l' administration (...) a entendu s' adresser au transporteur dans les mêmes conditions que le public en général" (T.C. 7.11.1922, Manon, R.D.P. 1923, 433); "(...) qu'à supposer que certaines de ces clauses, qui ne sont pas dérogatoires au droit commun, puissent être regardées comme nulles et de nul effet en application de la législation des baux commerciaux, il n'en résulte pas que les parties aient entendu se placer en dehors des règles du droit privé pour des motifs tenant à la qualité d'établissement public de l'office, alors que l'intention contraire résulte de l'ensemble des stipulations du contrat" (T. C. 2.6.1975, Salas, Rec. 796) (Laurent Richer, *Droit des Contrats Administratifs*, 2ª ed., p. 92).

Observa Richer que se remeter à intenção das partes a qualificação do contrato administrativo é pôr à disposição delas a própria definição da competência juris-

De fato, a idéia da cláusula exorbitante como indicador da vontade das partes parece aprisionar o regime jurídico do contrato à estipulação voluntária das partes, donde o juiz estaria adstrito a essa, furtando-se à teleologia do contrato administrativo. Autores como Jean-Marie Rainaud buscaram afastar esse critério, aludindo que a mutabilidade do serviço demanda funções (poderes) irrecusáveis pela Administração, existindo essas fora das cláusulas contratuais.[59]

Aos poucos o Conselho de Estado Francês abandonou a primazia da cláusula exorbitante como critério de classificação do contrato administrativo, retomando a noção de serviço público.[60] Mesmo sem seu completo abandono, o critério das cláusulas exorbitantes adquiriu, para fins de classificação do contrato administrativo, um caráter subsidiário.[61]

O progressivo declínio do critério das cláusulas exorbitantes deveu-se, por um lado, às dificuldades da própria tarefa de atribuir "significação" àquelas e, de outro (e até como conseqüência), à tendência para "substituir a perspectiva inicial de cariz subjectivista pela de um fundamento objectivo".[62] Reconheceu-se, portanto, que o caráter exorbitante do contrato poderia advir de fatores exteriores aos contratantes, impondo-se mesmo contra a *vontade* das partes.

O desenvolvimento natural da jurisprudência do Conselho de Estado Francês conduziu à aplicação conjugada dos critérios. O renascimento da noção de serviço público como fator de implicação na

---

dicional, matéria desde sempre definida por norma de ordem pública. Daí que "uma cláusula atributiva de competência ao juiz judiciário não tem efeito, 'a competência, que é de ordem pública, não depende das partes, mas da lei'" (Com. 5.1.1953, Gagneux, Bull, III, n. 3, p. 2; Soc. 23.7.1985, Bull. Civ. V, n. 428; Paris, 30.5.1964, J.C.P. 1964, II, 13.795, concl. Talagrand). De outro lado – e como anota o autor –, um contrato pode ser administrativo mesmo que se preveja sua submissão a um regime de direito privado (exemplo: T.C. 29.6.1987, Ficheux, Rec. T. 776) (Richer, *Droit* ..., 2ª ed., p. 93).

59. "Le contrat administratif: volonté des parties ou loi de service public?", *Revue du Droit Public*, 1985, p. 1.190.

60. Com efeito, os *arrêts* "Époux Bertin" e "Société Française de Transports Gondrand", de 1956, resgataram a noção de serviço público como critério qualificador do contrato administrativo, afirmando o recurso às cláusulas exorbitantes quando a ligação do contrato com o serviço público não existisse ou fosse insuficiente.

61. Cf. C. R. Pellegrino, "Os contratos da Administração Pública", *RDA* 179-180/78.

62. Maria João Estorninho, *Réquiem* ..., p. 94.

determinação da qualificação dos contratos públicos produziu uma relativização da aplicação do critério das cláusulas exorbitantes, donde passou-se a admitir uma situação de coexistência entre os critérios. A questão trabalhada pela doutrina, a partir disso, foi a de erigir um sistema de aplicação alternada dos critérios, gerando-se uma disputa por sua hierarquização.

Nessa missão, a idéia de hierarquização foi compreendida em sentidos diferentes. Explica Maria João Estorninho que houve quem a entendesse como sinônimo de subsidiariedade, quando um dos critérios haveria de prevalecer em relação ao outro. E houve, noutra ponta, quem a assumisse como mero método de raciocínio, tratando-se de determinar a qual dos critérios deveria o juiz recorrer primeiro, e cuja aplicação dispensaria de examinar o segundo.[63] Para Laubadère, por exemplo, esta noção traduziu-se numa ordem de subsidiariedade, quando as cláusulas exorbitantes seriam um critério subsidiário em relação ao critério do serviço público.[64]

Autores como Georges Vedel identificaram uma ausência de hierarquia entre os critérios, quando o juiz utilizará ora um (serviço público), ora outro (cláusulas exorbitantes e regime exorbitante), conforme a situação concreta posta. Segundo Vedel e Devolvé cada um dos critérios há de se aplicar autônoma e alternativamente. Ou o contrato denota uma relação em que o co-contratante assegura a própria execução do serviço, não bastando a mera satisfação das necessidades do serviço, ou ele contém mesmo cláusulas exorbitantes, situação que independe de sua relação com o serviço.[65]

Já Amselek, em posição exclusiva, afirmou a não-coexistência autônoma entre os critérios, mas sua convivência sistemática, cujo princípio diretor seria o de permitir uma liberdade de escolha entre o regime de direito público ou de direito privado. A exceção vislumbrada, para certos casos, estaria na qualidade do objeto contratual, de perseguir a execução de serviço público. Nesta situação o contrato seria sempre administrativo.[66]

---

63. Idem, pp. 96-97.
64. 7.7.1980, "Société d'Exploitation Touristique de la Haute-Maurienne", *A.J.D.A.*, 1981, p. 49.
65. *Droit Administratif*, 12ª ed., vol. I, p. 372.
66. Conforme reproduz Jean-Marie Rainaud, Amselek entendeu que: "Il existe plusieurs critères généraux d'identification de la nature des contrats de l'Administration; ces critères se présentent comme les éléments d'un système à structure hiérarchique construit par le juge: le principe du système c'est que 'les

NOÇÃO DE CONTRATO ADMINISTRATIVO

A moderna jurisprudência francesa mantém a coexistência destes critérios para fins de qualificação do contrato administrativo, recorrendo freqüentemente à existência de *cláusula exorbitante*[67] ou à outorga de *execução de um serviço público*. Tais critérios só não são aplicáveis enquanto um contrato for assim qualificado por lei.

Nos casos em que se aplica o critério das cláusulas exorbitantes a qualificação do contrato repousa sobre "a constatação de uma incompatibilidade entre uma estipulação do contrato e a representação que o juiz faz das relações normais de direito privado".[68] Nos casos em que é utilizado o critério do serviço público parte-se da suficiência do laço que une o objeto contratual à noção de serviço público, entendendo-se que, "a partir do momento em que o serviço público está suficientemente[69] implicado, a aplicação de um regime de direito público se impõe".[70] Em ambos os casos – completa Richer – o regime aplicável é, portanto, determinante no raciocínio.[71]

---

parties sont libres de placer le contrat sous l'emprise du droit public ou du droit privé, leur choix se manifestant par la présence ou l'absence de clauses exorbitantes de droit commun'; deux éléments viennent compléter à titre subsidiaire l'édifice ainsi construit: les contrats administratifs par leur objet et les contrats privés conclus entre les S.P.I.C. et les usagers" ("La qualificación des contrats de l'Administration par la jurisprudence", *A. J.*, 1983, *apud* Jean-Marie Rainaud, "Le contrat administratif...", *Revue du Droit Public*, 1985, p. 1.185).

67. Segundo Richer, para qualificação de contratos de agentes de serviços públicos (concessões) o critério da cláusula exorbitante é residual, ainda que por vezes seja aplicado (T.C. 19.4.1982, 586) (*Droit ...*, 2ª ed., p. 101).

68. Laurent Richer, *Droit ...*, 2ª ed., p. 85.

69. Expõe Laurent Richer que o critério do serviço público desdobra-se em quatro modalidades de aplicação: (a) a participação na execução de um serviço público; (b) o contrato modalidade de execução do serviço público; (c) a submissão a um regime exorbitante; (d) o contrato cujo objeto seja a organização de um serviço público. Além disso, tem sido considerado administrativo o contrato mesmo nos casos em que não opera uma delegação global, mas confia a execução de uma parte do serviço público (T.C. 24.6.1996, Préfet de l'Essone, Rec. 546) (*Droit ...*, 2ª ed., p. 99).

Vale notar, ainda, que o Conselho de Estado assim como o Tribunal de Conflitos têm buscado, mais recentemente, uma concepção restritiva da noção de serviço público como método de conter a expansão do critério do serviço público. Richer exemplifica com um julgado relativo ao intervencionismo econômico: "O Conselho de Estado reconheceu o caráter de contrato administrativo a um contrato de 'descentralização industrial' pelo qual 'uma Municipalidade atribui vantagens a uma empresa para incitá-la a instalar-se sobre seu território' (C.E. 26 juin, Soc. La Maison des Isolants de France, Rec. 365; R.D.P. 1974)" (*Droit ...*, 2ª ed., p. 100).

70. Laurent Richer, *Droit ...*, 2ª ed., p. 85.

71. Idem, ibidem.

Atualmente o contencioso contratual na França delega-se às *Cours Administratives d'Appel*, submetendo-se a elas os litígios cujo objeto seja a validade, interpretação, execução e termos dos contratos administrativos. A suscitação se faz mediante recurso de *plein contentieux*, cuja sede comporta a apreciação da validade dos contratos administrativos, abrangendo não só a violação de regras de ordem pública, mas, ainda, os vícios do consentimento.[72]

O que se observa, pelo panorama que se traça da evolução jurisprudencial francesa, é que os critérios construídos à explicação/qualificação do contrato administrativo suscitam inúmeras dificuldades e misturam-se numa verdadeira simbiose dogmática. Por isso o alvitre de alguns no sentido de que as diferenças entre os contratos da Administração Pública de fato não existem, sendo inócua a tarefa tão incessantemente empunhada pela doutrina e jurisprudência francesas (como, de resto, pela doutrina universal) de busca do critério "mágico" determinante da natureza do contrato administrativo.[73]

Em síntese, a coexistência dos critérios das cláusulas exorbitantes e do serviço público encerra um ambiente que, permeado pela incessante busca de novos critérios,[74] parece até hoje persistir para fins de qualificação dos contratos públicos.

A teoria do contrato administrativo de matriz francesa foi aceita por diversos países da Europa Continental e da América do Sul[75] à gui-

---

72. Cf. Alexandra Leitão, *A Protecção dos Terceiros no Contencioso dos Contratos da Administração Pública*, 1998, p. 18.

73. Para um exame mais profundo e crítico acerca dos muitos critérios que foram perseguidos pela doutrina e pela jurisprudência francesas para a explicação/substantivação do contrato administrativo, v. Maria João Estorninho, *Réquiem* ... .

74. Da mesma forma que no campo dos contratos da Administração se verifica esta multiplicidade de critérios, no macrocosmos do direito administrativo o monismo abriu mesmo caminho para a pluralidade de critérios, quando se pôs em questionamento a existência de um critério único relativo ao direito administrativo. Neste particular, Prosper Weil já constatou que : "Chaque matière du vaste droit administratif répond en effet à des nécessités propres, et l'on ne surait s'attendre qu'elles relèvent toutes des mêmes fondements et des mêmes critères (...). L'existence de cette pluralité de critères est confirmée par la decision du Conseil Constitutionnel de 1987. Le 'noyau dur' de la compéténce administrative est defini par le cumul de critères fonctionnel et organique: annulation ou réformation des décisions prises, dans l'exercice des prérogatives de puissance publique, par les autorités publiques" (Prosper Weil e Dominique Pouyaud, *Le Droit Administratif*, 17ª ed., pp. 69 e 71).

75. Salomoni anota que, de um modo geral, o sistema jurídico da contratação administrativa nos países-membros do MERCOSUL resulta comum, baseado nos

sa de regime jurídico dos contratos públicos, inclusive em países onde inexiste a dualidade de jurisdição, como é o caso brasileiro.

Vale investigar, a seguir, a feição que o contrato administrativo assumiu no campo do Direito Comparado, particularmente nos países da Europa Continental.

4. O contrato administrativo no Direito Europeu

Como é sabido, a teoria do contrato administrativo foi adotada em inúmeros países da Europa, dando origem a figuras próximas àquela concebida originalmente pelo Direito Francês; em outros verificou-se a consagração de institutos de feição aproximada, mas cujos traços essenciais não se identificam propriamente com o contrato administrativo.

Mesmo para aqueles países de inspiração francesa, que importaram a figura do contrato administrativo, é iniludível que o regime jurídico dos contratos não é absolutamente assemelhado àquele ditado pelo Direito Francês. Ainda que na essencialidade as figuras se igualem, há claros contornos distintivos entre os regimes, que permitem afirmar a inexistência de uma identidade de tratamento aos diversos "contratos administrativos" havidos nos países europeus.

Essa heterogeneidade de tratamento jurídico, embora ainda invencível, vem sendo timidamente atenuada pela inflexão das diretivas comuns traçadas pelo Direito Comunitário.

Antes de examinar a penetração da teoria do contrato administrativo nos países da Europa Continental, vale tecer breves considerações acerca do estágio atual das contratações no âmbito da União Européia (UE).

4.1 A contratação pública no Direito Comunitário/União Européia

Muito embora já se verifique, em certa medida, uma unificação de aspectos do direito contratual no âmbito da União Européia (particu-

mesmos princípios e, em alguns casos, nas mesmas normas. A uniformidade de tratamento (que deverá aprimorar-se) é fruto da importação pelos países-membros, em seus traços fundamentais, da teoria francesa dos contratos administrativos. Pode-se citar – como cita Salomoni – que Brasil e Uruguai tiveram maior influência do sistema francês, enquanto o Paraguai inspirou-se na doutrina continental-européia. A Argentina – diz o autor – experimentou a construção do contrato administrativo mesmo antes da teoria francesa que o concebeu ("Contratos administrativos y MERCOSUR", in *Actualidad en el Derecho Público* 9/161 e 195).

larmente nos processos de formação dos contratos, submissos a determinadas regras de publicidade trazidas pelo Direito Europeu),[76] é certo que o atingimento de uma homogeneidade global do regime esbarra na distância entre sistemas, em princípio, inconciliáveis. Trata-se de reconhecer que dentre os países membros da UE identificam-se troncos distintos em matéria de direito contratual da Administração, dentre os quais apontam-se três: os regimes de inspiração francesa (dentre eles, Espanha e Portugal); os de inspiração germânica (Alemanha e Itália, por exemplo); e, ainda, o sistema inglês. São, como se verá adiante, regimes que propõem soluções bastante apartadas entre si, inclusive e

---

76. O Direito Europeu tem regulamentado particularmente os contratos patrimoniais da Administração com o objetivo de "abrir os 'mercados públicos' à concorrência das empresas de todos os países da Europa". As Diretivas principais são: 18.6.1992, n. 50; 14.6.1993, ns. 36, 37 (modificada pela Diretriz 13.10.1997, n. 57) e 38 (modificada pela Diretriz 16.2.1998, n. 4), relativas, respectivamente, às concorrências públicas de serviços, de fornecimento (de aquisição, *leasing*, locação, compra), de trabalhos, de fornecimento, de serviços nos chamados "setores especiais" (concluídos por órgãos públicos distribuidores de água, de energia ou administradores de serviços de transporte e telecomunicações). Comenta Sabino Cassese que a disciplina comunitária aplica-se a contratos superiores a certo importe. Adotou como formas de contratação o *procedimento aberto* (correspondente ao leilão público), "quando cada particular interessado pode apresentar uma oferta"; o *procedimento restrito*, "quando são acolhidas somente as ofertas das empresas convidadas pela Administração julgadora"; o *procedimento negociado*, "quando a Administração julgadora consulta empresas de própria escolha e negocia os termos do contrato com uma ou algumas delas". Conclui Cassese que estas normas comunitárias, destinadas a assegurar o acesso de todas as empresas às concorrências que se desenvolvem nos Estados Europeus ("vedando discriminações e impondo obrigações de publicidade e concorrência"), "tendem a prevalecer sobre aquelas nacionais", seja porque é fácil alcançar os importes, seja porque elas são tomadas como modelo às concorrências locais (*Le Basi del Diritto Amministrativo*, 6ª ed., pp. 402-403).

Ainda, referindo-se às Diretivas (*Obras* – 71/305/CEE, 89/440/CEE, 93/37/CEE; *Fornecimento* – 77/62/CEE, 88/295/CEE, 93/36/CEE; *Contratos de serviço* – 92/50/CEE), expõe Jiménez Blanco que: "Todas esas Directivas tienen un contenido similar: se trata de sentar rigurosas obligaciones de procedimiento a los Estados-miembros, y también, por supesto, a cualesquiera Administraciones Públicas subestatales, en los términos que se verán. Las tales obligaciones presentan una especial incidencia en cuanto tiene que ver con la publicidad de las respectivas licitaciones, no sólo en los correspondientes *Boletines Ofiiciales* – estatales o no –, sino incluso en el *Diario Oficial de la Comunidad Europea*, y con la previsión de plazos mínimos, a partir de esa publicación, para la presentación de las correspondientes ofertas" ("Los contratos de la Administración Pública", in *Manual de Derecho Administrativo*, 4ª ed., pp. 624-625).

particularmente no que refere à concepção das espécies contratuais, resultando a dificuldade de harmonização dos sistemas.[77]

Na medida em que as Diretivas elaboradas a regulamentar a matéria pela UE pretendem conseguir um "marco comum apropriado para todos os Estados-membros",[78] o âmbito de regulação fica restrito a aspectos que não desnaturem os sistemas-matrizes. Dada a distância considerável que aparta os regimes jurídicos de alguns países-membros, especialmente pela falta de identidade entre os sistemas jurisdicionais, não é possível reconhecer que o Direito Europeu "tenha-se inclinado por um ou outro".[79] Antes, "deve buscar uma fórmula que se encaixe nos mecanismos próprios de todos e de cada um dos Estados".[80]

É sabido que o Direito Comunitário no âmbito da UE tem perseguido a transparência, a igualdade e a não-discriminação na disciplina dos contratos celebrados pelos países-membros, como forma de garantir a livre concorrência e a livre circulação de mercadorias, capitais e serviços.[81] Este regime de regulamentação, no entanto, só se projeta no campo da adjudicação dos contratos, deixando-se aos Estados-membros a regulação da disciplina no que toca à fase de execução contratual, segundo particularidades próprias. Neste sentido – e como anota Horgué Baena –, "o direito comunitário da contratação tem como pontos principais a unificação do âmbito coberto pela noção de poder adjudicador, de um lado, e garantir no espaço da União Européia a transparência, a publicidade e a não-discriminação na adjudicação dos contratos por estes celebrados, de outro".[82]

Daí ser improvável que se pense, atualmente, numa unificação de todos os regimes contratuais dos países-membros da UE. Pois parece,

---

77. Ramón Parada, referindo-se aos sistemas alemão e italiano, já observou que: "La existencia de este bloque de países, cuyo Derecho no admite la figura del contrato administrativo al modo de los Derechos Francés, Belga y Español, proyecta un futuro incierto para esta instituición en el Derecho Comunitario Europeu, a menos que se produzca una revisión de los privilégios de la Administración y un acercamiento de las reglas de los contratos administrativos a los contratos civiles" (*Derecho Administrativo*, vol. I, p. 338).

78. José Luis Piñar Mañas, "El derecho comunitario de la contratación pública, marco de referencia de la nueva ley", in *Comentarios a la Ley de Contratos de las Administraciones Públicas*, p. 50.

79. Idem, p. 51.

80. Idem, ibidem.

81. C. Horgué Baena, *La Modificación del Contrato Administrativo de Obra (el "Ius Variandi")*, p. 205.

82. Idem, p. 206.

inclusive, não ser objetivo do Direito Comunitário a instauração de um "direito público ou direito administrativo da contratação, mas, sim e tão-somente, um Direito que garanta a publicidade e a não-discriminação"[83] na atividade contratual. Desta forma, por enquanto, o contrato administrativo, o "contrato de direito público alemão" e as demais espécies de contratos praticadas pelos muitos regimes dentre os países-membros da UE permanecerão intactos e intocados em sua normativa própria (ao menos em matéria de regime jurídico de execução dos contratos).

Observa-se, contudo, haver uma crescente tendência de *substantivização* do tratamento jurídico dos contratos na sede do Direito Comunitário. Admite-se que a evolutiva imposição de normas contra a discriminação poderá descambar em uma produção normativa "substancial" acerca da contratação pública, tocando aspectos relativos ao regime jurídico dos contratos propriamente, erigindo traços comuns aos sistemas de todos os países-membros.

No que refere, por exemplo, à *execução* dos contratos públicos, quanto à possibilidade do exercício de prerrogativas de modificação unilateral, as Diretivas têm de ser consultadas, ante a evidente relação que guardam as manifestações de instabilização (que se traduzem, por vezes, numa espécie de contratação direta, sem submissão do objeto suplementar ao processo de seleção de candidatos) com a regulação da licitação. Na medida em que o Direito Comunitário tem-se esmerado em erigir metas rígidas quanto à regulação do processo de licitação e adjudicação, propondo a ampla publicidade e igualdade de condições, é certo que as hipóteses de modificação unilateral – especialmente em casos que versam sobre objetos suplementares, não previstos (alterações qualitativas) – devem, em princípio, adequação às Diretivas propostas. Há de se recorrer, neste mister, à disciplina que o Direito Comunitário tem despendido às hipóteses de contratação direta, investigando-se as exceções que se põem a par das exigências de publicidade e da livre concorrência.

Quanto a isso, pode-se observar que o Direito Comunitário tem admitido, em hipóteses que guardam interpretação restritiva, um procedimento negociado e sem publicidade à adjudicação de contratos.[84]

---

83. José Luis Pinãr Mañas, "El derecho comunitario ...", in *Comentarios* ..., p. 51.

84. Nesses casos – como registra Horgué Baena – "el Derecho Comunitario levanta la exigencia impuesta a los poderes adjudicadores de publicar en el *Diario Oficial de las Comunidades* el anuncio del contrato, como forma de darlo a cono-

A Diretiva 93/37/CEE tratou da questão relativamente a procedimentos de adjudicação de contratos de obras públicas, dispondo em seu art. 7.3 que "os poderes adjudicadores poderão adjudicar seus contratos de obras recorrendo ao procedimento negociado, sem publicar previamente um anúncio de licitação, nos seguintes casos: (...) (d) para aquelas obras complementares que não figurem no projeto adjudicado inicialmente nem no primeiro contrato formalizado e que, devido a uma circunstância imprevista, passem a ser necessárias para a execução da obra tal e como estava descrita, sempre que a adjudicação recaia no contratante que executa dita obra: – quando ditas obras não possam separar-se técnica ou economicamente do contrato principal sem causar inconvenientes maiores aos poderes adjudicadores; – ou quando ditas obras, ainda que possam ser separadas da execução do contrato principal, sejam estritamente necessárias para sua perfeição. Não obstante, o importe acumulado dos contratos adjudicados para as obras complementares não poderá ser superior a 50% (cinqüenta por cento) do importe do contrato principal".

Certamente que o conteúdo da Diretiva relaciona-se com a etapa de execução contratual, sobretudo com a possibilidade de exercício de poderes de alteração dos vínculos. Na medida em que as Diretivas, ao regular os procedimentos de adjudicação dos contratos, possam disciplinar aspectos relativos à contratação direta (por exemplo), acabam por produzir orientações que se relacionam, em alguma medida, com a regulamentação da execução contratual. É nesse sentido que se afirma a possibilidade de estas linhas mestras de orientação acerca dos processos de adjudicação acabarem por produzir interferência nos regimes jurídicos da execução dos contratos públicos.

Parece claro, no entanto, como referido acima, não ser possível aludir ainda a um regime jurídico único acerca da execução dos contratos públicos, restringindo-se o Direito Comunitário a regular aspectos relativos ao "poder adjudicador". Vigem, assim, particularidades marcantes dos regimes jurídicos dos contratos públicos nos países-membros da UE, sendo estas as diferenças consideráveis a um tratamento comparativo entre as figuras no âmbito deste estudo.

cer a cualquier interesado; igualmente levanta la obligación de abrir el proceso de selección a la concurrencia, abierta o restringida, de los posibles interesados. En definitiva, se permite que la Administración adjudique el contrato al margen de las reglas de publicidad y concurrencia que, en otro caso, le vienen impuestas desde la Unión Europea" (*La Modificación ...*, p. 207).

Passa-se ao exame individuado das espécies de contratos públicos erigidos em alguns países da Europa Continental.

4.2 *O contrato administrativo no Direito Espanhol*

Na Espanha a evolução do contrato administrativo se deu de forma muito similar ao desenvolvimento da teoria pelo Direito Francês. Pode-se dizer – como já o disseram Enterría e Fernández[85] e Martín-Retortillo[86] – que, da mesma forma que na França, o contrato administrativo na Espanha nasceu de uma opção jurisdicional, tendo sido, após, objeto de substantivação pela doutrina.[87] Esta teoria (do contrato administrativo) foi recepcionada desde então pela doutrina e jurisprudência espanholas (STS 20.4.1936, Ar. 1.010; 10.11.1942, Ar. 1.265; e 7.3.1947, Ar. 416) e legislação positiva.[88]

A primeira redação da Lei de Contratos de Estado, de 8.4.1965, retratando o contido no art. 3º da Lei de Jurisdição Contencioso-Administrativa, adotara um critério *objetivo*, qualificando como *administrativo* aquele contrato que tivesse como *objeto direto* a execução de obras, a gestão de serviços públicos, assim como a prestação de fornecimento ao Estado. A partir da Lei de 17 de março, que introduziu modificações na Lei de Contratos do Estado de 1965, ampliou-se a noção de *contrato administrativo*, fixando-se que outros contratos distintos dos anteriores, "como os de conteúdo patrimonial, de empréstimo, de

---

85. *Curso* ..., 10ª ed., vol. 1, pp. 675-676.

86. "A caracterização dos contratos administrativos surge, pois, em primeiro lugar, dessa simples fixação jurisdicional de competências, sem que isso presuma a alteração da natureza jurídico-privada de tais relações. Faltou para o contrato administrativo um verdadeiro direito material, e quase se pode dizer que segue faltando (Martín-Retortillo, "La institución contractual ...", in *Studi* ..., vol. 2, p. 251).

87. "En un principio, la distinción entre contratos administrativos y contratos privados de la Administración Pública fue exclusivamente jurisdiccional, a efectos de atribuir las cuestiones litigiosas que de ellos surgiesen a unos o a otros tribunales. Esta atribución no tenía trascendencia sustantiva, esto es, no se debía a la aplicación de normas distintas, sino a razones puramente pragmáticas, porque los tribunales contencioso-administrativos se consideraban más rápidos y expeditivos o porque conocen mejor el funcionamiento de la Administración, que conviene no perder de vista al enjuiciar estas cuestiones" (Francisco García Gómez de Mercado, "Contratos administrativos y privados trás la Ley de Contratos de las Administraciones Públicas", *Revista Española de Derecho Administrativo* (versão eletrônica) 95, sem indicação de página).

88. Francisco García Gómez de Mercado, "Contratos ...", *Revista Española de Derecho Administrativo* (versão eletrônica) 95 (sem indicação de página).

depósito, transporte, arrendamento, sociedade e quaisquer outros", podem ser administrativos, desde que "uma lei assim os declare; tenham direta vinculação ao desenvolvimento regular de um serviço público; que revistam características intrínsecas que necessitem de uma especial tutela do interesse público para o desenvolvimento do contrato".[89]

Essa orientação, de certa forma, e para alguns autores, implicou transcender o fator de qualificação do contrato administrativo, do *objeto* para a *finalidade*[90] inerente ao contrato.[91]

Veja-se que o art. 3º da Lei de Jurisdição Contencioso-Administrativa, quando trata da submissão de contratos à jurisdição administrativa, passou a ser interpretado, pela doutrina e jurisprudência mais recentes, de molde a remeter à jurisdição administrativa aqueles contratos que tenham por "finalidade obras e serviços públicos de toda es-

---

89. Garrido Falla, *Tratado del Derecho Administrativo*, 10ª ed., vol. 2, p. 53.

90. "(...) frente al criterio jurisdiccional (los contratos administrativos son los sometidos a la jurisdicción contencioso-administrativa) y al sustantivo de carácter objetivo (los contratos administrativos son los regidos por el derecho administrativo, determinados por su objeto y en los que se aprecia una posición exorbitante de la Administración), el criterio finalista entiende que los contratos administrativos son aquellos cuya finalidad es desarrollar las funciones de la Administración Pública. De este modo, el contrato no es administrativo y se somete a la fiscalización de los tribunales contencioso-administrativos porque tenga un determinado objeto (obras o servicios públicos) ni porque la Administración goce de ciertas prerrogativas, sino porque tiene una finalidad pública inmediata" (Francisco García Gómez de Mercado, "Contratos ...", *Revista Española de Derecho Administrativo* (versão eletrônica) 95, sem indicação de página).

91. O critério das cláusulas exorbitantes, embora já tenha tido aceitação na Espanha (ante a forte influência do Direito Francês em matéria de contratos administrativos), tem sido, há muito, refutado, sob a fundamentação de que ditas cláusulas caracterizam-se como conseqüência do regime imputável ao contrato, e não como sua causa. Comenta Ramón Parada que, "en las últimas décadas, y por puro mimetismo, el criterio francés de las cláusulas exorbitantes aparece importado del vecino país como definidor del contrato administrativo desde la Sentencia de 20.4.1936 ('las cláusulas exorbitantes que por no hallar equivalente em derecho civil, donde juegan los elementos personales en plano de igualdad, sólo pertenecen al dominio de los poderes estatales, que las imponen en virtud del imperio')" (*Derecho Administrativo*, vol. I, pp. 338-339).

Não obstante, esta orientação já há muito não vigora na jurisprudência espanhola: "La existencia de cláusulas exorbitantes en el contrato no constituye, en modo alguno, un criterio de calificación del contrato. Son una consecuencia de la calificación como administrativo (STS 27.12.1977, Ar. 5.066; y 30.10.1983, Ar. 5.846)" (Francisco García Gómez de Mercado, "Contratos ...", *Revista Española de Derecho Administrativo* (versão eletrônica) 95, sem indicação de página). Ainda: "O caráter administrativo de um contrato só pode deduzir-se de uma análise

pécie" – entendida essa expressão em sentido amplo, como "giro ou tráfico administrativo do órgão".[92]

Esse fator finalístico de qualificação parece ter sido recepcionado, ao lado de outros critérios, pela nova de Lei de Contratos das Administrações Públicas, após o advento do Real Decreto Legislativo de 16.6.2000, sede em que se definiu, a partir da concebida distinção entre as espécies contratuais, como administrativos "aqueles cujo objeto direto, conjunta ou separadamente, seja a execução de obras, a gestão de serviços públicos e a realização de fornecimentos, os de consultoria assistência ou de serviços, (...)",[93] e, ainda, os contratos com objeto distinto destes mas que tenham *natureza administrativa especial* por resultar vinculados ao *giro* ou *tráfico especial* da Administração contratante, por satisfazer de forma direta ou imediata uma finalidade pública de sua específica competência, ou porque assim declarados por lei.[94]

Em relação aos contratos jurídico-privados adotou-se um critério residual, afirmando-se que os restantes contratos celebrados pela Administração considerar-se-ão de direito privado.[95]

Admite-se, ainda, a existência de contratos mistos (quando as prestações-objeto corresponderem a contratos de distinta classe), sendo a dimensão econômica que irá ditar a prevalência de um ou outro regime, para qualificação do pacto e aplicação das normas que o regulem.[96]

---

substantiva do mesmo, de tal modo que os termos utilizados e inclusive a declaração de submissão ao direito privado são irrelevantes (STS 11.5.1985)" (Santamaría Pastor e Parejo Alfonso, *Derecho Administrativo, la Jurisprudencia del Tribunal Supremo*, p. 402).

92. Francisco García Gómez de Mercado, "Contratos ...", *Revista Española de Derecho Administrativo* (versão eletrônica) 95 (sem indicação de página).

93. Art. 5.2.a.

94. Art. 5.2.b.

95. Art. 5.2.c.

96. Art. 6. Comenta Mercado: "Sea el contrato administrativo o privado, dicho carácter es aplicable por entero al conjunto del contrato, sin que quepa escindir el régimen jurídico, rigiéndose una parte por el derecho administrativo y otra por el derecho privado, fuera del caso de los llamados actos separables, a los que después se hará referencia (STS 17.7.1989, Ar. 5.820; 7.11.1981, Ar. 5.371; y 11.3.1983, Ar. 2.722). Se admite la posibilidad de un contrato administrativo 'mixto', que reúna prestaciones de distintos contratos (art. 6 LCAP), pero no de un contrato mixto administrativo-privado" ("Contratos ...", *Revista Española de Derecho Administrativo* (versão eletrônica) 95, sem indicação de página).

Percebe-se que os critérios que vigem hoje na Espanha para fins de classificação dos contratos administrativos, especialmente em face da atual normativa, caracterizam-se por conjugar a *competência* e a *forma* com o *objeto* e a *finalidade* dos contratos.[97]

Explica Enterría que, a par da distinção entre contratos administrativos e contratos jurídico-privados da Administração, a lei atual traz novidade em relação às normativas anteriores, porquanto, relativamente aos contratos nominados, tipificou-os, na maioria dos casos, desligando-os da idéia de obras e serviços *públicos*. Por isso, os contratos administrativos não são mais "os que genericamente se referissem a obras e serviços públicos, que era a fórmula tradicional e potencialmente extensiva, desde o século XIX, e a que reconhece o art. 3.a da Lei de Jurisdição Contencioso-Administrativa vigente para os efeitos jurisdicionais".[98]

Continua o autor aludindo que, no âmbito da nova legislação, a regulamentação de uma série de contratos típicos ou nominados impôs esse raciocínio. O contrato de obras, por exemplo, "não tem que se referir a obras que sejam precisamente públicas; o de fornecimento, o qual também inclui aquisições e arrendamento de coisas móveis que não necessariamente venham a ser objeto de uma exploração de *serviço público*"; e, enfim, outros contratos (consultoria e assistência técnica ou de serviços e contratação para a realização de trabalhos específicos e concretos não-habituais) que tampouco necessariamente devem estar vinculados a obras e serviços públicos.[99]

Vê-se que essa ampliação da categoria dos contratos administrativos parece despontar como conseqüência da *extensão subjetiva* experimentada pela Lei de Contratos das Administrações Públicas, provocada, sobretudo, pelo Direito Comunitário. Diz Enterría que "as normas comunitárias têm imposto esta extensão, como bem sabemos, por razões econômicas e de construção do mercado interior europeu, e isto tem levado a incluir nas exigências da Lei de Contratos das Adminis-

---

97. "En definitiva, priman los criterios competencial y finalista, aunque complementados por un criterio objetivo en cuanto a los contratos administrativos nominados (STS 24.12.1985, Ar. 6.405) y un criterio formal complementario: será administrativo también el contrato que determine como tal una ley" (Francisco García Gómez de Mercado, ("Contratos ...", *Revista Española de Derecho Administrativo* (versão eletrônica) 95, sem indicação de página).

98. Enterría, "Ámbito de aplicación de la ley, arts. 1 a 9, inclusive", in *Comentarios a la Ley de Contratos de las Administraciones Públicas*, p. 121.

99. Idem, ibidem.

trações Públicas uma série de pessoas jurídico-públicas e de personificações de direito privado filiais ou controladas pela Administração que agora vêm atuando pacificamente no âmbito jurídico-privado da contratação".[100]

Em relação aos contratos não expressamente tipificados ou nominados, a atual Lei de Contratos das Administrações Públicas resgatou a idéia de um *critério finalista*, somando-o (alternando-o) à noção de "giro e tráfico específico da Administração contratante", pela primeira vez legalizada (embora já antes bastante explorada pela doutrina). Este critério resulta, em verdade, de uma construção jurisprudencial, tanto civil quanto contencioso-administrativa, produzida durante um longo período no propósito de distinguir os contratos administrativos dos contratos jurídico-privados da Administração, embora o *qualificativo* "específico" obrigue a precisar os conceitos gerais antes desenvolvidos.[101] Para Enterría o objetivo de se fixar a noção de giro e tráfico *específico* tinha sido o de evitar uma certa *vis attractiva* ou *expansiva* da fórmula do contrato administrativo em respeito à do contrato privado da Administração, a qual poderia resultar da jurisprudência contencioso-administrativa anterior à Lei de Contratos das Administrações Públicas vigente.[102]

A nova lei espanhola dispôs, na parte especial, individuadamente o regime próprio de alguns tipos contratuais, regulando os contratos de obras, de gestão de serviços públicos, de fornecimento, de consultoria, de assistência e de serviços. Bem assim, a incidência de poderes exorbitantes, além de genericamente prevista pela normativa (art. 101), teve tratamento particularizado a cada tipologia contratual (arts. 146, 163 e 189 e 212).

A situação atual da contratação pública na Espanha caminha para a adequação do regime jurídico nacional ao ordenamento jurídico comunitário. Nessa missão, a doutrina tem afirmado que "a nova Lei de Contratos só pode ser corretamente entendida no contexto do atual Direito Comunitário",[103] eis que é a contratação pública "um dos mais significativos exemplos de influência do Direito Comunitário sobre o Direito interno".[104] Exemplo deste intercâmbio entre o Direito Comu-

---

100. Idem, p. 122.
101. Idem, ibidem.
102. Idem, p. 123.
103. José Luis Piñar Mañas, "El derecho comunitario ...", in *Comentarios* ..., p. 21.
104. Idem, p. 22. Mañas, afirmando ainda a influência do Direito Comunitário sobre o direito das contratações públicas na Espanha, lembra que, frente aos

nitário e o Direito Espanhol das contratações públicas é, sem dúvida, a já referida "notável variação do objeto do contrato administrativo",[105] a par da extensão subjetiva da Administração às contratações produzida pela nova Lei de Contratos das Administrações Públicas.

4.3 O contrato de direito público alemão

Na Alemanha e na Itália não se verificou propriamente a consagração do contrato administrativo. Em termos rigorosos, a referência alemã do *öffentlich-rechtlich Vertrag* não se traduzia como "contrato administrativo", embora há quem tenha neste reconhecido a figura.[106] O "contrato de direito público" era concebido como avença com regime jurídico igual ao dos contratos privados celebrados pela Administração, versando, no entanto, apenas sobre matéria pública.[107]

A doutrina alemã, inspirada sobretudo pela máxima de O. Mayer[108] de que "o Estado só manda unilateralmente", erigiu um exercício de repúdio ao "contrato de direito público" – *öffentlich-rechtlich Vertrag* –, sob o entendimento de que ao poder público não é dado celebrar contratos de direito público, porquanto o Estado não poderia tratar questões "essencialmente públicas" pela via do contrato (com regime

---

textos iniciais dos projetos apresentados pelo Governo às Cortes, o art. 1º da Lei 13/1995 (lei cujo teor serviu de base ao texto vigente – publicado pelo Decreto Real 2/1000) é cópia quase que literal das Diretivas Comunitárias (art. 1.b), das Diretivas 93/36 e 93/37/CEE e arts. 1.1 das Diretivas 90/531 e 93/38/CEE) (idem, p. 45).

105. Enterría, "Ámbito de aplicación ...", in *Comentarios* ..., p. 122.

106. De fato, noticia Maria João Estorninho que a doutrina de inspiração francesa "pretendeu ver na consagração do 'contrato de direito público' um tênue reconhecimento do seu próprio 'contrato administrativo' e, por isso, afirmou ser a diferença terminológica insignificante" (*Réquiem* ..., p. 45).

107. Nesse sentido, e sobre o contrato de direito público alemão, Oswaldo Aranha Bandeira de Mello explicou que: "Os contratos de direito público, (...), são contratos de igual regime jurídico dos de direito privado, porém feitos pela Administração Pública com os administrados, relativos a matéria de direito público" (*Princípios Gerais de Direito Administrativo*, 2ª ed., vol. 1, p. 672; v., ainda, do mesmo autor, "O contrato de direito público ou administrativo", *RDA* 88/15-33).

108. Já afirmou Mayer: "En el derecho administrativo (...) los derechos individuales sólo desempeñan un papel accesorio. Lo esencial es el poder público y la manera como se determina su actividad por la organización del derecho público. Para la ciencia del derecho administrativo, las instituciones jurídicas son las formas constantes que de ahí derivan para las manifestaciones del poder público" (*Derecho* ..., vol. 1, pp. 181-182).

de direito privado).[109] Buscou-se sistematizar figuras alternativas ao contrato de direito público, a fim de explicar a bilateralidade de certas relações jurídico-administrativas do Estado.[110]

A resposta alemã à idéia de um "contrato de direito público" significou para a doutrina de inspiração francesa uma disputa dialética acerca da pertinência (existência) do contrato administrativo. Muito menos do que se pensa, entretanto, a rechaça alemã representou uma atitude conservadora de recusar a idéia do contrato administrativo pela preferência a técnicas autoritárias de gestão. É possível constatar que os casos relativos a contratos administrativos propriamente ditos, tal qual se construíam na jurisprudência do Conselho de Estado Francês, correspondiam na Alemanha a situações típicas de contratos privados celebrados pela Administração Pública.[111] Foi – como lembra Maria João Estorninho – "o caso dos primeiros contratos administrativos – os de fornecimento de bens e os de realização de obras –, que se resolviam no Direito Alemão através de contratos de direito privado".[112]

---

109. Maurer comenta que: "Contrairement à l'acte administratif qui a trouvé dès la fin du siècle dernier, grace à Otto Mayer, ses traits distinctifs et qui occupe, depuis lors, une position dominante (mais non exclusive) dans l'économie générale du droit administratif, le contrat administratif a été longtemps rejeté ou tout au moins négligé. (...)". Assinala o jurista que Mayer se opôs à idéia – defendida por parte da doutrina – de que a nomeação de um funcionário pelo Estado constituiria um contrato de direito público: "Il considérait les contrats entre l'État et le citoyen dans le domaine du droit public comme étant 'impossibles', pour la raison que le contrat suppose la mise sur le même plan (*Gleichordnung*) des sujets de droit, le droit public se caractérisant, en revanche, par la suprématie (*Überordnung*) de l'État" (Maurer, *Droit Administratif Allemand*, pp. 375-376).

110. A doutrina germânica, sobretudo depois de Otto Mayer, concebeu a categoria dos atos administrativos dependentes da manifestação de vontade do particular como tentativa de explicar a bilateralidade de alguns atos emanados da Administração. Walter Jellinek, aperfeiçoando a categoria elaborada por O. Mayer, estabeleceu melhor sistematização, em que os atos administrativos de sujeição e os atos bilaterias ocupariam posições intermédias numa escala polarizada pelos contratos bilaterais de direito público e pela unitariedade de certos atos administrativos. Também Forsthoff abordou os atos administrativos carecidos de colaboração, entendendo que a falta de consentimento do particular, especialmente aquela que diz de perto com o exercício de direitos fundamentais, implica a nulidade de certos atos (J. M. Sérvulo Correia, *Legalidade* ..., 1985, pp. 344-346).

111. "Os casos que os Direitos Francês e Espanhol oferecem como contratos administrativos se resolvem no Direito Alemão como contratos de direito privado" (Sebástian Martín-Retortillo, "La institución ...", in *Studi* ..., vol. 2, p. 240).

112. *Réquiem* ..., p. 45.

O "contrato de direito público" referenciado pela doutrina alemã, por isso, não se confundia com o "contrato administrativo" erigido pela teoria francesa. Ao que parece, o estigma do conservadorismo que marcou a dialética alemã de repulsa à figura do "contrato de direito público" se deve a uma leitura equivocada dos fatos. Como expôs Estorninho: "Não se tratava de não querer admitir os contratos administrativos franceses, mas sim de não sentir tal necessidade! Isto verificava-se não porque tais casos fossem resolvidos de forma unilateral e autoritária pela Administração, mas porque se continuava a acreditar tratar-se de situações passíveis de serem objecto da celebração de contratos de direito privado".[113]

O traço mais particular do "contrato de direito público", e que o singulariza do contrato administrativo, consiste naquele constituir-se numa alternativa ao ato administrativo, especialmente na relação entre Administração e particulares. De fato – e como anuncia o § 54 da Lei de Procedimento Alemã –, pode a autoridade pública, em lugar de praticar o ato administrativo, concluir um contrato de direito público com aquele que seria o destinatário do ato.[114]

A vigente Lei de Procedimento Alemã define, em seu § 56, disposição 1ª, o contrato administrativo como aquele por meio do qual uma relação jurídica de direito público é criada, modificada ou suprimida. Harmut Maurer explica que os contratos de direito público caracterizam-se quando (a) aplicam-se-lhes "regras de direito público"; ou (b) comportam uma "obrigação de emissão de ato administrativo ou de qualquer ato relativo à função própria de poder público"; ou (c) referem-se à "criação de um direito ou à imposição de uma obrigação de natureza pública".[115]

Sucede que os contratos que não possuem objeto passível de ato administrativo não são considerados de direito público, mas contratos jurídico-privados. Assim é que o problema na Alemanha – estabelecida a dualidade entre contratos de direito público e contratos jurídico-privados – reside na medida da liberdade que teria a Administração na escolha pelas formas de atuação.

Reconhece-se, pois, à Administração "a possibilidade de opção entre o direito público e o direito privado sempre que a lei a isso não se oponha através da imposição da necessidade de adoção de certas for-

---

113. Idem, ibidem.
114. Hartmut Maurer, *Droit* ..., pp. 365-366.
115. Idem, p. 366.

mas de actuação jurídico-públicas".[116] A escolha da forma jurídico-privada não necessitaria de previsão expressa, mas o poder público estaria apto a escolher dentre as formas disponibilizadas pelo direito privado.

No Direito Alemão esse princípio acabou por delegar à Administração a escolha entre os institutos do ato administrativo, do contrato jurídico-público e do contrato jurídico-privado, gerando o que se chamou de "arte administrativa" (Ehlers) na construção da escolha apropriada para o poder público. É possível identificar atualmente nesse país aqueles que admitem o princípio da liberdade de escolha de formas de atuação, mas adotam determinadas vinculações jurídico-públicas necessárias (Stober); aqueles que negam o princípio sob o argumento de uma presunção de atuação jurídico-pública, donde a permissividade de atuação jurídico-privada deverá estar positivamente autorizada (Bachof, Lange, Renck); e aqueles que simplesmente, em homenagem a uma construção tradicionalista e que se sedimentou inclusive pelo silêncio da doutrina, reconhecem a liberdade de atuação.[117]

Cabe acrescentar que o contrato de direito público, por funcionar como uma técnica alternativa ao ato administrativo, encontra-se sujeito à legalidade material, especialmente no que toca à criação contratual de poderes da Administração sobre o particular, que exige permissão normativo-legal expressa.

A Lei de Procedimento Administrativo Alemã distingue, ainda, em seu § 54, os contratos de coordenação (*koordinationsrechtliche Verträge*) e de subordinação (*subordinationsrechtliche Verträge*).[118] Os primeiros – como explica Maurer[119] – são os celebrados, em particular, entre organismos administrativos (dotados de capacidade jurídica) a partir de uma situação de igualdade (relacionados a objetos que não podem ser regulados por meio de ato administrativo); os segundos são travados entre a Administração e os particulares.[120]

Sérvulo Correia – diferençando o exercício direto da discricionariedade na conformação contratual de uma situação jurídico-adminis-

---

116. Cf. Maria João Estorninho, *A Fuga* ..., pp. 192-195.
117. Idem, ibidem.
118. Hartmut Maurer, *Droit* ..., p. 368.
119. Idem, ibidem.
120. Observa Maria João Estorninho que a tendência na Alemanha é para considerar equívocas estas expressões, dado que "estes conceitos se referem à posição das partes fora do contrato e independentemente do facto de estarem em posição de igualdade na relação jurídica concreta que se fundamenta no contrato" (*Réquiem* ..., p. 52).

trativa que poderia ter sido alternativamente regulada mediante ato administrativo da estipulação, no contrato administrativo, da obrigação da Administração de emitir subseqüentemente certo ato administrativo no exercício de uma competência discricionária – acrescenta que a doutrina germânica introduziu a esse propósito uma classificação dos contratos administrativos em contratos obrigacionais (*Verpflichtungsverträge*) e contratos decisórios (*Verfügungsverträge*): "Nos últimos, a Administração formula uma declaração negocial que poderia ter constituído o conteúdo de um acto administrativo. Em tal eventualidade, o contrato produz imediatamente efeitos constitutivos numa relação jurídico-administrativa. Nos primeiros, em contrapartida, a Administração assume a obrigação de vir ou não vir a emitir um acto administrativo com determinado conteúdo".[121]

4.4 Os contratos da Administração Pública na Itália

Pode-se aludir que, além do "contrato de direito público" alemão e do "contrato administrativo" francês, a Itália produziu um terceiro "tipo" com características próprias, mais aproximado, em alguns aspectos, ao sistema alemão.[122]

A noção de *contratto del diritto pubblico* foi – tal como na Alemanha – objeto de celeuma. Isso porque parte da doutrina italiana refutou a idéia de que as relações objeto destes contratos constituíssem propriamente contrato (por repousarem sobre objeto público), concebendo-as como *atti di sottomissione*, isto é, entendeu-se que a vontade do particular tratava-se de simples pressuposto de eficácia do ato administrativo unilateral.[123]

Embora objeto de ampla discussão, as resistências foram superadas, generalizando-se o recurso ao instrumento contratual na atividade

---

121. *Legalidade* ..., 1985, p. 752.
122. Não se pode enquadrá-lo, entretanto, em sua totalidade, em qualquer das espécies (cf. Martín-Retortillo, "La institución ...", in *Studi* ..., vol. 2, p. 222).
123. Sabino Cassese ilustra que no período de formação originária do direito administrativo italiano concebia-se um amplo campo de ação ao direito privado, o qual foi substituído, épocas depois, por uma espécie de "publicização generalizada", isto é: instituiu-se uma Administração baseada em atos unilaterais e autoritários, os quais passaram a constituir-se o centro do direito administrativo italiano. Esta transformação não foi produto de uma modificação normativa, mas de uma forma distinta de interpretar a norma jurídica italiana (as leis continuaram a prever o contrato como forma de atuação da Administração com os particulares). Foi resultado de uma "concepção iluminista e autoritária de poder público" (*Le Basi* ..., 6ª ed., pp. 387-388).

administrativa. Concebeu-se, assim, a existência de contratos públicos (*contratti del diritto pubblico*) ao lado dos contratos jurídico-privados previstos pela legislação italiana. Os primeiros assemelham-se ao "contrato de direito público" alemão, eis que possuem objeto passível de ato administrativo; caracterizam-se por objetivar uma situação de prevalência do ente público, sede em que o consentimento do particular resume-se a uma condição de *eficácia procedimental*. São exemplos destes contratos o *contrato de função pública* e o de *concessão*.

Alfonso Tesauro distingue esses contratos daqueles jurídico-privados, observando que eles (*contratti del diritto pubblico*) "não têm por objeto relações obrigatórias ou patrimoniais, mas sim relações determinadas pela lei que refletem, em particular, o exercício de poderes jurídicos públicos".[124] E define o mesmo autor o *contratto del diritto pubblico*, a partir das disposições normativas, como "o acordo de dois ou mais sujeitos que, nos casos, nos moldes e nos limites estabelecidos pela Constituição ou pela lei, é voltado a constituir, modificar ou extinguir uma situação e em particular uma relação que reflete o exercício de um poder jurídico público".[125]

Ao contrário dos contratos privados da Administração – que se submetem a um princípio de liberdade contratual, entendendo-se que, onde não existir vedação legal, a Administração Pública poderá recorrer ao exercício contratual[126] –, a celebração de um contrato jurídico-público está condicionada à verificação de poderes autorizativos para tanto. Explica Liberati que para a celebração de um contrato de concessão com um particular, por exemplo, a Administração deve dispor de um "poder concessório".[127]

Já os contratos jurídico-privados compreendem contratos que têm por objeto instrumentar bens e serviços necessários ao bom funcionamento da Administração, achando-se nesta classe, entre outros, os *contratos de fornecimento* e os *contratos de obra*. Estes contratos estão subjugados, de uma forma geral, ao *Código Civil e de Comércio* e

---

124. "Il contratto del diritto pubblico e del diritto amministrativo in particolare", in *Studi in Memoria di Guido Zanobini*, vol. 2, p. 565.

125. Tesauro define, ainda, o contrato administrativo em espécie como "o acordo de dois ou mais sujeitos que, nos casos, nos moldes e nos limites estabelecidos pela Constituição ou pela lei, é voltado a constituir, modificar ou extinguir uma relação que reflete o exercício de um poder administrativo" ("Il contrato ...", in *Studi ...*, vol. 2, p. 567).

126. Sabino Cassese, *Le Basi ...*, 6ª ed., p. 388.

127. *Consenso e Funzione nei Contratti di Diritto Pubblico*, p. 153.

pōem-se sob a jurisdição dos tribunais civis. No que respeita à formação da autoridade de contratar existe uma *serie procedimentale* (que se inicia com a deliberação de contratar, indo até a adjudicação do objeto), sendo que em relação à manifestação da vontade do co-contratante e à relação jurídica decorrente há uma *serie negoziale* (compreendendo a adesão do co-contratante e o desenvolvimento da relação jurídico-contratual). Enquanto os atos pertinentes à *serie procedimentale* estão submetidos ao tribunal administrativo, os da *serie negoziale* concernem aos tribunais comuns. Só quando se trata de *questões administrativas*, ou seja, quando determinados contratos, mesmo que com objeto privado, permitirem a intervenção unilateral de prerrogativas públicas, devem aquelas ser resolvidas pelos tribunais administrativos.[128]

Os contratos jurídico-privados estão ainda divididos em contratos privados propriamente ditos e contratos que, embora com objeto de direito privado, sofrem a incidência de um regime jurídico publicista, caracterizado pela intervenção unilateral da Administração. Esses últimos são tidos como "contratos especiais" (*conttrati amministrativi*), incluindo-se em sua classe as empreitadas de obras e aquisição de bens e serviços.

A execução desses contratos, de uma forma geral, está submetida ao direito privado. Mas a Administração poderá, em certos contratos, valer-se de prerrogativas próprias de sua condição de tutora do interesse público. São poderes de autoridade impostos pela legislação italiana e que recaem sobre espécies determinadas de contratos, tais como o *contratto de lavori pubblici*. Em relação a eles Giannini já afirmou, na esteira da jurisprudência italiana, serem tais poderes de intervenção unilateral reconhecidos na Itália como de natureza contratual, ou seja, "são direitos potestativos que o co-contratante reconhece em favor da Administração, dando o consenso no contrato".[129] Prevê-se no art. 118 do Real Decreto 827/1924 o dever da Administração de zelar pela "boa execução" dos contratos e pelo "exato adimplemento do contrato". Embora deferitórias de um dever de tutela da relação contratual em face do interesse público, defende-se que tais prescrições hão de ser enten-

---

128. Exemplifica Alexandra Leitão – com referência em Mário Nigro – registrando que "o direito à revisão de preços na seqüência de uma alteração das circunstâncias, da utilização do *ius variandi* por parte da Administração ou da ocorrência de um *factum principis* é apreciado pelos tribunais administrativos, cabendo aos tribunais comuns determinar o montante do aumento de preços" (*A Protecção* ..., 1998, p. 42).

129. *Istituzioni di Diritto Administrativo*, p. 481.

didas como não-derrogatórias da "boa-fé" que há de nortear a execução dos contratos.[130]

Há algumas normativas, particularmente as que disciplinam os contratos de *lavori pubblici*, que prevêem expressamente específicos poderes de intervenção unilateral da Administração na execução dos contratos. Trata-se de um reconhecimento ao poder de autotutela especial que o ordenamento italiano *reconhece* e *garante*, em setores específicos, à Administração Pública.[131] Estes atos de autoridade "devem ser valorados à luz dos princípios que regulam o exercício dos poderes das autoridades, em particular no que concerne ao respeito aos pressupostos à sua emanação e à congruente motivação".[132]

Dentre os poderes exercitáveis pela Administração no âmbito contratual destacam-se: (a) o poder geral da Administração de substituir-se ao co-contratante na execução do contrato (nas controvérsias existentes nos contratos de *lavori pubblici*);[133] (b) de dispor, em casos de urgência, da antecipada execução do contrato de *appalto di lavori*, antes da sua aprovação;[134] (c) de sanção rescisória do contrato, da qual resulta o poder de dispor da execução de ofício dos trabalhos. Tal poder é exercitável quando o co-contratante haja incorrido em culpa ou tenha praticado ações em desconformidade às obrigações estipuladas contratualmente. Nestes casos o co-contratante terá direito somente ao pagamento dos trabalhos efetuados regularmente;[135] (d) de rescindir

---

130. Alberto Massera, "I contrattti", in *Trattato di Diritto Amministrativo (a Cura di Sabino Cassese)*, vol. 2, p. 1.423.

131. Idem, ibidem.

132. Idem, ibidem.

133. "'Nelle controversie intorno a contratti di lavoro o somministrazioni è riservata facoltà all'autorità amministrativa di provvedere anche ad economia, pendente il giudizio, ai lavori ed alle somministrazioni medesime, dichiarando l'urgenza con decreto motivato e senza pregiudizio dei diritti delle parti' (art. 8 della L. 2.248/1865, all. E)" (Alberto Massera, "I contrattti ...", in *Trattato ...*, vol. 2, p. 1.424).

134. "'Nei casi di urgenza il Ministero può autorizzare il cominciamento dei lavori immediatamente dopo il deliberamento. In tal caso il direttore delle opere terrà conto di tutto ciò che venisse predisposto o somministrato dal deliberatario per reintegramento delle spese, quando il contratto non fosse approvato' (art. 337 della L. 2.248/1865, all. F)" (Alberto Massera, "I contratti ...", in *Trattato ...*, vol. 2, p. 1.424).

135. "'L'Amministrazione è in diritto di rescindere il contatto quando l'appaltatore si renda colpevole di frode o di grave negligenza, e contravvenga agli obblighi e alle condizioni stipulate. In questi casi l'appaltatore avrà ragione soltanto al pagamento dei lavori eseguiti regolarmente, e sarà passibile del danno che prove-

unilateralmente o contrato (mediante o pagamento dos trabalhos executados e do valor dos materiais úteis existentes nos canteiros de obras, além do décimo do valor das obras não efetuadas);[136] (e) de suspensão dos trabalhos quando situações especiais impeçam temporariamente que os trabalhos prossigam regularmente.[137]

Acrescente-se ainda que o *ius variandi*, como um poder geral de alteração dos contratos, tem também previsão no Direito Italiano pelo art. 11 do Real Decreto 2.440/1923.[138]

4.5 O contrato administrativo em Portugal

No Direito Português, a questão dos contratos administrativos esteve – como, de resto, nos demais países que possuem a dualidade de jurisdição – sempre relacionada à delimitação da competência jurisdicional. Como na França, em Portugal acolheu-se a divisão entre contratos administrativos e contratos privados da Administração, tendo surgido a distinção, historicamente, devido à determinação da competência contenciosa: "Os litígios resultantes da interpretação, validade e execução de contratos administrativos são dirimidos pelos tribunais administrativos, nos termos dos arts. 9º, n. 1, e 51º, n. 1, alínea 'g', do Estatuto dos Tribunais Administrativos e Fiscais (ETAF); enquanto que os contratos privados estão inteiramente submetidos à jurisdição comum, de acordo com o art. 4º, n. 1, alínea 'f', do mesmo diploma".[139]

O problema da qualificação do contrato administrativo em Portugal já foi diuturnamente abordado. A evolução desse processo está dividida em duas fases: antes do advento do ETAF, quando ainda vigen-

---

nisse all'Amministrazione dalla stipulazione di un nuovo contratto o dalla esecuzione d'ufficio' (art. 340 della L. 2.248/1865, all. F)" (Alberto Massera, "I contratti ...", in *Trattato* ..., vol. 2, p. 1.424).

136. "'(...) è facoltativo all'Amministrazione di resolvere in qualunque tempo il contratto mediante il pagamento dei lavori eseguiti e del valore dei materiali utili esistenti in cantiere, oltre al decimo dell'importare delle opere non eseguite' (art. 345 della L. 2.248/1865, all. F)" (Alberto Massera, "I contratti ...", in *Trattato* ..., vol. 2, p. 1.424).

137. Art. 16 do Real Decreto de 25.5.1895, n. 350.

138. Massera aduz que esta previsão parece corresponder ao direito potestativo atribuído pelo Código Civil Italiano (art. 1.661) ao comitente, sendo que a distância entre as normativas aparece atenuada no setor dos trabalhos públicos diante do teor do art. 25 da Lei 109/1994, que admitiu somente as variantes finalizadas para o melhoramento e a funcionalidade da obra nos limites postos pela própria disposição.("I contratti ...", in *Trattato* ..., vol. 2, p. 1.425).

139. Cf. Alexandra Leitão, *A Protecção* ..., 1998, p. 55.

te o art. 815º do Código Administrativo Português, e depois daquele, que definiu em seu art. 9º o contrato administrativo a partir da idéia de *relação jurídica administrativa*.

Ainda ao tempo do art. 815º do Código Administrativo (a partir de sua versão de 1940), que encerrava uma tipicidade fechada dos contratos administrativos, a interpretação dominante era a de Marcello Caetano, para quem a enumeração legal era taxativa, não existindo contratos administrativos que não aqueles tipificados exaustivamente pelo preceito legal. Desta orientação posteriormente divergiu Diogo Freitas do Amaral,[140] o qual resgatou o pensamento de Mello Machado. Esse autor sustentou que a enumeração legal somente se fazia exaustiva para efeitos contenciosos, não sendo justificável que a restrição se desse no nível do direito substantivo. Daí a conclusão de que "não é pelo fato de a lei dizer que só são contratos administrativos uns quantos, que fica excluída a possibilidade de o intérprete qualificar como tais outros tantos para além dessa enumeração".[141]

Por influência dessa orientação, inúmeros diplomas legais,[142] avulsos, passaram a admitir como administrativos outros tipos que não aqueles inscritos no Código Administrativo. Aos poucos reconheceu-se a incompatibilidade da enumeração fechada para os contratos administrativos, ante a impossibilidade de aprisionar-se a natureza do contrato administrativo aos tipos prescritos em lei.

Adveio, então, em 1984, a publicação do ETAF, mediante o Decreto-lei 129, de 27 de abril, derrogando a enumeração exaustiva vigente no Código Administrativo, definindo contrato administrativo como "o acordo de vontades pelo qual é constituída, modificada ou extinta uma relação jurídica de direito administrativo".[143]

---

140. *Direito Administrativo*, vol. 3 ("Lições dos Alunos do Curso de Direito 1988/1989"), p. 427. Expõe o jurista que em 1965, em sua dissertação *A Utilização do Domínio Público pelos Particulares*, retomou o pensamento de Mello Machado, que preconizou, em 1937, entendimento diverso daquele dominante na doutrina e jurisprudência portuguesas vigentes, espelhadas na orientação de Marcello Caetano.

141. Diogo Freitas do Amaral, *Direito Administrativo*, vol. 3, p. 428.

142. Foi o caso, por exemplo, do Estatuto da Administração-Geral do Álcool de 1966.

143. Essa definição, na leitura da doutrina dominante, plantou um critério estatutário de definição do contrato administrativo, alargando a concepção até então existente. A jurisprudência do Supremo Tribunal Administrativo confirma esta tendência. É emblemático, neste sentido, o seguinte julgado do mesmo Tribunal: "Competência dos tribunais administrativos – Contrato de trabalho a termo na

Com a revogação do § 2º do Código Administrativo, a discussão acerca da circunscrição ou não daquele preceito à definição da competência jurisdicional (ou se impedia, também no plano material, a qualificação de outros contratos como administrativos) foi substituída pela tarefa de proceder à qualificação de contratos nominados celebrados pela Administração não expressamente qualificados pela lei.[144] A partir disso, inúmeras posições nasceram visando à explicação dos critérios de qualificação do contrato administrativo em Portugal.

Administração Pública – Auxiliar de acção educativa – Relação jurídica administrativa. I – A determinação do tribunal materialmente competente para o conhecimento da pretensão deduzida pelo autor ou requerente deve partir do teor desta pretensão e dos fundamentos em que se estriba, sendo, para este efeito, irrelevante o juízo de prognose que se possa fazer relativamente à viabilidade da mesma (por se tratar de questão atinente ao mérito da pretensão), mas sendo igualmente certo que o tribunal não está vinculado às qualificações jurídicas efectuadas pelo requerente ou autor. II – O facto de a lei dispor que a celebração do contrato de trabalho a termo não confere ao contratado a qualidade de agente administrativo (art. 14º, n. 3, do Decreto-lei n. 427/1989) não surge como relevante para a questão em apreço, pois do que se trata é de saber se o contrato celebrado deve, ou não, ser qualificado como contrato administrativo, que o mesmo é dizer que do que se trata é de saber se com a celebração desse contrato se constitui, ou não, uma relação jurídica de direito administrativo. III – Por outro lado, os requisitos da durabilidade e estabilidade da associação do particular à Administração, que tradicionalmente eram exigidos para que os contratos de prestação de serviços pudessem ser qualificados como administrativos, têm sido progressivamente dispensados pela jurisprudência, perante a cláusula aberta de definição de contrato administrativo constante, primeiro, do art. 9º do ETAF e, depois, do art. 178º do CPA. O que agora é decisivo é que através do contrato 'se constitua, modifique ou extinga uma relação jurídica administrativa' e que, no que aos contratos de prestação de serviços concerne, estes sejam celebrados 'para fins de imediata utilidade pública'. IV – No presente caso, estamos perante contratos em que uma das partes é a Administração e a outra se vincula a exercer típicas actividades administrativas, correspondentes ao conteúdo funcional de uma determinada categoria de uma carreira da função pública (a de auxiliar de acção educativa). V – Por outro lado, embora se mande, em geral, aplicar o regime geral dos contratos de trabalho com termo, introduzem-se significativas especialidades, justificadas pela salvaguarda do interesse público, que constituem verdadeiras 'cláusulas exorbitantes' e inserem o contrato em causa numa "ambiência de direito público'. VI – Estas especificidades do regime dos contratos de trabalho a termo certo na Administração Pública implicam o reconhecimento de que em aspectos relevantes – designadamente o da inadmissibilidade de conversão em contrato sem termo – ele é regido por normas que não podem deixar de ser qualificadas como de direito público, qualquer que seja o critério classificativo que se adopte" (Tribunal de Conflitos, Conflito 318, rel. Cons. Mário Torres, 11.7.2000, ficha C10/2000-1).

144. Cf. Sérvulo Correia, *Legalidade ...*, 1985, pp. 355-357.

Modernamente, a partir da reforma do Código do Procedimento Administrativo (Decreto-lei 442/1991) e com vistas ao "alargamento do uso do instrumento contratual", reconheceu este diploma um "princípio de admissibilidade de sua utilização, salvo quando outra coisa resultar da lei ou da própria natureza das relações que tiver por objecto".[145] Repetiu-se, de resto, no art. 178º, a definição do ETAF, atribuindo à relação jurídica administrativa o fator de qualificação do contrato administrativo, nominando-se, no inciso 2, exemplificativamente, alguns contratos administrativos.

Apesar da influência do Direito Alemão, que trouxe a consagração do contrato administrativo como resultado de um *procedimento*, em Portugal esses contratos não são uma alternativa à atuação unilateral da Administração. Existem nesse país contratos administrativos com *objeto passível de ato administrativo* e contratos administrativos com *objeto passível de contrato privado* – donde a distinção que se opera entre esses e os contratos eminentemente privados reside na outorga de prerrogativas especiais à Administração.[146] Esta classificação é consagrada expressamente pelo Código de Procedimento Administrativo vigente.[147]

Em matéria de cláusulas exorbitantes dispõe a Administração, em regra, de "poderes como o de modificação unilateral, de resgate, de seqüestro, de rescisão unilateral, todos por imperativos de interesse público, com relevância superior à existente em contratos de direito privado também celebrados pela Administração Pública".[148] Também o art. 180º do Código do Procedimento Administrativo estipulou expressamente tais poderes, permitindo seu exercício pela Administração, "salvo quando outra coisa resultar da lei ou da natureza do contrato". Percebe-se, na redação do preceito, claramente o condicionamento do exercício de poderes administrativos no âmbito dos contratos à nature-

---

145. Diogo Freitas do Amaral, João Caupers, João Martins Claro, João Raposo, Maria da Glória Garcia, Pedro Siza Vieira e Vasco Pereira da Silva, *Código do Procedimento Administrativo Anotado*, 3ª ed., p. 19.

146. Cf. Alexandra Leitão, *A Protecção ...*, 1998, p. 54.

147. Art 185º, 3: "Sem prejuízo do disposto no n. 1, à invalidade dos contratos administrativos aplicam-se os regimes seguintes: a) quanto aos contratos administrativos com objecto passível de acto administrativo, o regime da invalidade do acto administrativo estabelecido no presente Código; b) quanto aos contratos administrativos com objecto passível de contrato de direito privado, o regime da invalidade do negócio jurídico previsto no Código Civil".

148. Marcelo Rebelo de Sousa, *Lições de Direito Administrativo*, vol. 1, p. 77.

za da avença, fixando-se, por isso, um critério objetivo (e não voluntário) de permissividade das cláusulas exorbitantes.

Vale registrar, ainda, que o Código do Procedimento Administrativo estabeleceu, em seu art. 187º, em caráter geral, a não-executoriedade de atos administrativos interpretativos[149] ou que modifiquem ou extingam as relações contratuais, "pondo, assim, termo à possibilidade de comportamentos abusivos". De acordo com essa orientação, "dispõe-se que a execução forçada das obrigações contratuais devidas pelos particulares, salvo se outra coisa tiver sido previamente acordada, só pode ser obtida mediante acção a propor no tribunal competente".[150]

Não obstante o caráter meramente opinativo de atos administrativos que visem a interpretar ou pronunciar-se sobre a validade[151] de

---

149. Consoante recente jurisprudência do Supremo Tribunal Administrativo: "Contrato administrativo – Acto administrativo destacável e recorrível. 1. Os actos administrativos que interpretem cláusulas contratuais ou que se pronunciem sobre a respectiva validade não são definitivos e executórios, pelo quê, na falta de acordo do co-contratante, a Administração só pode obter os efeitos pretendidos através de acção a propor no tribunal competente – art. 186º, 1, do CPA. 2. Do exposto decorre que, se Administração quiser impor a aplicação imediata de uma cláusula contratual, independentemente do acordo do co-contratante, e sem prévia decisão judicial na acção própria, tem que usar o seu poder de praticar actos administrativos. 3. Os actos administrativos praticados nos termos do ponto anterior são recorríveis, uma vez que se destacam da pura vigência contratual, encontrando o fundamento da sua imediata executoriedade no privilégio da execução prévia (art. 149º, 1, do CPA), e não na produção de efeitos jurídicos queridos pelas partes inerentes ao 'negócio jurídico' (contrato administrativo) – cf. art. 9º, n. 3. 4. O acto administrativo que revoga um acto anterior que colocava um médico na situação de licença sem vencimento e simultaneamente rescinde o seu contrato administrativo com o fundamento de que este completou 18 meses de faltas por doença é um acto administrativo destacável do regime contratual, pois encontra a sua imediata executoriedade no privilégio da execução prévia e não nos termos do contrato – não é o contrato administrativo, mas a lei, que confere à Administração o poder de revogar actos administrativos" (Tribunal Central Administrativo, Processo 2.059/1998, Secção do Contencioso Administrativo, acórdão de 10.12.2000).

150. Diogo Freitas do Amaral, João Caupers, João Martins Claro, João Raposo, Maria da Glória Garcia, Pedro Siza Vieira e Vasco Pereira da Silva, *Código ...*, 3ª ed., p. 20.

151. "Pedido de alteração de cláusula de contrato administrativo – Silêncio da Administração – Indeferimento tácito – Tutela jurisdicional efectiva. I – O efeito jurídico que emana de um contrato administrativo (a remuneração de um professor contratado pelo índice 120) não pode emanar de acto administrativo posterior que deixa inalterado tal contrato. II – Mesmo que devesse atribuir-se o valor de indeferimento tácito ao silêncio da Administração sobre o pedido de revogação do processamento de vencimentos que foi efectuado nos exactos termos de um 'con-

cláusulas contratuais, é certo que, no que toca à modificação unilateral do conteúdos das prestações do co-contratante (*ius variandi*) e ao poder rescisório, dispõe a Administração da prerrogativa de emitir atos definitivos e executórios.

5. O contrato administrativo no Direito Brasileiro

5.1 Breve síntese histórica

Devido à ausência de dualidade de jurisdição em nosso país, a aceitação da figura do contrato administrativo, além de tardia, foi desprovida originariamente de inúmeras características fundamentais que marcavam a natureza do instituto nos países europeus.

A primeira interpretação que vigeu em matéria de contratos administrativos, ainda à época do Código de Contabilidade Pública da União – Lei 4.356/1922 –, era a de que esses contratos haveriam de submeter-se à disciplina do direito comum.[152] Foi o que sustentou Oswaldo Aranha Bandeira de Mello, admitindo que se regia "o contrato administrativo, segundo o direito positivo nacional, estritamente, pelos mesmos princípios gerais do direito privado dispostos no Código Civil".[153] Apenas no que tocava à formação dos contratos administrati-

---

trato de prestação de serviço docente', celebrado entre o recorrente e o Ministério da Educação, tal indeferimento surgiria com o significado de declaração de validade da cláusula impugnada, logo, como 'acto' meramente opinativo, atento o art. 186º do CPA. III – Assim, o recurso que incide sobre tal indeferimento tácito deve ser rejeitado, por falta de objecto. IV – Isto não significa perda da garantia de tutela jurisdicional efectiva, pois a impugnação da cláusula contratual pertinente poderá ser efectivada por intermédio da competente acção sobre contrato, nos termos dos arts. 51º, n. 1, alínea 'g', e 71º, n. 1, da LPTA" (TCA-1ª Seção, rel. Beato de Sousa, 2.11.2000, p. 614, ficha 623/2000-1).

152. O art. 76 do referido Código de Contabilidade Pública da União dispunha que: "Os contratos administrativos regulam-se pelos mesmos princípios gerais que regem os contratos de direito comum, no que concerne ao acordo das vontades e ao objeto, observadas, porém, quanto à sua estipulação, aprovação e execução, as normas prescritas no presente capítulo". Vale observar, ainda, o disposto no art. 206 do Código de Administração Financeira do Estado da Guanabara (Decreto-lei 128/1959), que prescreveu que os contratos administrativos regulavam-se pelos princípios gerais que regem os contratos de direito comum. No mesmo sentido o Decreto E-4.657/1970, arts. 281 e 384. Aqueles a que a lei chamou de *contratos administrativos* "não seriam senão contratos de direito privado, celebrados pela Administração Pública em certas circunstâncias e com cautelas e formalidades definidas pela lei" (Augusto de Athayde, *Poderes Unilaterais...*, p. 2).

153. "O contrato ...", *RDA* 88/31.

vos, impunha-se a estes a observância a normas de direito público. Não se admitia, pois, o poder de modificação unilateral do contrato, mas, ao contrário, estipulou-se que "as partes devem atender às condições avençadas".[154]

Nessa época encontrava-se em vigor um critério subjetivo de classificação do "contrato administrativo", sendo a figura reconhecida como uma avença desprovida das mesmas singularidades que marcaram sua existência no âmbito da *teoria do contrato administrativo*; a relação jurídica contratual não obedecia (predominantemente) a um regramento próprio de direito público, capaz de atribuir, por exemplo, prerrogativas especiais à Administração. Constituíam estes "contratos administrativos" os hoje denominados *contratos jurídico-privados da Administração*.

Exceção se punha em relação às concessões, que, por serem consideradas atos jurídicos distintos do ato contratual, admitiam o exercício regulamentar pela Administração, quanto ao regime de execução de obra ou prestação de serviço.[155]

Posteriormente alterou-se o entendimento, procurando-se subjugar os contratos administrativos a um regime de direito público.[156] Aos poucos foram absorvidos os traços próprios dos contratos administrativos matizados pela jurisprudência e doutrina francesas, apartando-os dos contratos jurídico-privados celebrados pela Administração, os quais se mantiveram sob a égide do direito comum. A publicização dos contratos administrativos fez nascer a necessidade de erigir critérios de classificação do instituto, no fito de diferençá-lo do contrato de direito privado da Administração.

Nesse contexto, o trabalho da doutrina parece ter sido fundamental à construção/importação[157] de uma teoria *substantiva* do contrato administrativo. Pode-se referir que até o Decreto-lei 2.300, de 21.11.1986, os contratos administrativos não tiveram um tratamento

154. Idem, *RDA* 88/32.
155. Idem, ibidem.
156. Entre outras, as Leis 10.395/1970 e 89/1972, ambas do Estado de São Paulo, são exemplos da tendência verificada de atribuir aos contratos administrativos um regime de direito público.
157. É certo, contudo, que – como noticia Manoel de Oliveira Franco Sobrinho – a doutrina nacional não experimentou a elaboração de teorias acerca do contrato administrativo, cuidando de adotar as construções jurídicas havidas pelas escolas estrangeiras ("Teoria jurídica dos contratos administrativos", *Revista de Direito Administrativo Aplicado* 15/967-968).

orgânico e sistemático.[158] A partir desta normativa – encampada em boa parte pela Lei 8.666/1993 – é que se configurou um regime jurídico típico do contrato administrativo, pautado por regulamentação específica.

A Constituição de 1988 edificou premissas fundamentais acerca das contratações públicas, como a isonomia nas licitações, a intangibilidade da equação econômico-financeira dos contratos e a competência privativa da União para a edição de normas gerais acerca da contratação pública.[159]

A competência legislativa foi exercida pela União mediante edição da Lei 8.666/1993, a qual prescreveu um regime geral (porém detalhado) acerca das contratações públicas, disciplinando o procedimento de licitação e de contratação propriamente dito. Além da Lei 8.666/1993, que tratou genericamente dos contratos públicos, houve a edição de leis específicas que determinaram regimes jurídicos próprios de algumas tipologias, como foi o caso da Lei 8.987/1995, delimitando o regime jurídico das concessões no Direito Brasileiro.

Após essa brevíssima digressão histórica, passa-se a analisar mais especificamente o contrato administrativo no Direito Brasileiro.

5.2 Definição de "contrato administrativo" e suas características em face do direito positivo

No Direito Brasileiro define-se *contrato administrativo* como a avença celebrada pela Administração Pública (ou por quem lhe faça as vezes)[160] e terceiro pelo qual se pactuam direitos e deveres cujo objeto

---

158. Cf. Hely Lopes Meirelles, *Licitação e Contrato Administrativo*, 13ª ed., p. 184. Sucedeu ao Código de Contabilidade Pública da União o Decreto-lei 200/1967, o qual, embora tenha trazido novidades no tocante à disciplina das licitações, pouco contribuiu à matéria dos contratos públicos.

159. O art. 22 da Constituição Federal, com a redação dada pela Emenda 19, inclui entre as matérias de competência legislativa privativa da União as "normas gerais de licitação e contratação, em todas as modalidades, para as Administrações Públicas diretas, autárquicas e fundacionais da União, Estados, Distrito Federal e Municípios, obedecido o art. 37, XXV, e para as empresas públicas e sociedades de economia mista, nos termos do art. 173, § 1º, III".

160. É importante ver-se que as pessoas governamentais privadas só poderão celebrar ajustes administrativos desde que sejam prestadoras de serviços públicos. Nestas hipóteses, somente quando a avença instrumentar a prestação de serviços públicos será caracterizável como administrativa. Note-se que o art. 173, § 1º, da Constituição dispôs que as empresas públicas, sociedades de economia mista e ou-

mediato consista na prestação de bens e serviços, os quais se relacionam com o interesse público primário a ponto de exigir, em abstrato, a tutela administrativa, traduzida na utilização de prerrogativas especiais.[161]

A definição proposta é de caráter genérico e pretende configurar um núcleo conceitual comum relativamente às espécies de contratos administrativos existentes no ordenamento.

O cerne da conceituação do contrato administrativo repousa, portanto, sobre a idéia de tutela do bem jurídico objeto do contrato. É esta tutela que autoriza os poderes exorbitantes na avença, que se qualificam pela possibilidade de instabilização de que dispõe a Administração ante a verificação de situações extracontratuais, mas que se relacionam com a tutela do objeto do contrato.

Usa-se – por um recurso à didática e visando à explicação do instituto do contrato administrativo – aludir à existência no seu bojo de cláusulas *imutáveis* e cláusulas *mutáveis*,[162] ou seja, cláusulas *econô-*

-tras entidades estatais, quando exploradoras de atividade econômica, estão sujeitas a um regime de direito privado. "Se o Estado, ao explorar atividade econômica, deve concorrer livremente com os particulares, não pode usufruir de vantagens ou prerrogativas que revertam em seu favor na disputa econômica; caso contrário inexistirá concorrência, mas convivência (ademais, meramente teórica) entre a iniciativa estatal e a dos particulares" (Carlos Ari Sundfeld, *Licitação e Contrato Administrativo*, 2ª ed., p. 208).

161. Podem ser arroladas inúmeras outras significações que a doutrina tem emprestado ao significante "contrato administrativo", mais ou menos abrangentes. A análise, entretanto, não merece ater-se à questão taxionômica. Busca-se, aqui, identificar um significado próprio (para a expressão "contrato administrativo") em face do regime jurídico brasileiro e que se afigure operacional à organicidade e sistematicidade deste estudo.

162. Tem-se que esse esquema, de caráter meramente ilustrativo, mostra-se, sob certo ângulo, equivocado. Veja-se que as cláusulas econômicas são mutáveis, porquanto devem, em face de modificação unilateral da avença, recompensar os prejuízos ou as vantagens que possam existir para as partes. Imutável é a equação econômico-financeira do contrato. Há, de outro lado, determinadas cláusulas regulamentares que se afiguram imutáveis, não podendo a Administração desnaturar certas nuanças do objeto contratual. Vale, neste particular, consulta à crítica de Péquignot, para quem aspectos regulamentares e contratuais podem existir em cada um dos tipos de cláusulas: "Une même clause, mise en demeure, par exemple, est considérée tantôt comme contractuelle, tantôt comme un acte-condition" (*Théorie Générale du Contrat Administratif*, p. 287).

Também Justen Filho já advertiu que:

"Todas as cláusulas do contrato administrativo são mutáveis, sob um certo ângulo. Quando a Administração produz alteração unilateral de determinadas cláusulas, estará obrigada a promover a compensação econômico-financeira do contra-

micas e cláusulas *regulamentares*;[163] enquanto as primeiras estão cunhadas pela idéia de rígida imutabilidade, as segundas caracterizam-se por sua flexibilidade, dado que a imutabilidade a elas inerente impera até o momento em que se oportunizar a necessidade de adequação das condições de execução e prestação às necessidades públicas. São cláusulas que retratam uma função "regulamentar" da Administração, de regulamentação dos serviços públicos (em sentido amplo).

Tais cláusulas regulamentares presentes nos contratos administrativos traduzem a possibilidade de a Administração exercitar competências

to, como contrapartida pelo incremento dos encargos e desvantagens. Logo, deverá produzir alteração das cláusulas que dispõem acerca da remuneração do contrato. Existe inter-relação entre as cláusulas do contrato administrativo, de sorte a que a alteração de algumas importa em automático e inafastável efeito modificativo de outras.

"O que é imutável é a equação econômico-financeira do contrato administrativo. Mas suas manifestações (valores devidos ao particular, prazos e etc.) são modificáveis, na mesma e idêntica medida em que se modificam as cláusulas atinentes ao serviço.

"Portanto, quando se alude a cláusulas mutáveis e imutáveis, está-se utilizando terminologia tradicionalmente utilizada no âmbito do direito administrativo. Não significa impossibilidade de modificação de algumas cláusulas, diferentemente do que se passa quanto às outras. Os vocábulos são indicados para distinguir as cláusulas que disciplinam as condições de execução da prestação contratual (cláusulas mutáveis) daquelas que estabelecem as condições de remuneração do contrato (cláusulas imutáveis)" (*Concessões de Serviços Públicos*, p. 44).

163. Tal alusão adveio originariamente da tentativa de explicar a natureza jurídica das concessões de serviços públicos, como instituto de natureza mista – contrato e regulamento –, negando sua natureza contratual. Posteriormente esta noção estendeu-se a outros contratos administrativos. L. Duguit já assinalou que : "La concession de service public est incontestablement une convention qui comprend deux catégories de clauses tout à fait distinctes: des clauses contractuelles et des clauses réglementaires. Les premières se reconnaissent à ce qu'elles ne sount concevables que lorsqu'il y a concession et qu'elles seraient impossibles si le service public était exploité directement. Pour elles, il est certain que l'État ne peut y toucher. Quant aux clauses réglementaires de la concession, elles se reconnaissent à ce qu'elles seriaent possibles dans un règlement unilateral fixant l'exploitation d'un service non concedé" (*Traité de Droit Constitutionnel*, vol. 3, Paris, Sirey, 1929, apud Jean Pierre Lebreton e Stéphane Manson, "Le contrat administratif", in *Documents d'Etudes* 2.11/3-4).

Também Laubadère anota que "o concedente, porque deve permanecer dono do funcionamento do serviço público, pode modificar as regras deste funcionamento a fim de as adaptar às necessidades públicas, as quais podem mudar; por isso, ele tem o direito de impor ao concessionário alterações às cláusulas regulamentares, sob reserva do direito do concessionário a uma indenização pecuniária, se essas alterações forem onerosas para ele" (*Direito Público Econômico*, p. 403).

públicas de tutela das prestações contratuais. Na sede dos contratos administrativos admite-se o exercício de poderes de direção, fiscalização, modificação unilateral e rescisão unilateral. A Administração fica autorizada, ainda, a impor as respectivas sanções quando verificada falta do co-contratante. As prerrogativas especiais são batizadas pela doutrina de *cláusulas exorbitantes*, as quais se põem implícitas ao pacto, sendo invocáveis mesmo no silêncio do contrato.

Os contratos administrativos são classificáveis, quanto ao conteúdo, como *de atribuição* ou *de colaboração*. Os primeiros são menos usuais e têm por causa-função atribuir certas vantagens aos administrados – sendo, nesse caso, essencial a prestação da Administração em relação à do co-contratante, que desponta como mera conseqüência ou condição da vantagem auferida.[164] Os segundos – a grande maioria das avenças administrativas – caracterizam-se quando o particular se obriga frente ao Estado a realizar uma prestação que atenda diretamente ao interesse público. Neles o essencial é a prestação do particular, sendo suas as obrigações que adquirem relevância no atendimento ao interesse público.[165] A utilidade da classificação se põe no campo da interpretação contratual: os contratos de atribuição são marcados por uma exegese restritiva das vantagens outorgadas ao co-contratante, diferentemente dos contratos de colaboração, para os quais tem-se adotado hermenêutica favorável aos particulares-contratantes.[166]

Quanto aos elementos, os contratos administrativos caracterizam-se pela (a) *competência*, significando a "expressão funcional qualitativa e quantitativa do poder estatal que a lei atribui às entidades, órgãos ou agentes públicos para vinculá-los contratualmente"; (b) pela *finalidade*, destinando-se o contrato sempre à satisfação direta dos interesses coletivos implicados; (c) pela *forma*, sendo avença formal, obedecendo à regência específica da lei quanto à sua exteriorização; (d) pelo *motivo*, entendido como o substrato fático ou jurídico do contrato; (e) pelo *objeto*, visando o contrato sempre à constituição de uma relação jurídica obrigacional, podendo-se aludir a um objeto mediato – sendo o bem jurídico versado pelo vínculo – e a um objeto imediato – significando as prestações jurídicas pactuadas pelas partes contraentes; (f) pela *capacidade*, referindo-se à condição subjetiva da parte contratante priva-

---

164. "Neles o interesse público é prosseguido mais através dos direitos conferidos ao contratante particular do que das obrigações que assume" (J. M. Sérvulo Correia, *Legalidade* ..., 1985, pp. 421-422).
165. Cf. Garrido Falla, *Tratado* ..., 10ª ed., vol. 2, p. 59.
166. Hely Lopes Meirelles, *Licitação* ..., 13ª ed., 202.

da à celebração do contrato, quando o co-contratante constituir-se num particular; (g) pelo *consenso*, como elemento essencial de todo contrato, traduzindo-se no consentimento recíproco das partes acerca do avençado – lembrando-se que a vontade do poder público é sempre normativa, e não puramente volitiva.[167]

Os elementos enunciados atribuem ao contrato administrativo especificidades que permitem diferençá-lo dos contratos privados celebrados entre particulares. Um dos traços marcantes desta heterogeneidade refere-se à *validade*. Tal como se passa com os atos administrativos, o regime de validade dos contratos públicos atrai a regulação de direito público, donde se deve olhar para a *competência* do ente, do órgão e do agente que os realiza. Além disso, há que se obedecer ao processo de *formação* do contrato em todo seu regramento, não sendo possível que o contrato resulte em desconformidade com os termos do edital e/ou da proposta (salvo as hipóteses permitidas pela legislação). Também, os contratos administrativos, para serem válidos, hão de cumprir com as questões de *formalização* e de *fixação de conteúdo* e *prazo* conforme a disposição legal.[168]

5.3 Contrato administrativo e contrato jurídico-privado da Administração

O Direito Brasileiro, como já referido, conhece a distinção entre contratos administrativos e contratos jurídico-privados da Administração. Se é certo que a dicotomia denota maior utilidade em países que possuem dualidade de jurisdição, servindo de critério de definição de competência jurisdicional, a classificação sempre foi concebida no Direito Brasileiro como fator de delimitação do regime jurídico substantivo, onde os contratos administrativos (e só eles) estavam sujeitos ao exercício de poderes exorbitantes erigidos pela teoria geral do contrato administrativo.

Pode-se dizer que os traços que apartam as espécies no Direito nacional não são tão acentuados tal como se passa em alguns ordenamentos estrangeiros. Isso se verifica pelas inúmeras vinculações jurídico-públicas que condicionam os contratos da Administração Pública (como gênero), seja pelas regras e princípios desta índole que se proje-

---

167. A enunciação dos elementos obedece à classificação de Diogo de Figueiredo Moreira Neto (*Curso de Direito Administrativo*, 12ª ed., pp. 161-162).
168. Cf. Carlos Ari Sundfeld, *Licitação* ..., 2ª ed., pp. 217-225.

tam quanto ao processo de formação do contrato, seja pelos efeitos que o princípio da licitação irradia no próprio regime de execução dos contratos.

Sendo o interesse público uma constante da atuação administrativa, recai sobre toda a atividade da Administração, pública ou privada, uma "pigmentação específica" à fisionomia de todos os meios jurídicos – para usar uma expressão de Orlando de Carvalho.[169] Isso, por si só, diferencia os contratos privados da Administração dos contratos celebrados entre particulares. Em todos os atos estatais encontra-se presente o interesse público – a finalidade pública, em última análise. Por força da evidência de que o processo de formação da vontade pública é sempre pautado por um regime de direito público, sendo aquela do tipo normativa, a concepção do conteúdo de um contrato ou seu processo de elaboração são sempre diferenciados daqueles existentes na esfera dos privados. Só por isso é impossível afirmar a identidade entre os pactos celebrados pela Administração Pública e aqueles firmados entre particulares.

As espécies do gênero dos contratos da Administração Pública não só se acham reguladas por um regime jurídico diferenciado daquele incidente sobre as contratações entre privados, como afiguram-se bastante assemelhadas entre si. Constata-se a existência de uma "zona comum" da contratação pública, visível em toda a fase "procedimental" – de formulação do conteúdo contratual e de seleção dos co-contratantes. Além disso, a ausência de autonomia da etapa de execução dos contratos relativamente à sua fase de formação (em sentido amplo) gera a aproximação dos regimes jurídicos. Essa ausência de autonomia demonstra-se não só pelo alcance dos vícios que podem inquinar a formação contratual da relação jurídica decorrente, como pelo respeito aos valores contemplados pelo processo licitatório durante a fase executiva.

Veja-se que a Lei 8.666/1993 instituiu a licitação como processo comum a todos os contratos celebrados pela Administração Pública (direta, indireta, autárquica e fundacional). Isso deriva ainda do texto constitucional (arts. 22, XXVII, e 37, XXI). Assim: muitos dos traços publicistas que timbram o regime de execução dos contratos celebrados pela Administração Pública advêm do respeito a valores atinentes à licitação. E, neste aspecto, alcançam não só os contratos administrativos como os contratos jurídico-privados da Administração.

---

169. "Contrato administrativo e acto jurídico público", in *Escritos-Páginas de Direito*, vol. 1, Coimbra, 1998, p. 210, *apud* Alexandra Leitão, *A Protecção ...*, 2002, p. 183.

Não se pode, por exemplo, alterar livremente as avenças da Administração a ponto de desnaturar o objeto contratado, acarretando fraude à licitação; deve-se, ademais, respeito, mesmo nas alterações bilaterais, aos limites quantitativos e qualitativos impostos pelo art. 65 da Lei 8.666/1993.

Também as decisões estatais que se impõem no âmbito de execução dos contratos celebrados pela Administração – como o ato de recebimento do objeto, de prorrogação de prazo, de efetivação de pagamentos, entre outros – guiam-se pelo regime de direito administrativo no que respeita a seu processo de formação.[170]

Daí a afirmação de que os contratos celebrados pela Administração Pública – todos eles – estão submetidos a um regime de direito público. Podem apenas admitir maior ou menor inflexão de regras de direito privado.

Para além disso, percebe-se que a Lei 8.666/1993 (§ 3º do art. 62) estendeu aos contratos jurídico-privados o exercício de poderes de autoridade inerentes aos contratos administrativos – o que, aparentemente, pode ter relativizado ainda mais a distinção.[171]

O fato, entretanto, é que a diferença (entre as espécies *contrato jurídico-privado* e *contrato administrativo*) ainda remanesce, sendo que está assentada sobretudo pela possibilidade de manifestação do *ius variandi* unicamente nos contratos administrativos.

5.3.1 Contrato administrativo e contrato jurídico-privado da Administração. Admissibilidade de poderes exorbitantes (enfoque teórico)

Até se poderia, em face do exposto, indagar a causa da distinção entre as espécies dos contratos da Administração Pública, conquanto em um e outro caso há o comprometimento do ente estatal com a busca pelo interesse público, fundamento do uso de prerrogativas unilaterais e principal traço que determina o regime jurídico do contrato administrativo. A questão pode ser formulada nos seguintes termos: se o fim público acha-se em todos os atos estatais, sendo esse o motivo da intervenção instabilizadora da Administração nos contratos por ela ce-

---

170. Cf. Carlos Ari Sundfeld, *Licitação* ..., 2ª ed., p. 202.

171. Em verdade, os poderes exorbitantes não se aplicam na mesma medida aos contratos jurídico-privados e aos contratos administrativos. Sequer se aplicam aos contratos jurídico-privados. Consulte-se o item 5.3.2 deste capítulo.

lebrados, qual a razão que sustenta a diferença entre os regimes jurídicos dos contratos administrativos e dos contratos jurídico-privados da Administração?

Primeiramente, é preciso dizer que, se há comprometimento da finalidade pública em todos os atos emanados da Administração, certamente o grau de vinculação do interesse público com a manifestação estatal não é o mesmo para todos os casos. A intensidade do envolvimento do interesse público com a atuação administrativa varia conforme a natureza dessa. Aliás, mesmo na classe dos contratos administrativos as tipologias específicas apresentam diferentes medidas de intensidade na prossecução do fim público. Poder-se-ia exemplificar aludindo à diferença que há entre um contrato de concessão, caracterizado por uma acentuada tutela administrativa acerca de seu objeto, e um contrato de compra e venda, cuja execução é instantânea, reduzindo sobremaneira a possibilidade do exercício da tutela pública. Sequer, assim, é conveniente afirmar que os contratos administrativos constituem uma categoria homogênea.[172]

A partir da idéia de que é variável a intensidade da prossecução do interesse geral na conduta da Administração Pública, chega-se à conclusão de que é variável também a pertinência do exercício de tutela administrativa, sendo que esse está assentado exatamente na necessidade ditada pelo interesse geral. Daí que só nos contratos administrativos encontra-se vinculação de tal medida com o interesse geral capaz de autorizar o exercício de poder modificativo do vínculo. É verdade que, como dito, mesmo na categoria dos contratos administrativos haverá diferença de intensidade na busca do interesse público; mas para que se configure um pacto administrativo haverá um comprometimento mínimo da causa do contrato com a prossecução do interesse geral. Para aqueles contratos que não contiverem objeto/causa hábil a relacionar-se numa intensidade tal, mínima, com o interesse geral não se poderá atribuir-lhes a configuração de administrativos.[173] Dito de outra maneira: caracterizar-se-á um contrato administrativo quando o interesse público for imediatamente perseguido pela atividade contratual da Administração. Permite-se concluir, diante disso, que há uma classe de contratos que jamais comportarão relação tal com o interesse público a ponto de habilitar a Administração ao exercício do poder modificativo – aqueles em que o interesse público estiver apenas mediatamente

---

172. Nesse sentido já anotou Alexandra Leitão, *A Protecção ...*, 2002, p. 177.
173. Consulte-se o item 5.4 deste capítulo.

perseguido. Esses contratos nominam-se "contratos jurídico-privados da Administração".

A questão suscita a dificuldade de precisar o grau de vinculação do interesse público relacional, no propósito de demarcar o regime jurídico do contrato administrativo. Trata-se de uma avaliação que será realizada em concreto, analisando-se a causa/objeto da avença pactuada. O conceito de contrato administrativo, sob este ângulo, afigura-se indeterminado, tendo de ser preenchido na aplicação da lei aos casos concretos, quer-se dizer: comportando, na tarefa de qualificação jurídica, subsuntiva, um espaço residual de indeterminação. À questão se voltará adiante.

A despeito das ponderações desenvolvidas acima, há autores que vêem nos contratos da Administração Pública uma categoria unitária, admitindo que os poderes de autoridade da Administração Pública, tendo origem e pressupostos extracontratuais, aplicam-se a todas as avenças celebradas por aquela.

Classicamente, as cláusulas exorbitantes (poderes exorbitantes) foram concebidas como pertinentes ao contrato administrativo; consistiram estas em elementos de distinção entre as espécies – o contrato administrativo concebia-se pela tolerância ao exercício de poderes especiais (e extracontratuais) deferidos à Administração; o contrato jurídico-privado, afeito ao regime privatístico, caracterizava-se pela impertinência desses poderes, por sua índole aproximada do contrato privado entre particulares.

A doutrina, na tarefa de depuração da noção das chamadas "cláusulas exorbitantes", concebeu-as como fruto de um título executório, como conseqüência da autotutela estatal, verdadeiro poder jurídico-público, afirmando sua característica extracontratual. Isso conduziu ao entendimento pela admissibilidade do exercício desses poderes também na sede de execução dos contratos privados da Administração. Muitos autores sustentaram estar presente tal poder em todos os contratos firmados pela Administração, dependendo sua aplicação da apreciação do interesse geral envolvido na situação jurídica concreta.

Emblemática, nesse sentido, é a posição de Brewer-Carías, para quem "a modificação unilateral dos contratos da Administração e que provém de decisões unilaterais desta é uma faculdade que ela tem a respeito de todos os contratos que firma, sejam contratos de direito público ou de direito privado, é dizer, sejam contratos administrativos ou de direito privado. Sua aplicação às relações contratuais sempre será possível e dependerá da apreciação do interesse geral envolvido na situação jurídica concreta".[174]

Ressalta o jurista que a decisão mais importante da Corte Suprema de Justiça na Venezuela, em matéria de contrato administrativo, tratou de admitir poder de rescisão unilateral da Administração em contrato que, aparentemente, parecia ser de direito privado, descobrindo-se, depois, que seu regime era preponderantemente de direito público, ante a apreciação do interesse geral envolvido na realização da Administração.[175]

Ao admitir a possibilidade do exercício de instabilização nos contratos jurídico-privados (da Administração) a doutrina parece anunciar uma tendência à unitariedade dos regimes jurídicos. A idéia de "transmudação" do contrato jurídico-privado em "contrato administrativo" para fins de sujeição do pacto ao exercício de poderes especiais revela, aparentemente, o recurso à unificação dos regimes jurídicos. Neste aspecto, a categoria jurídica do contrato administrativo passaria a ter valor meramente didático, e não mais tipológico-normativo. Isso porque o que se descortina com o processo de conversão de contratos públicos (tal como narrado por Brewer-Carías em leitura à decisão da Corte Suprema de Justiça venezuelana) é que o exercício dos poderes exorbitantes não se condiciona pela qualificação do contrato, mas, antes, se autoriza pela verificação de pressupostos extracontratuais e que poderão ocorrer em sede de um ou de outro tipo contratual (contrato administrativo ou contrato jurídico-privado da Administração). Assim, as cláusulas exorbitantes, como poderes eventuais e oportunizados objetivamente mediante fatores externos ao contrato, haverão de, implicitamente, estar presentes em todos os contratos da Administração Pública, sejam estes administrativos ou jurídico-privados.[176]

Também Juarez Freitas, no mesmo viés, conclui que "o alcance extensivo dos termos contratuais a terceiros (cujas situações jurídicas não advêm das partes contratantes) decorre mais do sistema que do contrato"; afirmando, em seguida, que a "instabilização dos contratos, como potência específica da Administração Pública, pode suceder,

---

174. *Contratos Administrativos*, p. 49.
175. Idem, ibidem.
176. Monedero Gil, com posição mais restritiva, chegou a admitir, como exceção, um exercício de modificação dos contratos privados da Administração, desde que a execução contratual ameace o interesse geral envolvido (*Doctrina* ..., p. 394).

como dito, também em relação a ajustes ortodoxamente inseridos na rubrica de privados".[177]

A pertinência do exercício de poderes exorbitantes na sede dos contratos jurídico-privados, tal como relatado pelos autores, relaciona-se com uma tendência de considerar-se que ambas as espécies de contratos públicos aludidas são igualizáveis. Reconhece-se em parcela da doutrina a idéia de ver estabelecido um regime jurídico único para os contratos administrativos e para os contratos jurídico-privados da Administração.[178]

É válido admitir que a idéia de autotutela estatal e da irrenunciabilidade da prossecução do interesse geral poderá conduzir ao entendimento de que, verificados determinados pressupostos, a Administração há que agir no fito de garantir a satisfação das necessidades públicas – de modo que desinteressa, em princípio, se tais pressupostos despontem no âmbito da execução de um contrato jurídico-privado ou de um contrato administrativo.[179] Assume-se, em face do raciocínio, a admissibilidade dos poderes exorbitantes pela verificação de seus pressupostos (que são extracontratuais), e não pela qualificação do contrato.

Mas é de se ver que os contratos jurídico-privados celebrados pela Administração, justamente porque assim se qualificam, em tese, não possuem objeto capaz de suportar a ação de prerrogativas especiais. É dizer, põe-se inviável o surgimento dos pressupostos do *ius variandi* na execução do objeto contratual relativo a um contrato jurídico-privado.

Até se pode cogitar de hipóteses raríssimas em que um contrato que se qualificou como jurídico-privado da Administração se veja dian-

177. *Estudos de Direito Administrativo*, 2ª ed., p. 181.

178. O grupo dos juristas que defende a unitariedade dos contratos públicos é numeroso. Podem-se citar, entre outros, Roberto Dromi, Schmidt-Assmann, Brewer-Carías e Maria João Estorninho. Especialmente esta autora sustenta, em seu esboço de autonomização curricular, o estudo integrado dos contratos públicos sempre sob essa perspectiva homogênea, adotando como epígrafe do programa da Cadeira relativa aos contratos públicos o título "Para a uniformização do regime jurídico da actividade contratual da Administração Pública". Entre nós, Juarez Freitas parece comungar da idéia de unificação dos contratos públicos, recusando a clássica distinção feita pela teoria do contrato administrativo (v. Eduardo García de Enterría, "La figura ...", in *Studi* ..., vol. 2, p. 672; Maria João Estorninho, *Contratos da Administração Pública (Esboço de Autonomização Curricular)*, pp. 66-67; Juarez Freitas, *Estudos* ..., 2ª ed., pp. 175-193).

179. Se verificados os pressupostos da ação estatal de instabilização na sede de um contrato jurídico-privado da Administração, é provável que o pacto não seja de direito privado, mas "administrativo".

te da necessidade de receber o influxo da ação estatal de instabilização do vínculo. Mas daí, certamente, aquele contrato seria desde então administrativo, e não jurídico-privado, como se chegou a pensar.

Viável dizer-se, ante isso, que os contratos privados não estão sujeitos a tais poderes exorbitantes, porquanto esses contêm pressupostos só possíveis em sede de contrato administrativo.

Mas, ainda que se reconheça a pertinência de poderes ante só a presença de pressupostos extracontratuais – o que levaria a desprestigiar a atitude qualificadora do pacto, eis que estes estariam, em vista disso, praticamente igualizados –, é preciso admitir que o que os diferencia (e os identifica como "instituto jurídico") é o tratamento jurídico particular que os regulamenta, atribuindo-lhes um regime jurídico peculiar. Se ambas as hipóteses (de contratos administrativos e contratos jurídico-privados da Administração) recebem tratamentos jurídicos distintos, quando as prerrogativas administrativas, ainda que de pressupostos extracontratuais, só são verificáveis no âmbito de uma relação jurídica cujo objeto seja próprio de contrato administrativo, concebem-se institutos jurídicos próprios e autônomos, submissos a regimes jurídicos distintos.[180]

Não significa isso dizer que não há princípios e regras comuns ao tratamento das espécies. Evidencia-se que ambos os institutos configuram a figura jurídica do contrato, razão pela qual tem-se a projeção sobre si dos princípios fundamentais da teoria geral dos contratos (*pacta sunt servanda* e *lex inter partes*). Mas, para além da atração desse quadro principiológico comum, que deriva da existência da figura do

---

180. Marçal Justen Filho discorda daqueles que negam a distinção entre contratos administrativos e contratos privados da Administração. Para o autor ambos os contratos têm regimes jurídicos distintos – vale dizer, ainda que os princípios sejam os mesmos, as regras aplicáveis são distintas: "A diferença entre as duas categorias funda-se no regime jurídico aplicável. É necessário efetivar as distinções entre as espécies de contratos administrativos porque inúmeras regras não são uniformemente aplicáveis a todas elas. O regime jurídico característico dos contratos propriamente ditos não é integralmente aplicável aos contratos privados da Administração Pública. Quanto a esses, produz-se um regime jurídico especial, que conjura os postulados originais do direito privado, ora as regras do direito público" (Marçal Justen Filho, *Concessões* ..., p. 40). Daí que o jurista nega a possibilidade do exercício de modificação unilateral em contratos privados da Administração, anotando que "os particulares, em contratações disciplinadas preponderantemente pelo direito privado, não se encontram assujeitados aos poderes excepcionais garantidos à Administração Pública. Ser-lhes-á facultado atender ou não ao pleito da entidade administrativa" (Marçal Justen Filho, *Comentários à Lei de Licitações e Contratos Administrativos*, 7ª ed., p. 544).

contrato, cada espécie atrairá regras e princípios específicos, delineando-se regimes jurídicos distintos, conformando-se institutos autônomos.

5.3.2 A questão tratada à luz do direito positivo.
A disposição do § 3º do art. 62 da Lei 8.666/1993

No Direito Brasileiro a Lei 8.666/1993, em seu art. 62, § 3º, curiosamente estende aos contratos privados da Administração a aplicação de dispositivos típicos do contrato administrativo, inclusive aqueles que asseguram à Administração poderes de modificação do vínculo (art. 58, I). A letra do preceito parece querer impor um critério subjetivo de aplicabilidade de normas gerais dos contratos administrativos, admitindo sua incidência pela só participação da Administração em contratos celebrados com terceiros.

Isso não significa, entretanto, que os poderes exorbitantes se apliquem aos contratos jurídicos-privados na mesma medida em que se apliquem aos contratos administrativos. Pode-se dizer, inclusive, e sob certo ângulo, que aos contratos jurídico-privados realmente não se aplicam as tais prerrogativas exorbitantes.

A questão será examinada em face da específica possibilidade de aplicação do poder de modificação do contrato genericamente prevista pelo inciso I do art. 58 da Lei 8.666/1993.

Veja-se que o art. 62, § 3º, da Lei 8.666/1993 assegurou a aplicação, *no que couber*, do disposto no inciso I do art. 58 da mesma lei aos contratos de figuração privada. Ocorre que a estrutura normativa do dispositivo do inciso I do art. 58 deixa clara a hipótese normativa como situações que indiquem a "melhor adequação às finalidades de interesse público". Somente verificada esta hipótese é que se autoriza a emanação do comando de modificação unilateral. Está-se a tratar propriamente de situações que acarretem de fato a necessidade de modificação do contrato, conquanto o interesse protegido pelo vínculo acha-se ameaçado pela desconexão entre as necessidades públicas e o pactuado no contrato.

Mas os contratos jurídico-privados da Administração assim se classificam pela índole de seu objeto, desinteressado diretamente na tutela das necessidades públicas; não instrumentam o atendimento a necessidades públicas diretamente relacionadas com o interesse público primário a ponto de provocar a instabilização da avença. Se o fizerem não serão mais contratos jurídico-privados, mas verdadeiros contratos administrativos. É iniludível a conclusão de que é a índole do objeto contratual o que ditará a pertinência ou não da prevalência de poderes de direção da relação contratual pela Administração. Desde que entendidos os poderes autoritários da Administração como competência pautada por pressupostos determinados (que se originam do próprio objeto – entendido como situação material objeto da relação jurídica decorrente), e reconhecendo-se a índole privatística (ou, melhor, desinteressada da consecução direta de um interesse público) do conteúdo contratual do pacto privado, é lícita a conclusão de que os contratos jurídico-privados não conterão objeto apto a recepcionar poderes dessa ordem.

Por isso – é importante frisar – a prescrição do § 3º do art. 62 não tem o condão de subverter a exigência de pressupostos objetivos para a emanação do comando do art. 58 da mesma lei. Não havendo os pressupostos certos, não se poderá produzir o comando.

Vale observar que a norma do § 3º do art. 62 não assegurou propriamente a aplicação de poderes especiais da Administração sobre o co-contratante. Apenas assegurou a possibilidade de aplicação (no que couber) do disposto no art. 58 (entre outros). Logicamente – e garantida a possibilidade de aplicação do conteúdo normativo daquele artigo aos contratos privados da Administração –, seu comando só se produzirá no caso de ocorrer a hipótese de incidência. A expressão "no que couber" deixa clara a remissão aos pressupostos previstos pelo art. 58 (e demais arrolados). Como nos contratos de índole privada da Administração, dada a natureza de seu objeto, não se cogita da possibilidade de ocorrências hábeis a desencadear o comando normativo previsto no inciso I do art. 58, não poderão acolher a incidência da prerrogativa, ainda que assegurada sua aplicação (em abstrato) pela dicção do § 3º do art. 62. Forçoso é reconhecer a inutilidade e a inocuidade, mesmo, da prescrição.

Até se poderia contrapor que o princípio hermenêutico que indica não se poder presumir a inutilidade das palavras da lei conduz a interpretação divergente. No entanto – e a prevalecer a interpretação de que a lei assegurou a aplicabilidade de prerrogativas especiais aos contratos de figuração privada da Administração –, ter-se-ia de reconhecer a subversão dos pressupostos indicados no inciso do art. 58. Neste raciocínio haveria invencível conflituosidade entre a norma do art. 62 e a do art. 58. De fato, a interpretação lógica e gramatical das normas indica a inviabilidade de estender-se aos contratos privados da Administração os poderes especiais aplicáveis aos contratos administrativos.

Não fosse por isso, denota-se a *ausência do fundamento* da prerrogativa estatal para fins de instabilização de contratos jurídico-privados. Como não se cogita da possibilidade de existência de interesse público primário imediatamente relacionado com a pactuação de contratos de figuração privada, o exercício de prerrogativas unilaterais nesse âmbito acarretará ofensa ao princípio da instrumentalidade dos poderes públicos.[181] A própria noção de "função" que conforma as competências públicas impede o raciocínio de que os tais pactos privados da Administração comportem alteração unilateral.

Aponte-se, ainda, que a conflituosidade dos poderes autoritários com a feição nitidamente privada das avenças aludidas vem denuncia-

---

181. Autores como Carlos Ari Sundfeld e Jessé Torres Pereira Júnior vêem no preceito (art. 62 da Lei 8.666/1993) verdadeiro critério subjetivo de aplicabilidade dos poderes exorbitantes, anotando este último que, "respeitada a igualdade objetiva entre os contraentes, nos termos pactuados, há espaço para uma desigualdade subjetiva a justificar que a lei (antes de fazê-lo o contrato) outorgue aquelas prerrogativas ao ente ou entidade que realiza a função pública, não para que a pessoa administrativa prevaleça sobre o particular, mas para que o interesse público não se veja derrogado ou acuado pelo direito privado" (Carlos Ari Sundfeld, *Licitação ...*, 2ª ed., p. 207; Jessé Torres Pereira Júnior, *Comentários à Lei de Licitações e Contratações da Administração Pública*, 5ª ed., p. 626).

Já Marçal Justen Filho alude a que "o art. 58 sintetiza faculdades inconciliáveis com os princípios do direito privado. As peculiaridades dos contratos administrativos residem grandemente nas prerrogativas unilaterais asseguradas à Administração Pública. Em se tratando de contratos típicos do direito privado, deve-se assegurar ao particular a opção entre o restabelecimento do equilíbrio econômico-financeiro do contrato e a rescisão do contrato". E completa: "Por decorrência, deve reputar-se que os particulares, em contratações disciplinadas preponderantemente pelo direito privado, não se encontram assujeitados aos poderes excepcionais garantidos à Administração Pública. Ser-lhes-á facultado atender ou não ao pleito da entidade administrativa. Em caso de recusa, a contratação poderá ser extinta". A posição do autor, como se vê, ainda que limitativa dos poderes exorbitantes administrativos na sede de contratos privados, vai a ponto de permitir à Administração a manifestação de instabilização, que, não aceita pelo co-contratante, traduz-se na rescisão contratual (sem prejuízo de indenização correspondente) (Marçal Justen Filho, *Comentários à Lei de Licitações e Contratos Administrativos*, 7ª ed., pp. 543-544). Agregue-se, ademais, que o referido art. 62 da Lei 8.666/1993 tem sua aplicação limitada à incidência da norma contida no art. 173, § 1º, da Constituição Federal, a qual estabelece tratamento de direito privado às entidades estatais que atuem no domínio econômico. Desde que a contratação que se persegue tenha por objeto o exercício de intervenção no domínio econômico, impõe-se um regime de direito privado, por determinação constitucional. Daí que, nestas hipóteses, a "Administração não poderá invocar prerrogativas especiais e se sujeitará integralmente ao regime de direito privado" (cf. Marçal Justen Filho, *Comentários ...*, 7ª ed., p. 544).

da pela pouco clara dicção do texto normativo do art. 62 da Lei 8.666/ 1993, que refere a aplicação de normas de direito público a contratos "cujo conteúdo seja regido, predominantemente, por norma de direito privado".

Por fim, acrescente-se – a título meramente ilustrativo – que a distorção cometida pelo legislador na tentativa de importar aos contratos jurídico-privados os poderes de autoridade deferidos à Administração (se é que disso se tratou) parece ter sido corrigida pela edição do Anteprojeto da nova Lei Geral de Contratações da Administração Pública, de 18.3.2002.[182]

5.4 Caracterização do contrato administrativo para fins do exercício de poderes de autoridade

Neste tópico pretende-se o fornecimento preliminar de critérios à caracterização do contrato administrativo. Não se trata – registre-se – de uma sistematização dos critérios históricos que ditaram a natureza

---

182. Dito Anteprojeto distinguiu expressamente, em seu art. 129, as espécies de avenças da Administração Pública, dispondo que:
"Art. 129. São espécies de contratos da Administração:
"I – contratos administrativos; e
"II – contratos privados da Administração.
"Parágrafo único. Os contratos da Administração devem ser celebrados em conformidade com os procedimentos previstos nesta Lei, independentemente de sua espécie."
O art. 130 complementou:
"Art. 130. Os contratos administrativos caracterizam-se pelo regime jurídico de prerrogativas conferidas à Administração, conforme definido nesta Lei.
"Parágrafo único. As normas de direito privado aplicam-se subsidiariamente aos contratos administrativos."
E o art. 131 determinou, ainda, que: "Os contratos privados da Administração regem-se por normas de direito privado, sujeitando-se aos mecanismos de controle e fiscalização inerentes à atividade da Administração e às disposições gerais presentes neste Capítulo".
Na edição do Anteprojeto de 19.2.1997 (*DOU* 33, de 19.2.1997) também já se havia suprimido a referência constante do texto da Lei 8.666/1993 que induziu a doutrina à orientação pela positivação da incidência daqueles poderes gerais a todos os contratos da Administração. O § 3º do art. 7º do aludido Anteprojeto dispunha que: "Aplica-se o disposto nos arts. 82 e 98 a 100, e, no que couber, as demais normas gerais desta Lei, aos contratos de seguro, de financiamento, de locação em que o poder público seja locatário, e aos demais cujo conteúdo seja regido, predominantemente, por norma de direito privado". Os arts. 82, 98 e 100 não cuidavam da incidência de poderes exorbitantes.

da figura (critérios que buscaram explicar/substantivizar o contrato administrativo), mas de elencar alguns critérios que, segundo o que se entende, estão a contribuir para a instrumental classificação das avenças da Administração Pública como administrativas ou privadas.

Vale esclarecer, antes, que existem em nosso Direito contratos administrativos por natureza – cuja caracterização pretende-se, sinteticamente, apontar nesta sede – e contratos administrativos assim tipificados por força do direito positivo, como é o caso da *concessão de serviços públicos*. Reconhece-se, por isso, um critério misto de caracterização dos contratos administrativos. O que interessa aqui, fundamentalmente, é o exame das características capazes de configurar os *contratos administrativos por natureza*, porquanto os outros estão expressamente tipificados pela norma – razão pela qual não se há de questionar sua qualidade.

Também a possibilidade de a Administração celebrar contratos atípicos[183] com objeto de contrato administrativo acentua a importância do exame, uma vez que a normação específica que recai sobre a contratação pública não a restringe à celebração de contratos tipificados em lei (até porque a letra da lei trata da disciplina de gêneros contratuais) – isto é, não se vê impedimento a que a Administração possa celebrar contratos com objeto atípico. Neste aspecto, é de toda importância que haja *elementos de configuração* do contrato para instrumentar a subsunção do pacto à categoria normativa de *contratos privados* ou *contratos administrativos*, eis que seus regimes jurídicos, em face do direito positivo, são diversos.

Sob um certo ângulo, a Administração poderá escolher o tipo de contrato a ser firmado, pela escolha de seu objeto. Mas não lhe poderá aplicar regime jurídico diverso daquele que lhe é próprio. De fato, pode-se admitir que a escolha do objeto se insere em uma autonomia pública cujo exercício assume natureza discricionária. No Direito Brasileiro consagrou-se um princípio de admissibilidade de recurso ao contrato, podendo a Administração, desde que a lei não estipule o contrário, socorrer-se do contrato como forma de atuação. A escolha do objeto, quando passível de contrato, será feita pela Administração a par

---

183. Marçal Justen Filho admite a possibilidade da celebração pela Administração de contratos administrativos atípicos: "Ainda reconhecendo que o princípio da legalidade apresenta configurações distintas no âmbito da Administração, disso não se segue que os modelos de contratação pública tenham de ser previamente definidos em lei. A lei concede autorização para o Estado contratar, mas não fornece parâmetros exaustivos dos modelos de contratação" (*Comentários* ..., 7ª ed., p. 51).

de um exercício funcional discricionário. Mas, eleito o objeto, a subsunção que se opera à categoria tipológica dos contratos administrativos ou dos contratos privados celebrados pela Administração é objetiva. A categorização do contrato como *administrativo* ou *jurídico-privado* não se traduz como uma opção *voluntarista*, mas se impõe *objetiva* e deve estar instrumentada pela tomada de critérios normativos de definição do tipo. É o que se pretende demonstrar a seguir.

Primeiramente, e em relação aos contratos típicos, põe-se a questão de saber se a Administração poderá optar pela celebração de contratos jurídico-privados, isto é, se o elenco tipológico que salta da lei administrativa exclui a possibilidade de celebração desses tipos sob a égide do direito privado.

No que tange propriamente a contratos tipicamente de direito administrativo – desconhecidos inclusive do direito privado, como é o caso da concessão de serviços públicos, em que a lei administrativa tece uma ampla regulamentação que os singulariza de outros tipos que se lhes possam aproximar – não há duvidar de que se trata de contratos administrativos, só podendo assim qualificar-se.

Mas em relação aos tipos de contratos que, ainda que referidos pela lei administrativa, comportam tratamento também pelo direito privado – como é o caso do contrato de obra e do contrato de prestação de serviços – parece não existir uma atração presumida pelo regime jurídico do contrato administrativo. Com efeito, a falta de predeterminação legal por um tipo único de direito administrativo produz a dificuldade de se perquirir sua natureza, cabendo indagar os parâmetros de qualificação da avença que permitem timbrá-la de "administrativa". Igual situação se passa com os contratos atípicos. A questão, aqui, está remetida à tarefa de busca por um critério definidor da natureza do contrato.[184]

---

184. A tarefa da qualificação do contrato administrativo, tão exaustivamente intentada pela doutrina universal, revela como pano de fundo a busca por um verdadeiro critério de definição do direito administrativo, de submissão de tarefas jurídicas a um regime de direito público. Inúmeras correntes, ao longo dos tempos (dos últimos 100 anos, aproximadamente), surgiram com o intuito de explicar essa relação de direito público, subjugada a um regime jurídico-administrativo. A evolução da jurisprudência do Tribunal de Conflitos e do Conselho de Estado Francês demonstra que os muitos critérios construídos para a determinação da competência jurisdicional visavam, em última análise, à configuração do "fenômeno administrativo" – isto é: apontar-se quais os motivos que levariam determinada situação jurídica provocada pela Administração ao julgamento pelo tribunal administrativo.

Sem pretender sistematizar os critérios historicamente concebidos para a qualificação dos contratos administrativos, é válido partir-se de construções já dogmatizadas e que nos fornecem subsídios para tal; o que se busca, em definitivo, são parâmetros capazes de traçar a identificação do contrato administrativo.

É possível, em ampla classificação, dividir os critérios definidores do contrato administrativo entre os *subjetivistas* e os *objetivistas*. Os primeiros afirmam a presença da Administração Pública em um dos pólos do contrato como situação suficiente à caracterização do pacto; os segundos repousam sua tarefa qualificadora sobre o objeto do contrato.

A dificuldade de encontrar-se *o* critério definidor do contrato administrativo levou doutrinadores a pretender aplicar um fator subjetivo: desde que o poder público esteja presente no vínculo aplica-se-lhe um regime de direito público, assujeitando o co-contratante ao exercício de prerrogativas especiais.

Ocorre que a aplicação de um regime de direito público marcado pela admissibilidade do exercício de poderes exorbitantes justifica-se como *conseqüência* da presença no vínculo de um *objeto* afetado ao cumprimento de determinadas finalidades que se relacionam com as necessidades públicas hábeis a ditar a atualização contratual. A noção subjetivista ignora a possibilidade de a Administração pactuar avenças sob um regime predominante (no que tange à execução da relação jurídica) de direito privado; ignora, sobretudo, que a pertinência do exercício de poderes especiais justifica-se mediante a verificação de fatos extracontratuais, mas que se relacionam com o objeto do contrato pela índole que este (o objeto) assume em face do interesse público primário. Por isso, parece imprópria a tese de considerar que a presença do poder público seja critério autônomo e suficiente para a qualificação do contrato administrativo.

Logo, a busca pelos fatores qualificadores deve proceder-se a par dos critérios objetivos.

O critério do objeto não é unívoco. Pode-se entender como *objeto* do contrato, capaz de induzir à qualificação, tanto a situação fática regulada (objeto mediato) como a relação jurídica decorrente (objeto imediato). No primeiro caso ter-se-á uma situação *involuntária* qualificadora do pacto, donde a situação que se põe como objeto material terá virtualidades suficientes a atrair o regime jurídico do contrato administrativo ou o regime jurídico do contrato jurídico-privado. No segundo são os efeitos jurídicos pretendidos pelas partes que ditarão a natureza do contrato, isto é, conforme o objeto imediato, tomado como a produção de efeitos jurídicos pactuados, o contrato terá feição administrativa ou jurídico-privada.

Essas concepções despontam nas teorias que se dedicaram a encontrar a fonte qualificadora do contrato jurídico-público.

Na Alemanha a *teoria do objeto* (*Gegenstandstheorie*), consagrada pela jurisprudência e desde sempre utilizada como critério de classificação dos contratos públicos (administrativos), acabou por firmar a tendência de se imputar à *relação jurídica* estabelecida pelo contrato a *causa* de sua qualificação (se contrato jurídico-público ou jurídico-privado). No seio desta teoria as posições divergiram: a relação jurídica causal da qualificação do contrato poderá vir determinada pelos *efeitos jurídicos* decorrentes ou pela *situação de fato* relativa.[185]

Dizer-se que os efeitos jurídicos pretendidos pelas partes hão de ser o elemento capaz de tingir de "administrativo" o pacto é aludir a uma espécie de princípio de liberdade de escolha na forma de atuação. Ou seja: conforme as partes entendam por pactuar um ou outro efeito jurídico, ter-se-á de concluir pela atração de um ou outro regime jurídico contratual. Sem dúvida que tal orientação privilegia uma noção voluntarista da tarefa de qualificação dos contratos públicos. A idéia da classificação do contrato pelos efeitos normativos decorrentes tem na escolha da Administração um fator de determinação da natureza contratual.

Uma outra vertente da *teoria do objeto* propugnou por olhar-se para a situação de fato relativa no propósito de explicar a natureza do contrato. Entendeu-se que o objeto mediato – vale dizer, o bem jurídico que se quer regulado – consiste no verdadeiro motivo de qualificação da avença. Nesta perspectiva, "não é a natureza dos efeitos jurídicos autonomamente gerados pelo contrato que deve servir de base originária à integração deste no direito administrativo ou no direito privado. Pelo contrário, o exame da situação concreta que serve de pressuposto ao contrato é que permite determinar se ela é regida por um ou por outro daqueles setores da ordem jurídica".[186] Chega-se a preconizar que a natureza do contrato (na falta de normas diretamente aplicáveis) é ditada pela imediata execução de tarefas públicas.

Essa prevalência ou não da vontade em face de condições objetivas de atribuição da natureza dos contratos públicos transparece tam-

---

185. Cf. Sérvulo Correia, *Legalidade* ..., 1985, pp. 372-373.
186. Idem, ibidem.

bém nos critérios desenvolvidos pelo Direito Francês e de forma muito similar ao que se vê nas posições adotadas pelo Direito Germânico. O critério das *cláusulas exorbitantes* e o critério do *serviço público*, desenvolvidos pela jurisprudência do Conselho de Estado e do Tribunal de Conflitos Francês, denotam posições em tudo similares com as que se contempla pela bifacção da teoria do objeto. O critério das cláusulas exorbitantes – tal como se põe na *Gegenstandstheorie* – depositou na natureza jurídica dos direitos e deveres criados pelo contrato a fonte de sua qualificação. Considerado como um critério que privilegia o objeto do contrato como fonte de qualificação, o recurso às cláusulas exorbitantes pretendia qualificar como administrativos os contratos celebrados pela Administração que contivessem cláusulas exorbitantes. Era o objeto imediato, enquanto as prestações jurídicas pactuadas pelas partes, aquilo que ditaria a natureza da avença; desde que a Administração resolvesse introduzir no pacto cláusulas exorbitantes, estava-se diante de um contrato administrativo. É indisfarçável, neste raciocínio, a idéia de liberdade de escolha entre as formas de atuação pela Administração.

Laurent Richer, examinando o critério das cláusulas exorbitantes, observou que o papel da intenção só pode ser levado em consideração de uma maneira indireta: "As partes têm muito bem a liberdade para determinar as condições nas quais a prestação será fornecida, mas, uma vez definidas estas condições, o juiz determina se elas são compatíveis ou não com o regime de direito privado. Não cabe às partes manifestar expressamente sua vontade acerca da escolha entre o direito público e o direito privado".[187] Complementa o jurista, explicando o "valor operatório" das cláusulas exorbitantes, sob dois ângulos:

"A cláusula exorbitante freqüentemente é apenas a retomada de regras gerais aplicáveis ao contrato administrativo (poder de resilição, em certos casos, poder de controle); ela manifesta a pertinência do contrato ao direito público, o contrato compreende ou retoma uma regra de direito público.

"A cláusula exorbitante manifesta a presença de uma pessoa pública; através desse critério se marca a importância de considerações orgânicas no direito administrativo."[188]

E arremata registrando que, "a despeito de suas incertezas, a noção de cláusulas exorbitantes não está totalmente desprovida de uma 'lógica intrínseca' como por vezes se afirma".[189]

---

187. *Droit* ..., 2ª ed., p. 93.
188. Idem, p. 94.
189. Idem, ibidem.

A postura *voluntarista* própria do *critério das cláusulas exorbitantes* não convence aqueles que continuam a depositar na noção de *serviço público* o elemento de caracterização do contrato, relegando as cláusulas exorbitantes à condição de critério subsidiário e de menor relevância. É o que defende Jean-Marie Rainaud,[190] aceitando por administrativo, fundamentalmente, o contrato de que participa diretamente o co-contratante na execução mesma de uma missão de serviço público ou que constitui uma das modalidades de execução do serviço.[191]

Em verdade, o critério do serviço público, embora com a vantagem da simplicidade, apresentou o inconveniente, na França, "de fazer com que contratos com cláusulas comparáveis sejam dependentes de dois direitos e dois juízos diferentes, de modo que ele não está de acordo com as tendências gerais de direito administrativo que guardam apenas um lugar não-exclusivo e limitado ao serviço público".[192] Mas a questão – observa Richer –, a par da caracterização do contrato administrativo em função de seu objeto como relativo ao serviço público, repousa sobre o grau de intensidade que liga a avença ao serviço público.[193] O problema resume-se a determinar a partir de quando o "laço" é forte o bastante para tal.[194]

---

190. "Le contrat ...", *Revue du Droit Public*, 1985, p. 1.204.

191. Vale notar que a noção de *serviço público* – como dá notícia Laubadère – sempre foi na França concebida em seu sentido amplo, como "qualquer atividade que uma coletividade pública tenha decidido assumir por considerar que a realização desta atividade era necessária ao interesse geral e que a iniciativa privada era insuficiente para realizar adequadamente". E completa Laubadère: "C'est cette notion extensive du service public qui est retenue par la jurisprudence en ce qui concerne la définition du contrat administratif" (*Traité* ..., 2ª ed., vol. 1, p. 60). Não obstante, mais recentemente Richer noticia que a jurisprudência, como método de limitar a força de expansão do critério do serviço público, tem procurado adotar concepção restritiva da noção de serviço público (C.E. 26.6.1974, Soc. La Maison des Isolants de France, Rec 365; R.D.P. 1974, 1.486, note Auby) (*Droit* ..., 2ª ed., p. 100).

192. Richer, *Droit* ..., 2ª ed., pp. 94-95.

193. Idem, p. 95.

194. Aliás, relativamente a contratos de obras (*marché de travaux publics*), sempre na França tido como contrato administrativo, a doutrina chegou a criticar a jurisprudência por assim proceder. "Il n'en est pas toujours ainsi parce que, comme on va le voir, la notion de marché de travail public est extrêmement large et englobe tout accord concernant la construction, réparation, entretien d'un ovrage public. Certaines de ces opérations peuvent présenter une importance tellement faible ou même insignifiant que la soumission au régime spécial du droit public ne correspondrait pas à une intention réelle des parties d'adopter le procèdé de droit public" (André de Laubadère, *Traité* ..., 2ª ed., vol. 1, pp. 39-40).

Se a crítica ao critério das "cláusulas exorbitantes" se estabeleceu em face da *voluntariedade* que se imprimiu à classificação do contrato – invertendo-se uma ordem de causa e efeito –, as críticas ao critério do serviço público, não menos severas, dirigiam-se à amplitude do conceito, pela imprecisão que gera. Essa crítica, contudo, foi refutada – com especial coerência – por Cassagne, sob a alegação de que "qualquer intérprete medianamente instruído e informado alcança o sentido desses conceitos". E arremata: "Ao menos, desconhecemos administrativistas que tenham prescindido deles, inclusive em suas concepções críticas".[195]

O que se vê, a par desses critérios, de uma forma geral, é que as orientações simplificam-se numa alternância entre a *voluntariedade* e a *objetividade* que poderá ditar a escolha administrativa. De um lado, aqueles que reputam à "vontade" da Administração o elemento de classificação dos contratos (daí admitindo certa liberdade de opção) e, do outro, aqueles que reputam ao objeto – situação fática que se quer regulada – e à teleologia deste a imposição da natureza do contrato (e, de conseguinte, de seu regime jurídico).[196]

No âmbito da doutrina portuguesa, Freitas do Amaral não chega precisamente a perfilhar uma atitude *objetivista* de qualificação da avença, mas sua posição não rivaliza com os critérios ditos objetivos. Fixa o autor a fonte de qualificação do contrato administrativo na criação, extinção e modificação de uma *relação jurídica administrativa*. Define, de resto, *relação jurídica administrativa* como aquela "que confere poderes de autoridade ou impõe restrições de interesse público à Administração perante os particulares, ou que atribui direitos ou impõe deveres públicos aos particulares perante a Administração".[197]

O critério adotado pelo autor, embora se aproxime, *prima facie*, de uma noção estatutária de contrato administrativo (que se prende com a existência de uma relação jurídica regida pelo direito administrativo)

---

195. Cassagne, *El Contrato Administrativo*, pp. 223-224.

196. Nessa classe, ainda, identificam-se autores que, embora dando prioridade ao objeto (mediato) como fator de qualificação do contrato, completam-no com o critério das cláusulas exorbitantes. É o caso de Garrido Falla: "Puestos entonces en el trance de tener que elegir entre estos dos criterios (supuesto que parecen no coincidir), resulta lógico que nos inclinemos por el que juega un papel principal: el criterio del objeto del contrato o del servicio público, que, por otra parte, es el que tiene una inmediata repercusión jurisdiccional en nuestro derecho positivo" (*Tratado ...*, 10ª ed., vol. 2, pp. 50-51).

197. Diogo Freitas do Amaral, *Direito Administrativo*, vol. 3, pp. 439-440.

– como, de resto, são definidos os critérios defendidos pela doutrina[198] que buscam explicar a noção de "relação jurídica administrativa" plasmada no ETAF –, tem o sentido de depositar no objeto (em sua concepção material) o fator de qualificação da avença. Como definiu o mesmo autor, em nota posterior,[199] o objeto mediato de um contrato tem de respeitar o conteúdo da função administrativa e há de traduzir-se, em regra, "em prestações referentes ao funcionamento dos serviços públicos, ao exercício de atividades públicas, ao provimento de agentes públicos, à gestão de coisas públicas ou à utilização de fundos públicos. Se o objeto não for nenhum destes, o contrato só será administrativo se visar a um fim de imediata utilidade pública".[200]

Ainda no âmbito da doutrina portuguesa, Sérvulo Correia – pondo em questionamento em "que medida deve ser a natureza dos efeitos de direito produzidos por um certo contrato a ditar as normas que o regem e, em última análise, a sua qualificação jurídica, ou em que, pelo contrário, é da apriorística qualificação da natureza do contrato que depende a determinação das normas aplicáveis e, em última análise, o teor dos efeitos produzidos em concreto" – parece partir dos *efeitos de direito pactuados pelas partes* para o apuramento das normas jurídicas aplicáveis. Assim, se se tratar de normas jurídicas estatutárias da Administração o contrato é administrativo. Do contrário trata-se de contrato privado.[201]

---

198. Em Portugal a discussão acerca da qualificação dos contratos administrativos a partir da noção de *relação jurídica administrativa* (art. 9º do ETAF e art. 178º, n.1, do CPA) dá margem a interpretações que recorrem ao critério estatutário (prendendo-se com a existência de uma relação jurídica regida pelo direito administrativo), como defendem João Caupers e João Raposo (*Contencioso Administrativo Anotado*, Lisboa, 1994, p. 25, *apud* Alexandra Leitão, *A Protecção* ..., 2002, pp. 51-52).

199. "Apreciação da dissertação de Doutoramento do Lic. J. M. Sérvulo Correia", *RFDUL* XXIX/167, 1988, *apud* Alexandra leitão, *A Protecção* ..., 2002, p. 52.

200. "Apreciação da dissertação ...", *RFDUL* XXIX/167, *apud* Alexandra Leitão, *A Protecção* ..., 2002, p. 52.

201. Agrega o autor que o raciocínio esposado "não significa que a qualificação do contrato haja perdido todas as virtualidades como base determinante do seu regime: desta qualificação resulta por vez a aplicação de mais normas estatutárias da Administração, isto é, de normas imperativas e de normas supletivas que abrangem os aspectos do regime contractual que as partes não tenham regulado expressamente. Da aplicação dessas normas resultam novos efeitos de direito não pactuados mas que integram o regime do contrato concreto" (Sérvulo Correia, *Legalidade* ..., 1985, pp. 397-398).

Observa-se que o jurista deposita nos efeitos jurídicos pretendidos pelas partes (objeto imediato) o fator de qualificação da avença (e não na situação de direito material regulada – objeto mediato). Embora admita que na maioria das hipóteses "a natureza jurídica do contrato é um momento objectivo do contrato" – daí que as partes ou o qualificam corretamente, ou o qualificam erroneamente, "e tal qualificação não prevalece contra a verdadeira natureza do contrato"[202] –, adverte ainda que há situações em que as partes dispõem da opção entre a gestão pública ou privada do contrato, quando este "não for necessariamente administrativo pela natureza da relação jurídica que configura ou pela relevância que a lei confere à prossecução de fins de imediata utilidade pública".[203] Exemplifica o autor aludindo à concessão de exploração de uma cantina no edifício onde funciona um serviço administrativo sem que os contraentes tenham pactuado cláusulas exorbitantes em favor da pessoa coletiva contratante. Desde que chamado de "administrativo", tal batismo há de ser entendido como a remissão ao corpo de princípios gerais do contrato administrativo, "bem como a qualificação do contrato como privado significará a vontade de não o sujeitar à aplicação desses princípios".[204] Neste caso, pois, pela neutralidade dos efeitos decorrentes da relação jurídica objeto do contrato, a natureza contratual põe-se dependente da qualificação manifestada pelas partes. Dispensa, ainda, e na hipótese de ausência de qualificação expressa do contrato como "administrativo" ou "jurídico-privado", o fim de imediata utilidade pública como fator condicionante, entendendo que "as partes podem legitimamente ter querido conjugar a prossecução directa de um fim de interesse público com o recurso a meios de direito privado".[205]

A doutrina nacional divide-se em relação ao problema. Autores como Celso Antônio Bandeira de Mello – pensa-se que contaminado pela formatação francesa que recebeu a figura – acabam por reconhecer como contrato administrativo a "avença travada entre a Administração e terceiros na qual, por força de lei, de cláusulas pactuadas ou do tipo de objeto, a permanência do vínculo e as condições preestabelecidas assujeitam-se a cambiáveis imposições de interesse público, (...)".[206]

202. Sérvulo Correia, *Legalidade* ..., 1985, p. 404.
203. Idem, ibidem.
204. Idem, pp. 403-404.
205. Idem, p. 404.
206. *Curso de Direito Administrativo*, 15ª ed., p. 570.

É de se perceber que na definição de Celso Antônio o fator de qualificação de um contrato como administrativo reside também nas "cláusulas pactuadas" – donde se há de inferir que a Administração poderá, sob certo ângulo, "escolher" o tipo de avença a ser travada. Esta orientação vem inspirada na doutrina francesa e resulta da conjugação do critério do serviço público com o critério das cláusulas exorbitantes.

Mas o jurista ainda esclarece que há certos tipos de "contratos" administrativos em que os poderes exorbitantes existiriam independentemente de qualquer previsão contratual ou normativa explícita, definidos a par de seu objeto (objeto da relação jurídica), situação em que o objeto destes contratos *"não é suscetível de um contrato propriamente dito* e por isso não pode estratificar-se por obra da conjugação da vontade da Administração e do particular".[207]

Também Edmir Netto de Araújo chega a expressamente admitir que "a presença de cláusula exorbitante é suficiente para conferir a qualificação de 'administrativo' ao contrato de que participa pessoa jurídica de direito público". E sintetiza: "A tipificação de certo contrato, como administrativo, é função direta da presença, nele, de cláusula exorbitante".[208]

É verdade que a sistemática do pensamento do autor parece admitir que as cláusulas exorbitantes (ou *cláusulas de prerrogativa,* como prefere) podem ser implícitas ao pacto, descendendo de sua finalidade, muitas vezes. Mas observa que nem todos os contratos administrativos versam sobre a organização de um serviço público ou sobre uma prestação de utilidade pública e, noutra ponta, todos os contratos públicos têm por objeto uma finalidade pública, inclusive os jurídico-privados. Daí não serem – na conclusão do jurista – o objeto e a finalidade pública elementos autônomos de qualificação do contrato.

Parece inegável que o critério das cláusulas exorbitantes assim como aqueles que se assentam em noção *voluntarista* da escolha do regime contratual são inadequados para determinar a natureza do contrato em nosso Direito. Sobretudo porque tal está a deferir à Administração certo poder de decidir acerca do próprio cabimento da via contratual específica. Essa eleição não é senão ditada objetivamente por *nuanças* da situação fática capazes de autorizar a *subsunção* à categoria do contrato administrativo.

---

207. Idem, p. 568.
208. *Das Cláusulas Exorbitantes no Contrato Administrativo*, p. 126.

Pensa-se que a situação posta, e que reclama o estabelecimento da via do contrato pelo poder público, terá virtualidades suficientes a atrair o tratamento quer pelo regime próprio dos contratos administrativos, quer pelo regime típico dos contratos privados da Administração. E isso, em nosso regime, descende inclusive da *injuntividade*[209] das normas jurídicas aplicáveis ao exercício de poderes da Administração sobre o co-contratante, traço maior distintivo entre as espécies contratuais. Desta forma, não há disposição da Administração sobre tais poderes, não se podendo aludir a uma escolha voluntária.

5.4.1 Síntese conclusiva

Conclui-se que toda sorte de problemas relativos à escolha da via adequada resolve-se pelo exame do *objeto* e do *fim* do contrato. Isso significa que, mesmo que se admita um princípio de liberdade de escolha de forma de atuação,[210] certamente esta estará pautada pela natureza do objeto a ser contratado e pela implicação do interesse geral em relação a tal objeto; dimensionado o interesse envolvido, haverá de se operar a subsunção do pacto à espécie do contrato administrativo ou à espécie do contrato de direito privado. É na qualificação teleológica do objeto que se decide acerca da viabilidade jurídica por uma ou outra via. Diz-se que a causa/função do contrato – emprestando-se o raciocínio de Caio Tácito[211] – deve ser de tal natureza cuja feição comporte o exercício de cláusulas (poderes) exorbitantes. É necessário que a "satisfação" do interesse público reclame a pertinência de tais poderes. Aqui parece nítida a relação de causa/efeito entre a qualificação do objeto contratual e a pertinência de cláusulas exorbitantes. Esta relação de pertinência entre o interesse perseguido pelo contrato com os poderes públicos executórios sobre o co-contratante será buscada na natureza das necessidades coletivas que estão instrumentadas pelo vínculo contratual, a partir do caso concreto. Em última análise, o bem jurídico (objeto mediato)

---

209. Consulte-se o item 3 do Capítulo V deste trabalho.

210. A escolha administrativa existe em relação a formas de ação, não em relação à eleição da via contratual. Como já referiu Maria João Estorninho, à Administração "parecem caber apenas as formas jurídico-privadas e não a liberdade ou as possibilidades que a autonomia privada proporciona" (*Réquiem* ..., p. 180).

211. Segundo o autor: "O contrato administrativo pressupõe, ainda, que a satisfação do interesse público importe em cláusulas especiais, que assegurem à Administração Pública prerrogativas próprias e exorbitantes do direito comum" (Caio Tácito, "Contratos administrativos", *RDP* 18/44-45).

é que irá orientar a qualificação do contrato;[212] qualificado como "administrativo", se lhe impõem as cláusulas exorbitantes (leia-se "poderes exorbitantes").

É verdade que a finalidade pública está presente em todos os atos da Administração, repousando mesmo sobre os objetos pertinentes a contratos jurídico-privados da Administração. Esta conclusão levou doutrinadores como Hely Lopes Meirelles a abandonar a finalidade pública como fator de qualificação, assumindo o entendimento de que "é a presença da Administração com *privilégio administrativo* na relação contratual" que qualifica o contrato administrativo.[213]

Mas, quando se alude à presença da finalidade pública no contrato, alude-se à finalidade tomada em sentido restrito, relacionada de forma imediata com o objeto contratado. É iniludível que, de uma forma ou de outra, os atos estatais, todos eles, relacionam-se com o interesse público, contaminado-se de uma finalidade pública. Mas parece essencialmente distinta a relação de fim que se põe num contrato de seguro da que se estabelece num contrato de construção de obra pública. O envolvimento do interesse público é de índole e intensidade distintas.

Tem-se, assim, que é preciso olhar para o grau de envolvimento do interesse público com o vínculo contratual. Brewer-Carías simplifica a questão aludindo a que o regime imposto aos contratos da Administração (sempre misto – ora preponderantemente de direito público, ora preponderantemente de direito privado) descende de sua finalidade, "de acordo com o interesse público envolvido no vínculo jurídico que se estabeleça". Por isso – complementa o jurista – "pode dizer-se que não só a presença de uma Administração Pública na relação contratual, e sim a finalidade perseguida por essa Administração, mais ou

---

212. Não se perca, ainda, que quando o contrato servir à intervenção econômica da Administração na esfera privada não se pode aludir a tal como contratação administrativa. Isso porque o art. 173 da Constituição Federal veda a que o poder público, quando produza intervenção no domínio econômico, valha-se de prerrogativas próprias de ente promotor do interesse público, quebrando, assim, a isonomia que se deve estabelecer nesta situação. O texto constitucional determina a isonomia entre as entidades administrativas e as pessoas privadas no fito de evitar-se ofensa à livre concorrência (neste sentido, Marçal Justen Filho, *Comentários* ..., 7ª ed., p. 522).

213. *Licitação* ..., 13ª ed., p. 181. O autor havia contemplado em estudo anterior (*Direito Administrativo Brasileiro*, 1966, pp. 225 e ss.) a conjugação de dois elementos para a caracterização do contrato administrativo: (a) a participação da Administração como poder público e (b) a finalidade ou interesse público na prestação contratada (*Licitação* ..., 13ª ed., p. 182, nota 6).

menos vinculada ao serviço público, como noção genérica, é o que provocará a preponderância das modalidades específicas de dita relação".[214]

Ademais, a noção de atribuir à presença da Administração com privilégio administrativo o fator de qualificação é insuficiente, eis que desponta como conseqüência e não causa da qualificação do contrato: se administrativo, cabe à Administração o uso de seu privilégio administrativo na relação como o particular.

Veja-se que, fixada a natureza do contrato como jurídico-privada, a estipulação de cláusulas exorbitantes pela Administração será inválida, porquanto caracterizará previsão de exercício ilegítimo do poder público. A oportunidade daquelas resulta do objeto pactuado, da qualificação jurídica que se opera sobre as prestações envolvidas na avença.

Não se nega que a Administração poderá eleger o bem jurídico objeto do contrato, mas não poderá eleger o regime jurídico próprio à tutela do bem; a associação entre o bem jurídico e seu regime jurídico descende das virtualidades daquele para atrair a normação jurídica.

5.5 Releitura do conceito de "cláusula exorbitante"

A partir do exposto, é de se notar que a idéia de cláusula exorbitante como elemento característico do contrato administrativo (como conseqüência de sua tipologia) não deve ser aquela entendida em seu aspecto subjetivo, como força da pactuação das partes, mas há de ser assumida objetivamente, como norma jurídico-contratual imposta injuntivamente pelo ordenamento jurídico – inderrogável e irrecusável, por isso, pelas partes contraentes. Daí ser questionável até mesmo a expressão "cláusula" exorbitante.

Quando se alude, portanto, à "cláusula exorbitante" está-se a referir os poderes do ente público sobre o co-contratante; ou, melhor, os poderes da Administração-contratante sobre aspectos da relação jurídico-contratual.

Nessa medida, abstraindo as críticas que se dirigiram à locução à "cláusula exorbitante", ante o já muito referido apego à referência civilista, importa destacar, ainda, a impropriedade do termo "cláusula" a explicar os poderes exorbitantes da Administração. Pois esta é a crítica que parece de maior utilidade ao exame, eis que a idéia de *cláusula* afigura-se essencialmente incompatível com a natureza de *poder* que

214. Brewer-Carías, *Contratos Administrativos*, p. 43.

assume o exercício manejado pela Administração na qualidade de gestora do interesse público no seio da relação jurídico-contratual.

A noção de cláusula exorbitante como elemento constitutivo do contrato administrativo é a de algo implícito ao pacto e que mesmo que não externado há de ser assumido pelas partes como norma.[215] Não é a *causa* do contrato administrativo, mas um de seus efeitos. Todo contrato administrativo está regulado por um regime jurídico exorbitante, o qual contempla determinadas cláusulas exorbitantes, que nada mais são do que efeito da imposição de normas jurídico-públicas injuntivas. Jamais cláusulas contratuais, no sentido que lhes empresta o Direito. Constituem, em suma, *poderes jurídico-públicos*.

5.6 Regime jurídico do contrato administrativo

Fixada a distinção entre o contrato administrativo e o contrato da Administração Pública, bem como de seus regimes próprios, é oportuna brevíssima análise metodológica acerca da complexidade do regime jurídico do contrato administrativo, a partir de sua natureza mista: da convivência entre regras de direito privado e princípios relativos ao regime jurídico-administrativo.

A convivência jurídica entre normas jurídico-públicas e jurídico-privadas vem não só consagrada pela teoria do contrato administrativo como se infere, em nosso Direito, expressamente das disposições da Lei 8.666/1993.[216] Convém, no entanto, elucidar em que termos se estabelece a coexistência destas normas.

É importante anotar, desde logo, que o regime jurídico do contrato administrativo constitui um *sistema* jurídico; ou, melhor, um intrasistema que integra o subsistema que é o direito administrativo. Este, por sua vez, está conectado ao sistema-matriz, que é o sistema/ordenamento jurídico, uno em essência. Enquanto um intra-sistema, o regime jurídico do contrato administrativo contém normas jurídicas conectadas e articuladas por princípios-vetores. Estes *princípios* funcionam

---

215. Refere Celso Antônio Bandeira de Mello que "os poderes reconhecidos à Administração nestes 'contratos administrativos' (...) nada têm de contratuais. São poderes relativos à prática de atos unilaterais, inerentes às competências públicas incidentes sobre aqueles objetos" (*Curso ...*, 15ª ed., p. 568).

216. "Art. 54. Os contratos administrativos de que trata esta Lei regulam-se pelas suas cláusulas e pelos preceitos de direito público, aplicando-se-lhes, supletivamente, os princípios da teoria geral dos contratos e as disposições de direito privado."

como elo de articulação das normas, produzindo e orientando a incidência das *regras* jurídicas.

Nesse passo, reputa-se de extrema valia o fornecimento da distinção entre *princípios* e *regras*[217] para a operação do exame.

Com arrimo em Boulanger, Eros Grau expõe a distinção de *generalidade* que há entre regras e princípios, sendo que esses comportam uma "série indefinida de aplicações", enquanto aquelas, embora estabelecidas para "um número indeterminado de atos ou fatos", são editadas para ser aplicadas a uma situação jurídica determinada.[218] Por isso, as regras jurídicas não comportam exceções, eis que aplicáveis a situações determinadas; aplicam-se por completo, ou não se aplicam.

A formulação dessa distinção foi proposta por Dworkin e refere-se às distintas dimensões em que o conflito entre estas normas se opera. O filósofo pondera que as *regras* são aplicáveis numa relação do tudo-ou-nada (*all-or-nothing fashion*): se os fatos descritos pela norma ocorrerem, ou a norma é válida, e neste caso o comando ofertado deve ser aceito; ou a norma é inválida, caso em que ela em nada contribui para a decisão.[219] Diferentemente, os princípios são passíveis de ser afastados uns em relação a outros; o confronto dessas normas se resolve, à luz da proporcionalidade, pelo "peso" e pela "importância" que cada princípio assume no sistema.[220] Trata-se de reconhecer que sua aplicação – como pontua Cristiane Derani – "obedece a graus de intensidade".[221] Em sua esfera de comunicação, estes não detêm hierarquia

---

217. No Direito nacional tal classificação é afirmada, entre outros, por Juarez Freitas e Eros Grau. Os autores divergem quanto à natureza dos princípios. Para Juarez Freitas *princípios* não são normas jurídicas, mas estas se identificam com as regras (*Estudos* ..., 2ª ed., p. 178). Já Eros Grau entende a norma jurídica como gênero que alberga, como espécies, regras e princípios (*A Ordem Econômica* ..., 8ª ed., pp. 136 e ss; *Ensaio e Discurso sobre a Interpretação/Aplicação do Direito*, pp. 131 e ss.). Vale consulta, ainda, às lições de Canotilho em relação ao tema (*Direito Constitucional*, pp. 1.036-1.038).

218. *A Ordem Econômica* ..., 7ª ed., p. 103.

219. Ronald Dworkin, *Taking Rights Seriously*, p. 24.

220. "When principles intersect (...), one who must resolve the conflict has to take into account the relative weight of each. This cannot be, of course, an exact measurement, and the judgment that a particular principle or policy is more important than another will often be a controversial one. Nevertheless, it is an integral part of the concept of a principle that it has this dimension, that it makes sense to ask how important or how weighty it is"(Ronald Dworkin, *Taking Rights Seriously*, pp. 26-27).

221. *Atividades do Estado* ..., p. 132.

uns em relação aos outros, mas atuam em campos de ações distintos. "O limite está na manutenção do conteúdo mínimo do principio."[222]

Já as regras não são aptas a se prevalecer umas em relação a outras, decorrendo a exclusão de uma delas. Não é possível que, no seio do sistema normativo, algumas regras assumam maior importância que outras, eis que elas não são ponderáveis nesta dimensão. Por isso se diz – com Eros Grau – que os conflitos entre regras se operam na dimensão da validade e "os conflitos entre princípios se verificam – visto que apenas princípios válidos podem colidir entre si – dentro da dimensão do peso".[223]

Disso resulta que do conflito entre regras há que se operar a extirpação de uma delas do ordenamento, verificando-se a *antinomia jurídica*. Com os princípios tal não se passa, porquanto "a opção do aplicador do Direito ou do intérprete por um deles – em detrimento do que a ele se opõe – não implica desobediência do outro".[224] Não há aqui antinomia, propriamente. Por isso – e como resume Canotilho –, "os princípios coexistem, as regras antinômicas excluem-se".[225]

O que se deve extrair da exposição é que os princípios distinguem-se das regras porquanto são normas jurídicas que, dotadas de uma generalidade mais acentuada, atuam em plano organizatório e informador das regras, dirigindo sua aplicação; são *fundamento* de regras jurídicas (estas são concreção daqueles), donde da disputa, ante o respectivo *peso* em face de dada situação concreta, entre eles resultará

---

222. Idem, ibidem.

223. *A Ordem Econômica ...*, 7ª ed., p. 106. Vale observar, na esteira de Alexy, que podem existir princípios que, inseridos num determinado ordenamento jurídico, se afigurem inválidos desde seu primeiro choque (com outros princípios). Um exemplo anotado pelo jurista é o princípio da discriminação racial em face do direito constitucional da República Federal da Alemanha. Esta constatação, entretanto, não põe em xeque a idéia da inexistência de invalidade do choque entre princípios, porquanto – como ainda esclarece Alexy – é preciso ter bem claro o conceito de contradição entre normas que se opera para a caracterização desta ponderação. Há dois tipos de contradição entre normas em sentido amplo. Em um deles olha-se para a pertinência com o ordenamento jurídico, para a validez. Trata-se de saber o que deve ser colocado dentro ou fora do ordenamento. O outro tipo de contradição entre normas acontece dentro do ordenamento e respeitará sempre a colisões de princípios. Logo, "o conceito de colisão de princípios pressupõe a validade dos princípios que entram em colisão. Por isso, a referência à possibilidade de catalogar os princípios como inválidos não afeta o teorema da colisão mas revela um de seus pressupostos" (Alexy, *Teoría de los Derechos Fundamentales*, p. 105).

224. Eros Grau, *A Ordem Econômica ...*, 7ª ed., p. 106.

225. *Direito Constitucional*, p. 1.035.

a diretriz normativa pela aplicação ou não (em sua completude) de uma determinada regra jurídica.

Embora se possa alongar (verticalizar, inclusive) o exame, pense-se que a distinção até aqui exposta é suficiente para a utilidade da análise suscitada.

Decorre que, fazendo uso da classificação proposta, cabe afirmar que o contrato administrativo está erigido e regulamentado preponderantemente pelo regime jurídico-administrativo. Aceitar-se a inflexão de regras de direito privado na seara jurídico-administrativa não significa permitir a aplicação autonomizada destas normas, mas entender que tais regras serão sempre concretizadas sob a projeção principiológico-pública. Mesmo que recepcionadas pelo regime jurídico-público, as regras de direito privado têm sua aplicação iluminada pelos princípios que compõem o regime jurídico-administrativo. Juarez Freitas, em interessante passagem, já apontou que "o controle principiológico das cláusulas e da execução de tais avenças realizadas pela Administração Pública, nessa condição, haverá de ser feito sempre à luz soberana e penetrante dos princípios juspublicistas, menos importando a regência normativa inferior – conquanto mais densa e menos abstrata –, pois esta haverá de se conformar e subordinar àqueles ditames que lhe emprestam o fundamento e, o que é mais relevante, infundem juridicidade ao sistema administrativista".[226]

O sistema jurídico-administrativo, composto por princípios (e regras) de direito administrativo, recepciona regras de direito privado, integrando-as em órbita sistemática. Na medida em que as regras jurídicas traduzem-se em concreção de princípios, perdem sua eficácia desde que seu principio-matriz reste afastado da aplicação a dada situação concreta quando sobreposto por outro princípio. Daí que na esfera do contrato administrativo geralmente os princípios juspublicistas detêm preferência em relação a princípios de direito privado, produzindo, em certas situações, a inaplicabilidade de regras de direito privado. Isso acontece, por exemplo, em matéria de poderes exorbitantes da Administração sobre o co-contratante. A mutabilidade unilateral advém da supremacia do princípio da prossecução do interesse geral buscado pela via do contrato em relação ao princípio da intangibilidade da avença.

Da mesma forma, os direitos do co-contratante também estão contaminados pela projeção dos princípios juspublicistas, a ponto de em determinadas matérias ver-se exaltados pela índole pública que os in-

226. *Estudos ...*, 2ª ed., p. 178.

forma. É o que se vê na intangibilidade da equação econômico-financeira do contrato. A manutenção do equilíbrio contratual assume rigidez mais acentuada que nos contratos entre particulares, pois que o vínculo contratual administrativo encerra a proteção a um interesse público. A função de *colaborador* do co-contratante em face da avença pública justifica a rígida proteção que o regime impõe à intangibilidade da equação econômico-financeira do contrato; se se desmonta a relação contratual, corre-se o risco de se ver atingido, prejudicado e interrompido o interesse público perseguido; de resto, fica ameaçada a eficácia contratual. É neste sentido que se afirma que o equilíbrio contratual nos contratos administrativos assume rigidez mais acentuada do que nos contratos privados, quando a ruína do co-contratante pode comprometer "a necessária continuidade da satisfação das necessidades públicas" (Jean Rivero).[227]

Por último, é de se dizer que a valia da aceitação do regime do contrato administrativo como um sistema de normas (princípios) de direito público, condicionantes de qualquer regra privada que porventura se possa aplicar aos pactos havidos pela Administração, reside na direção hermenêutica que se deve traçar para a interpretação dos casos concretos.

---

227. "Le juge administratif (...) estime que la faillité du cocontractant, terme inéluctable de cette rigueur, était de nature à compromettre la nécessaire continuité de la satisfaction des besoins publics" (Jean Rivero, *Droit Administratif*, 18ª ed., p. 133).

Capítulo II

PODER DE MODIFICAÇÃO DO CONTRATO ADMINISTRATIVO ("IUS VARIANDI")

1. Considerações introdutórias. 2. Fundamentos doutrinários: 2.1 A tese afirmativa – 2.2 As teses restritivas: 2.2.1 As posições limitativas de Gaston Jèze e Francis-Paul Bénoìt – 2.2.2 Doutrina negativista de L'Huillier. 3. Caracterização da figura no Direito Brasileiro: 3.1 Conceito e fundamento: 3.1.1 "Ius variandi" e os princípios "lex inter partes" e "pacta sunt servanda" – 3.1.2 "Ius variandi" e "fato do príncipe" – 3.2 Natureza jurídica: 3.2.1 Noção de "poder jurídico-público" – 3.3 Veículo: 3.3.1 Crítica proposta – 3.4 Objeto do "ius variandi". 4. Notas juscomparativas: 4.1 "Ius variandi" no Direito Francês – 4.2 No Direito Espanhol – 4.3 No Direito Português.

1. Considerações introdutórias

O presente capítulo pretende examinar aspectos fundamentais acerca do poder de modificação dos contratos administrativos. Neste propósito, o estudo divide-se em três partes: (a) uma primeira abordagem acerca dos fundamentos doutrinários atinentes, em que se demonstrará a evolução dogmática (e histórica) da figura, com a exposição sumária de algumas orientações expressivas (surgidas na doutrina francesa no propósito de explicar as decisões da jurisprudência deste país, sede em que se concebeu o *ius variandi*); (b) uma segunda abordagem em que se buscará a caracterização do *ius variandi* no Direito Brasileiro, examinando seu conceito, natureza jurídica, veículo e objeto; e, por fim, (c) breve exame de notas *juscomparativas* acerca da matéria, dando conta do tratamento jurídico do tema na França, Espanha e Portugal.

2. Fundamentos doutrinários

A teoria geral dos contratos administrativos tem seu cerne no poder unilateral de modificação contratual pela Administração Pública. É essa – emprestando-se as palavras de Laubadère – a "particularidade mais notável" do contrato administrativo, e constitui, ao lado de singularidades exorbitantes menos acentuadas, o traço que aparta o contrato administrativo do contrato jurídico-privado da Administração.

Essa peculiaridade própria de alguns contratos da Administração nasceu a partir do reconhecimento de que o interesse coletivo não se poderia ver prejudicado pela força imutável do contrato. A questão suscitou-se originariamente a partir das *questões de iluminação* surgidas na Europa na segunda metade do século XIX.

Com o aparecimento definitivo da eletricidade, dada sua indiscutível superioridade em relação ao gás, puseram-se em questionamento os inúmeros contratos de concessão então firmados com as companhias de gás, detentoras do fornecimento e distribuição do produto à prestação da iluminação pública. Atentou-se a que a imutabilidade dos contratos de concessão não se poderia sobrepor ao interesse público, ali representado pelas vantagens que a nova tecnologia haveria de proporcionar à coletividade.[1]

Na França o surgimento da eletricidade levou muitas cidades a conceder a exploração da iluminação pública, a partir da nova tecnologia, a empresas outras que não as titulares das concessões então vigentes (a gás). A insurgência das concessionárias titulares das cláusulas de privilégio (exclusividade) levou a discussão ao Conselho de Estado, que decidiu a favor dessas, reputando que a exclusividade assinada pelos contratos de concessão dizia respeito a "todos os tipos de eletricidade". O Tribunal Francês, em vista de recursos apresentados pelas companhias de gás, chegou a condenar, em alguns casos, o poder público a pesadas indenizações.[2]

Mais tarde, o mesmo Conselho de Estado reconsiderou a posição, interpretando as tais cláusulas de privilégio como que atributivas de um simples direito de preferência, não mais deferindo às concessionárias o direito de exclusividade em relação às variadas tecnologias de iluminação: "Quando a Administração quisesse instalar a energia elé-

---

1. Francis-Paul Bénoit, *Le Droit Administratif Français*, pp. 652-653.
2. Cf. Augusto de Athayde, *Poderes Unilaterais da Administração sobre o Contrato Administrativo*, p. 14.

trica deveria primeiro pedir à companhia de gás que o fizesse, e só quando esta se recusasse ficaria livre de contratar com outrem". A questão sedimentou-se com o *arrêt* "Gaz de Deville-lès-Rouen", de 10.1.1902.[3]

Tal entendimento traduziu uma idéia de modificação unilateral das *cláusulas de privilégio*, quando a exclusividade foi substituída pelo direito de preferência.[4] Diz-se que esta orientação do Conselho de Estado constituiu-se na gênese do poder de modificação dos contratos administrativos (sendo certo, contudo, não se poder reconhecer nesta decisão a noção de *alterabilidade unilateral do contrato* tal como mais tarde entendida).

As *questões de iluminação* suscitaram-se, ainda, em outros países. A mesma preocupação verificou-se na Itália, mas com repercussão outra. Enfatizou-se a possibilidade de rescisão unilateral dos contratos e de substituição das concessões por outras que tivessem como objeto a iluminação por eletricidade.[5] A discussão travada (provocada por situação fática similar) teve como alvo a natureza *unilateral* ou *contratual* das concessões, afirmada então como ato rescindível por conveniência administrativa.[6]

O reconhecimento mesmo de um poder de modificação do contrato administrativo deu-se na França a par do *arrêt* "Cie. Générale Française des Tramways",[7] pronunciado em 1910 pelo Conselho de Estado, onde se proclamou que "a Administração tem direito a dispor das modificações e agregados necessários para assegurar, no interesse públi-

---

3. Jean Rivero, *Droit Administratif*, 18ª ed., pp. 130 e 466.

4. "Les droits ainsi reconnus par le juge à l'Administration réduisent donc le privilège du concessionnaire, au cas d'évolution des téchniques, à un simple droit de préférence qui ne le met pás à l'abri d'une concurrence de la nouvelle téchnique, s'il refuse de l'adopter lui-même" (Francis-Paul Bénoit, *Le Droit* ..., p. 653).

5. Escreve Zanobini: "Quando apareceu o novo processo de iluminação, a Administração, especialmente as autarquias locais, [sic] encontrava-se vinculada aos produtores de iluminação a gás, por força de contratos de concessão que deveriam ainda durar muitos anos. O interesse público impunha a renovação de tais concessões e a sua substituição por outras que tivessem por objeto a iluminação elétrica" (*Corso di Diritto Amministrativo*, 8ª ed., vol. 1, Milão, 1958, p. 328, em nota, *apud* Augusto de Athayde, *Poderes Unilaterais* ..., p. 13).

6. Cf. Augusto de Athayde, *Poderes Unilaterais* ..., p. 13.

7. V. "Contrats administratifs, mutabilité – Equation financière, C.E. 21.3.1910, Cie. Générale Française des Tramways, Rec. 216, concl. Blum", in *Les Grands Arrêts de la Jurisprudence Administrative*, 11ª ed., Paris, Dalloz, 1996, pp. 127-134.

co, o normal funcionamento do serviço".[8] Concluiu Léon Blum, então Comissário do Governo, que, "ao impor ao concessionário um serviço diferente do previsto pelas partes contratantes, a Administração não excede seus poderes".[9]

O caso versou sobre o serviço de bondes de Marselha. O então prefeito do Departamento de *Bouches-du-Rhône*, legitimado a fixar as tabelas dos trens e visando ao atendimento dos usuários do serviço, impôs às concessionárias gestoras do serviço maior freqüência dos veículos, de molde a estender o âmbito do contrato a zonas cuja urbanização era recém-chegada. Entendeu o Conselho de Estado que, por efeito do poder de modificação unilateral dos contratos administrativos, os concessionários estariam obrigados a alargar a rede de transporte coletivo de serviço de bondes até localidades em que se verificasse tal necessidade, com vistas a atender ao interesse da população. Concluiu-se que o Estado, quando contrata a prestação de serviços públicos pelo particular, não o faz abdicando de seu poder regulamentar, que "tem por finalidade garantir o funcionamento normal do serviço público".[10]

A figura foi desde logo assumida pela doutrina francesa (M. Hauriou, G. Jèze, M. Waline), constituindo-se como marco central da teoria geral dos contratos públicos. Alguns doutrinadores procuraram restringi-lo (G. Jèze), outros até negá-lo (F.-P. Bénoit, M. L'Huillier). No entanto, modernamente aceita-se tal competência como traço inevitável das contratações públicas, orientadas às finalidades coletivas.

No processo de evolução dogmática do poder de modificação unilateral dos contratos administrativos é possível agrupar algumas correntes expressivas que buscavam explicar a figura em dois grupos: (1) a tese afirmativa, que acatou a existência do *ius variandi* como um *poder geral* de modificação dos contratos administrativos – propugnada, entre outros, por Péquignot, Waline e Laubadère, estendendo-se, em sua essência, até os dias atuais; e (2) as teses restritivas de Gaston Jèze, L'Huillier e F.-P. Bénoit – as quais, de uma forma ou de outra, buscaram limitar a incidência desse poder de modificação, nunca, entretanto, sepultando-o por completo.

---

8. Conselho de Estado, 11.3.1910, Cie. Générale Française des Tramways, pp. 216 e ss.; R.D.P., 1910, pp. 274 e ss., nota Jèze (Gaston Jèze, *Principios Generales del Derecho Administrativo*, vol. 4, p. 239).

9. Idem, ibidem.

10. Cf. Fernando Andrade Oliveira, "Contratos administrativos e suas alterações", in *Direito Administrativo na Década de 90*, p. 174.

2.1 A tese afirmativa

A gênese doutrinária do poder de modificação do contrato administrativo encontra-se nas lições de Gaston Jèze. Foi este jurista quem produziu a base dogmática inicial para a tese afirmativa da figura.[11] Entendeu-se – a partir dos ensinamentos de Jèze – que em todos os contratos administrativos a Administração detém o poder de alterar, aumentando ou reduzindo, a extensão das prestações de serviços a serem realizadas pelo contratante.

Jèze sustentou que, no âmbito do contrato administrativo, o particular "é, essencialmente, um colaborador no funcionamento dos serviços públicos. O interesse geral do funcionamento regular e contínuo do serviço público prevalece sobre o interesse particular do contratante".[12] Admitiu um amplo poder de modificação desses contratos (consistente em não somente aumentar ou diminuir a extensão das prestações que deve realizar o co-contratante, mas, ainda, em pôr fim a estas prestações), justificando que seria absurdo "que a Administração continuasse a fazer funcionar durante anos um serviço público inútil, ou mantivesse uma organização que se mostrou inadequada, ou recebesse prestações que se apresentaram inúteis para o serviço público".[13] Essas situações levariam a uma "perda econômica injustificável", um "estancamento injustificável dos serviços públicos". E sintetiza afirmando que "o interesse geral do serviço público deve prevalecer sobre o interesse privado do contratante".[14]

Resume o autor que os *princípios gerais do direito público* conduzem, em matéria de contratos administrativos, a estabelecer as seguintes regras gerais:

"(1) A Administração pode, a qualquer momento, modificar – em maior ou menor grau – a extensão das prestações que tem de efetuar o contratante; pode, inclusive, pôr fim, em qualquer momento, à execução do contrato. Ao fazer isso, a Administração não comete uma falta contratual. (2) O contratante não pode opor-se a estas modificações, a esta rescisão, mas tem direito a ser indenizado plenamente. Se a modificação for muito profunda, pode pedir a rescisão com indenização a seu favor".[15]

---

11. *Princípios* ..., vol. 4.
12. Idem, p. 233.
13. Idem, ibidem.
14. Idem, ibidem.
15. Idem, ibidem.

Outros publicistas franceses examinaram o problema, destacando-se as posições de Péquignot,[16] Waline[17] e Laubadère. Especialmente este último, em exame à tese afirmativa do poder modificatório, a que chamou de "habitual", resumiu, em ótima síntese, os elementos constitutivos da teoria, apontando que: "(a) O poder de modificação unilateral é considerado como sendo de ordem pública; a Administração não pode renunciar, previamente, a exercê-lo; (b) o poder de modificação existe fora das estipulações do contrato, quando este último o prevê, não o criando, entretanto, e apenas regulando suas condições de exercício, particularmente seus limites e conseqüências pecuniárias".[18] Concluiu, no tocante a seus limites, que as modificações só podem repousar sobre as cláusulas do contrato que interessem ao serviço público e às suas necessidades, "com exclusão das cláusulas que regulam as relações de interesses entre as partes (principalmente as cláusulas financeiras)".[19] Também não pode a Administração impor alterações excessivas, que ultrapassem "um limite razoável", capazes de transformar o próprio objeto ou exceder as possibilidades técnicas e econômicas do co-contratante.[20]

No tocante aos pressupostos do poder de modificação, Laubadère sustentou que, se nos contratos que visem a uma participação direta do co-contratante no serviço ou obra pública põe-se certo o cabimento do

---

16. "Le fait du prince est le changement opéré par l'Administration à un contrat administratif, unilatéralement et par un acte d'autorité, dans un but d'intérêt public, changement qui voit ainsi modifier, sans le concours de sa volonté, les éléments qui l'avaient determine à assurer, par contrat, sa collaboration au service public" (Péquignot, *Théorie Générale du Contrat Administratif*, p. 366). Uma das contribuições de Péquignot teria sido a de frisar o fundamento do poder de modificação enquanto um ato de *puissance public*. ("L'Administration n'exerce pas une prérogative contractuelle. Elle use d'un droit qui lui appartient em tant qu'Administration" – *Théorie ...*, p. 369).

17. "Qu'il s'agisse de marches ou de concessions, le cocontractant s'expose à voir les obligations qu'il avait contractées aggravées par une décision unilatérale de l'Administration au aours même de la période d'exécution, dans l'intérêt soit de la solidité de l'ouvrage construit, soit de sa meilleure adaptation au service auquel il est destiné, soit en vue de satisfaire des besoins accrus du public usager, soit pour faire profiter ce public d'un progrès téchnique" (Marcel Waline, *Traité Élémentaire de Droit Administratif*, 6ª ed., p. 559).

18. André de Laubadère, "Du pouvoir de l'Administration d'imposer unilatéralement des changements aux dispositions des contrats administratifs", *Revue du Droit Public et de la Science Politique*, 1954, p. 40.

19. Idem, ibidem.

20. Idem, ibidem.

exercício desse poder, já naqueles que comportem apenas a participação (colaboração) indireta do particular, sob a forma de prestações destinadas a satisfazer as necessidades do serviço, é que se faz difícil conceber tal exercício. Conclui que, sendo "o verdadeiro fundamento dos poderes da Administração, em todos os casos, sua competência exclusiva de organização dos serviços públicos, a Administração poderá sempre, na primeira hipótese, impor alterações às obrigações de seu co-contratante, porquanto, nesse caso, ela apenas estará usando de seus poderes com relação ao próprio serviço público; na segunda hipótese, todavia, ela só poderá fazê-lo quando as alterações do contrato forem a conseqüência do exercício de suas competências para reorganizar o próprio serviço".[21]

A despeito destas posições, a teoria da mutabilidade unilateral despertou, ainda, teses limitativas a seu exercício.

2.2 As teses restritivas

2.2.1 As posições limitativas de Gaston Jèze e Francis-Paul Bénoit

Embora em seu *Principes Généraux du Droit Administratif* Jèze tenha admitido a existência de um poder de modificação contratual como princípio geral, válido a todos os contratos administrativos,[22] o autor chegou a restringi-lo em nota posterior,[23] limitando-o a certos contratos.

Com efeito, Jèze firmou sua tese limitativa ao poder de modificação dos contratos, revendo, em termos, seu posicionamento anterior, sustentando que esses poderes especiais só existiriam nos contratos de concessão de serviço público e nos contratos de obra, dada sua natureza própria. "Não cabe à Administração modificar as cláusulas de um contrato livremente aceitas pelas partes" – disse Jèze –, só podendo fazê-lo quando investida de sua competência regulamentar, fruto do

---

21. "Du pouvoir de la Administration ...", *Revue du Droit Public et de la Science Politique*, 1954, p. 63.
22. "A Administração tem o poder de aumentar ou de reduzir, durante a vigência do contrato, a extensão das prestações que deve efetuar o contratante. O princípio é geral e válido para todos os contratos administrativos" (Jèze, *Principios* ..., vol. 4, p. 236).
23. Trata-se de "Notes de jurisprudence – Théorie du contrat administratif", sobre o caso *Saintard* (Conseil d'État, 5.1.1944), publicada na *Revue du Droit Public et de la Science Politique*, 1945, pp. 251-262.

poder regulamentar em matéria de organização dos serviços públicos.[24] Negou expressamente a *generalidade* do exercício do poder modificatório, criticando a tese daqueles que propugnaram a existência deste poder *geral* (Péquignot).[25]

Nas palavras de Jèze: "A existência destes poderes, a partir de determinados contratos, não significa que eles se apliquem de uma maneira geral a todos os contratos administrativos. Estes poderes especiais se explicam pela natureza particular destes contratos. Consideremos, por exemplo, o contrato de concessão de serviço público: a Administração concedente certamente tem o direito de organizar o serviço público concedido. Decorre este poder não da natureza do contrato administrativo, mas do seu poder regulamentar em matéria de organização dos serviços públicos concedidos. Este poder regulamentar é inalienável: não pode ser modificado por um contrato. É inexato afirmar que o contrato de concessão pode ser modificado pela Administração. Não é o contrato que é modificado, mas a organização do serviço".[26]

E prossegue dizendo que, se "a Administração altera o objeto do contrato ou o montante da remuneração estipulada, não se trata já do exercício do poder regulamentar. Haverá revisão do contrato por vontade unilateral da Administração. Haverá violação do contrato. Não cabe à Administração modificar as cláusulas de um contrato livremente aceitas pelas partes. É, portanto, erradamente que se transporta para a teoria geral do contrato uma regra do regime das concessões, que não é conseqüência da natureza do contrato, mas da natureza do poder regulamentar".[27]

É certo que o jurista – ainda em seus *Principes Généraux du Droit Administratif* – já havia anunciado a escassez das hipóteses de alteração contratual nos contratos de fornecimento, questionando até mesmo

---

24. Idem, p. 257 (sobre o caso *Saintard*, Conseil d'État, 5.1.1944).

25. Jèze, referindo-se à obra de Péquignot (*Théorie Générale* ...), anotou que: "Les développements sur cette théorie montrent clairement l'inexactitude de la formule générale de l'auteur. Il insiste très justement sur les nombreuses restrictions du prétendu droit de modifier le contrat; il explique que beaucoup de clauses sont immuables; il met en pleine lumière l'importance et la nature des droits du contractant contre l'Administration pour faire respecter les clauses du contrat" ("Notes de jurisprudence – ...", *Revue du Droit Public et de la Science Politique*, 1945, p. 257).

26. "Notes de jurisprudence – ...", *Revue du Droit Public et de la Science Politique*, 1945, pp. 257-258.

27. Idem, p. 258.

sua pertinência. Mas reconheceu expressamente, e em vários registros, tal possibilidade.[28]

A viragem de Jèze foi interpretada por alguns[29] como uma limitação à competência da Administração para a modificação dos contratos administrativos aos *contratos de concessão de serviço público* e ao *contrato de obras*. Significou, ainda, admitir a modificação unilateral do contrato administrativo como poder típico regulamentar dos serviços públicos, não alcançando outras relações contratuais administrativo-públicas que não aquelas que instrumentassem tal "aspecto regulamentar" desses serviços.

Laubadère contestou a "reviravolta doutrinária" de Jèze, sobretudo do ponto de vista lógico. Advertiu que não seria a natureza jurídica dos contratos afeitos às condições regulamentares da organização do serviço público que permitiria o exercício de modificações contratuais, observando que o contrato de obras, citado por Jèze como uma das possibilidades do exercício desse poder, não diz com as tais condições regulamentares.[30] Enquanto as concessões têm natureza jurídica de ato misto (contrato + regulamento), o contrato de obras não faz a jus a essa particularidade; nunca foi, de resto, definido como sendo um ato de natureza mista. Mesmo que esse raciocínio – complementa Laubadère – reste devidamente explicado pela teoria sustentada por Jèze, em seus *Principes Généraux*, quando explora a natureza jurídica do caderno de encargos dos contratos administrativos em geral, enunciando a distinção entre cláusulas regulamentares (as que se referem à organização do serviço) e cláusulas contratuais, "como sendo aplicável de um modo geral a todos os contratos administrativos (embora ele restrinja seus exemplos apenas à concessão de serviço público)", ainda assim é desprovido de sentido o entendimento de que "seria a natureza própria da

---

28. Após admitir a manifestação de modificação em contratos de fornecimento de prestações múltiplas, Jèze questiona a pertinência daquela em contratos de fornecimento de prestação única. E conclui que tal se dá da mesma forma, "ainda que na prática ela seja mais rara. Nestas hipóteses, devendo realizar-se a execução de um lapso de tempo bastante curto, será mais difícil que as circunstâncias mudem e exijam uma modificação da prestação. Mas isso pode suceder" (*Principios* ..., vol. 4, p. 232).

29. Nesse sentido: André de Laubadère, "Du pouvoir de la Administration ...", *Revue du Droit Public et de la Science Politique*, 1954, p. 42; e Augusto de Athayde, *Poderes Unilaterais da Administração sobre o Contrato Administrativo*, p. 35.

30. Laubadère, "Du pouvoir de la Administration ...", *Revue du Droit Public et de la Science Politique*, 1954, p. 57.

concessão de serviço público e do contrato de obras o que limitaria, a esses contratos, o poder de modificação da Administração".[31]

Na mesma tendência limitativa de Jèze, mas a partir de outros argumentos e conclusões, posicionou-se Francis-Paul Bénoit. Tendo como objeto de análise o *arrêt* "Cie. Générale Française des Tramways" de 1910, Bénoit observou que a decisão não consagra propriamente um poder de modificação unilateral dos contratos administrativos; não se infere do julgado a afirmação da existência deste poder geral. Simplesmente se aceita, conforme jurisprudências anteriores do Conselho de Estado (de 1905 e de 1907), que o contrato sujeita-se a um *poder de polícia*, o qual não se confunde com um poder de modificação direta e unilateral nas relações jurídico-contratuais.[32]

Prossegue, afirmando que o poder de modificação unilateral é extraído dos contratos de obras públicas (*travaux publics*).[33] Conforme sustentou, há obras que não podem ter uma previsão exaustiva (em todos os detalhes), ensejando, daí, o poder de alteração unilateral pela Administração.

Sua posição parece recusar, assim, a existência de um "poder" de modificação dos contratos administrativos, considerando que as soluções jurisprudenciais invocadas em seu favor se explicam seja pelo poder de polícia manipulado pela Administração, seja pelo caráter "dirigista" da interpretação do contrato pelo juiz administrativo.[34]

---

31. "Il est vrai que ceci est sans doute éclairé par la théorie soutenue par Jèze dans ses *Principes Généraux* (IV, p. 157) en ce qui concerne la nature juridique du cahier des charges des contrats administratifs en général. Dans ce passage Jèze énonce la distinction des clauses réglementaires (celles qui concernent l'organization du service) et des clauses contractuelles comme étant applicable d'une manière générale à tous les contrats administratifs (encore qu'il limite ses illustrations à la seule concession de service public). Mais s'il en est ainsi on ne voit pas pourquoi ce serait la 'nature propre' de la concesión de service public et du marché de travaux qui limiterait à ces contrats les pouvoirs de modification de l'Administration; il est clair par exemple que dans un contrat administratif de recrutement d'agent public les clauses concernant les obligations de l'agent offrent, beaucoup plus que dans un marche de travaux, un exemple de dispositions 'relatives à l'organisation du service public'" (Laubadère, "Du pouvoir de la Administration ...", *Revue du Droit Public et de la Science Politique*, 1954, p. 57).

32. Francis-Paul Bénoit, *Le Droit Administratif Français*, p. 658.

33. "Le deuxième argument avance par les tenants de la thèse du pouvoir de modification unilatérale est tire de l'existence des pouvoirs qui appartiennent à l'Administration dans le cas des marches de travaux publics" (Bénoit, *Le Droit ...*, p. 659).

34. Jean-Marie Auby e Robert Ducos-Ader, *Droit Administratif*, 6ª ed., p. 551.

2.2.2 Doutrina negativista de L'Huillier

Enquanto as posições de Jèze e Bénoit traduziram-se em orientações restritivas do poder modificatório – limitando sua incidência a determinadas espécies de contrato, não questionando propriamente sua aceitação e validade no campo das contratações administrativas –, Jean L'Huillier adotou posição mais radical, podendo-se qualificá-la, mesmo, como negativista. O jurista defendeu que os contratos administrativos, tendo força jurídica de lei, somente haveriam de ser alterados a partir de manifestação bilateral. Só se aceitaria tal exercício desde que previsto no contrato; a Administração, assim, não deteria um poder geral de alteração dos contratos administrativos.

L'Huillier buscou desconstruir todas as evidências do poder de modificação dos contratos administrativos que despontavam nos arrestos do Conselho de Estado. Pôs em dúvida, sobretudo, a interpretação unânime reconhecida pela doutrina acerca do *arrêt* "Cie. Générale Française des Tramways" de 1910. Sustentou o autor que a decisão teve como fundamento texto regulamentar próprio relativo à matéria dos transportes ferroviários de interesse local (art. 33 do *Règlement d'Administration Public* de 6.8.1881), que dava ao prefeito o poder de determinar a escala de serviços dos trens.[35] Daí que o decreto do prefeito foi tomado nos limites dos poderes a ele conferidos pelo referido Regulamento. Portanto, como conclui, o *arrêt* "Cie. Générale Française des Tramways" não teria, tal como reconhecia a doutrina em geral, o alcance de conceder um poder genérico de modificação de contratos, traduzindo apenas a aplicação de um texto específico relativo à matéria tratada (*chemins de fer d'intérêt local*).[36]

---

35. "Mais il est essentiel d'observer que le Conseil d'État ne motivait nullement cette solution par l'existence d'un pouvoir général qui aurait appartenu à l'Administration concédante de modifier unilatéralement les clauses des cahiers des charges relatives à l'organisation du service concédé. Il lui donnait pour unique fondement un texte propre à la matière des chemins de fer d'intérêt local, l'art. 33 du Décret du 6.8.1881, portant règlement d'Administration Publique pour l'application de la Loi du 21.6.1880, aux termes duquel il appartenait aux préfets de déterminer, sur la proposition du concessionnaire, 'le tableau du service des trains'. Le Conseil d'État a consideré que ce texte impliquait, pour l'Administration concédante, 'le pouvoir non seulement d'approuver les horaires des trains au point de vue de la sécurité et de la commodité de la circulation, mais encore de prescrire les modifications et les additions nécessaires pour assurer, dans l'intérêt du public, la marche normale du service" (J. L'Huillier, *Recueil Dalloz de Doctrine, de Jurisprudence et de Législation*, p. 88).

36. J. L'Huillier, *Recueil Dalloz* ...., p. 88.

Laubadère, em crítica à crônica de L'Huillier, afirmou não ser decisiva a posição do jurista, eis que a questão central tratada no arresto era a de saber se o poder de regulamentação do serviço público (ali representado pela competência de determinar a escala de serviço dos trens) implicava o direito de modificar unilateralmente o caderno de encargos que serviu de base para um pacto contratual. "Não é assim ilegítimo considerar (...) que aquilo que o Conselho de Estado julgou em 1910 (...) foi que o poder atinente à autoridade administrativa – seja em virtude de textos particulares, tais como o Decreto de 1881, seja em virtude de sua competência geral para fixar a organização dos serviços públicos – implica o poder de modificar, por conseqüência, as disposições dos contratos de concessão já concluídos".[37]

L'Huillier pretendeu, ainda, identificar em outros três julgados "pouco conhecidos" a negação ao poder de modificação contratual – *Hôpital-Hospice de Chauny; Commune du Vésinet* e *Ville de Limoges* –, decisões que mais representavam a afirmação de certos limites ao poder de modificação contratual que sua negação propriamente.[38]

Concluindo pela inadmissibilidade do poder de modificação quando não previsto na lei ou no contrato, L'Huillier chegou a admitir que tal poderá extrair-se de *cláusula implícita* do contrato.[39] Este apontamento do jurista revela a tentativa de explicar aquelas decisões jurisprudenciais acerca do cabimento do exercício do poder de modificação unilateral em que, mesmo que ausente a previsão no contrato, reconheceu-se o cabimento da competência.

Ao que se vê, a tese de L'Huillier buscava mais negar a existência do *reconhecimento* pela jurisprudência francesa de um princípio geral que atribuísse à Administração o poder de modificação dos contratos administrativos que negá-lo por fundamentos lógico-jurídicos. E a esse propósito repousou sua análise fundamentalmente sobre o *arrêt des Tramways de Marseille*, passando ao largo de um desenvolvimento jurisprudencial evidenciado e fortalecido particularmente após a decisão

---

37. Laubadère, "Du pouvoir de la Administration ...", *Revue du Droit Public et de la Science Politique*, 1954, p. p. 50.
38. Augusto de Athayde, *Poderes Unilaterais ...*, pp. 24-25.
39. "S'il est vrai que l'Administration peut, comme dans le cas de l'arrêt des Tramways de Marseille, tenir de la loi organique d'un service publique ou de ses règlements d'application le pouvoir de modifier unilatéralment les contrats qui concernent l'organisation de ce service, ce pouvoir lorsqui'il existe trouve le pus souvent son fondement dans une clause explicite ou implicite de ses contrats eux-mêmes" (Jean L'Huillier, *Recueil Dalloz ...*, p. 90).

referida. De fato, o jurista, debruçando-se sobre aquela decisão (cuja importância é indiscutível), parece ter ignorado o amplo repertório jurisprudencial construído a partir de então – âmbito em que se sedimentou o reconhecimento do poder modificativo dos contratos administrativos, permitindo à doutrina a concepção de uma teoria dogmática acerca da matéria.

A posição de L'Huillier, embora tenha consistido em importante manifestação doutrinária acerca do tema, foi esquecida na medida do desenvolvimento da jurisprudência francesa, sendo suplantada por orientação expressa do Conselho de Estado.[40]

A partir da aceitação do exercício do poder de alteração unilateral do contrato pelo Direito Francês a competência caracterizou-se como a singularidade mais peculiar do contrato administrativo, sendo concebida por diversos países, inclusive pelo Direito Brasileiro.

Posta a evolução doutrinária (e histórico-dogmática) da figura, cabe examinar a feição que este poder assumiu no Direito nacional, delineando seu perfil e traços característicos.

3. Caracterização da figura no Direito Brasileiro

3.1 Conceito e fundamento

O poder de modificação dos contratos administrativos diz respeito à competência deferida à Administração Pública para que essa, no âmbito da relação jurídico-contratual administrativa, exerça uma tutela do objeto do contrato, cuidando de adequar a prestação decorrente às necessidades públicas envolvidas. Desde que o interesse público imponha novas condições de prestação, deverá a Administração alterar os termos do contrato com vistas a estabelecer a adequação relativa.

Tecnicamente, não se trata esta competência, como imperfeitamente se designa, de um *ius*.[41] É poder público, cuja natureza impõe

---

40. O *arrêt* "Union des Transports Publics" (C.E. 2.2.1983) concebeu o poder de modificação unilateral como uma das "regras gerais aplicáveis aos contratos administrativos".

41. "Se trata, técnicamente, no de un derecho, de un *ius*, sino del ejercicio de una potestad que, como tal, resulta irrenunciable, configurando un principio general de la contratación administrativa que integra el llamado régimen exorbitante" (Juan Carlos Cassagne, *El Contrato Administrativo*, p. 67). Ainda, em relação a isso, Héctor Jorge Escola aduz: "Esta particular posibilidad de que goza la Administración Pública no constituye un 'derecho', sino que, por su índole y por la fina-

conseqüências definidas: irrenunciabilidade, funcionalidade e imperatividade. Sua descendência está no fundamento de autotutela administrativa; não decorre do plano contratual.

Constitui-se o *ius variandi*, portanto, como um poder administrativo típico de interferência direta no âmbito da relação jurídico-contratual. Relaciona-se com a *função instrumental* do contrato administrativo. Na medida em que o fundamento deste (do contrato administrativo) assenta-se num fim de interesse público, "polifacético" e "móvel" (o interesse público), quando o objeto contratual se desconecta desta diretriz teleológica dá lugar ao exercício da competência a fim de instrumentar sua compatibilidade.[42] A *instrumentalidade* do contrato administrativo traduz-se, assim, num *princípio do fim sobre o objeto*, donde o particular co-contratante – portador de um interesse meramente pecuniário no âmbito da relação – deve subordinar-se a uma situação de mutabilidade ditada pela oportunidade do interesse geral. Daí que a imutabilidade do contrato administrativo – como pontuam Enterría e Fernández – não é de conteúdo, mas de fim (do contrato).[43]

O instituto do contrato administrativo impõe ao co-contratante uma implícita *cláusula de sujeição*,[44] que consiste em assegurar ao poder público prerrogativas de modificação unilateral do vínculo, justificada, em última análise, nas exigências do interesse geral. Do mesmo fundamento que legitima essa *cláusula* infere-se a *irrenunciabilidade*[45]

lidad que le da su razón de ser, es una verdadera 'potestad', que le es inherente, y que es esencial para que pueda cumplir, en la órbita de las contrataciones administrativas, el rol que la caracteriza" (*Tratado Integral de los Contratos Administrativos*, vol. 1, p. 394).

42. Cf. J. Ignácio Monedero Gil, *Doctrina del Contrato del Estado*, p. 127.
43. *Curso de Derecho Administrativo*, 10ª ed., vol. 1, p. 730.
44. Essa cláusula de sujeição é menos acentuada em contratos que não demandem tempo razoável de execução, não submetendo a ação colaboradora do co-contratante às alterações fáticas e que impliquem adaptações na execução contratual. Lembra Fernando Andrade Oliveira que esse típico poder de supremacia da Administração "é exercido com mais constância nos contratos de maior duração, em que a execução do contrato fica exposta à mudança dos fatos, determinantes das supervenientes necessidades da Administração" ("Contratos administrativos ...", in *Direito Administrativo na Década de 90*, p. 175).
45. Augusto de Athayde, questionando a possibilidade de renúncia pela Administração ao *ius variandi*, comenta que "tal renúncia apenas significará que a Administração ao contratar optou por, embora numa relação de tipo usualmente correspondente à utilização de um contrato administrativo, prescindir de usar o seu mecanismo característico da adequação do objeto ao fim. O que é perfeitamente conciliável à luz do princípio de que (sempre ressalvados os comandos das normas

da competência de instabilização. O *ius variandi*, por justificar-se nas necessidades do interesse público, não se trata de competência renunciável ou restringível pela Administração, mas se impõe objetivamente mediante circunstâncias implicadoras, e a ela a Administração não se poderá furtar. Bem por isso, não há que se exigir sua previsão contratual para que possa ser exercida pela Administração; ela advém de preceitos públicos injuntivos.[46]

Expõem Enterría e Fernández que o *ius variandi* "não é uma prerrogativa contratual propriamente dita, e sim um poder exterior ao contrato, ainda que incidente sobre ele".[47] Trata-se de "um poder geral da Administração, a que esta não pode renunciar licitamente, de uma 'potestade' atribuída pelo ordenamento em consideração ao interesse público, cuja adequada gestão não se pode ver embaraçada por nenhum tipo de pacto ou contrato, como é evidente".[48]

Mas tal princípio não significa delegar à Administração o "apossamento" sobre a relação contratual, de molde a ditar-lhe o sentido obrigacional. Não se reconhece no *ius variandi* qualquer autorização para a Administração inadimplir ou relativizar o cumprimento das prestações que lhe cabem, numa espécie de auto-regulamentação contratual.[49] O contrato administrativo está informado pelo princípio *pacta sunt servanda*. As partes contraentes (Administração e particular) devem obediência aos termos pactuados, os quais produzem normas jurídicas que as vinculam. Aliás, a jurisprudência brasileira tem reconhecido o caráter rígido do princípio da vinculação ao pactuado, rela-

---

injuntivas) a escolha das formas jurídicas da atividade administrativa cai dentro da área da discricionariedade da Administração". Ressalva a possibilidade de renúncia à competência desde que o direito positivo não ponha obstáculo (*Poderes Unilaterais ...*, p. 69).

46. Fernando Vernalha Guimarães, "Uma releitura do poder de modificação unilateral dos contratos administrativos no âmbito das concessões de serviços públicos", *RT* 781/15. É preciso observar, contudo, que há tendência em se firmar regime jurídico diverso. Com efeito, o art. 166 do Anteprojeto da Nova Lei Geral de Licitações e Contratos Administrativos (com publicação no *DOU* 18.3.2002) dispõe, em seu parágrafo único, referindo-se aos contratos administrativos: "A possibilidade de exercício de qualquer prerrogativa está condicionada à expressa previsão contratual".

47. *Curso ...*, 10ª ed., vol. 1, p. 730.

48. Idem, ibidem.

49. Carlos Ari Sundfeld esclarece que: "A circunstância de facultar-se ao poder público a alteração contratual (...) não elimina o dever de dar execução às obrigações assumidas" (*Licitação e Contrato Administrativo*, 2ª ed., p. 232).

tivamente à Administração. Esta, se inadimplente, incorrerá "nas sanções próprias do não-cumprimento contratual".[50]

Afirmando a força obrigatória que produz o contrato administrativo em relação às partes contraentes, Marçal Justen Filho já observou que "o Estado não pode simplesmente ignorar as cláusulas ou descumpri-las como se não existissem. O Estado está vinculado aos termos constantes do pactuado". E, referindo-se à possibilidade de modificação unilateral, completa: "A Administração não pode eleger algumas cláusulas e eliminar os encargos delas decorrentes. Há uma espécie de organicidade interna ou sistematicidade nos contratos administrativos".[51]

Não se reconhece, portanto, no *ius variandi* título jurídico para que a Administração deixe de honrar os compromissos contratuais contraídos.[52] Desde que isso aconteça, haverá um uso indevido do instituto, caracterizando, sobretudo, desvio de finalidade.

50. "Processual civil e civil – Contrato administrativo – Inadimplemento do poder público – Incidência nas sanções próprias do não-cumprimento contratual – Ação procedente – Recurso improvido. O poder público não tem arbítrio de descumprir o contrato, sem as sanções pertinentes ao contratante inadimplente. Sua responsabilidade é séria e relevante, porquanto, ainda sem culpa, está sujeito a reparar os prejuízos do contratante, mesmo se sabendo que a regra, no tocante à execução, é a mesma que preside as dos ajustes privados, impondo as partes o seu exato e fiel cumprimento, segundo as normas legais e aplicáveis" (TJDF, 3ª T. Cível, Ap. 46.925/1997, rel. Des. Nívio Gonçalves).
51. *Concessões de Serviços Públicos*, p. 50.
52. Noutra ponta, não se traduz esse poder modificativo em um descumprimento do contrato pela Administração (como parece óbvio), ainda que seus efeitos possam ser assemelhados àqueles inferíveis de um inadimplemento contratual (tratamento da reparação indenizatória decorrente). Tecnicamente não se pode assim enquadrá-lo, sobretudo pela noção de poder jurídico-público subjacente ao *ius variandi*, em princípio inconciliável com a idéia de um descumprimento das obrigações calhadas à Administração-contratante. Neste particular, Horgué Baena, em exame específico do problema acerca do Direito Espanhol, assinala que, "quando a normativa de contrato exige a correspondente compensação da Administração nos casos de modificação do contrato, a mesma não obedece a uma indenização por prejuízos de igual natureza à que corresponderia ante um incumprimento, e sim à contraprestação econômica necessária para assegurar que o contrato modificado se mantenha nos mesmos termos econômicos que presidiram sua perfeição" (*La Modificación del Contrato Administrativo de Obra (el "Ius Variandi")*, p. 37).
Parece evidente concluir-se pela distinção entre as hipóteses, até porque o inadimplemento realizado pela Administração certamente produziria em face do co-contratante direitos subjetivos outros que não aqueles específicos contemplados pelo exercício *variandi*. Mas a distinção é inequívoca sobretudo ante o princípio

Pode-se aludir à distinção entre a Administração-parte do contrato e a Administração-gestora do interesse geral (emprestando-se o clássico raciocínio de Bernier).[53] Só a segunda terá a possibilidade jurídica de instabilizar a avença, eis que o faz sob o patrocínio do interesse de outrem. Enquanto parte no contrato, exercendo seu próprio interesse (interesse secundário), não se outorga à Administração a possibilidade de modificação do contrato. Age o ente público, nessa hipótese, como se particular fosse, submissa aos mesmos postulados (salvo exceções impostas pelo direito positivo) que os particulares.

Já, como gestora do interesse geral a Administração está apta a, na exata medida da necessidade de adaptação ao interesse tutelado, modificar o contrato, estabelecendo sua adequação.

Impende concluir que a possibilidade de alteração contratual regulamentadora não se afigura como uma "faculdade" do poder público, mas tem lugar por uma exigência do interesse geral concretamente verificado. Como se verá adiante,[54] a oportunidade da manifestação de alterações unilaterais no âmbito do contrato administrativo está condicionada à verificação de (a) pressupostos fáticos que as legitimem; situações supervenientes à celebração do contrato que autorizem a investida; (b) pressupostos formais de produção do ato modificador, envolvendo o desenvolvimento procedimental da formação da autoridade administrativa, com o chamamento do co-contratante e, ainda, dos terceiros envolvidos.

Impõe-se, ainda, a submissão do conteúdo do ato modificador ao regime principiológico[55] atinente e a parâmetros específicos traça-

---

da unidade sistêmica do ordenamento, donde nenhuma conduta válida (exercício do poder modificativo dentro dos parâmetros normativamente concebidos) pode ser ao mesmo tempo inválida (descumprimento de um contrato – conduta ilícita, por ferir princípios e regras atinentes ao regime jurídico-contratual) sob a égide do sistema jurídico-positivo. Desde que assim se proceda, haverá conflito entre regras, capaz de suscitar o expurgo de uma delas.

53. "L'État, s'il agit d'une part, comme concotratant, c'est-à-dire comme personne morale publique discutant d'égal à égal avec sa contrepartie personne privée, il agit em même temps, d'autre part, comme puissance publique, c'est-à-dire comme autorité charger, en dehors et audessus de tout contrat, de discerner constantement les nécessités actuelles de l'intérêt publique et de réglementer en conséquence les services publiques qui n'ont d'autre but que d'assurer sans défaillance la meilleure satisfaction possible de son intérêt" (Bernier, "Des pouvoirs de l'Administration sur concessions de travaux publiques", *RDP*, 1927, pp. 475-476, *apud* Augusto de Athayde, *Poderes Unilaterais* ..., p. 41).

54. V. Capítulo III desta obra.

55. V. Capítulo IV desta obra.

dos pelas regras aplicáveis contempladas pelo direito positivo nacional.[56]

Essas colocações serão melhor compreendidas pela análise específica dos aspectos referidos.

3.1.1 "Ius variandi" e os princípios "lex inter partes" e "pacta sunt servanda"

Na tarefa de explicação do poder de modificação dos contratos administrativos e de sua aceitação no seio do sistema jurídico, o primeiro aparente conflito que se põe concerne à convivência desta função com os princípios *lex inter partes* e *pacta sunt servanda*. Afinal, já se reconheceu no início deste trabalho que os contratos administrativos, enquanto sede do *ius variandi*, qualificam-se juridicamente mesmo como contratos, atraindo por isso o regime jurídico atinente. Mas como se explica a coexistência destes princípios (da modificação unilateral do contrato administrativo, *lex inter partes* e *pacta sunt servanda*), desde que seus conteúdos normativos, *prima facie*, caracterizam-se pelo antagonismo?

É de se reconhecer, de início, que o contrato administrativo "tem força obrigatória entre as partes". Do contrário – afirma Brewer-Carías – "não estaríamos diante de um negócio jurídico contratual".[57] Como em toda relação contratual, "as relações jurídicas que da contratação administrativa resultam também estão fundamentadas em recíprocas situações de poder e de dever, nas quais se encontram as partes contratantes".[58]

Sequer se trata de aceitar que o princípio da imutabilidade inexiste nas relações objeto de contratos administrativos.[59] O que se verifica é que tal princípio não se aplica a estes contratos "com as mesmas conseqüências gerais e absolutas" com que se aplica aos contratos jurídico-privados.[60] E tal ocorre porquanto na sede dos contratos administra-

---

56. V. Capítulo V desta obra.
57. *Contratos Administrativos*, p. 160.
58. Idem, p. 161.
59. Como expõe Laubadère: "Qu'il existe une force obligatoire du contrat administratif à l'égard de l'Administration, c'est là une chose certaine et que personne ne nie; persone ne considère l'existence d'une certaine mutabilité du contrat administratif comme une négation pure et simple de sa force obligatoire" ("Du pouvoir de la Administration ...", *Revue du Droit Public et de la Science Politique*, 1954, p. 56).
60. André de Laubadère, *Traité Théorique et Pratique des Contrats Administratifs*, vol. 2, p. 332.

tivos põe-se a projeção de princípios publicistas que acabam, em face de casos concretos, por afastar os princípios *pacta sunt servanda* e *lex inter partes*. A aplicação do poder de modificação do contrato administrativo se concretiza, como já se referiu no Capítulo I deste trabalho, pela projeção de princípios que se relacionam (fornecendo a diretriz normativa ao hermeneuta) numa dimensão do *peso* que assumem em face da situação posta (concreta).

Parece inútil – como já se fez no passado[61] – pretender explicar/ legitimar a compatibilidade entre poder de modificação unilateral dos

61. Inúmeras teorias já pretenderam conjugar a noção de contrato administrativo com a idéia de imutabilidade inerente ao instituto do contrato. Partindo-se do reconhecimento do poder modificativo como dado posto, buscavam legitimar sua existência, nem sempre o fazendo mediante ilações retiradas do ordenamento jurídico, mas à custa de argüições por vezes artificiais, que tão-somente intentavam "legitimar" uma orientação pressuposta. Partia-se da conclusão para traçar-se o caminho de origem, e não o inverso.

A esse respeito vale ilustrar que a própria jurisprudência do Conselho de Estado já se ocupou da tentativa de conciliar o reconhecimento de um poder de alteração unilateral dos contratos administrativos com a idéia do respeito ao princípio *pacta sunt servanda*. Fê-lo sob a teoria da vontade presumida; a modificação não representaria mais do que "o respeito à vontade das partes; não, sem dúvida, a vontade expressa no contrato" – já que esta está ultrapassada pelos acontecimentos que impuseram a alteração contratual –, mas "a vontade presumida: a que teriam manifestado se tivessem previsto as novas circunstâncias" (Augusto de Athayde, *Poderes Unilaterais ...*, p. 49).

Trata-se de técnica articulada pelo Conselho de Estado no propósito de "adequar" o poder modificativo ao princípio da imutabilidade e da força obrigatória do contrato, prevista no *Code Civil*. Esta orientação denota algo de artificial. Parece não abandonar a referência civilista que timbra a idéia de contrato, isto é: os moldes privatísticos de aceitação do *pacta sunt servanda*. Dito de outro modo: esta construção furta-se ao reconhecimento de um regime publicista que se projeta sobre a contratação administrativa, impondo-lhe princípios dessa ordem, os quais, juntamente com as regras, traduzem-se em normas jurídicas injuntivas condicionantes da execução do contrato.

É certo, assim, que o poder de modificação encontra-se harmonizado com os princípios *lex inter partes* e *pacta sunt servanda*. Mas não se credita essa compatibilidade à aceitação de uma "vontade presumida" das partes contraentes, sobretudo porque tal denota o recurso a uma retórica de "legitimação" da existência de um poder modificativo e de sua convivência sistemática com os princípios referidos, não alcançando os fundamentos da coexistência destas normas no campo das relações jurídico-contratuais administrativas. A justificativa da convivência – pensa-se – extrai-se da manipulação dos princípios relativos no campo dos contratos da Administração Pública, e se aclara quando se afirma a unidade de um regime jurídico contratual (do contrato como categoria geral) – âmbito que comporta os princípios *lex inter partes* e *pacta sunt servanda* –, o qual deriva regimes jurídicos secundários (do contrato administrativo, por exemplo), sede em que outros princípios proje-

contratos administrativos e os princípios referidos a partir de noções e teorias que se fundam na tentativa de "adequar" a existência da competência exorbitante aos moldes do contrato já talhado pela teoria do direito privado. Esta técnica acaba por confundir o regime jurídico do contrato administrativo com o regime jurídico do contrato de direito privado. Mesmo que o regime jurídico do *contrato* seja o mesmo a ambas as espécies, cada qual obedece a um regime jurídico derivado particular e inconfundível.

O poder de modificação é um poder jurídico-público que descende dos efeitos de princípios e regras que se impõem à atividade administrativa. Sua pertinência não é derrogatória dos princípios aludidos, como não o é do instituto mesmo do contrato. Já se afirmou atrás que o contrato, mesmo no âmbito do direito privado, sofre a incidência de normas condicionantes da relação jurídica decorrente, como é o caso da teoria da imprevisão e da cláusula *rebus sic stantibus*. Estas teorias visam a proteger determinados bens jurídicos (boa-fé e eqüidade) à custa de conferir ao pacto inicial certa mutabilidade; não se desnaturou por isso a noção de contrato. A coexistência da teoria da imprevisão com os princípios *lex inter partes* e *pacta sunt servanda* vem marcada por uma ordenação sistemática, de modo que tais normas serão hierarquizadas de acordo com o "peso" que cada princípio assumir (no sistema) em face da situação concreta. Igual situação se põe no campo das contratações administrativas. Da mesma forma, e nesses contratos, não há a negação da idéia de contrato ante a existência de um poder modificativo do contrato deferido à Administração – poder, esse, que é fruto da projeção de princípios que prevalecerão ou não em relação aos princípios que guardam a imutabilidade e a força obrigatória da avença, dependendo do caso concreto em que se aplica o Direito.

3.1.2 "Ius variandi" e "fato do príncipe"

Como poder público, o *ius variandi* repousa seus efeitos diretamente sobre uma relação jurídico-contratual específica. Instrumenta-se mediante um ato jurídico voltado a instabilizar uma relação jurídica de contrato administrativo. Não se pode, por isso, enquadrá-lo como fruto da *teoria do fato do príncipe*, como já o fizeram.[62]

---

tam-se, fornecendo, como produto de sua inter-relação (de todos os princípios atinentes), no caso concreto, a diretriz normativa.

62. Já sustentou Rivero: "La théorie du fait du prince joue toujours lorsque la personne publique contractante use de son pouvoir de modification unilatérale des obligations du cocontractant" (*Droit Administratif*, 18ª ed., p. 132).

O fato do príncipe[63] pressupõe atos não relacionados diretamente com o contrato administrativo, mas que nele repercutem, provocando,

> Também Marcello Caetano, acerca do *ius variandi*, registrou: "Tal poder tem o mesmo fundamento das restantes formas de poder público". Aceita "que não sejam as mesmas a pessoa colectiva de direito público contraente e a que impõe as alterações do regime jurídico ou dos processos técnicos ao contraente particular" (*Manual de Direito Administrativo*, 10ª ed., vol. 1, p. 620).
>
> Em sentido contrário, Laubadère anota ser errônea a inclusão feita por esses autores das intervenções relativas ao fato do príncipe sob a rubrica do exercício do poder de modificação unilateral do contrato administrativo: "Il est vrai que ceci est sans doute éclairé par la théorie soutenue par Jèze dans ses *Principes Généraux* (IV, p.157) en ce qui concerne la nature juridique du cahier des charges des contrats administratifs en général. Dans ce passage Jèze énonce la distinction des clauses réglementaires (celles qui concernent l'organization du service) et des clauses contractuelles comme étant applicable d'une manière générale à tous les contrats administratifs (encore qu'il limite ses illustrations à la seule concession de service public). Mais s'il en est ainsi on ne voit pas pourquoi ce serait la 'nature propre' de la concession de service public et du marché de travaux qui limiterait à ces contrats les pouvoirs de modification de l'Administration; il est clair par exemple que dans un contrat administratif de recrutement d'agent public les clauses concernant les obligations de l'agent offrent, beaucoup plus que dans un marché de travaux, un exemple de dispositions 'relatives à l'organisation du service public'" ("Du pouvoir de la Administration ...", *Revue du Droit Public et de la Science Politique*, 1954, p. 52).
>
> No mesmo sentido, Brewer-Carías apostilou que "na doutrina se tem feito a distinção a respeito das diversas modificações indiretas que podem resultar à situação dos contratantes provenientes de múltiplas medidas legislativas, regulamentares ou individuais, suscetíveis de serem pronunciadas pelo poder público. Estas intervenções, sejam quais forem suas repercussões sobre os contratos administrativos, não devem ser indiferentemente fixadas dentro do poder de modificação dos contratos administrativos" (*Contratos Administrativos*, pp. 171-172).
>
> Na mesma orientação incorre Horgué Baena (*La Modificación ...*, p. 33).
>
> 63. Os autores divergem na definição de *fato do príncipe*. Certamente esta não é a sede para se estabelecer o exame comparativo das posições controversas. Entretanto, vale fixar o sentido que se empresta à expressão para fins deste trabalho. Define-se, assim, *fato do príncipe* como qualquer medida, geral ou individual, editada pela Administração Pública que repercuta, dentre de uma situação de imprevisibilidade, no contrato administrativo, produzindo um desequilíbrio na equação econômico-financeira.
>
> Di Pietro restringe a aplicação do fato do príncipe ao ato praticado pela mesma pessoa jurídica que é parte no contrato. Para as medidas que não se relacionem com o contrato, em que a Administração não se põe como parte, mas como autoridade pública que, agindo como tal, pratique um ato que reflexamente repercuta no contrato, a autora usa a expressão "fato da Administração" ("Equilíbrio econômico-financeiro do contrato administrativo", in *Direito Administrativo na Década de 90*, pp. 116-117).

de modo reflexivo, modificações em sua sede. Não pressupõe um ato dirigido a instabilizar relação jurídico-contratual; é geralmente medida de ordem geral e que apenas indiretamente repercute alterações no seio do contrato. Por isso, qualifica-se como um mero *fato jurídico* (em relação aos efeitos produzidos no contrato).

Já o *ius variandi* pressupõe um *ato* determinado a provocar alterações no seio do contrato administrativo, concebendo ainda a reorganização contratual. É objeto do ato que veicula o *ius variandi* não só a produção de modificações de aspectos regulamentares do contrato, como a adequação destas novas prestações aos termos inerentes ao contrato, de modo que se mantenha sua situação organizatória. A concepção do *ius variandi* vai ao ponto de engendrar a atualização sistemática do contrato. Assim, a modificação de certo aspecto de funcionamento do serviço produz a recomposição do equilíbrio econômico-financeiro; a oneração de certas condições poderá provocar o alargamento de prazo; e assim por diante. Não se põe o *poder "variandi"* como um simples *fato* derivado de *ato* outro desinteressado diretamente da alteração (e de sua compatibilização com a organicidade do contrato) concreta.

Essa distinção parece ter relevância na medida em que o fundamento da responsabilidade do Estado ante o ato praticado (e o fato gerador) é diverso. Como anota Maria Sylvia Zanella Di Pietro, "no caso de alteração de cláusulas contratuais a responsabilidade decorre do próprio contrato". Já no caso de medida geral, que atinja o contrato apenas reflexamente, "a responsabilidade é extracontratual; o dever de recompor o equilíbrio econômico do contrato repousa na mesma idéia de eqüidade que serve de fundamento à teoria da responsabilidade objetiva do Estado".[64] Portanto, o tratamento jurídico, no nível da responsabilidade indenizatória da Administração, para ambas as hipóteses (fato do príncipe e *ius variandi*) é distinto.

Mesmo que a instabilização seja provocada pela mesma pessoa administrativa que é parte no contrato, mas sob o título de outra competência, não se pode ainda enquadrá-la como exercício do *ius variandi*. Não é, neste caso, o elemento subjetivo o que caracteriza as modificações produzidas como fruto do *ius variandi*, mas o título da competência que se manipula para tal fim. O poder de modificação do contrato administrativo é concebido como competência afetada à instabilização de determinado contrato administrativo; instrumenta a alteração de uma relação jurídico-contratual sob o fundamento de adequação dela ao in-

---

64. *Direito Administrativo*, 13ª ed., pp. 257-258.

teresse público *determinante* (no caso concreto). Conceber-se, pois, que os atos administrativos emanados da mesma pessoa contratante, ainda que não endereçados diretamente ao contrato administrativo, pudessem caracterizar-se como atos que formalizassem o exercício *variandi* é excluir o fundamento desse poder – qual seja: o interesse público concreto relacionado com as condições de prestação contratual.

Em suma, e como sintetiza Fernando Andrade de Oliveira, em relação ao *ius variandi*, a teoria do fato do príncipe "oferece causas autônomas de alteração ou mesmo de extinção dos contratos administrativos e de eventual responsabilidade do Estado contratante".[65]

3.2 Natureza jurídica

O *ius variandi* tem a natureza jurídica de *poder público*. Embora seja ele admitido como manifestação de instabilização de uma *relação jurídico-contratual*, sabe-se que sua fonte, como já referido, não está nas cláusulas do contrato, mas na própria esfera de autotutela administrativa.[66]

A afirmação de sua natureza jurídica como *poder jurídico-público* parece revestir-se de relevância porquanto afasta no Direito Brasileiro as teses – admitidas em alguns países – que o concebem como fruto do plano contratual.

Faz-se oportuna breve digressão acerca da noção de *poder jurídico-público*, no fito de aclarar-se a natureza do *ius variandi*.

3.2.1 Noção de "poder jurídico-público"

A técnica que impõe a legalidade administrativa consiste justamente na atribuição de poderes jurídicos à Administração, de modo que toda e qualquer ação administrativa resulta do exercício de um poder atribuído e delimitado previamente pela lei. Assim é que "sem uma de-

---

65. "Contratos administrativos ...", in *Direito Administrativo na Década de 90*, p. 179.

66. Acrescenta Estorninho: "O que é fundamental é que se entenda que este poder não resulta do contrato mas sim da própria posição jurídica geral da Administração, de natureza extracontratual. Afasta-se, assim, a idéia tradicional de que o contrato administrativo, pela própria natureza especial, atribuiria prerrogativas exorbitantes à Administração, para se passar a entender que, pelo contrário, é a própria Administração que, pela sua natureza, é dotada de poderes especiais aos quais não pode renunciar mesmo quando celebra contratos" (*Réquiem pelo Contrato Administrativo*, pp. 145-146).

legação prévia de potestades a Administração, simplesmente, não pode atuar".[67]

O poder jurídico assim delimitado pela norma jurídica estabelece-se como pressuposto ao atuar administrativo e acha-se pautado positivamente pelo ordenamento legal. Tais poderes não são gerados em relação jurídica alguma, "nem em pactos, negócios jurídicos ou atos ou fatos singulares", mas procedem "diretamente do ordenamento"; não recaem, de resto, "sobre nenhum objeto específico e determinado", senão que têm "um caráter genérico" e se referem "a um âmbito de atuação definido em grandes linhas ou direções genéricas".[68]

A natureza da *potestade* – como explicam García de Enterría e Tomás-Ramón Fernández – "não consiste em uma pretensão particular, senão na possibilidade abstrata de produzir efeitos jurídicos, de onde eventualmente podem surgir, como uma simples conseqüência de seu exercício, relações jurídicas particulares".[69]

Mas esses poderes não poderão ser indeterminados. São específicos e concretos, medidos, "com um âmbito de exercício lícito (*agere licere*) detrás de cujos limites o poder desaparece pura e simplesmente".[70] Pois "todo poder atribuído pela lei deve ser, quanto ao seu conteúdo, um poder concreto e determinado".[71] Daí não se caracterizarem (os poderes públicos) como absolutos e ilimitados, mas pautados, graduados e conformados pela norma jurídica, quando sobre tal limitação "articula-se uma correlativa situação jurídico-ativa dos cidadãos".[72] Essa é uma conseqüência da tutela da situação jurídica do particular-administrado assegurada pelo regime jurídico-administrativo.

A definição dos limites que se impõem aos poderes públicos funda-se, antes que a qualquer prescrição taxativa e específica, em sua natureza instrumental. A habilitação jurídica para que Administração Pública exercite os poderes públicos legitima-se, sobretudo, pela promoção indisponível do interesse público, que não se confunde com o interesse privatístico do aparato administrativo. Os poderes públicos serão válidos enquanto manifestarem a prossecução do *interesse coletivo pri-*

---

67. Eduardo García de Enterría e Tomás-Ramón Fernández, *Curso* ..., 10ª ed., vol. 1, p. 441.
68. Idem, pp. 441-442.
69. Idem, p. 442.
70. Idem, p. 450.
71. Idem, p. 449.
72. Idem, p. 445.

mário;[73] enquanto estiverem em função do interesse público geral. A exata compreensão do poder público promotor do interesse público primário passa pela aceitação de sua feição fiduciária, de competência instrumental ao atingimento de fins predeterminados pela norma jurídica, e não voluntária e independentemente fixados pelo agente público.

A aderência ao elemento teleológico normativamente orientado ao exercício administrativo é o que caracteriza a competência pública como o resultado de uma *função*, impondo a instrumentalidade dos poderes públicos. Enquanto função, os poderes públicos estão afetados ao atingimento de interesses alheios aos de quem imediatamente os manipula (os agentes públicos); são poderes que instrumentam a busca, pela Administração Pública, de um interesse de outrem: da coletividade. Esse interesse caracteriza-se como o interesse geral havido concretamente num certo tempo e num dado lugar. Daí a indisponibilidade dos interesses manejados pelo poder público.

Explica excelentemente Afonso Queiró que, "enquanto a essência do direito privado está na autonomia de vontade dos respectivos sujeitos, a essência do direito público, do direito administrativo, *in specie*, está na obrigação para os respectivos agentes de realizarem os interesses que as leis lhes entregam para que deles curem (...). Não sem intenção dizemos que essa é a essência, quer dizer, o que há de irredutível em qualquer norma de direito administrativo: esta supõe sempre um agente, um órgão, e atribui-lhe uma função, ou seja, atribui-lhe alguns interesses específicos, um ou alguns fins concretos, uma ou algumas atividades determinadas".[74]

Parece clara na explicação de Queiró a natureza fiduciária do poder jurídico-público, instrumental a interesses e finalidades prescritas, explícita ou implicitamente, pela norma jurídica. Essa conotação funcional de poder implica admitir que tal se manifesta, antes, como um dever jurídico; uma prescrição irrenunciável a ser desempenhada pelo agente público.

---

73. Vale referência, a esse propósito, às noções (bastante difundidas entre nós) erigidas pela doutrina italiana acerca de interesse público primário e interesse secundário. Emblemática é a lição de Alessi: "L'interesse c.d. pubblico non è nient'altro che l'interesse colletivo primario, considerato come oggetto di diretta tutela dell'azione amministrativa, mentre interesse dell'Amministrazione, in quanto aparato, non rappresenta se non uno degli interessi secondari esistenti nel gruppo sociale" (*Principi di Diritto Amministrativo*, vol. 1, p. 226).

74. "Reflexões sobre a teoria de desvio de poder em direito administrativo", in *Estudos de Direito Público*, vol. 1, p. 100.

É Alessi[75] quem, examinando a função administrativa, traduz a noção implícita de *dever* que contamina os poderes jurídico-públicos, ao afirmar serem tais poderes objetos de um dever jurídico de se atingir a finalidade pública ditada na lei (fins do Estado contemplados pelo ordenamento jurídico). Usa-se dizer, por isso, que a competência disponibilizada para que o poder público promova o interesse geral afigura-se um *dever-poder*.

Marçal Justen Filho chama a atenção para a natureza *passiva-ativa* que encerra a expressão "dever-poder"; *passiva* porque seu detentor encontra-se em um estado de sujeição a um dever jurídico; *ativa* porque a função exige, necessariamente, a utilização de poderes jurídicos ao seu exercício. A natureza passiva – explica Justen Filho – se dá em dois níveis: (a) o administrador está obrigado a valer-se de todos os meios necessários à busca do fim visado; (b) o agente não está autorizado a promover qualquer ação desnecessária na prossecução da finalidade perseguida mediante o uso da competência. Pela natureza ativa entende-se não só o poder jurídico a possibilitar a ação funcional – donde se infere que o sujeito está obrigado a praticar todas as condutas necessárias e adequadas para o atingimento da satisfação do interesse transcendente –, mas também uma decorrente sujeição dos administrados ao poder emanado.[76]

Resulta que, da mesma forma que o interesse público primário estabelece limites ou parâmetros à ação de modificação contratual, impõe sua investida quando a situação posta (fática) assim o exigir. Daí ser impróprio referir-se ao *ius variandi* como uma "faculdade" da Administração. O *ius variandi*, enquanto competência pública, não se coaduna com uma situação de disponibilidade de interesses, própria da autonomia decisória pertinente à esfera privada. Não se pode mesmo admitir a competência de instabilização da relação contratual como fruto de um exercício de autonomia contratual deferido à Administração, porquanto tal fenômeno não se compatibiliza com a função administrativo-pública. Significa dizer que um ato de modificação emanado da Administração, se inválido, não poderá, ainda que com a chancela do particular, prevalecer.[77] Os efeitos da manipulação desse poder público

---

75. *Sistema Istituzionale del Diritto Amministrativo Italiano*, 3ª ed., p. 6.
76. Marçal Justen Filho, *Concessões* ..., p. 30.
77. Vale consulta à observação de Marçal Justen Filho anotando, a par de mudanças de cláusulas econômico-financeiras do contrato administrativo, que: "Não se admite (...) a mudança das cláusulas econômico-financeiras se isso representar frustração aos princípios da moralidade, da licitação ou da isonomia" (*Comentários à Lei de Licitações e Contratos Administrativos*, 7ª ed., p. 530).

não se restringem à esfera de direitos do co-contratante, ainda que nesta repercutam de forma direta e imediata; podem atingir direitos subjetivos públicos (ou mesmo direitos individuais de terceiros). Por se tratar, assim, do manejo de uma competência administrativa (função), realizando interesses indisponíveis, a concordância do particular em relação à sua emanação não tem o condão de validá-la.[78]

Cabe classificar os poderes públicos, ainda, como de supremacia *geral* ou *especial*, onde os segundos manifestam-se sobre aqueles que estão em uma "situação organizatória determinada de subordinação, derivada de um título concreto".[79] É nesta classe de poderes de *supremacia especial* que se insere o *ius variandi*, eis que a manipulação desta competência se dá com vistas a produzir efeitos sobre uma relação jurídica preexistente a partir da qual o co-contratante detém direitos e obrigações determinados. Este poder produz-se diretamente endereçado ao campo do contrato, modificando, a partir de efeitos constitutivos, a relação já existente. Por isso, pode-se dizer que se encontra (o poder *variandi*) limitado e conformado (indiretamente) pelas condições ali estatuídas. Não que esse poder encontre limitações por força de disposições contratuais, mas ele se produzirá atendendo às condições de organização contratual, de acordo com os parâmetros ditados e sistematizados pela lei.

Conclui-se que trata-se o *ius variandi* de um poder público de *decisão unilateral*[80] voltado à resolução de casos concretos.

3.3 Veículo

O poder público estatal de instabilizar uma relação jurídico-contratual veicula-se geralmente mediante *ato administrativo*. Consiste

---

78. Já ensinou Justen Filho que: "Quando estiverem em jogo interesses alheios ao do particular, sua concordância com a conduta do Estado será absolutamente irrelevante e insuficiente para produzir a validade de atos viciados. O mesmo se dará quando a Administração pretender impor ao particular a renúncia a direitos assegurados legislativamente. São hipóteses onde o ato administrativo surge como instrumento de frustração de garantias previstas em edital condicionando a participação em licitação à renúncia a qualquer impugnação. Se a lei assegurou um certo direito ao particular e impôs vedações a certas condutas para a Administração, é juridicamente inválido o ato administrativo que dispuser em contrário. Nem seria imaginável que uma concordância do particular (não espontânea, aliás) pudesse superar a força normativa da lei, para tornar válido ato administrativo defeituoso" (*Concessões ...*, p. 49).
79. García de Enterría e Fernández, *Curso ...*, 10ª ed., vol. 1, p. 444.
80. Cf. Diogo Freitas do Amaral, *Direito Administrativo*, vol. 2, p.18.

numa manifestação autoritária, "relativa a um caso individual, manifestada por um agente da Administração no uso de poderes de direito administrativo",[81] pela qual se produzem efeitos jurídicos modificativos sobre relação jurídico-contratual preexistente. O ato que manifesta o *ius variandi* tem a virtualidade de constituir o co-contratante (e a Administração) numa nova situação jurídica (modificando uma relação preexistente), decorrendo de sua existência efeitos constitutivos em relação às partes contraentes. Pode-se classificá-lo como um *ato administrativo de segundo grau*, eis que opera efeitos sobre um contrato precedente.[82]

No Direito Brasileiro a habilitação conferida pela norma do direito positivo – alíneas "a" e "b" do inciso I do art. 65 da Lei 8.666/1993 – para fins do exercício do poder de modificação do contrato administrativo é a de praticar normas individuais e concretas. Observa-se que na escala de concreção existente entre a Constituição Federal e o ato modificatório há (a) norma constitucional outorgante de poderes para edição de normas gerais sobre contratação; (b) norma legal veiculante da norma geral atinente à contratação administrativa; (c) norma regulamentar que detalha (em sua esfera de competência própria) aspectos do exercício modificatório; (d) norma individual e concreta criada pelo ato administrativo de modificação unilateral.

O ato *variandi,* por dirigir-se a uma relação jurídico-contratual determinada, produzindo sobre ela efeitos constitutivos, revela-se um ato atuante num domínio concreto, endereçado à produção de efeitos a par de uma situação específica. Não se o confunde, assim, com um ato regulamentar, de efeitos genéricos.[83] Mesmo que se possa admitir que uma lei ou um regulamento administrativo tenham por objeto a modificação de determinadas condições regulamentares de serviços públicos (por exemplo), o que se pode desdobrar em alterações de contratos administrativos, é certo que estas deverão operar-se concretamente mediante ato administrativo específico.

Houve já quem admitisse a possibilidade de modificação unilateral dos contratos administrativos pela via do regulamento.[84] No entan-

---

81. Rogério Ehrhardt Soares, *Direito Administrativo*, p. 76.
82. Idem, p.125.
83. Os comandos do regulamento não se destinam "diretamente aos particulares e sim apenas aos órgãos do Poder Executivo. São normas produzidas em nível de abstração, dependentes de atos concretos que as apliquem a casos específicos" (Antônio Carlos Cintra do Amaral, *Ato Administrativo, Licitações e Contratos Administrativos*, 1ª ed., 2ª tir., p. 35).
84. Nesse sentido pronuncia-se Augusto de Athayde: "Torna-se necessário, para que o serviço ou a obra não deixem de satisfazer da melhor maneira o interes-

to, entende-se imprópria a hipótese, porquanto o regulamento caracteriza-se pela sua abstração e generalidade – qualidades, em princípio, inconciliáveis com o *ius variandi*.

Os atos regulamentares não chegam a ponto de definir concretamente aspectos particulares de uma determinada relação jurídica. Essas normas são requeridas – explica Celso Antônio Bandeira de Mello – "para que se disponha sobre o modo de agir dos órgãos administrativos, tanto no que concerne aos *aspectos procedimentais* de seu comportamento quanto no que respeita aos *critérios que devem obedecer em questões de fundo*, como condição para cumprir os objetivos da lei".[85]

Não seria próprio do regulamento a imposição dessas alterações contratuais. Pelo menos, não como via concretizadora. Veja-se que as relações jurídicas que derivam de contratos administrativos, e que podem ser objeto de normatização regulamentar (genérica), possuem particularidades as quais haverão de ser "processadas" pela autoridade contratante na função de promoção da alteração contratual. Isso só será possível mediante a emissão de um comando concreto que as leve em consideração ao tempo da aplicação da medida. Este ato concreto "processará" as condições particulares do contrato objeto da alteração prescrita (genericamente), aplicando o comando regulamentar de molde a atender aos parâmetros legais relativos à matéria (às modificações unilaterais dos contratos administrativos).

Perceba-se que seria inviável a promoção de alterações uniformes em classes de contratos, dispensando-se um ato de ligação hábil a produzir as adequações relativas. Diante de dada alteração genérica produzida pelo regulamento, aplicada de forma homogênea, muitos contratos sofreriam modificações em dissonância com princípios relativos à mutabilidade de contratos públicos. Tome-se como exemplo o princípio da manutenção das condições de habilitação (suficiência econômico-financeira e técnica) do co-contratante e de condições de exeqüibilidade das prestações.

---

se público, que a Administração imponha ao particular uma alteração nas prestações a que está vinculado. Não há dúvida de que o vai fazer porque tem de zelar pela adequação do serviço às necessidades coletivas. Mas também não há dúvida de que o pode fazer por ato genérico, ou por ato singular, por regulamento ou por ato administrativo. Pode dizer ao empreiteiro: 'a ponte terá quatro arcos em vez de cinco'; ou pode estabelecer, regulamentarmente, as condições em que certa concessionária de distribuição de energia elétrica deve fornecê-la aos habitantes de determinada região" (*Poderes Unilaterais ...*, p. 46).

85. *Curso de Direito Administrativo*, 15ª ed., p. 319.

Sem dúvida que se põe cabível a edição de regulamentos e leis que prescrevam alterações genéricas no âmbito de serviços públicos (ou na sede de determinada classe de contratos administrativos). Aliás, esta situação é bastante própria dos contratos de concessão de serviços públicos. Mas essas normas ou produzirão modificações que atendam a pressupostos e regulamentação distintos daqueles prescritos para o poder administrativo modificativo, ou, desde que indiquem ou se consubstanciem em pressupostos do *ius variandi*, reclamarão a existência de um ato administrativo cuja função será a de integrar as alterações produzidas no campo concreto da relação jurídico-contratual. E este ato haverá de conter-se dentro dos parâmetros normativos estabelecidos pelo direito positivo. Mesmo no caso das agências reguladoras, cuja função regulatória abrange não só a edição de atos genéricos, como de provimentos concretos no seio das relações jurídico-contratuais, exige-se, a se promover a instabilização no âmbito dos contratos administrativos de concessão, a edição de um ato administrativo. Um regulamento até poderá prescrever, dentro da competência que lhe é atribuída pelo direito positivo,[86] alterações gerais, mas carecerá sempre de um ato a integrá-las aos casos concretos.

Desde que o regulamento não extravase a moldura legal aplicável ao poder de modificação dos contratos administrativos, põe-se a questão de saber se o ato administrativo de modificação unilateral terá de submeter-se ao conteúdo do regulamento. Ou seja, se um regulamento reduzir a moldura legal, os atos administrativos que se produzirão sob sua égide terão de conter-se na moldura regulamentar? A resposta parece ser positiva. O ato-conseqüência, neste caso, estaria a encontrar seu fundamento na moldura regulamentar. Daí não poder contrariar o regulamento, mesmo que tenha por conteúdo uma solução de aplicação legal; deve "aplicar a lei com base no regulamento".[87]

Portanto, em face do exposto, assume-se o entendimento de que o *ius variandi* será externado mediante ato administrativo.

Ainda que manifestadas por ato administrativo, as alterações unilaterais deverão, em face do Direito Brasileiro, e a teor da regra do art.

86. No que toca a alterações genéricas veiculadas mediante regulamento, disse que este não poderá exceder os limites normativos (das leis aplicáveis). Isso porque, como se sabe, "ao regulamento desassiste incluir no sistema positivo qualquer regra geradora de direito ou obrigação *novos*. Nem favor nem restrição que já não se contenham previamente na lei regulamentada podem ser agregados pelo regulamento" (Celso Antônio Bandeira de Mello, *Curso* ..., 15ª ed., p. 323).

87. Cf. Antônio Carlos Cintra do Amaral, *Ato Administrativo* ..., 1ª ed., 2ª tir., p. 36.

65 da Lei 8.666/1993, formalizar-se mediante termo aditivo contratual.[88]

3.3.1 Crítica proposta

Já se disse que o *ius variandi* manifesta-se como ato administrativo. Esta afirmação advém do reconhecimento de que os efeitos decorrentes da manifestação afiguram-se próprios àqueles emanados de atos administrativos.

No entanto, parece-nos que o ato de modificação desses contratos, desde que tomado a par das novas tendências que se verificam no âmbito da ação administrativo-pública – dentre as quais se destaca o incremento da participação dos sujeitos envolvidos na atividade tutelar contratual (instrumentada através da *procedimentalização* dinâmica da formação da autoridade estatal) –, insere-se num rol de provimentos que desafiam a clássica noção de ato administrativo. É que o exercício *variandi*, particularmente pelas implicações procedimentais relativas, acaba por resultar de uma conjugação de vontades, desfigurando a concepção de provimento *unilateral* em seu sentido puro. Esta constatação põe-se num contexto de questionamento acerca da *unilateralidade* de certos provimentos administrativos, fomentado pela crise da dogmática tradicional do ato administrativo.

Não se trata de negar a natureza jurídico-formal do ato *variandi* como *ato administrativo*, mas de admitir que o ato decisório que resulta do processo de alteração levado a efeito, produto da implicação das

---

88. Assim já decidiu o Tribunal de Contas da União: "Acordam os Ministros do Tribunal de Contas da União, reunidos em Sessão Plenária, ante as razões expostas pelo Relator, em: (...) (d) orientar a Secretaria de Obras Públicas, Saneamento e Habitação no sentido de: d.1) observar, nos procedimentos licitatórios, as disposições contidas nos arts. 41 e 55, inciso XI, da Lei n. 8.666/1993, bem como, na execução dos contratos, o disposto nos arts. 65, § 1º, e 67 da mesma lei; d.2) abster-se de proceder a alterações contratuais sem a indispensável formalização de termo aditivo correspondente (...)" (Plenário, Acórdão 30/2000, 1.3.2000: "Auditoria – Construção do Hospital Geral de Caxias do Sul/ RS – Solicitação de Comissão Parlamentar do Senado Federal – Aplicação de recursos do Ministério da Saúde – Utilização de recursos humanos e materiais públicos para fins particulares – Não submissão do projeto executivo à aprovação da então Secretaria do Interior, Desenvolvimento Regional e Urbano – Aditamento de contrato sem licitação – Supressão de itens contratados com a finalidade de encobrir acréscimos na obra – Restituição de parte de recursos sem correção monetária – Extravio de equipamentos adquiridos – Justificativas de um responsável acolhidas – Alegações de defesa do outro responsável rejeitadas – Multa – Orientação").

vontades dos atores da relação jurídica objeto do procedimento que se instaura, não condiz com a definição tradicionalmente aceita de ato administrativo: põe-se menos afeito à noção de ato autoritário rigidamente unilateral; mais próximo da idéia de ato-conseqüência da conjugação das muitas vontades que contribuem para a formação da decisão.

É certo que a vertente autoritária do ato administrativo é posta em questionamento – como expõe Vasco Pereira da Silva – pela "complexificação da moderna Administração prestadora e de infra-estruturas, que faz das decisões administrativas muito mais escolhas relativas à forma mais correta de satisfação de fins públicos, do que instrumentos de imposição da vontade administrativa aos particulares".[89] Conclui o mesmo autor, com apoio em Ledda, no sentido da substituição da clássica noção de ato administrativo – "entendido como uma espécie de 'condensado de autoridade jurídica', enquanto manifestação prototípica do poder administrativo" – pela visão daquele como um dos vários "instrumentos possíveis de decisão, no quadro de uma Administração prestadora e constitutiva, em que 'administrar' se tornou mais importante do que 'ordenar'".[90]

Nessa perspectiva, o ato administrativo pode ser definido como "o termo vinculativo de um processo de formação da vontade e de tratamento da informação".[91]

Veja-se que cada vez mais a função de regulamentação/tutela de serviços e obras realizados (ou titularizados) pelo Estado está a admitir a participação de uma multiplicidade de sujeitos, integrando-os na organização procedimental. Forma-se, a par dessa função tutelar, uma relação jurídica multilateral, que produzirá decisões que serão uma soma dos muitos interesses envolvidos. A participação dos usuários, dos contraentes-executores e dos terceiros envolvidos haverá de ser absorvida pela Administração-contratante, formando sua autoridade a partir da implicação das muitas informações produzidas no procedimento. Daí que o ato decisório que decorre representará menos a unilateralidade da Administração e mais a conjugação das vontades inerentes.

Constata Nigro uma "troca de posições", em que o procedimento passa a substituir o ato administrativo;[92] verifica-se uma "autonomiza-

---

89. *Em Busca do Acto Administrativo Perdido*, p. 566.
90. Idem, ibidem
91. W. Brohm, "Die Dogmatik des V vor den G. der V", in *Veroeffentlichungen der V, der D. S.*, p. 286, *apud* Vasco Pereira da Silva, *Em Busca ...*, p. 567.
92. Mario Nigro, "Diritto amministrativo e processo amministrativo nel bilancio di 10 anni di giurusprudenza", in Allegretti, Battaglini e Sorace, *Diritto Am-*

ção" do procedimento, valorizando-o como sede de *formação* da "autoridade pública", mediante a conjugação de vontades (da Administração e de uma multiplicidade de sujeitos envolvidos). Mais do que isso, o realce do procedimento passa a traduzir-se numa "técnica de diluição do poder e método de organização e coordenação", na medida em que é por meio dele "que as autoridades administrativas e os particulares manifestam seus interesses", "conformando a atuação administrativa".[93] Desta forma é que se alterou o "tipo burocrático" de Weber, hoje contaminado pela participação de indivíduos e grupos, implicando uma "verdadeira repartição de poder (potestade) administrativo entre o titular burocrático e a pluralidade dos intervenientes".[94]

O conceito convencional de *ato administrativo*, portanto, já não é mais adequado a explicar esses atos da Administração Pública (como o que manifesta alterações contratuais produzidas a partir do *procedimento*). A unilateralidade e a imperatividade da decisão subsistem no campo formal,[95] mas se desfiguram no material (mesmo que a fonte de eficácia dessa regulação jurídica seja a manifestação da Administração). São atos administrativos que, "se formalmente decorrem do exercício do poder administrativo, já materialmente consubstanciam verdadeiras situações de repartição de poder normativo entre Administração e particulares, ou de exercício partilhado de determinação do Direito aplicável, pelo quê não se podem enquadrar na clássica noção de acto administrativo".[96]

Conclui-se que o ato que põe fim ao procedimento de modificação unilateral do contrato, e que resulta nos termos definitivos da alteração declarada, traduz-se na síntese de todo um *processo* que se desenvolve com vistas a alcançar a maneira mais *eficiente* e *adequada* de articular

ministrativo e Giustizia Amministrativa nel Bliancio di Un Decennio di Giurisprudenza, vol. 2, p. 974.

93. Vasco Pereira da Silva, *Em Busca* ..., p. 305.

94. Mario Nigro, "Procedimento amministrativo e tutela giurisdizionale contro la Pubblica Amministrazione (il problema di una legge generale sul procedimento amministrativo)", *Rivista di Diritto Processuale* 2/273, *apud* Vasco Pereira da Silva, *Em Busca* ..., p. 305.

95. Na observação de Sérvulo Correia: "A emissão de um acto administrativo pode ter sido factualmente precedida de uma negociação cerrada, sem que no plano jurídico a decisão deixe de por isso de ser unilateral. E a situação inversa pode ocorrer relativamente a um contrato administrativo de adesão que apenas deixa ao administrado a escolha entre celebrar ou não o negócio" (*Legalidade e Autonomia Contratual nos Contratos Administrativos*, 1987, p. 349).

96. Vasco Pereira da Silva, *Em Busca* ..., pp. 563-564.

a alteração contratual. Não se afigura aquele como um ato imperativo e que se esgota na vontade administrativa, isolada, de produzir a modificação contratual. Antes, produz-se a partir do reconhecimento de que quanto mais a Administração permitir a conjugação de vontades – do particular co-contratante, dos usuários dos serviços prestados e instrumentados pelo contrato –, mais produzirá alterações melhor articuladas, mais eficientes, em última análise.

Se é o procedimento que se impõe, cada vez mais presente, na atividade de produção da função tutelar estatal, na qual a participação ativa e dinâmica dos sujeitos e classes envolvidos é requisito inevitável, correto é dizer-se que o ato decisório decorrente representa mais uma conseqüência deste procedimento do que a manifestação decisória autônoma da Administração, formada a partir de um procedimento instaurado com a restrita finalidade de permitir visibilidade à feitura de *sua* decisão. Neste raciocínio, parece que a visão clássica do ato administrativo põe-se insuficiente para explicar a natureza destas decisões.

O *ius variandi*, conquanto provimento inserido na classe desses atos formados a par de um procedimento *organizativo* e *dinâmico*, próprios da Administração infra-estrutural moderna, não pode ser classificado, pelo menos com precisão, como *ato administrativo*, assim entendido em sua visão clássica.

3.4 Objeto do "ius variandi"

O poder de modificação do contrato administrativo repousa sobre o *objeto* do contrato.[97] Neste âmbito, volta-se unicamente às condições regulamentares de prestação.

Tomado em *sentido amplo*, consiste o *ius variandi* na (a) alteração nas prestações regulamentares do contrato e na (b) adequação de seus efeitos em relação às condições gerais contratadas. Esse poder tem, assim, a virtualidade de determinar as modificações nucleares e de cunho regulamentar, dispondo, ainda, a forma de compatibilização desta alteração com os parâmetros contratuais originários.

---

97. Não se compreende nesse poder qualquer modificação subjetiva no contrato, trasladando-se a posição contratual de seus sujeitos. A par do Direito Espanhol, Horgué Baena adverte que a alteração atende unicamente à "alteração do elemento objetivo – seu objeto e suas condições principais –, nunca do subjetivo: as partes. Quer-se dizer que a potestade de modificação dos contratos é uma figura que não compreende a novação subjetiva porquanto não alcança a ordenar a substituição do adjudicatário" (*La Modificación* ..., p. 39).

Para fins de exame, o objeto do *ius variandi* pode ser desdobrado em objeto *imediato* e principal, caracterizado pela alteração regulamentar nuclear visada, e objeto *mediato* e acessório, traduzido na produção das compensações/adequações relativas.

Tem-se que o objeto *imediato* serão propriamente as alterações nas prestações regulamentares do contrato. A partir da noção de cláusula regulamentar, o Direito Brasileiro concebeu a distinção entre alterações *qualitativas* e *quantitativas*. O art. 65 da Lei 8.666/1993 disciplinou as alterações unilaterais, consagrando na alínea "a" do inciso I a possibilidade de *modificações no projeto ou de suas especificações para melhor adequação técnica de seus objetivos*, e na alínea "b" do mesmo inciso a possibilidade de *acréscimo ou diminuição quantitativa do objeto do contrato*, determinando regimes jurídicos distintos para cada qual.[98]

Essas hipóteses são definidas como *numerus clausus* e excluem a possibilidade de interpretar-se extensivamente o poder modificativo.

Ambas as tipologias de modificação relacionam-se, como dito, com a natureza regulamentar[99] das prestações; as alterações qualitativas ou quantitativas justificam-se por traduzir-se em competência de

---

98. Remete-se às considerações lançadas por ocasião do Capítulo V.

99. Costuma-se fixar o sentido da natureza regulamentar das cláusulas pactuadas, passível de alteração (unilateral), nas condições não-financeiras do contrato. "Classiquement, il admis que le Conseil d'État a consacré l'existence d'un pouvoir de modification unilatérale des clauses non-financières du contrat administratif (...)" (Laurent Richer, *Droit des Contrats Administratifs*, 2ª ed., p. 225). Ou seja: protegem-se as "cláusulas financeiras" da ação modificatória, restando o demais pactuado sujeito às alterações imperativas.

Por certo que tal alusão, de cunho residual, remete a uma noção bastante ampla daquilo que pode ser alterável pela Administração no âmbito da relação jurídico-contratual administrativa, não se prestando a explicar a natureza do objeto desse poder de modificação do contrato administrativo, que é mais restrito.

Laubadère já excluiu dos termos contratuais passíveis de alteração unilateral as "cláusulas que regulam as relações de interesses entre as partes (principalmente as cláusulas financeiras)". Restringiu o objeto do poder modificador às "cláusulas do contrato que interessem ao serviço público e às suas necessidades" (André de Laubadère, "Du pouvoir de la Administration...", *Revue du Droit Publique et de la Science Politique*, 1954, p. 40).

O núcleo do problema reside na definição do que são as tais "prestações regulamentares". E, neste aspecto, o que as parece caracterizar é justamente sua vinculação com o interesse público primário. São estas as disposições contratuais que, regulatórias de um objeto material implicado pela tutela estatal, caracterizam a própria natureza do contrato administrativo.

atualização/modificação das necessidades públicas inerentes ao objeto regulado. Logo, não se pode tê-las como fator de alteração de prestações ou de aspectos do contrato que sejam alheios a esses pressupostos, resultando da mera intenção subjetiva da Administração.

Não são passíveis, por isso, de ser conduzíveis aos pressupostos prescritos pelo Direito Brasileiro os aspectos de mera pactuação subjetiva, desinteressada da tutela administrativa, tais como aspectos procedimentais, de regulamentação de formas de pagamento, de imposição de penalidades,[100] de fixação da tipologia contratual – entre outros. Restringe-se, por isso, o cabimento da alteração unilateral ao objeto regulamentar do contrato.

Mas o ato de alteração, ainda que dirigido exclusivamente a questões dessa natureza (regulamentar), não poderá ignorar a repercussão

---

100. Não é admissível, ainda, que o poder modificativo vise à imposição de multas ou penalidades atribuíveis ao co-contratante. Neste sentido tem sido a jurisprudência: "Contrato administrativo – Prestação de serviços hospitalares – Imposição de multa pelo INAMPS – Penalidade não prevista no contrato mas incluída em novo contrato-padrão, ao qual não aderiu o hospital – Inobservância, ainda, dos princípios do contraditório e ampla defesa no processo administrativo em que foi aplicada a sanção – Nulidade – Sentença mantida, com modificação dos fundamentos. 1. Muito embora transferida ao Estado do Rio Grande do Sul a gerência dos serviços médico-hospitalares, por convênio firmado no âmbito do SUS, tem legitimidade o INAMPS para figurar na relação processual da ação em que se discute a validade de multa por ele imposta a hospital contratado como prestador de serviços, mesmo porque manteve para si o poder fiscalizatório sobre os serviços conveniados. 2. Não pode o hospital responder por multa não prevista no contrato que firmou e que se encontra ainda em vigor. O novo contrato-padrão, instituído pelo INAMPS, estabelecendo aquela multa, mas a que não aderiu o hospital, não o vincula. 3. As 'cláusulas exorbitantes', que caracterizam os contratos administrativos, e o direito à alteração unilateral do contrato pela Administração não autorizam se imponham ao contratado penalidades não previstas na avença. O direito de alteração do contrato se limita às cláusulas regulamentares ou de serviço, não autorizando imposição de penalidades não previstas em lei ou no contrato. 4. A adoção de procedimentos previstos nesse novo contrato-padrão para o pagamento das autorizações de internamento hospitalar não implica em submeter-se o hospital, por inteiro, àquele novo contrato, mas apenas em se ter por alterado o contrato vigente, no tocante à forma de pagamento dos serviços prestados, alteração que – esta, sim – se insere no direito de alteração do contrato conferido ao poder público. 5. A imposição da penalidade, mesmo se prevalente o contrato-modelo não assinado, exigiria observância dos princípios do contraditório e da ampla defesa, não respeitados no caso em exame, em que nem mesmo os critérios expressos naquele contrato foram aplicados. 6. Apelos e remessa oficial improvidos, mantendo-se a sentença, embora com diversos fundamentos, por aplicação do art. 515, § 1º; do Código de Processo Civil" (TRF 4ª R., 4ª T., relator: Juiz A. Ramos de Oliveira, decisão: unânime, j. 29.6.1999, *DJU* 1.9.1999, p. 573).

das alterações propostas nas demais condições inerentes à avença. O ato de modificação do contrato terá de reconhecer a reverberação das modificações regulamentares, processando sua adequação ao demais contratado, organizando as condições gerais de prestação. O objeto *mediato* do *ius variandi* será, então, a alteração das condições outras (acessórias) que não as estritamente regulamentares, a partir do reconhecimento de seus efeitos (da alteração regulamentar) e de sua repercussão na integralidade do contrato, produzindo as compensações relativas. Pois estas determinações acessórias, conseqüentes, também integrarão o objeto do ato modificativo, impondo-se coativamente ao co-contratante.

Assim, por exemplo, se a Administração resolve modificar determinado contrato administrativo motivada pela desatualização de algumas prestações de cunho regulamentar, produzirá o comando administrativo, determinando a recomposição do equilíbrio econômico-financeiro, que poderá engendrar-se de *várias* maneiras, desde que respeitada a proporção relativa. E a forma como se produzirá a compensação financeira decorrente da modificação no contrato (se pelo alargamento de prazo, aumento de benefícios, supressão de encargos etc.) será ainda ditada pela Administração; será, pois, objeto do ato de modificação. É correto dizer-se que estas compensações e adequações da modificação regulamentar do contrato constituem também uma alteração contratual. Ocorre que sua existência e validade relacionam-se com a existência e validade das alterações regulamentares e com a graduação de seus efeitos. Portanto: essas alterações acessórias (que mais são compensações) não se relacionam com os pressupostos mesmo do *ius variandi*; são apenas conseqüência da aplicação das modificações principais, mas serão veiculadas mediante o exercício de poder público, impondo-se autoritariamente ao co-contratante.[101]

---

101. Vê-se, pois, que a Administração, ao manejar a competência de instabilização do contrato administrativo, o fará limitada às questões regulamentares. Mas daí exercerá certa discricionariedade na tarefa de delimitar o âmbito regulamentar do contrato, eis que a qualificação decorrente comportará espaço decisório de "exclusiva" responsabilidade da Administração. Esta missão de proceder à identificação das prestações atingidas pela modificação relaciona-se com a identificação mesma dos pressupostos ao ato de modificação. A Administração, ao editar o ato concreto de modificação de condições regulamentares, procederá à subsunção dos pressupostos de fato (ocorridos no mundo dos fatos) à hipótese da norma habilitante do *ius variandi*; e, neste âmbito, procederá, ainda, à identificação da necessidade (imperatividade) de produzir-se modificação na relação jurídica do contrato, a partir de um exame relacional entre os termos do contrato com a situação fática (pressu-

4. Notas juscomparativas

Examinados alguns traços fundamentais de caracterização do poder de modificação do contrato administrativo, vale buscar notas juscomparativas, de molde a permitir um enfoque acerca do Direito Comparado.

4.1 "Ius variandi" no Direito Francês

O Direito Francês, como já visto, é o berço da noção de poder de modificação unilateral do contrato administrativo. Devem-se à doutrina francesa não só a própria construção dogmática da figura como as "artificialidades" que decorreram da tentativa de explicá-la.

A aceitação desse poder na França deu lugar por muito tempo a "vivas discussões, alimentadas por uma jurisprudência de interpretação difícil".[102] Muitas doutrinas – como já se examinou – buscaram explicar a existência deste poder de modificação unilateral sob diferentes fundamentos e a partir das mesmas decisões jurisprudenciais. As soluções da jurisprudência do Conselho de Estado e do Tribunal de Conflitos Francês, dada sua ambiguidade, permitiram interpretações bastante apartadas entre si e que, por vezes, chegaram, mesmo, a conclusões antagônicas em relação à matéria. O que se pode extrair, e que a jurisprudência parece mesmo admitir, "de maneira pouco ou menos limitada, é a existência do poder de modificação" enquanto princípio aplicável aos contratos administrativos.[103]

Pois, a despeito das controvérsias no passado, despertadas pelas teses restritivas de aplicação desse poder, limitando-o a determinados contratos, explica F. Llorens que o *ius variandi* "parece poder se apli-

---

posto de fato do *ius variandi*) havida. Neste processo não se nega a pertinência de um espaço (delimitado) de livre apreciação pela Administração.

Já no que toca ao objeto acessório do *ius variandi*, entendido como a adequação e organização dos efeitos decorrentes da aplicação da alteração regulamentar em relação às demais cláusulas, tem-se que a Administração contará com um espaço decisório mais restrito. Neste propósito a função da Administração cinge-se a graduar, sob um critério objetivo de proporcionalidade, a extensão dos efeitos das modificações regulamentares, nas condições subjetivas e objetivas do contrato, produzindo as compensações devidas. A forma como se procederá às aludidas compensações delega-se à escolha da Administração, mas sempre atendidos a estreita proporcionalidade e o princípio do menor ônus ao co-contratante.

102. Jean-Marie Auby e Robert Ducos-Ader, *Droit Administratif*, 6ª ed., p. 550.

103. Idem, p. 551.

car aos contratos administrativos em geral".[104] É concebido no Direito Francês como uma das "regras gerais aplicáveis aos contratos administrativos".[105]

Desde a concepção deste poder pelo Conselho de Estado erigiu-se uma série de limites que buscaram adequar a competência à realidade contratual a que se destina. Tais limites descendem de um quadro principiológico construído por trabalho da doutrina francesa, no qual se acham os princípios da inalterabilidade do objeto,[106] da intangibilidade da equação econômico-financeira do contrato e da exeqüibilidade técnica e financeira do objeto alterado.[107]

Pela ausência de um corpo de normas escritas acerca do regime jurídico do contrato administrativo, a regulamentação genérica e sistemática do poder de alteração unilateral não se encontra positivada, faltando-lhe um reconhecimento normativo expresso. O que há são algumas poucas normas esparsas que o prevêem, como é o caso da Lei 79-475, de 19.6.1979,[108] relativa aos transportes públicos, e do Decreto

104. "Note sous C.E. 2.2.1983, Union des Transports Publics Urbains et Régionaux, RFDA 1984.52" (Jean Pierre Lebreton e Stéphane Manson, "Le contrat administratif", *Documents d'Études* 2.11/22).

105. Idem, ibidem.

106. "L'Administration et son cocontractant ont conclu un certain contrat, ayant un certain objet; l'Administration ne peut prétendre imposer une modification qui aboutirait à dénaturer le contrat, à lui donner en fait un objet nouveau, différent de celui qui a été envisagé dans la commune intention des parties" (André de Laubadère, *Traité Théorique* ..., vol. 2, p. 339).

107. "(...) le cocontractant a conclu le contrat en considération de certaines conditions, notamment de ses possibilités téchniques et financières; l'Administration ne peut prétendre imposer de modifications qui aboutiraient par leur importance à un bouleversement du contrat et de son économie générale" (Laubadère, *Traité Théorique* ..., vol. 2, p. 339).

108. Vale referir o *arrêt* "UTP", de 2.2.1983, que decidiu acerca de recurso contra um decreto de 2.9.1980, tomado para aplicação da lei de 19.6.1979. O decreto definia o conteúdo e as condições de execução dos contratos, dispondo seu art. 14 que "l'autorité organisatrice peut, en cours de contrat, apporter à la consistance des services de transports d'intérêt local et à leurs modalités d'exploitation toute modification qui ne soit pas incompatible avec la modalité de gestion choisie. Dans ce cas, les clauses financières du contrat peuvent être révisées en conséquence" – sem se precisar se as revisões assim mencionadas devam ser contratuais (Laurent Richer, *Droit* ..., 2ª ed., p. 227). O Conselho de Estado julgou que "en disposant que l'autorité organisatrice peut, en cours de contrat, apporter unilatéralement des modifications à la consistance des services et à leurs modalités d'exploitation, que l'usage de cette prérogative peut antraîner une révision des clauses financières et, enfin, que les modifications ainsi apportées ne doivent pas être incompatibles

de 21.1.1976 (*Cahier des Charges Administratives Générales* relativas aos contratos de *marchés de travaux*).[109]

A natureza do poder de modificação como *puissance public* também tem origem no Direito Francês. Autores como Péquignot afirmaram já há muito tal concepção, sustentando que não se trata mesmo de uma prerrogativa contratual, mas de ato de poder público que a Administração exerce a par de sua situação jurídica extracontratual.[110]

A despeito do reconhecimento do poder *variandi* como *puissance public*, tem-se admitido na França o contrato como sua fonte regulamentar (do *ius variandi*). Muitas vezes poderes supletivos são inferidos do contrato a favor da Administração Pública. É possível dizer, inclusive, que os poderes de autoridade (de uma forma geral) da Administração sobre o co-contratante são concebidos não só a partir da lei, mas ainda do próprio plano contratual. Por força de uma tradição em critérios voluntaristas de qualificação do contrato, a doutrina france-

---

avec le mode de gestion choisi, les auteurs du décret attaqué se sont bornés à faire application des règles générales applicables aux contrats administratifs". Completa Richer que "esta redação pode ser interpretada como não excluindo necessariamente cláusulas financeiras" (*Droit ...*, 2ª ed., p. 228).

109. Particularmente aos contratos de *travaux public*, Auby e Ducos-Ader sintetizaram estes limites sob os seguintes aspectos: (1) cláusulas contratuais não-modificáveis – não é viável o exercício do poder de alteração em relação às cláusulas relativas a condições financeiras do negócio, e também ao preço, que é irrevogável; (2) modificações concernentes à natureza, à quantidade e à importância respectiva das obras – a Administração não pode exigir do empreiteiro uma obra nova completamente diferente da prevista contratualmente (*cachier-type*, art. 15.22). Caso assim aconteça, o empreiteiro poderá pedir a resilição do contrato. As modificações podem repousar sobre a quantidade dos trabalhos, com respectiva revisão dos preços, até uma certa percentagem. Se a alteração ultrapassar a percentagem estabelecida contratualmente, poderá o co-contratante requerer a revisão do contrato, sem indenização nos casos de aumento, com indenização nos casos de diminuição (*cachier-type*, arts. 15 e 16). A modificação pode, ainda, dizer respeito à importância respectiva das diversas naturezas de obras (com relação aos detalhes estimativos). Se a variação das quantidades ultrapassar uma certa proporção (para mais ou menos de 25%), o empreiteiro não poderá pedir a resilição, mas terá direito à indenização pelo ajuste (*cachier-type*, art. 17); (3) prorrogação dos trabalhos – a Administração tem o direito de adiar os trabalhos iniciados. Entretanto, caso os adiamentos sucessivos ultrapassem um ano, o co-contratante poderá pedir a resilição do negócio, sem prejuízo de uma indenização (*cahier-type* art. 48); (4) quebra do equilíbrio do contrato – o poder de alteração encontra um limite geral na noção de quebra do equilíbrio contratual. Caso perceba-se que as modificações afetam os elementos mais essenciais do contrato, o empreiteiro pode não as aceitar e pedir a resilição do negócio (*Droit Administratif*, 6ª ed., pp. 552-553).

110. *Théorie ...*, p. 369.

sa posiciona-se no sentido de admitir que a previsão contratual autorize a criação e aplicação de poderes unilaterais da Administração sobre o co-contratante.

Anota Laubadère, neste particular, que muitas vezes o contrato é a fonte do poder de modificação unilateral, quando os órgãos da Administração são destinatários de poderes suplementares deferidos pelos contratos públicos.[111] No mesmo sentido, Jean Rivero explica que essas prerrogativas, dentre as quais se insere o *ius variandi*, "resultam quer das cláusulas do contrato, quer das cláusulas aplicáveis".[112]

Mas, ao mesmo tempo em que sua inserção (do *ius variandi*) no contato provoca a qualificação da avença como pertinente ao direito administrativo – submissa, de conseguinte, à jurisdição administrativa –, sua inexistência naquele plano não impede seu exercício pela Administração. O *ius variandi*, como dito, sempre foi assumido na França como um *poder* que se impõe a par das exigências de interesse público, sendo de todo indiferente sua previsão contratual. Quanto a isso, Laubadère, Venezia e Gaudemet já afirmaram: "O fundamento do poder de modificação unilateral se acha nas exigências do serviço público e mais precisamente nos princípios de adaptação constante e de continuidade do serviço público. Essas exigências, sendo variáveis, o interesse geral pode, num dado momento, necessitar que sejam impostas a prestação de obrigações que não tinham sido previstas no momento do contrato. Resulta desse fundamento que não apenas o poder de modificação unilateral não precisa estar previsto no contrato, mas também que a Administração não pode validamente renunciar à sua prevalência no contrato".[113]

Logo, se o contrato pode constituir-se em fonte primária de poderes da Administração sobre o co-contratante, o reverso não é tolerado – ou seja, a derrogação do poder *variandi* pela estatuição meramente contratual é juridicamente inviável. Não é possível prever-se no contrato a vedação ao *ius variandi*, porquanto este é concebido na França como manifestação de *puissance public*, decorrendo, ainda, de normas públicas.

Em certa medida, verifica-se que este poder tem sofrido restrições pelo influxo de textos legais mais recentes. Ainda, pois, que o poder *variandi* não possa ser suprimido pelo contrato, é suscetível de *aména-*

---

111. *Traité des Contrats Administratifs*, 2ª ed., vol. 2, pp. 383, 390, 391 e 393.
112. *Droit Administratif*, 18ª ed., p. 129.
113. *Traité de Droit Administratif*, 12ª ed., vol. 1, pp. 687-688.

gements. O Decreto de 21.1.1976 (*Cahier des Charges Administratives Générales* relativas aos contratos de *marchés de travaux*), a exemplo, previu que o empreiteiro não é obrigado a executar obras que correspondam a mudanças em suas condições de utilização quando estas (as alterações) excederem a décima parte do volume inicial dos trabalhos (arts. 15 e 22).[114]

Há também textos regulamentares específicos – como constata Richer –, os quais têm restringido o cabimento do poder de modificação. Assim é que o Decreto de 18.6.1969, versando sobre o estatuto dos agentes contratuais em serviço no Estrangeiro, dispõe que somente podem ser modificadas determinadas disposições do contrato (C.E. 30.6.1993, Min. Délégué c/Yepez, Rec. T. 856).[115]

4.2 No Direito Espanhol

Desde a vigência da Lei 198/1963 (de Bases de Contratos do Estado), do Decreto 923/1965 (que aprovou o texto da Lei de Contratos de Estado) e do Regulamento Geral de Contratos dos Estados Locais de 1953 o Direito Espanhol reconhece "com caráter geral a prerrogativa da Administração de modificar por razões de interesse público os contratos administrativos".[116] A normativa atual – Real Decreto 2/2000 – também reproduziu a prerrogativa administrativa, prescrevendo-a não só de forma genérica,[117] mas regulamentando-a a cada tipo contratual.[118]

---

114. Laurent Richer, *Droit* ..., 2ª ed., p. 228.
115. Idem, p. 226. O Código de *Marchés Publics*, nos arts. 45 e 225, da mesma forma, subordina o exercício do poder de modificação unilateral à existência de uma estipulação do *consacrant*.
116. Concepción Horgué Baena, *La Modificación* ..., p. 23.
117. A Lei 13/1995 (18 de maio), reformada pelo Real Decreto Legislativo de 16.6.2000, seguindo normas anteriores (Lei de Exposição de Motivos da Lei de Bases de Contratos do Estado de 1963; art. 16 do Texto Articulado da Lei de Contratos de 1965, convertido em art. 18 pela reforma da Lei de 1973), dispõe, no seu art. 59: "Dentro de los límites y con sujeción a los requisitos y efectos señalados en la presente Ley, el órgano de contratación ostenta la prerrogativa de interpretar los contratos administrativos, resolver las dudas que ofrezca su cumplimiento, modificarlos por razones de interés público, acordar su resolución y determinar los efectos de ésta. Los acuerdos correspondientes pondrán fin a la vía administrativa y serán inmediatamente ejecutivos". O art. 101 da mesma lei dispôs: "Una vez perfeccionado el contrato, el órgano de contratación sólo podrá introducir modificaciones por razón de interés público en los elementos que lo integran, siempre que sean debidas a necesidades nuevas o causas imprevistas, justificándolo debidamente en el expediente".
118. A Lei de Contratos das Administrações Públicas estabeleceu, em relação aos *contratos de obras* (art. 146), que: "1. Serán obligatorias para el contratista las

Por força de uma construção doutrinária e jurisprudencial relativamente pacífica, o *ius variandi* é aceito na Espanha como poder que deriva da lei, e não de pacto. Trata-se de uma *potestad*, não sendo inferível sua fonte de existência pela letra do contrato. O reconhecimento do *ius variandi* como *potestad* – afirma Horgué Baena – importa conseqüências jurídicas definidas: (a) não se faz necessária a previsão contratual para o exercício da prerrogativa pública; (b) a pactuação das partes não poderá implicar a supressão da figura, sob pena de invalidade. É nesse sentido que observa a mesma autora que a pactuação derrogatória do *ius variandi* constitui acordo inválido, porquanto contraria sua norma legal de atribuição.[119] Essa consideração impende admitir o regramento próprio como de natureza injuntiva.[120]

Nem sempre, porém, o tratamento conferido ao *ius variandi* na Espanha foi assim. Na vigência de legislações passadas[121] não havia o

modificaciones en el contrato de obras que, con arreglo a lo establecido en el art. 101, produzcan aumento, reducción o supresión de las unidades de obra o sustitución de una clase de fábrica por otra, siempre que ésta sea una de las comprendidas en el contrato. En caso de supresión o reducción de obras, el contratista no tendrá derecho a reclamar indemnización alguna, sin perjuicio de lo que se establece en el art. 149, párrafo e"; em relação aos *contratos de concessão* (art. 163): "1. La Administración podrá modificar, por razones de interés público, las características del servicio contratado y las tarifas que han de ser abonadas por los usuarios. 2. Cuando las modificaciones afecten al régimen financiero del contrato, la Administración deberá compensar al contratista de manera que se mantenga el equilibrio de los supuestos económicos que fueron considerados como básicos en la adjudicación del contrato. 3. En el caso de que los acuerdos que dicte la Administración respecto al desarrollo del servicio carezcan de trascendencia económica, el contratista no tendrá derecho a indemnización por razón de los mismos"; em relação aos *contratos de fornecimento* (art. 189): "Cuando como consecuencia de las modificaciones del contrato de suministro se produzcan aumento, reducción o supresión de las unidades de bienes por otros, siempre que los mismos estén comprendidos en el contrato, estas modificaciones serán obligatorias para el contratista, sin que tenga derecho alguno en caso de supresión o reducción de unidades o clases de bienes a reclamar indemnización por dichas causas, sin perjuicio de lo establecido en art. 192, párrafo c".

119. Cf. C. Horgué Baena, *La Modificación* ..., p. 25.

120. García de Enterría, aludindo à reserva expressa constante na Lei de Contratos das Administrações Públicas ao princípio de liberdade de pactos, anota que esta liberdade não poderá afetar as prerrogativas estabelecidas pela legislação básica em favor da Administração ("Ámbito de aplicación de la ley, arts. 1 a 9, inclusive", in *Comentarios a la Ley de Contratos de las Administraciones Públicas*, p. 120).

121. Antes da Lei 198/1963 não havia a prescrição expressa do poder de modificação unilateral do contrato administrativo. O Decreto Real de 27.2.1852 – pri-

reconhecimento expresso de prerrogativa *variandi*, mas tão-somente a normação atendia a questões relativas ao procedimento de seleção de contraentes. Antes da vigência da Lei 13/1995, que sucedeu a Lei de Bases de 1963 e a Lei Articulada de 1965, o art. 60 da Lei de Contabilidade (1952) era entendido por parte da doutrina (R. Parada Vásquez) como preceito que não podia fundamentar um poder geral de modificação unilateral dos contratos públicos pela Administração. Reconhecia-se, por isso, que tal faculdade haveria de resultar ou do plano contratual, ou do acordo bilateral das partes após celebrado o contrato.[122] A possibilidade da modificação de contrato de obras, por exemplo, só era reconhecida na previsão das Cláusulas Administrativas Gerais, documento que não constituía direito objetivo, mas cláusulas de condições-tipo para contratos da mesma natureza, situação em que o poder de modificação contratual tinha origem na pactuação das partes.

A despeito das discussões no passado, a aceitação do *ius variandi* como *potestad* é atualmente voz corrente no âmbito da doutrina e jurisprudência espanholas. O problema que se põe, a par de sua existência, refere-se fundamentalmente aos *limites* em que é concebido.

Reconhece-se que o poder de modificação contratual, embora submisso a determinados requisitos procedimentais, não pode sofrer mesmo qualquer limitação no campo material. Isto é, não se admite que limites materiais se imponham ao *ius variandi*, sob pena de desnaturar o fundamento de interesse público que lhe dá existência. Na medida da busca do interesse público, não se põem limitações ao *ius variandi*, sendo assumidas as prescrições legais que lhe conferem parâmetros de extensão como meras garantias ao co-contratante. Extravasados os parâmetros normativamente fixados, não está o co-contratante obrigado a aceitar a modificação contratual. Daí a afirmação de Enterría e Fernández no sentido de que o poder de modificar unilateralmente o objeto e o conteúdo do contrato "é ilimitado em sua extensão e intensidade dentro das exigências que o interesse público imponha".[123] Aduzem

---

meira norma que dispôs sobre contratos público na Espanha – não continha previsão acerca do *ius variandi*. A primeira referência veio com o art. 60 da Lei de Contabilidade introduzida pela Reforma de 1952. Tal preceito deu azo a controvertidas interpretações, quando parte da doutrina reconheceu um poder geral de modificação contratual (F. Garrido Falla, *Tratado de Derecho Administrativo*, vol. 2, 1987, p. 82) e outra parte negou tal entendimento, admitindo que tal regramento só atendia a questões de procedimento (R. Parada Vásquez, *Los Orígenes del Contrato Administrativo*, p. 204).

122. Cf. C. Horgué Baena, *La Modificación* ..., p. 24.
123. *Curso* ..., 10ª ed., vol. 1, p. 727.

que: "Quando se fala de limites ao exercício do *ius variandi* (...) se está estabelecendo concretamente uma garantia para o contratante privado, sobre o qual não pode fazer-se recair, de forma indiscriminada e ilimitada, o peso do interesse comum e das necessidades gerais. Quando se fala de limites do *ius variandi* se está aludindo, pois, única e exclusivamente aos limites dentro dos quais as modificações impostas pela Administração são obrigatórias para o co-contratante".[124]

O problema da limitação ao *ius variandi* suscita-se ainda a par de outro dispositivo da lei, o qual estabelece as causas de resolução do contrato.[125] Planta-se a questão de saber se os parâmetros prescritos como causa de resolução (as modificações que impliquem o extravasamento de 20% do preço contratual) são imperativos à resolução ou estabelecem uma opção para acordá-la. Desde que imperativos, a alteração unilateral do contrato encontraria limite nos quantitativos fixados pela norma.[126]

Pois a própria Lei de Contratos das Administrações Públicas dispôs, em seu art. 112, § 2º, que estas causas de resolução apenas conferem às partes um direito potestativo de exercitá-las. Afastou, assim, a noção de limites (quantitativos) imperativos às alterações contratuais, quando as modificações fruto do *ius variandi* se efetuarão mesmo que transcendentes daquele limite, desde que não haja a resistência do co-contratante – resistência, essa, que se traduzirá num direito potestativo de rescisão do contrato.

Para as alterações qualitativas a normativa tem solução equivalente. Relativamente ao contrato de obras, o art. 146 da mesma lei, em seu § 2º, dispõe que, quando as modificações pressuponham a introdução

---

124. Idem, ibidem.
125. "Art. 149. **Causas de resolución**. Son causas de resolución del contrato de obras, además de las señaladas en el art. 111, las siguientes: (...) e) las modificaciones en el contrato, aunque fueran sucesivas, que impliquen, aislada o conjuntamente, alteraciones del precio del contrato, en cuantía superior, en más o en menos, al 20 por 100 del precio primitivo del contrato, con exclusión del Impuesto sobre el Valor Añadido, o representen una alteración sustancial del proyecto inicial (...)."
126. Extravasados os limites quantitativos postos pela norma, não se confunde a alteração produzida unilateralmente pela Administração e sem a resistência do co-contratante com a modificação consensualmente articulada pelas partes contratantes. A primeira surge como obra da Administração sob o título de sua competência pública de modificação dos contratos, impondo-se autoritariamente, mas sujeita à resistência do co-contratante – resistência, essa, que se traduzirá no direito à rescisão do contrato.

de unidades de obra não compreendidas no projeto ou cujas características difiram substancialmente delas, os preços aplicados a elas serão fixados pela Administração. Desde que não se tenha a concordância do co-contratante, o órgão de contratação poderá contratá-las com outro empresário.

As soluções preconizadas pela normativa espanhola, mesmo que escudadas por cautelas procedimentais – como o prévio informe ao Conselho de Estado ou a órgão consultivo equivalente da Comunidade Autônoma respectiva em casos de modificação de contratos que exceda 20% do preço primitivo e para contratações que importem o mínimo de 1.000.000.000 de Pesetas (6.010.121,04 Euros) –, parecem deixar ao desabrigo princípios da licitação. Descuram de um controle mais intenso acerca de possíveis fraudes aos procedimentos licitatórios, quando alterações contratuais podem instrumentar ações de corrupção entre o órgão contratante e o contratante particular.

Nesse particular, observa Jesús Leguina Villa que "não se pode silenciar os abusos que com alguma freqüência comete a Administração, em conivência em muitos casos com o co-contratante, ao exercitar o *ius variandi*, abusos e corrupções denunciados energicamente pelo Conselho de Estado e pelo Tribunal de Contas".[127] Com efeito – continua o autor, colacionando decisão do Conselho de Estado –, "a reiterada prática de sucessivas e parciais reformas de obras ou a proteção de obras acessórias ou complementares 'podem desvirtuar ou, quando menos, debilitar a eficácia das garantias que as normas ditadas articulam para modular o *ius variandi* da Administração e introduzir elementos de controle, como são os previstos para casos de modificações que alterem em mais de 20% do preço inicial do contrato (...). Assim, ocorre que uma *potestad* da Administração, concebida em salvaguarda do interesse geral, tem freqüentemente servido, devido a um uso indevido da competência, à conveniência do co-contratante (...)".[128]

Registre-se, ainda, posição do Conselho de Estado Espanhol no sentido de ser manifestamente abusivo o exercício do poder *variandi* quando o projeto inicial "não contém uma 'obra completa' ou quando as sucessivas reformas de obra favoráveis ao adjudicatário podem 'encobrir contratações que não observam o necessário respeito aos princípios de publicidade, concorrência e licitação' (DCE, Pleno, 2.12.1993)".[129]

---

127. "La extinción del contrato de obras", in *Comentario a la Ley de Contratos de las Administraciones Públicas*, p. 702.
128. Idem, ibidem.
129. Idem, pp. 702-703.

É certo, então, que o exercício do *ius variandi* não se acha livre, desprovido de controles. A noção de inexistência de limites materiais não significa que esta competência possa exercitar-se a critério independente da Administração. Aliás, recente doutrina vem fortalecendo a aplicação do princípio da inalterabilidade do contrato, afirmando que, em caso de a alteração acarretar a produção de novo objeto (*obra nova*), "não assiste à Administração nenhuma opção por rescindir ou manter o contrato", mas deve, iniludivelmente, rescindi-lo, submetendo à nova licitação a *nova obra*.[130]

Não se nega, ainda, a existência de pressupostos à emanação do poder de modificação. A Lei de Contratos das Administrações Públicas, ao prescrever a oportunidade do *ius variandi*, deixa clara a exigência de pressupostos fáticos à emanação da competência. Estabelece a normativa (art. 59) que: "Dentro dos limites e com sujeição aos requisitos e efeitos assinalados na presente Lei, o órgão de contratação dispõe da prerrogativa de interpretar os contratos administrativos, resolver as dúvidas que ofereça seu cumprimento, modificá-los por razões de interesse público, acordar sua resolução e determinar os efeitos desta". O art. 101 complementa, dispondo que: "Uma vez concluído o contrato, o órgão de contratação só poderá introduzir modificações por razão de interesse público nos elementos que o integram, sempre que sejam devidas a necessidades novas ou causas imprevistas, justificando devidamente o expediente".

Luis Martín Rebollo, em exame do preceito, reconhece a existência de um pressuposto de fato da *potestad variandi* enunciado mediante um conceito jurídico indeterminado, "cuja aplicação e concreção poderão, eventualmente, ser controladas pelos tribunais mediante as técnicas habituais".[131] Apesar de relativamente ilimitado em relação à extensão, o *ius variandi* só se põe viável desde que "necessidades novas ou causas imprevistas" o determinem.

É verdade que tais pressupostos não são entendidos pela doutrina espanhola (de uma forma geral) como "limites" ao exercício *variandi*.

130. Horgué Baena, *La Modificación* ..., p. 141. E acrescenta a mesma autora: "Em definitivo, não existe causa que justifique a substituição da obra inicial por outra totalmente diferente porque isso ataca frontalmente a disciplina dos contratos, tendo em conta que a Administração não pode escolher o contratante fora dos processos de seleção fixados para cada caso" (idem, p. 142).

131. Luis Martín Rebollo, "Modificación de los contratos y consecuencias patrimoniales de las modificaciones irregulares (con especial referencia al contrato de obras)", in *Comentario a la Ley de Contratos de las Administraciones Públicas*, p. 465.

Mas certamente são elementos condicionantes de sua emanação. Ou seja: desde que não se verifiquem estas situações fáticas determinantes (necessidades novas ou causas imprevistas), não se defere tal exercício ao órgão administrativo.

Outro aspecto tratado pela normativa espanhola é no tocante à teoria do equivalente econômico aplicável aos contratos administrativos. As modificações que se produzirem, mesmo que dentro dos parâmetros concebidos como de aceitação obrigatória pelo co-contratante, implicam o restabelecimento do equilíbrio econômico-financeiro do contrato nos moldes de ampla indenização.[132]

Não obstante, a responsabilidade indenizatória da Administração ficou restrita aos casos de ampliação do objeto, não se abrigando os lucros cessantes do co-contratante. Na hipótese de supressão ou redução de trabalhos não se defere ao co-contratante um direito indenizatório. Esta orientação está expressa na lei e vem fixada relativamente aos contratos de obras.[133]

Também previram-se na Lei das Contratações Públicas aspectos procedimentais relativos à emanação do *ius variandi*. Além de requisitos genéricos como o dever de motivação imposto a todos os tipos contratuais, especialmente o contrato de obras sofreu regulamentação detalhada. O art. 146 determinou uma série de providências procedimentais que devem ser atendidas pelo órgão contratante: (1) redação do projeto e aprovação do mesmo; (2) audiência do co-contratante, por prazo mínimo de três dias; (3) aprovação do expediente pelo órgão de contratação, assim como dos gastos complementares necessários. Deste modo, "as modificações hão de tramitar seguindo um procedimento em que se motivem e justifiquem sua necessidade e o interesse público a que servem, com os informes e audiências mencionados, assim como com a oportuna previsão dos maiores gastos que gerem, que em nenhum caso poderão exceder o importe relativo aos créditos autorizados".[134]

---

132. Também nos contratos de *gestión de servicios públicos*, ainda que tenha o poder de alterar o objeto – aí incluída a própria tarifa –, quando aquele afetar "o regime financeiro do contrato, a Administração deverá compensar o co-contratante de maneira que se mantenha o equilíbrio dos elementos econômicos que foram considerados como básicos na adjudicação do contrato (art. 163, §§ 1 e 2)".

133. Na dicção do art. 146 da Lei das Contratações da Administração Pública, tem-se que: "No caso de supressão ou redução de obras, o co-contratante não terá direito a reclamar indenização alguma (...)".

134. L. M. Rebollo, "Modificación ...", in *Comentario a la Ley de Contratos de las Administraciones Públicas*, p. 468.

A lei ainda cuidou de prescrever expediente procedimental especial às alterações que transcenderem parâmetros quantitativos estabelecidos (que superem 10% do preço original,[135] sempre que o contrato importe o valor de 1.000.000.000 de Pesetas – 6.010.121,04 Euros), determinando-se o informe do conteúdo a órgão do Ministério da Fazenda. A tal propósito, os órgãos de contratação remeterão o expediente correspondente à modificação proposta, aparelhada com documentos, dentre os quais se contêm: (a) memória explicativa que justifique a causa da modificação, com referência às circunstâncias não previstas na aprovação do edital de prescrições técnicas; (b) justificação da improcedência de se convocar nova licitação para as unidades ou prestações constitutivas da modificação; (c) nos contratos de obras, informe do órgão competente (Oficina de Supervisão de Projetos) sobre a adequação da modificação proposta.

4.3 No Direito Português

Em Portugal o atual Código de Processo Administrativo consagrou expressamente (em seu art. 180º) poderes de autoridade da Administração sobre o co-contratante. Esta normativa parece ter encerrado alguma discussão no que tangia à permissividade legal para o exercício (injuntivo) dos poderes de autoridade pela Administração Pública no campo da execução de contratos administrativos.

Ainda antes do reconhecimento expresso do poder de modificar unilateralmente os contratos administrativos pela atual versão do Código de Procedimento Administrativo a jurisprudência portuguesa já admitia a incidência destes poderes, por entender que descendem de princípios gerais aplicáveis ao instituto. Esta competência – já afirmou um importante acórdão do Pleno do Supremo Tribunal Administrativo – "é inquestionável, já que provém de um poder que visa a interesses públicos e necessidades colectivas e que, dado o seu fim, permite à Administração, segundo princípios gerais do contrato administrativo, modificar unilateralmente a execução do contrato (*jus variandi* ou *factum principis*)".[136]

---

135. Sem prejuízo de que para as alterações que excedam a 20% do preço primitivo e para contratações que importem o mínimo de 1.000.000.000 de Pesetas (6.010.121,04 Euros) prescreva-se o prévio informe ao Conselho de Estado ou a órgão consultivo equivalente da Comunidade Autônoma.

136. Acórdão de 15.6.1985 (AD, 291, 310) (in J. M. Sérvulo Correia, *Legalidade ...*, 1987, p. 732).

Com a normativa atual sedimentou-se a orientação pela permissividade do exercício desse poder pela Administração na sede de contratos administrativos. Reza o art. 180º do Código de Procedimento Administrativo: "Salvo quando outra coisa resultar da lei ou da natureza do contrato, a Administração Pública pode: a) modificar unilateralmente o conteúdo das prestações, desde que seja respeitado o objecto do contrato e o seu equilíbrio financeiro". Percebe-se, por força do preceito, a consagração genérica do poder de modificação do contrato administrativo.

A dicção da norma, como se vê, não estende aos contratos da Administração Pública em geral a possibilidade de exercício do *ius variandi*. Nota-se claramente a remissão do preceito à qualificação do objeto como situação hábil a ensejar o exercício modificativo. Nos contratos jurídico-privados – infere-se – não se admitirá competência das prerrogativas modificativas do contrato.

Decorre que esse poder deverá conter um pressuposto de interesse público, o qual "não pode deixar de ser invocado e concretizado no momento do exercício do poder de modificação. Se não tiver fundamento numa real exigência de interesse público, o acto que impõe o poder de modificação é ilegal (...) e deverá ser anulado pelo tribunal administrativo".[137]

Já se debateu em Portugal a questão de saber se estas regras e princípios que consagram o poder modificativo dos contratos administrativos têm valor *injuntivo* ou *permissivo*. Isto é, se na ausência de previsão contratual autoriza-se a incidência do poder de modificação, ou a norma é permissiva do exercício *variandi*, mas desde que prescrito pelo contrato. A questão que se levanta é relativa à qualificação do efeito habilitante específico do princípio (e da regra inserta do Código de Procedimento Administrativo), se o efeito do princípio acarreta a atribuição imediata para a Administração emitir atos administrativos de execução do contrato (*ius variandi*), ou está limitado a estabelecer uma situação jurídica ativa que o poder público exercerá como mero direito potestativo[138] (se necessário mediante sentença constitutiva).

Respondeu Sérvulo Correia, ainda antes da vigência do atual Código de Procedimento Administrativo, que "os princípios gerais do contrato administrativo que atribuem posições de supremacia ao contraente público envolvem a titularidade de competência para a prática de acto administrativo, embora sujeita em regra (...) à estipulação dos

---

137. Pedro Gonçalves, *A Concessão de Serviços Públicos*, p. 257.
138. Cf. Sérvulo Correia, *Legalidade* ..., 1987, p. 733.

poderes no caso concreto".[139] O autor propugna pela presunção de que os princípios gerais aplicáveis possuem o alcance não de deferir imediatamente o poder para a Administração praticar atos administrativos destacáveis no âmbito da execução dos contratos administrativos, mas tão-somente o de fornecer uma base de legalidade para a estipulação de tal poder. Para o autor esta solução é a que melhor concilia o interesse público que contamina a relação contratual-administrativa com a natureza bilateral do instituto.[140]

De fato, a orientação de Sérvulo Correia permite ao co-contratante a assunção consciente da *cláusula de sujeição*, donde à Administração, nos casos em que a prossecução da finalidade pública particular do contrato não dispensar o exercício do *ius variandi*, incumbe a tarefa de estatuir contratualmente tal previsão. Trata-se de admitir que a norma habilitante do *ius variandi* em face do Direito Português tem cunho *dispositivo* ou *permissivo*, eis que tão-só cuida de estabelecer uma *base de legalidade* para que possa ser concretamente estipulada no contrato; se não o for, entende-se não permitida a manifestação unilateral de modificação do contrato.[141]

A despeito dessas posições (já encampadas com maior ênfase antes da vigência do Código de Procedimento Administrativo), parece

139. Idem, p. 734.
140. Idem, p. 738.
141. Refira-se que questão análoga à tratada (relativa ao poder rescisório do contrato administrativo) foi objeto de decisão do Supremo Tribunal Administrativo: "Rescisão de contrato administrativo – Acto administrativo ou direito potestativo extintivo. I – A cláusula, inserta num contrato administrativo e conforme à determinação legal, que permita à Administração rescindir o acordo de vontades em caso de incumprimento da parte adversa tanto pode corresponder à previsão de um direito potestativo extintivo, como pode significar a possibilidade de conformação do assunto mediante um acto administrativo. II – No silêncio da lei, só numa apreciação casuística se pode discernir se a respectiva pronúncia rescisória traduz uma declaração de vontade negocial ou uma estatuição autoritária aplicadora do Direito no caso, devendo tal dúvida resolver-se através de critérios de ordem material, como sejam as causas jurídicas da conduta adoptada, os seus conteúdo e sentido e os efeitos a que naturalmente tende. III – Se o contrato não for de colaboração, mas for o veículo de uma conduta simplesmente prestadora da Administração, se a declaração rescisória for acompanhada da definição, com força de título executivo, das quantias a devolver e das indemnizações a satisfazer, e se dessa declaração resultar, *ex vi legis*, a incapacidade do contraente privado para ulteriormente se candidatar a apoios do mesmo gênero, deve concluir-se que aquela actividade rescisória integrou o exercício autoritário da chamada autotutela declarativa, apresentando-se como um acto administrativo *proprio sensu*" (rel. Cons. Madeira dos Santos, STA-1ª S.ecção/3ª Subsecção, 20.12.2000, p. 46.372, ficha 1.333/2000).

que a consagração do *ius variandi* pelo art. 180º do Código de Procedimento Administrativo como um poder extracontratual, como se tem mais recentemente admitido,[142] vem pondo fim às discussões.

O Direito Português reconhece limites à competência *variandi*, dentre os quais estão os princípios da intangibilidade do objeto do contrato e do equilíbrio econômico-financeiro do mesmo, expressamente reconhecidos pelo art. 180º do Código de Procedimento Administrativo, donde se permite à Administração "modificar unilateralmente o conteúdo das prestações desde que seja respeitado o objecto do contrato e seu equilíbrio financeiro".

A intangibilidade do objeto contratual protege não só a tipologia avençada, como a natureza mesma das prestações-objeto. Tomando-se em conta um contrato de concessão, por exemplo, "a Administração não só não pode impor ao concessionário uma modificação que desfigure a natureza concessória do contrato (transformando-o num contrato de prestação de serviços, por exemplo), como também não pode criar a obrigação de o concessionário gerir um serviço público diferente; tanto uma como outra 'modificação' infringiriam o princípio da intangibilidade do objecto do contrato".[143]

Já a proteção do equilíbrio econômico-financeiro do contrato administrativo parece abarcar não só os danos emergentes como, ainda, os lucros cessantes. A jurisprudência do Supremo Tribunal Administrativo, nesse particular, tem admitido que se contém nos lindes da reposição do equilíbrio econômico-financeiro do contrato administrativo, em hipóteses de modificação unilateral, a indenização advinda da frustração do ganho do co-contratante.[144] Trata-se de permitir a reposição indenizatória a título de lucros cessantes.

---

142. Relativamente ao poder de modificação, Pedro Gonçalves registra que: "Uma vez que o art. 180º, 'a', do Código de Procedimento Administrativo o consagra como um poder extracontratual, não se coloca (actualmente) no Direito Português a questão de saber se o poder de modificação é uma competência que deriva dos princípios gerais do direito administrativo ou se ele só existe nos casos em que esteja contratualmente prevista a possibilidade de modificação do contrato" (*A Concessão ...*, p. 256).

143. Pedro Gonçalves, *A Concessão ...*, p. 258.

144. Tome-se como exemplo o seguinte julgado: "Contrato administrativo – Fornecimento contínuo – Interpretação – Modificação unilateral das prestações – Equilíbrio financeiro do contrato. I – Tendo o objecto do contrato ficado definido como o fornecimento ao hospital de aproximadamente 'x' refeições aos doentes e pessoal hospitalar durante determinado período de tempo, é de rejeitar a interpretação segundo a qual se trata de uma mera indicação ou estimativa sem valor de vín-

No que toca ao procedimento não há previsão expressa e específica pela legislação portuguesa. Não obstante, e pela aplicação do art. 100º do multicitado Código de Procedimento Administrativo, impõe-se a ouvida do co-contratante como requisito procedimental. Particularmente aos contratos de concessão, anota Pedro Gonçalves que, em relação às modificações unilaterais do contrato, "a Administração está, pelo menos, obrigada a ouvir o concessionário, nos termos gerais do direito de audiência".[145]

---

culo obrigacional, pois vários elementos interpretativos levam à conclusão de que o hospital se obrigou a adquirir um número aproximado dessas refeições e a empresa a fornecê-las. II – O número de 181.127 refeições que o hospital acabou por adquirir não é aproximado das 260.000 que teriam ficado ajustadas, já que se traduz numa diminuição superior a 30%, tendo-se dessa forma operado uma modificação unilateral do conteúdo da prestação, lícita nos contratos administrativos mas sujeitando o contraente público à reposição do equilíbrio financeiro do contrato (art. 180º, alínea 'a', do CPA). III – Uma modificação com esse alcance afecta o equilíbrio financeiro do contrato, podendo colher-se da analogia com o regime do art. 888º do Código Civil a ideia de que é relevante para a nossa lei um desvio quantitativo superior à margem de 5% aí estabelecida. IV – Contém-se dentro dos limites da reposição do equilíbrio financeiro do contrato uma indemnização tendo por objecto o acréscimo de ganho do contraente privado caso tivesse sido estipulado o número de refeições que acabou por ser efectivamente fornecido, ganho esse resultante da fixação dum outro preço unitário onde pudessem ter repercutido os custos fixos desse número de refeições" (rel. Cons. Simões de Oliveira, STA-1ª Secção/3ª Subsecção, 28.11.2000, p. 43.806, ficha 1.235/2000).

145. *A Concessão* ..., p. 257.

Capítulo III

PRESSUPOSTOS HABILITANTES DO EXERCÍCIO DE MODIFICAÇÃO UNILATERAL DO CONTRATO ADMINISTRATIVO

1. Considerações introdutórias. 2. Pressupostos substanciais: 2.1 Exigência de fato superveniente (aspectos teóricos) – 2.2 A questão dos erros cometidos pela Administração na formulação das condições contratuais como pressupostos habilitantes do "ius variandi" (aspectos teóricos) – 2.3 Os pressupostos à luz da Lei 8.666/1993: 2.3.1 Erros na formulação do projeto como situação subsumível à alinea "a" do inciso I do art. 65 – 2.4 A tarefa de qualificação dos pressupostos fáticos: 2.4.1 Ainda a qualificação dos pressupostos: o uso normativo de conceitos indeterminados. Interpretação ou discrição?: 2.4.1.1 Síntese – 2.4.2 A tarefa de interpretação na qualificação dos pressupostos. 3. Pressupostos formais: 3.1 A revalorização do procedimento: 3.1.1 A nova faceta do procedimento e as alterações unilaterais de contratos administrativos – 3.2 Aplicabilidade do procedimento como instrumento de formação do ato "variandi" – 3.3 Injuntividade e disposição do procedimento – 3.4 Procedimento não-formalizado – 3.5 Fases do procedimento – 3.6 Requisitos procedimentais: 3.6.1 Escopo fiscalizatório – 3.6.2 Função contraditória – 3.6.3 Escopo de otimização da ação administrativa – 3.6.4 Chamamento de terceiros envolvidos. A tutela dos usuários de serviços públicos – 3.7 Breve nota sobre a motivação como instrumento fiscalizatório.

1. Considerações introdutórias

Cuida este capítulo do exame dos *pressupostos objetivos* ao exercício do *ius variandi*. Nesta classe acham-se os pressupostos *materiais* – entendidos como as ocorrências havidas capazes de produzir a incidência do poder de modificação unilateral do contrato administrativo –

e os *procedimentais* – os quais se traduzem na exigência de rito procedimental suficiente à produção do ato.

Na abordagem dos pressupostos materiais focaliza-se o exame do *motivo* do ato que manifesta o *ius variandi*; pretender-se-á examinar, primeiramente, em que medida o Direito Brasileiro recepcionou a teoria da necessidade de alteração das circunstâncias que presidiram a celebração contratual a autorizar o exercício *variandi*. Segue-se abordagem acerca da tarefa de qualificação jurídica dos pressupostos, exame que passará pela localização, em tese, dos espaços discricionários deixados pela norma habilitante, enfocando os atributos normativos que conformam a previsão fática hipotética (hipótese normativa).

No que tange aos pressupostos procedimentais o exame buscará afirmar os requisitos exigíveis pelo Direito Brasileiro e sua aceitação nos moldes das funções que vem assumindo o procedimento administrativo neste âmbito. Trata-se de investigar os escopos do procedimento aplicável à formação do *ius variandi* e a tradução destes em *requisitos de suficiência* procedimental.

Por fim, registra-se breve nota acerca do dever de motivação do ato de modificação do contrato.

2. Pressupostos substanciais

A competência de instabilização do contrato administrativo é atribuída ao agente administrador para que ele produza o ato de modificação sob e ante determinadas circunstâncias. Essas situações que se verificam no mundo fenomênico consistem em pressuposto ao ato de modificação.

A norma jurídica, ao prescrever o dever de modificação do contrato administrativo, traz em sua *hipótese de incidência* a descrição de um fato que, ocorrido, desencadeia o *comando* conseqüente. Esse comando dirige-se ao administrador para que ele produza um ato de alteração do contrato de molde a, tomando em conta o motivo antecedente, atender à finalidade normativa. Diz-se que os fatos havidos no mundo empírico, hábeis a desencadear a produção do comando *variandi*, caracterizam-se como o *pressuposto* desse poder; constituem o *motivo* (fático) do ato de modificação.

É possível, assim, definir os *pressupostos materiais* (ou substanciais) como as situações ocorridas no mundo dos fatos, classificáveis como *de fato* ou *de direito*, que, mantenedoras de uma relação de pertinência direta com o objeto do contrato, provocam a necessidade de a

Administração Pública, segundo um critério de atendimento ao interesse geral envolvido na contratação, promover a adequação das prestações decorrentes, nos termos e na dimensão em que esses pressupostos a habilitem.

São duas as causas materiais que alternativamente poderão dar existência ao *ius variandi*: (a) a verificação de alteração das condições circunstanciais que presidiram a formação/celebração contratual pela ocorrência de *fato novo* e (b) a constatação objetiva de erros no projeto e/ou na formulação das condições contratuais. Ambas as situações são classificáveis como *fato imprevisto* a habilitar o comando *variandi*.

As hipóteses prendem-se à pertinência ou não de ação discricionária na "escolha" dos pressupostos. O mister do exame está na qualificação da situação fática capaz de oportunizar o comando *variandi*, ou seja: no reconhecimento da ocorrência, no mundo dos fatos, passível de subsunção à hipótese da norma habilitante. Neste contexto, põe-se a questão de saber se a "imprevisibilidade" que há de caracterizar a situação qualificável como pressuposto habilitante do poder modificatório consiste em elemento excludente de atitude discricionária pela Administração, ou se, ao contrário, a noção de *fato superveniente* envolve sobretudo uma nova ponderação (discricionária) que poderá a Administração realizar acerca das condições contratuais.

2.1 Exigência de fato superveniente (aspectos teóricos)

Desde as lições de Laubadère já se tinha claro que o poder de modificação não diz, pura e simplesmente, com uma competência discricionária. Antes, exige a existência de mudança das circunstâncias tomadas a partir da celebração do contrato capaz de autorizar a instabilização da avença.[1]

A exigência, erigida à categoria de pressuposto de validade do exercício desse poder, vem sintetizada na lição de Brewer-Carías: "Toda modificação na execução de um contrato administrativo deve

---

1. "Il apparaît d'abord qu'il ne doit pas s'agir d'un povouir discrétionnaire, car un pouvoir discrétionnaire impliquerait la liberte pure et simple pour l'Administration de se soustraire à ses engagements contractuels en y apportant des changements. Une seconde idée est que l'exercice du pouvoir de modification suppose que des changements de circonstances se sont produits, qui justifient cet exercice; ici intervient cette notion du changement de "circonstances nouvelles" dont nous avons souligné le role qu'elle joue dans la théorie des contrats administratifs" (André de Laubadère, *Traité Théorique et Pratique des Contrats Administratifs*, vol. 2, p. 336).

responder à modificação das circunstâncias tomadas em conta ao concluir-se o contrato. Portanto, o poder de impor modificações unilaterais não pode ser conseqüência do exercício de uma faculdade discricionária, pois que seu exercício está ligado à realização de determinadas condições que a justifiquem, é dizer: supõe algumas modificações de circunstâncias que justificam seu exercício".[2]

Essa orientação encontra fonte nas observações do egípcio Saroit Badaoui, o qual já havia elaborado a tese – há muito, e a partir de decisões do Conselho de Estado Francês – de que a explicação técnica do poder de modificação do contrato administrativo achava-se na *teoria da alteração das circunstâncias*. A busca do interesse público capaz de produzir a alteração do contrato – defendeu Badaoui – só se justifica pela alteração do circunstancial inicial, de modo que se a Administração, atuando sem a diligência que lhe era de exigir, celebrou o contrato cuja prestação objeto não é suscetível de satisfazer o interesse público, não se poderá daí reconhecer o poder modificatório.[3]

A teoria de Badaoui encerra um pressuposto de *imprevisibilidade* ao exercício do poder modificativo. Têm de existir circunstâncias *im-*

2. Brewer-Carías, *Contratos Administrativos*, p. 175. Na esteira do pensamento do autor, Geraldo Ataliba, Adílson Dallari e Rosolea Folgosi agregam que "toda modificação na execução de um contrato administrativo deve corresponder a uma modificação das circunstâncias tomadas em consideração do momento da celebração do contrato. Mesmo essas modificações de circunstâncias, embora confiram certa liberdade, não justificam arbitrariedades, pois a própria discricionariedade tem limites" ("Conversão do contrato de empreitada em concessão", *Revista de Direito Administrativo Aplicado* 9/374).

É nesse mesmo sentido que Marçal Justen Filho consigna a necessidade de superveniência de motivo justificador da alteração contratual. Segundo o autor, a Administração deve "indicar que os fatos posteriores alteraram a situação de fato ou de direito e exigem um tratamento distinto daquele adotado" (*Comentários à Lei de Licitações e Contratos Administrativos*, 7ª ed., p. 550). No mesmo sentido parece ser, ainda, a posição de Celso Antônio Bandeira de Mello, anotando que as modificações do contrato "só se justificam perante circunstâncias específicas verificáveis em casos concretos, quando eventos supervenientes, fatores invulgares, anômalos, desconcertantes de sua previsão inicial, vêm a tornar inalcançável o bom cumprimento do escopo que o animara, sua razão de ser, seu 'sentido', a menos que, para satisfatório atendimento do interesse público, se lhe promovam alterações" (*Curso de Direito Administrativo*, 15ª ed., p. 576).

3. "La securité juridique, dont le contrat constitue l'instrument par excellence, ne sera pas complètement sacrifiée. D'autre part, la satisfaction des besoins collectifs sera assurée" (Saroit Badaoui, *Le Fait du Prince dans les Contrats Administratifs*, Paris, 1955, pp. 101-102, *apud* Augusto de Athayde, *Poderes Unilaterais da Administração nos Contratos Administrativos*, p. 54).

previstas capazes de alterar o quadro contratual. Pois, desde que a Administração possa livremente alterar seus contratos (administrativos), "passará a ter menos cuidado na sua celebração, prejudicará o seu crédito com o excesso de modificações e passará a ter dificuldade em encontrar quem com ela queira contratar".[4]

A noção de "nova situação" como pressuposto habilitante do exercício de modificação unilateral dos contratos administrativos denota uma concepção descendente da *teoria da imprevisão*, estando subjacente a ela a *ausência de culpa* das partes contraentes. Admite-se que "a imprevisão engloba fatos que a Administração não previu e que não tinha de prever, não estando em falta por não os ter previsto".[5] Pretende Badaoui, fundado num princípio de segurança jurídica, alcançar um justo equilíbrio entre o respeito pela intangibilidade dos contratos e a satisfação das necessidades públicas.

Augusto de Athayde contraditou o pensamento de Badaoui, defendendo que, "se o órgão que contrata procede mal, não procede com diligência, é o interesse público que sofre, o interesse alheio que, portanto, não deve ser sacrificado". Daí que, "mesmo que a Administração tenha tido culpa em não prever, não lhe deve ser negado o *ius poenitendi*, o direito a corrigir a sua conduta de forma a poder melhor servir ao interesse público".[6]

Mesmo negando a exigência de *imprevisibilidade* na modificação das circunstâncias originárias do nascimento do contrato, o autor admite que "sempre que houver alteração de circunstâncias, quer tenha sido previsível quer não, e dela decorra lesão do interesse público há que rever o contrato e adaptar a prestação do particular à nova definição das necessidades coletivas".[7]

Há autores que, indo além, adotam posicionamento de molde a legitimar o poder de modificação unilateral pela reformulação de um juízo de natureza *discricionária*. Nessa linha é o pensamento de Pedro Gonçalves. Segundo o autor: "Se o poder de modificação só pode ser exercido quando exista um interesse público real que o justifique, esse interesse não tem de ser determinado por circunstâncias ou factos supervenientes, podendo resultar antes de uma nova ponderação que a

---

4. Augusto de Athayde, *Poderes Unilaterais* ..., p. 57.
5. Saroit Badaoui, *Le Fait* ..., p. 102, apud Augusto de Athayde, *Poderes Unilaterais* ..., p. 54.
6. Augusto de Athayde, *Poderes Unilaterais* ..., p. 57.
7. Idem, p. 58.

Administração concedente faz de circunstâncias já existentes no momento da celebração do contrato".[8]

Em posição semelhante incorre Lúcia Valle Figueiredo, admitindo sob o conceito de *fato superveniente* (a propósito da manifestação de revogação da licitação) uma nova ponderação que a Administração realiza acerca da conveniência e oportunidade do contrato.[9]

A posição perfilhada pelos autores legitima a investida *variandi* pela demonstração de uma razão de interesse público que pode resultar de uma compreensão *discricionária* da Administração; os motivos que levariam à modificação do contrato por ato de poder poderiam ser *eleitos* pela Administração, ante um juízo de *oportunidade* seu.

Com todo o respeito, discorda-se da posição daqueles que entendem possível a escolha discricionária dos pressupostos do *ius variandi*.

Como é sabido, a Administração usa de critérios de conveniência e oportunidade no propósito de eleger cláusulas contratuais; exercita – a par do interesse geral que se relaciona com a competência contratual – discricionariedade. Após concluído o contrato opera-se uma espécie de *preclusão* para a Administração, limitando sua competência de rever os termos da contratação firmada. Seus critérios não podem ser revistos senão pela existência de novas ocorrências capazes de permitir o juízo. Como observa Justen Filho: "Quando a Administração pactua o contrato, já exercitou a competência 'discricionária' correspondente. A Administração, após realizar a contratação, não pode impor alteração da avença mercê da simples invocação da sua competência discricionária".[10]

Por isso é que Adílson Dallari reputa "modificação lícita" aquela decorrente de circunstâncias supervenientes que, caso conhecidas an-

---

8. *A Concessão de Serviços Públicos*, pp. 260-261.

9. A manifestação da autora é relativa à rescisão do contrato por fato superveniente, embora aplicável ao exame do *ius variandi*. Em suas palavras: "Por *fato superveniente* estamos a admitir também nova valoração do interesse público a concretizar. Hoje, ao se valorar novamente a situação, verifica-se a inoportunidade da continuação de determinado contrato" (Lúcia Valle Figueiredo, *Extinção dos Contratos Administrativos*, 3ª ed., p. 48, nota 6).

10. O mesmo autor reconhece a possibilidade de alteração do contrato "tendo em vista ocorrências subseqüentes à data da contratação. Deverá ter ocorrido uma modificação das circunstâncias de fato ou de direito, motivando a necessidade ou a conveniência de alterar o contrato. Há uma força vinculante do contrato administrativo mesmo para a Administração Pública. Porém, essa força vinculante se põe *rebus sic stantibus*" (Marçal Justen Filho, *Comentários ...*, 7ª ed., p. 549).

teriormente, teriam feito com que a licitação e o contrato original já se pautassem por aquilo que se pretende modificar.[11]

Essa exigência justifica-se pela índole *contratual* da relação jurídica atingida e pela segurança jurídica[12] que há de informar as relações entre Estado e particular.

Como já destacado neste trabalho, o contrato administrativo está informado pelo princípio *pacta sunt servanda*, tendo força obrigatória para as partes. Daí que só se admite a pertinência da manifestação *variandi* fundada em condições objetivas que a orientem. Na ausência de acontecimentos imprevisíveis a relação contratual há de se manter intocada, sob pena de ofensa aos princípios *lex inter partes* e *pacta sunt servanda*.

Extrai-se que o *ius variandi* há de estar condicionado à verificação de situações novas, inéditas e imprevisíveis ao tempo da celebração contratual, que provoquem a instabilização na relação jurídica. A imprevisibilidade dessas ocorrências é o que retira da esfera administrativa o domínio acerca da conveniência de se produzir unilateralmente modificações contratuais.

Trata-se de exigir a existência de *fatos imprevistos*, os quais por ocasião da pactuação do contrato "eram ignorados pela partes, por absoluta impossibilidade de prevê-los ou conhecê-los".[13] Daí que tais *fatos* não necessariamente tenham que ter existido após a contratação, tendo que ser supervenientes à contratação ou à apresentação da proposta no âmbito da licitação. Admite-se-os como pressuposto à alteração do contrato, desde que só puderam ser conhecidos pela Administração após aquela (a contratação/apresentação de proposta). O não-atendimento a esses pressupostos configura invalidade (nulidade) do ato de modificação, por defeito de motivo.

Sob a noção de fato imprevisto como causa habilitante do *ius variandi* põe-se a descoberta de *erros* objetivos do projeto de contratação. Tende-se a classificar, para fins de sujeição ao mesmo regime jurídico, a descoberta de erros objetivos passíveis de serem cometidos pela Ad-

---

11. "Limites à alterabilidade do contrato de obra pública", *RDA* 201.

12. Do princípio da segurança jurídica infere-se a menor precariedade possível nas relações estabelecidas entre o Estado e o particular. Esse primado tem especial relevância – lembra Juarez Freitas – no campo da prestação de serviços públicos (*O Controle dos Atos Administrativos e os Princípios Fundamentais*, 2ª ed., p. 76).

13. Lúcia Valle Figueiredo, *Extinção ...*, 3ª ed., p. 107.

ministração como *fato imprevisto* autorizativo do exercício da modificação do contrato administrativo.

2.2 A questão dos erros cometidos pela Administração na formulação das condições contratuais como pressupostos habilitantes do "ius variandi" (aspectos teóricos)

Quando a Administração celebra contratos administrativos e vale-se, em alguma medida, de sua autonomia pública (espaço discricionário) na missão de clausular condições contratuais, poderá, eventualmente, praticar *erros* e laborar em defeitos de previsão em relação a aspectos versados na avença e na formulação do projeto de contratação. Estes erros que se verificarem poderão ser considerados causas habilitantes do poder modificativo.

Sabe-se que os contratos administrativos, por fundamentos já previamente firmados neste estudo, instrumentam a busca pelo interesse público primário. Refletem bens e serviços relacionados com o interesse coletivo, de forma que, evidenciada a incorreção de seu conteúdo, evidenciado está o mal-atendimento ao interesse público. Os erros objetivamente cometidos (erros de fato,[14] erros materiais, erros técnicos,[15]

14. Imagine-se que a Administração, na formação de sua vontade para a feitura das condições de certo contrato administrativo de construção de uma ponte, entendesse de programar sua extensão e dimensão de molde a atender a uma população local de 1.000 habitantes. Tempos depois, já durante o início da execução da ponte, há o reconhecimento de que os dados acerca do contingente populacional levados em consideração para o projeto estavam errados. Descobre-se que o núcleo populacional usuário da ponte teria um universo de 3.000 habitantes, e não de apenas 1.000, como originariamente pensado.

Na hipótese verifica-se erro de fato praticado pela Administração (por agente da Administração). Nessas situações constata-se a ilegalidade da disposição produzida com base no erro, por da falta de causa do ato. No erro de fato o defeito no processo de formação da vontade em ato discricionário produz defeito em seu pressuposto lógico (causa); falta ao ato o vínculo de pertinência entre o motivo e seu conteúdo. Isto é: falta a relação de adequação entre os pressupostos e o objeto do ato (Celso Antônio Bandeira de Mello, *Ato Administrativo e Direitos dos Administrados*, p. 72; Carlos Ari Sundfeld, *Ato Administrativo Inválido*, p. 64).

15. Pode-se tomar os parâmetros fixados pelas normas técnicas como referência na interpretação do Direito nos casos concretos. A par da incidência da Lei 8.666/1993, aqueles servirão a nortear a aplicação das alterações qualitativas, já que para estas não vigem os limites quantitativos expressos pela regra do art. 65, §§ 1º e 2º. Já, para as alterações quantitativas, ainda que motivadas por erro técnico, deve-se observar a limitação traçada pela norma.

Lúcia Valle Figueiredo enuncia que "a falha inicial no projeto será admissível se subsumida à norma técnica, que define a possibilidade de falhas em projetos

ou simples erros de cálculo[16]), ainda que culposa ou dolosamente (o que caracterizaria *desvio de poder*), por agentes públicos na feitura de cláusulas contratuais, e que produzam reflexos de razoável impacto no interesse público relativo significam prejuízos a toda uma coletividade de usuários e beneficiários. Seria extremamente penoso imputar à comunidade uma obra ou um serviço mal-planejados pela impossibilidade de modificar o contrato administrativo. A inviabilidade de retificar estes erros em homenagem à rigidez do contrato teria em contrapartida sérios prejuízos ao interesse coletivo. Bem por isso, é razoável que se admita que estes atos considerem-se pressupostos habilitantes do poder unilateral de modificação do contrato administrativo. Já sustentaram García de Enterría e Tomás-Ramón Fernández que "as exigências do serviço público, o serviço à comunidade, não podem ficar comprometidos pelo erro inicial da Administração contratante ou por uma mudança nas circunstâncias, porque, de outro modo, seria a própria comunidade a suportar uma rodovia, um porto ou uma represa mal-projetada *ab initio*, inúteis ou ineficazes desde sua própria concepção, por um simples respeito ao *contractus lex*, isso não teria sentido".[17]

É bem verdade que, sob certo ângulo, os atos que consubstanciassem "erros"[18] praticados por agentes públicos sob a competência de

de obras públicas. Entretanto, as falhas mais comuns não deverão resultar em mais de 15 a 20% do limite inicial" (*Extinção.....*, p. 83).

16. Hely Lopes Meirelles já admitiu que, "no âmbito administrativo, todo erro de cálculo sobre as quantidades de obras e serviços contratados deve ser corrigido a qualquer tempo para o pagamento, a maior ou a menor, do que efetivamente será ou foi realizado, em conformidade com os preços unitários da proposta" ("Contrato administrativo – Alteração de projeto com aumento de custo", *Estudos e Pareceres de Direito Público*, vol. 6, p. 74). Esses tipos de erro geralmente provêm da imperícia do agente da Administração responsável. Na medida em que se os admitem (os erros de cálculo) como pressupostos habilitantes do poder de modificação unilateral, deve-se fortalecer os mecanismos de aferição de culpa e buscar maior eficácia na penalização dos agentes responsáveis.

17. *Curso de Derecho Administrativo*, 10ª ed., vol. 1, p. 726.

18. Trata-se o *erro*, na acepção de André Gonçalves Pereira, do "desconhecimento ou imperfeito conhecimento de determinada situação de facto ou de direito". O erro de fato se opera quando há ignorância ou conhecimento imperfeito acerca de uma situação de fato; o erro de direito, quando tal se dá em relação a uma norma de Direito. Há ainda o erro de direito quanto aos fatos, que advém da ignorância ou desconhecimento acerca da norma jurídica que qualifica juridicamente a situação de fato. Em direito administrativo o estudo do erro traduz-se no estudo das ilegalidades não-intencionais do ato administrativo. A condição do erro é só uma: "que cause uma ilegalidade, seja ela qual for". Não se cogita do atendimento, por isso, dos requisitos de essencialidade, desculpabilidade, individualidade e tipi-

confecção do conteúdo do contrato administrativo caracterizariam, em princípio, *vício de legalidade*, atraindo, aparentemente, regime jurídico outro – competência de invalidação de atos da Administração Pública.[19] Enquanto a competência de modificação unilateral do contrato administrativo teria como alvo situações lícitas, válidas, mas que restaram defasadas em virtude de novos fatos havidos, as disposições contratuais viciadas por erro poderiam atrair o dever de nulificação dos atos pela Administração Pública.[20]

Essa teorização pressuporia o entendimento de que o *ius variandi* só se justificaria ante situações *imprevisíveis*, excluindo-se da classe de seus pressupostos os erros que se verificassem. Sob esta orientação, e na hipótese de se verificarem cláusulas viciadas por erro, estaria a Administração, por força da aplicação do regime jurídico da invalidade, jungida a decretar, dependendo da dimensão do vício do erro, a invalidade do contrato, reinaugurando o processo de licitação.

Há autores que, mesmo reconhecendo a distinção entre as hipóteses, incluem a questão do erro como causa habilitante do poder modificatório. É o caso de Horgué Baena. A autora aponta a ambigüidade

cidade. "Tais requisitos são aqueles que justificam que, no negócio jurídico, o erro venha destruir os efeitos da vontade actual em benefício da vontade eventual, e desligar o sujeito das obrigações que por erro contraíra. Nada disto sucede no acto administrativo – o que há a ver é se devido ao erro surgiu ou não uma ilegalidade; e se surgiu pouco importa, ao menos no que à validade do próprio acto se refere, se o erro foi ou não desculpável, essencial e individual" (André Gonçalves Pereira, *Erro e Ilegalidade no Acto Administrativo*, pp. 160, 161, 165 e 166).

Dentro do estudo dos erros no campo do direito administrativo, e para o fim do enfoque que se propõe, interessam aqueles erros de caráter ontológico – isto é: os erros que recaem sobre a situação de fato ou de direito que se encontra na base do ato administrativo, os erros que repousam sobre os pressupostos do ato –, restritos estes aos erros de fato. Além desses, mas de menor repercussão, ainda importam os erros os erros materiais e os erros de cálculo.

19. Cf. Súmula 473 do Supremo Tribunal Federal: "A Administração pode anular seus próprios atos, quando eivados de vícios que os tornam ilegais, porque deles não se originam direitos, ou revogá-los, por motivo de conveniência ou oportunidade, respeitados direitos adquiridos, e ressalvada, em todos os casos a apreciação judicial".

20. Não necessariamente – é válido observar – a nulidade de aspectos específicos do contrato produziria a invalidade da integralidade do contrato, tendo-se de reiniciar o processo de seleção à nova contratação. A questão pode ser examinada sob a disposição do art. 184 do Código Civil: "Respeitada a intenção das partes, a invalidade parcial de um negócio jurídico não o prejudicará na parte válida, se esta for separável; a invalidade da obrigação principal implica a das obrigações acessórias, mas a destas não induz a da obrigação principal".

de interpretações decorrentes da Lei de Contratos das Administrações Pública vigente na Espanha,[21] cuja direção normativa assemelha-se, nesse particular, àquela traçada pelo ordenamento nacional. Anota Baena que, se em casos de erros materiais se autoriza uma simples retificação[22] (desde que não transcendente dos parâmetros que impõem a rescisão), nos casos de erros de fato o problema remete à análise das situações concretas. A partir disso, se deverá buscar os limites na Lei de Contratos das Administrações Públicas, de modo que, se a repercussão dos erros não extrapolar os parâmetros normativos quantitativos (que recomendem a rescisão), não infringindo daí os princípios da licitação (adjudicação e seleção de candidatos), seja viável a reforma do contrato.[23]

Embora, de uma forma geral, a doutrina em Espanha[24] incline-se a incluir o defeito de projeto por imprecisão ou por erro de apreciação nos pressupostos que habilitam a Administração ao exercício do *ius variandi*, a jurisprudência do Conselho de Estado Espanhol não tem amparado a mesma tese.[25]

21. Refere a autora o art. 101.1 da Lei de Contratos das Administrações Públicas, o qual dispõe: "Una vez perfeccionado el contrato, el órgano de contratación sólo podrá introducir modificaciones por razón de interés público en los elementos que lo integran, siempre que sean debidas a necesidades nuevas o causas imprevistas, justificándolo debidamente en el expediente".
22. Esta retificação – expõe a autora – é solução similar à que se contém no regime jurídico dos atos administrativos. Neste sentido, dispõe a normativa específica que os erros materiais dos atos administrativos podem ser retificados pela Administração em qualquer momento, bem assim os erros de fato ou aritméticos (art. 105 da LRJPC) (Horgué Baena, *La Modificación del Contrato Administrativo de Obra (el "Ius Variandi")*, p. 83).
23. Adota a autora postura rígida em relação à apuração de responsabilidades decorrentes: "Sea cual sea la solución que se estime procedente, debe insistirse en la necesidad de depurar responsabilidades como mecanismo de prevención para evitar que se reproduzca el problema. En esta línea, es preciso interpretar la habilitación a la Administración para exigir responsabilidades, contenida en el art. 154 RCE en relación a los funcionarios encargados de los proyectos o los supervisores de los mismos, como un deber inexcusable" (*La Modificación ...*, p. 88).
24. Por todos, cite-se posição de García de Enterría e Ramón-Fernández (cf., *supra*, nota de rodapé 17).
25. Apesar de um histórico jurisprudencial em sentido contrário, o Conselho de Estado pronuncia-se na atualidade no sentido de objetar à modificação dos contratos ante erros técnicos ou de previsão do projeto: "Cuando el art. 149 exige que las modificaciones se fundamenten en 'causas técnicas imprevistas al tiempo de elaborarse el proyecto', debe interpretarse en el sentido de que concurran razones técnicas imprevisibles (razonablemente) en el proyecto originario, y no, simple-

Parece que a assunção desses erros como pressupostos do *ius variandi* é inevitável. O fundamento do poder de modificação é a necessidade suprema de adequar as prestações contratuais às necessidades públicas. Desde que se verifique objetiva e concretamente tal inadequação, por erro ou ato culposo da Administração, deverão promover-se as devidas adequações mediante a competência do *ius variandi*. Desinteressa – perceba-se – se a inadequação se põe por força de ato culposo ou se resulta de fatos verdadeiramente novos e imprevisíveis à época. Interessa, pois, que se verifique concretamente a inadequação, exsurgindo desta forma o pressuposto objetivo à instabilização. Fosse diferente e o interesse público arranhado pela má formulação de um contrato administrativo estaria refém do mau desempenho dos agentes públicos.

O fato é que as condições objetivas que se encontram na base da necessidade de modificação se equivalem. Seria irrazoável que na execução de determinado contrato administrativo em que se verificasse erro de formulação tivesse a Administração que rescindir a avença, reinaugurando o procedimento licitatório para a escolha de nova proposta sob novas condições. Isso traria novos custos e menor eficiência à atividade prestadora da Administração; a promoção de todo um novo expediente licitatório produziria, além de hiato temporal indesejável e atentatório à continuidade do serviço público, custos desnecessários ao Erário, envolvendo, sobretudo, verba indenizatória ao co-contratante.

A direção hermenêutica, nesse aspecto, é fornecida pela aplicação do *princípio da razoabilidade* (proporcionalidade), pressupondo a ponderação entre sacrifícios e vantagens, e pelo *princípio da economicidade*, aplicável às contratações públicas.

Ademais disso, os limites impostos pela legislação têm como referencial a preservação de valores inerentes à licitação e da capacidade técnica e econômico-financeira do co-contratante. No que toca a isso, os parâmetros expressos pela lei revelam função equivalente tanto para alterações contratuais havidas por fato superveniente quanto por erro. Daí que é perfeitamente viável o alcance desses parâmetros estabelecidos às modificações por erro.

Por tudo isso, não teria sentido apartar as hipóteses, excluindo do regime jurídico do *ius variandi* os erros praticados pela Administração na feitura de condições contratuais.

mente, defectos o meras imprevisiones en dicho proyecto" ("Dictamen 79, de 1.4.1993. Recopilación de Doctrina Legal, 1993, n. 64", *apud* Horgué Baena, *La Modificación* ..., p. 86).

2.3 Os pressupostos à luz da Lei 8.666/1993

A disciplina genérica do *ius variandi*, estabelecida pelo art. 58 da Lei 8.666/1993, autoriza a Administração Pública a promover alterações unilaterais no âmbito dos contratos administrativos "para melhor adequação às finalidades de interesse público, respeitados os direitos do contratado". A norma estabelece uma *finalidade cogente* ao exercício do poder modificatório, a qual informará a qualificação jurídica dos pressupostos habilitantes. Erigiu como hipótese normativa qualquer situação fática que esteja imbricada com o objeto do contrato e que se afigure hábil a ensejar o comando de modificação – isto é, ocorrências que, qualificáveis como de estreita pertinência e necessidade com os interesses públicos buscados pela via contratual, possam dar lugar a modificações contratuais.

A mesma lei regulou, no art. 65, I, o poder modificatório, admitindo-o sob duas hipóteses: (a) "quando houver modificação do projeto ou das especificações, para melhor adequação técnica aos seus objetivos", e (b) "quando necessária modificação do valor contratual em decorrência de acréscimo ou diminuição quantitativa de seu objeto", nos limites permitidos pela Lei. Verifica-se que a lei previu duas ordens de pressupostos: aquelas situações que acarretem modificação *qualitativa*, traduzidas como alterações de projeto que assim imponham, e aquelas situações que relacionem modificações *quantitativas*, podendo a Administração proceder unilateralmente à variação na quantidade do objeto, dentro de limites expressos pela norma.

As alterações *qualitativas* repousam sobre aspectos da qualidade do objeto; visam *imediatamente* a produzir variações na qualidade das prestações contratuais. Essas podem até desaguar (e quase sempre deságuam) em modificações na quantidade no objeto, produzindo, em decorrência, elevação ou redução no valor do contrato. Mas as variações de quantidade derivadas não se constituem no escopo direto dessas alterações, considerando-se ainda como qualitativas para fins de reconhecimento de regime jurídico aplicável.[26]

Já as *alterações quantitativas* são meras variações na quantidade do objeto do contrato. Houve quem as admitisse não como fruto do poder de modificação unilateral, mas simples "acréscimos ou supressões legais".[27] A doutrina costuma referi-las como "modificações or-

---

26. Consulte-se os itens 4.1, 4.1.1 e 4.2 do Capítulo V desta monografia.
27. Cf. Hely Lopes Meirelles, *Licitação e Contrato Administrativo*, 13ª ed., p. 216.

dinárias", as quais independem de fatos específicos a ensejá-las – embora discorde-se da orientação, como adiante se verá.

Essa distinção eleita pelo legislador significou a independência de tratamento jurídico para as hipóteses; as alterações *qualitativas* e *quantitativas* são inconfundíveis e conduzem a regimes jurídicos diversos. No campo dos pressupostos interessa perquirir quais os efeitos desta distinção – se é que é possível estabelecê-la neste âmbito – para escolha dos motivos do ato de modificação.

A questão é resumida pela doutrina em geral na maior ou menor latitude de ação que terá a Administração na determinação das modificações contratuais. Tem-se sustentado que as *alterações qualitativas* pressuporiam situações imprevistas, reduzindo a esfera de escolha do administrador quase que à univocidade, ao passo que as *alterações quantitativas*, na maioria dos casos, comportariam maior latitude de ação, porquanto dizem de perto com critérios de conveniência e oportunidade exercidos pela Administração. Por todos, valem as palavras de Marçal Justen Filho:

"Quando a Administração se depara com hipótese de inadequação do projeto (alínea 'a'), a alteração é imperiosa. Não há margem de escolha para a Administração, a não ser entre rescindir o contrato ou entre modificá-lo. Se o projeto for inadequado, sua execução caracterizaria frustração ao interesse público e ofensa ao dever de diligência inerente à função administrativa.

"Já na situação de alteração quantitativa (alínea 'b') a ausência de modificação não é potencialmente apta a infringir o interesse público. A natureza do objeto é adequada à realização do interesse público. A alteração de quantidades revela, tão-somente, uma diversa mensuração da necessidade de unidades a serem prestadas.

"Pode supor-se, então, que a situação descrita na alínea 'a' apresenta muito maior potencial de danosidade do que aquela da alínea 'b'. Como regra, a hipótese de alteração de projeto caracterizará ausência de alternativa de escolha para o Estado. Já os casos de modificação quantitativa retratarão, na maior parte dos casos, um mero juízo de conveniência.

"É evidente que essa generalização comporta exceções. Pode haver casos em que a modificação quantitativa é imperiosa. Suponha-se, por exemplo, situação em que a Administração estima quantidade superior ao necessário na compra de alimentos perecíveis. A ausência de redução das quantidades acarretaria o desembolso inútil de recursos públicos, eis que as quantidades excedentes ao necessário teriam de ser descartadas. Mas o exemplo traduz situação excepcional.

"Para sintetizar, a situação descrita na alínea 'b' comporta, usualmente, exercício de juízo de conveniência pela Administração acerca de diversas alternativas, enquanto o previsto na alínea 'a' reflete situação em que a Administração não dispõe de outra escolha senão a de alterar o projeto."[28]

Com o máximo respeito às valiosas ilações produzidas pelo jurista, toma-se, aqui, posição diferenciada. Se é certo que a Lei 8.666/1993 previu regimes jurídicos distintos para ambas as tipologias de alteração unilateral, a diferença havida não se encontra na sede dos pressupostos; pelo menos não em termos de dispensar as alterações quantitativas de verificação de situações imprevistas capazes de ensejar o comando de modificação. Entende-se que tanto para as alterações qualitativas como para as quantitativas impõe-se a exigência de verificação de fato superveniente ou imprevisto,[29] nos termos expostos no item anterior.

Mesmo para as alterações quantitativas deverá haver motivação suficiente e demonstração de motivos relevantes. É preciso observar que a Lei 8.666/1993 estabeleceu a exigência de elaboração e aprovação de projeto básico, para obras e serviços (art. 7º), e a observância à precisa definição de quantidades e unidades a serem adquiridas, em casos de compras (art. 15, § 7º). Assim o fez para que a Administração se acautelasse quanto a eventuais imperfeições de projeto e incorreção na previsão de quantidades. Parece ter, aqui, a norma anunciado a preclusão administrativa em rever discricionariamente tais indicativos. Não está livre a Administração-contratante para alterar, mesmo dentro dos limites expressos pela norma, quantitativamente os contratos administrativos. Não se trata de mera *alteração ordinária* aquela que traduz simples acréscimos ou supressões contidos nos parâmetros normativos. Toda e qualquer alteração de contrato há de ser tomada como *extraordinária*. Essa noção extrai-se da lei e desenha-se pela burocratização imposta ao processo de licitação desde antes da elaboração do ato convocatório, timbrada por um forte cunho preventivo. A lei determinou inúmeros passos procedimentais a serem seguidos pela Administração

---

28. Parecer inédito de agosto/2001.
29. No mesmo sentido, Jessé Torres Pereira aduz que "as modificações qualitativas ou quantitativas no objeto de um contrato público constituem excepcionalidade a ser cabalmente justificada diante de fatos supervenientes à contratação" (*Comentários à Lei de Licitações e Contratações da Administração Pública*, 5ª ed., p. 647).

exatamente para que se propicie maior certeza e visibilidade às manobras adotadas e ao teor dos projetos e programas de contratação.

A excepcionalidade das alterações quantitativas (assim como das qualitativas) descende ainda do elemento teleológico previsto pela norma do art. 58, e que deve orientar a interpretação/aplicação da regra do art. 65. A remissão da norma a "melhor adequação às finalidades de interesse público" como atributo teleológico autorizativo da medida está a exigir a ocorrência de *fato superveniente*, o qual, se conhecido à época da celebração (do contrato), pautaria a pactuação de forma diversa. Daí que na eleição do motivo (pressuposto fático) a estribar o ato de modificação – seja para as alterações qualitativas, seja para as quantitativas – estará a Administração condicionada à demonstração de *fatos imprevistos*, representativos da melhor adequação às finalidades de interesse público.

Portanto, nas hipóteses do art. 65, I, "a" e "b", não se admite a incidência do *ius variandi* sem que fatos novos e imprevistos tenham havido, a autorizar a medida.

Essa interpretação vem corroborada pela regra do art. 49 da mesma lei, a qual fez depender a revogação do procedimento licitatório de razões de interesse público decorrentes de *fato superveniente devidamente comprovado*.[30] O legislador pretendeu retirar da competência administrativa o preenchimento da noção de "razões de interesse público"; reputou que a emanação do comando condiciona-se à verificação concreta de fato superveniente devidamente comprovado, eliminando qualquer discricionariedade na tarefa de eleição do motivo do ato.[31]

A diretriz hermenêutica deriva, sobretudo, de princípios fundamentais que orbitam no regime jurídico-administrativo traçado pela Constituição Federal. O regime jurídico-administrativo legitima-se não só pela supremacia do interesse público, mas pela proteção a direitos do particular. Essa concepção afirma-se como decorrência do Estado de Direito. "Um dos mais graves atentados ao interesse público consiste no sacrifício prepotente, desnecessário ou desarrazoado de interesse privado. O Estado não existe contra o particular, mas para o particu-

---

30. Nesse sentido já averbou Justen Filho (no tocante às alterações qualitativas) (*Comentários ...*, 7ª ed., p. 529).

31. A orientação normativa, embora endereçada aos casos de revogação, estende-se às hipóteses de modificações contratuais (pela via unilateral). A similaridade das situações autoriza o raciocínio. A leitura sistemática da lei impõe a solução.

lar."[32] Por isso, mesmo "a efetiva existência de interesse público não legitima o sacrifício incondicionado do interesse privado".[33]

2.3.1 Erros na formulação do projeto como situação subsumível à alínea "a" do inciso I do art. 65

Essas situações imprevistas que acarretam a necessidade de modificação do contrato administrativo podem significar a descoberta de erros cometidos durante a confecção do projeto. A alínea "a" do inciso I do art. 65 parece dar lugar à alteração contratual quando verificada a incompatibilidade do projeto, por erro, às condições de execução.

O pressuposto encerra uma situação de salvaguarda do interesse público ante a incúria praticada por agente da Administração. Não é possível, como referido atrás, que a comunidade esteja condenada a suportar um serviço mal-planejado, por erro, em homenagem à imutabilidade do contrato. Admite-se, por isso, na hipótese, a alteração unilateral.

Até se poderia supor que solução menos prejudicial ao interesse privado envolvido na contratação seria a rescisão do contrato, com as devidas indenizações pelas tarefas realizadas e pelos custos havidos. Mas esta via poderia implicar a descontinuidade do serviço público ou a interrupção de projetos e obras de interesse coletivo, produzindo sacrifícios à comunidade, além de significar solução mais onerosa ao Erário. Bem por isso, é razoável admitir-se a aceitação de erros no projeto como pressupostos ao *ius variandi*.

Repare-se que este raciocínio parece estar subjacente à orientação específica da Lei 8.666/1993 quando admite a formulação de projeto executivo concomitantemente à execução de obras e serviços. Ainda que a normativa imponha a elaboração de *projeto básico* como pressuposto ao desencadeamento do processo de seleção à contratação (§ 2º do art. 7º), admite a elaboração posterior de *projeto executivo*, "o qual poderá ser desenvolvido concomitantemente com a execução das obras e serviços" (§ 1º do art. 7º). Ao assim dispor, a norma há de ter admitido a possibilidade de retificações de erros que porventura acometam o projeto básico (sob pena de sugerir a possibilidade de imperfeição do projeto executivo ante o engessamento das informações veiculadas no projeto básico), decorrência possível do refinamento das informações

---

32. Marçal Justen Filho, *Comentários* ..., 7ª ed., p. 35.
33. Idem, p. 47.

pela confecção de projeto executivo. Na evolução do projeto básico para o executivo é indisfarçável o risco de verificação de imperfeição ou erros pontuais, os quais podem ser apanhados pelo apuramento dos elementos gerais (técnicos ou fáticos) delineadores do objeto. Embora se exija a elaboração de um projeto básico seguro e suficiente em relação às informações que lhe são pertinentes, certamente a só admitida existência do projeto executivo justifica o desenvolvimento de uma etapa de maior detalhamento e especificidade acerca dos dados relacionados. Pois parece de alto risco, daí, o surgimento de *nuanças* e especificidades capazes de implicar a reformulação de informações e orientações originárias. Como já expôs Floriano P. Marques Neto: "Realizado o certame e, conseqüentemente, elaborado o projeto executivo, no mais das vezes o órgão contratante tem que alterar os quantitativos e, em alguns casos, incluir determinados serviços, visando a possibilitar a completa execução do objeto contratado".[34] Justifica advertindo, argutamente, que: "Não pode ser diferente se não quisermos cair no engessamento da Administração, com os prejuízos ao interesse público decorrentes".[35]

Com base nesse raciocínio é que parece facilmente contemplada na Lei 8.666/1993 a assunção dessas imperfeições como causas ao exercício de modificação unilateral do contrato administrativo.

Não se contraponha, ainda, que a assunção dessas situações como verdadeiros pressupostos do poder modificativo produziria menor cautela na formulação das condições do pacto, porquanto estaria a Administração, sempre, resguardada pela possibilidade de retificação subseqüente. A ilação não procede. Os agentes públicos que agirem com negligência, imprudência ou imperícia (ou dolo) deverão ser penalizados pelos atos danosos cometidos. A punição é pessoal e recairá sobre aqueles agentes que deram lugar ao resultado danoso. Já alertou Jessé Torres Pereira que "a necessidade de modificar o projeto, especificações ou quantidades de material, a menos que seja imposta por fatos que venham a ocorrer durante a execução do contrato, será sempre insinuante de desleixo no cumprimento daquele dever".[36]

---

34. "Contrato administrativo: superveniência de fatores técnicos dificultadores da execução de obra – Inaplicabilidade dos limites de 25% de acréscimos", *Boletim de Direito Administrativo*, 1998, p. 107.

35. Idem, ibidem.

36. *Comentários ...*, 5ª ed., p. 647. Vale registrar que na Espanha o Conselho de Estado tem denotado postura mais restritiva em relação às modificações unilaterais, particularmente pela constatação de que grande parte das anomalias apanha-

Para além de adotar solução retributiva, impondo-se as sanções específicas aos servidores e agentes que se conduzirem de molde a produzir erros no projeto e nos estudos atinentes à contratação (alcançando-se indiretamente a prevenção), seria saudável a adoção de técnica preventiva, consistente em preliminar aprofundamento e refinamento dos elementos do projeto básico, permitindo-se a verificação/aferição de antemão de possíveis acertos e erros (que só seriam detectáveis quando da elaboração do projeto executivo). Trata-se de conceber – como indica Marcos Juruena Villela Souto – "uma etapa intermediária entre o projeto básico e o seu detalhamento, com vistas à otimização do projeto, reduzindo riscos e melhorando desempenho".[37] Isso conduziria a que as eventuais modificações fossem feitas antes do início da execução do projeto.

Cabe, ainda, advertir que estes erros não poderão ser reconduzíveis a uma avaliação discricionária da Administração. Não cabe – como parece lógico, pelo que já se expôs atrás – à Administração invocar erro de avaliação discricionária. Se há discricionariedade como juízo de formulação de soluções administrativas, não há possibilidade de sobre essa avaliação repousarem-se os efeitos da competência de alteração unilateral, justificando-a no cometimento de erro ou falha no projeto e na contratação.

Dessume-se por isso que os erros, para configurarem pressupostos ao poder modificativo, deverão ser *objetivamente aferíveis*, sob pena de recondução dessa categoria de pressupostos a um juízo de apreciação discricionária. E, como já afirmado atrás, isso seria, em nosso entender, inviável.

É certo, contudo, que a qualificação jurídica dos pressupostos habilitantes do *ius variandi*, sejam eles fatos novos e imprevistos ou erros na elaboração de projeto e de condições contratuais, subjugados esses pela finalidade vinculante prevista pelo inciso I do art. 58 da Lei 8.666/1993 – a qual se veicula por termos de conceitos indeterminados –, admitirá residualmente certa margem de ação discricionária.

O reconhecimento da ação discricionária da Administração nesse âmbito parte da visualização de espaços de livre apreciação adminis-

---

das na fase de execução dos contratos deriva de carências, insuficiências ou improvisações do projeto (cf. Memória do Conselho de Estado de 1990, in L. M. Rebollo, "Modificación de los contratos y consecuencias patrimoniales de las modificaciones irregulares (con especial referencia al contrato de obras)", in *Comentario a la Ley de Contratos de las Administraciones Públicas*, p. 460).

37. *Licitações e Contratos Administrativos*, 3ª ed., p. 339.

trativa resultantes da hipótese da norma (que habilita o *ius variandi*), os quais se desenham na tarefa de qualificação jurídica destes pressupostos.

O exame é suscitado pela análise da estrutura normativa da norma do art. 58 da Lei 8.666/1993, a qual atribuiu finalidade vinculante às regras do art. 65 da mesma lei.

2.4 A tarefa de qualificação dos pressupostos fáticos

Sabe-se que as normas jurídicas que se dirigem à atividade administrativa, as quais trazem em seu conseqüente (comando normativo) relações em que o Estado se põe na qualidade de um dos sujeitos, podem trazer em seu antecedente (hipótese normativa) um fato perfeitamente delimitado – hipótese em que a Administração, ao se deparar com o fato previsto, haverá de produzir o conseqüente comando normativo – ou prever hipótese mediante o uso de conceitos "cujos referentes não são identificáveis no mundo empírico"[38] – caso em que exsurgirá certa margem de ação livre pela Administração Pública.

A elasticidade contida na norma jurídica advém da utilização por ela de conceitos jurídicos indeterminados.[39] Quando esses significan-

---

38. Raquel Cristina Ribeiro Novais, "A razoabilidade e o exercício da discricionariedade", in *Estudos de Direito Administrativo (em Homenagem ao Professor Celso Antônio Bandeira de Mello)*, p. 23.

39. Bernatzik foi quem primeiro contribuiu para a criação de uma doutrina dos conceitos indeterminados; em 1886 editou a obra que instauraria a problemática, até hoje vivenciada, de se estabelecer contornos objetivos ao processo interpretativo dos conceitos indeterminados. Propugnando por uma reforma em face da doutrina tradicional – a qual perfilhava a vinculação plena desse conceitos e, de conseguinte, seu controle jurisdicional –, Bernatzik entendia que tais conceitos reclamavam um intenso e complexo processo de interpretação por parte do agente intelector, a ponto de afigurarem-se não sujeitos ao controle jurisdicional. Foi o que o jurista austríaco chamou de "discricionariedade técnica", revelando o embrião da teoria da multivalência, mais tarde seguida por muitos doutrinadores alemães.

O Supremo Tribunal Administrativo Austríaco recepcionou a posição de Bernatzik, sedimentando a cômoda orientação pela não-apreciação jurisdicional dos conceitos legais indeterminados, o que despertou a irresignação de Tezner, defensor da intelecção única diante da aplicação desses conceitos, adepto da teoria tradicional. Tezner admitia que os conceitos legais indeterminados, na sua ponte com a realidade, reclamavam um complexo processo de interpretação; entretanto, porque tais diferiam daqueles conceitos determinados apenas em grau, e não em natureza, não haveriam de escapar ao controle jurisdicional. Tezner negava a faceta discricionária dos conceitos indeterminados; reconhecia também nos conceitos determinados uma certa margem de erro de apreciação.

tes que remetem a conceitos indeterminados alocam-se na previsão da norma tem-se que o agente-hermeneuta usará de alguma margem de livre apreciação (em tese) na tarefa de qualificação dos pressupostos (eventos ocorridos no mundo dos fatos), de molde a subsumi-los (o conceito dos fatos) ao conceito normativo.

O poder de modificação, embora previsto especificamente pela regra do art. 65 da Lei 8.666/1993, tem na norma – de natureza principiológica – do art. 58 da lei a prescrição de uma finalidade cogente, que deverá orientar a aplicação dos comandos específicos. Trata-se de admitir que a norma do art. 58, ao deferir à Administração Pública o poder-dever de promover alterações unilaterais no âmbito dos contratos administrativos, "para melhor adequação às finalidades de interesse público, respeitados os direitos do contratado", estabelece finalidade *vinculante* à competência, a qual permeará a interpretação das regras presentes no art. 65. Pois a norma do art. 58 acha-se dentre aquelas que usam de termos de conceitos indeterminados a conformar a previsão fática capaz de ensejar a produção do comando. Por isso se a reputa como uma norma que atribui "discricionariedade" (em tese) ao agente na aplicação ao caso concreto.

No entanto, como se evidenciou acima, não se trata de admitir a existência de margem de livre apreciação na escolha do motivo (do ato concreto) alocado na previsão da norma. A existência dos pressupostos é objetiva e põe-se pela verificação de ocorrências imprevistas relativas ao objeto do contrato administrativo. Logo, não há exercício discricionário quanto ao *momento* da prática do ato de modificação. A possibilidade de livre ação (discricionária) advirá, de forma residual, da tarefa de qualificação jurídica dos pressupostos. Portanto, se é certo que sua *existência* (dos pressupostos substanciais) acha-se fora do domínio da ação administrativa, sua *qualificação* como situação *subsumível* à hipótese normativa, embora orientada normativamente, produzirá residualmente alguma latitude de ação, dentro da qual o administrador utilizará de um exercício livre, não vinculado.

Nasce com Tezner, portanto, a idéia de que esses conceitos indeterminados são passíveis de interpretação, não dando razão, por isso, a uma competência discricionária. Essa a orientação que mais tarde (com algumas nuanças particulares) passou a conduzir o tratamento da matéria em alguns países, estabelecendo-se, inclusive, como fundamento jurisprudencial, como é o caso da Alemanha e Espanha (*apud* António Francisco de Souza, *"Conceitos Indeterminados" no Direito Administrativo*, pp. 34-62).

Ainda que possível identificar na norma em exame espaços de livre apreciação pelo agente-hermeneuta derivados tanto da previsão, da estatuição, assim como da finalidade normativa,[40] para fins do exame acerca da qualificação jurídica dos pressupostos, cabe focar-se, neste passo, apenas as possibilidades oriundas da *hipótese* e da *finalidade* da norma.

O reconhecimento dessa zona de livre ação pelo uso de conceitos indeterminados, assim como sua classificação como de natureza *discricionária*, passa pela contraposição dos conceitos de *interpretação* e *discrição*.

40. Desde que se verifiquem espaços discricionários oriundos da fluidez dos conceitos normativos utilizados pela norma habilitante do *ius variandi*, põe-se a tarefa de identificar, em tese, sua localização na sede normativa.

De uma forma geral, a doutrina brasileira localizava o fenômeno discricionário na previsão e na estatuição (comando) normativas. Dizia-se que a discricionariedade inferia-se da avaliação dos elementos fáticos, na tarefa de subsunção dos fatos à hipótese normativa, e, também, quando a lei expressamente a defere, na opção decisória no ato de imposição de comando.

Essa orientação parece ter-se alterado mais recentemente, sobretudo pela contribuição de Celso Antônio Bandeira de Mello. O entendimento que predomina no âmbito da doutrina mais qualificada tem sido o de que, além da previsão e da estatuição da norma, a finalidade normativa também constitui fonte de discricionariedade. As diretrizes finalísticas da norma, que geralmente constituem opções de valor, também comportam espaço discricionário, pela natureza do juízo que se emana (neste sentido: Celso Antônio Bandeira de Mello, *Discricionariedade e Controle Jurisdicional*, 2ª ed., 5ª tir., p . 92; Régis Fernandes de Oliveira, *Ato Administrativo*, 4ª ed., pp. 86-87).

No diapasão dessa doutrina, pensamos que a discricionariedade também se verifica na finalidade normativa. Ela nasce a partir do conteúdo vago e impreciso dos conceitos valorativos que compõem a finalidade da norma (reside num halo conceitual que envolve um núcleo de certeza desses conceitos). Há o esgotamento do âmbito cognitivo, quando exsurge o que se chama de "zona de incerteza", dando margem a um certo "subjetivismo", capaz de autorizar um exercício não-vinculado, discricionário em sua essência.

Essa constatação, além de pressupor a identificação de conceitos indeterminados como fonte de competência discricionária, reconhece a existência de uma zona cinzenta, de uma zona de incerteza, no que refere à relação de subsunção positiva ou negativa da situação concreta ao conceito aludido. E o elemento finalístico normativo, ao mesmo tempo em que acaba por oportunizar certa liberdade de ação (zona cinzenta), deverá constituir-se em fator de redução de discricionariedade, de circunscrição da área discricionária, pois que projeta parâmetros de valoração.

Daí que a discricionariedade, segundo se entende, pode derivar da hipótese da norma, de seu comando ou de sua finalidade.

2.4.1 Ainda a qualificação dos pressupostos: o uso normativo de conceitos indeterminados. Interpretação ou discrição?

É inevitável concluir a pertinência de alguma atitude *discricionária* na qualificação jurídica dos pressupostos. Trata-se de questão que pode provocar controvérsia, por envolver a distinção entre a *discricionariedade* e o processo de *interpretação*. São conceitos desde sempre diferençados pela doutrina.

M. Stassinopoulos, em excelente máxima, já referiu que "o domínio do poder discricionário começa onde termina o da interpretação".[41] Missão tormentosa é não só a de precisar a fronteira que separa a discrição da interpretação, mas, antes, a de definir os contornos distintivos teóricos entre a tarefa discricionária e a tarefa interpretativa. Essa, aliás, uma discussão que já há muito vem dividindo os doutrinadores que se dedicam ao assunto. O ponto nodal da questão está em que a interpretação pressuporia a individualização da solução possível para o caso concreto, advindo, então, uma única solução fruto da tarefa interpretativa; enquanto a discricionariedade pressuporia várias soluções válidas e igualmente aceitáveis (indiferentes jurídicos).

André Gonçalves Pereira explica que: "A univocidade do resultado da interpretação opõe-se assim à plurivocidade da actuação discricionária; no primeiro caso, há sempre uma única solução válida e objectivamente legal; no segundo a lei confere validade a todas as actuações possíveis do agente, desde que seja prosseguido o fim legal".[42]

Para a doutrina tradicional a qualificação jurídica de pressupostos fáticos é caso de *interpretação*, e não de *discricionariedade*. O ato de qualificação jurídica de pressupostos fáticos, por respeitar geralmente a uma atitude de conformação de elementos fáticos a conceitos indeterminados alocados na previsão da norma (e não na estatuição), tem a natureza interpretativa, e não discricionária. Gonçalves Pereira aduz que "o agente não tem de usar o seu próprio critério, mas de interpretar e aplicar o critério normativo. E a dificuldade que possa haver em determinar se um caso concreto entra ou não na previsão legal é dificul-

---

41. *Traité des Actes Administratifs*, p. 151. Em sentido próximo é a lição de Rivero e Waline: "Dès lors, l'existence du pouvoir discrétionnaire n'est pás en contradiction avec le principe de légalité. Il se définit, par rapport aux exigences de la légalité, de façon résiduelle: il commence là où elles s'arrêtent" (*Droit Administratif*, 18ª ed., p. 89).

42. *Erro ...*, p. 259.

dade na descoberta de uma única solução, não na escolha entre várias soluções possíveis e igualmente legais".[43]

É certo, porém, que a busca da univocidade vem marcada por dificuldades práticas insolúveis, fruto de espaços de apreciação deixados pela fluidez dos conceitos normativos indeterminados. Constata-se que mesmo no processo de interpretação haverá situações em que ao intérprete é deixada margem de apreciação na aplicação da norma ao caso concreto. Isso se passa quando a norma usa de termos que recobrem conceitos indeterminados. É iniludível a conclusão de que nestes casos não haverá avaliação vinculada, mas certa latitude de ação deixada ao intérprete da aplicação da norma.

Mas essa elasticidade que acomete o processo de interpretação, ainda que não seja ignorada pela doutrina clássica, não lhe é tida como fenômeno de outra natureza (discricionária, de juízos de oportunidade). Reconhece a doutrina tradicional que, muito embora a atitude de interpretação possa, por vezes, deparar-se com certa latitude de ação, tal não desnatura a qualidade da ação interpretativa, sendo ainda qualitativamente distintas esta latitude de ação daquela apreciação fundada em juízos de oportunidade (discricionariedade). Emilio Betti, por exemplo, afirmando a distinção qualitativa entre os juízos discricionários (oportunidade) e aqueles juízos de interpretação que se valem de certa latitude de apreciação, aduz que: "Não há diferença de qualidade na apreciação interpretativa entre a hipótese de disposição precisa e a hipótese de ser ao intérprete deixada uma larga margem, uma maior latitude de apreciação – como de resto pode suceder também na avaliação das provas, e no certificar-se do facto. Entre a estrita subordinação e as disposições precisas (na primeira hipótese) e a avaliação, ainda vinculada, que há na segunda hipótese não se pode traçar uma delimitação rigorosa; de uma à outra não há senão uma passagem gradual. Num caso e noutro, não são admissíveis considerações de oportunidade".[44]

Assim, mesmo que reconhecida a latitude de ação, para essa doutrina o fenômeno não parece destoar do processo de interpretação ou ameaçar a idéia de univocidade que timbra a tarefa interpretativa. Justifica André Gonçalves Pereira aduzindo ser tal univocidade apenas

---

43. Idem, pp. 266-267.
44. *Interpretazione della Legge e degli Atti Giuridici*, Milão, 1949, p. 66, *apud* André Gonçalves Pereira, *Erro* ..., p. 267.

"logicamente necessária", admitindo que no campo prático poderá haver, inevitavelmente, elasticidade.[45]

Eros Grau, sem perfilhar rigorosamente uma doutrina de univocidade e firmando distinção entre discricionariedade e aplicação de conceitos jurídicos indeterminados, tem dito que enquanto aquela (discricionariedade) admite uma pluralidade de soluções igualmente justas (indiferentes jurídicos), tratando de juízos de oportunidade, esses conceitos indeterminados cuidam da emissão de juízos de legalidade, pois que sua aplicação consiste na aplicação da própria lei.[46]

Aloja o autor a distinção entre as técnicas na emissão diferenciada de juízos de que cuidam; no exercício da discricionariedade o agente cuida da emissão de juízos de oportunidade; na aplicação de conceitos indeterminados, da emissão de juízos de legalidade. Portanto – e conforme anota –, não é porque o número de soluções justas varia de uma a outra hipótese que ambas as técnicas são distintas, mas pela natureza dos juízos que são emitidos por conta do exercício emanado. O autor chega a, inclusive, negar a possibilidade de unidade de solução, defendendo que, ainda que o preenchimento dos conceitos jurídicos indeterminados consista num processo de interpretação, não se pode exigir apenas solução única para cada situação, dado que na seara jurídica não é defensável a idéia da única solução possível, mas sim de uma pluralidade de soluções corretas.

Porém, parece iniludível – como constata Manuel Martín González[47] – o reconhecimento de que há casos em que surge uma zona de não-controle pelo juiz, uma "margem de livre apreciação", na seara de graduação legal dos conceitos jurídicos indeterminados.

Mesmo a corrente doutrinária que vem firmando entendimento no sentido de estabelecer a distinção conceitual entre a tarefa de interpretação (que, em sua ótica, pressupõe univocidade) e a atitude discricionária do agente público (oportunidade) não se omite em declarar a insuperável dificuldade de se alcançar a univocidade interpretativa no campo prático.

---

45. A advertência de André Gonçalves Pereira é emblemática: "Mas cabe advertir que esta univocidade é apenas logicamente necessária; pois pode na prática ser inelidível certa elasticidade; e assim sucede também na qualificação" (*Erro ...*, p. 269).

46. *O Direito Posto e o Direito Pressuposto*, 4ª ed., p. 203.

47. "El grado de determinación legal de los conceptos jurídicos", *RAP* 54/197.

De fato, o processo de *interpretação* será acometido na concretude de uma dificuldade insuperável de delimitação da solução unívoca. Essa dificuldade se põe no âmbito de uma zona de imprecisão, chamada de "zona de incerteza" ou "zona cinzenta", onde não se acham elementos objetivo-identificadores de uma certeza positiva ou negativa de subsunção do fato ao conceito. Então, sempre na tarefa interpretativa, considerada em tese, advirá uma *zona de incerteza*, sede em que não se fará possível estabelecer a única solução interpretativa, quando não se poderá objetivar a subsunção positiva ou negativa da situação fática ao conceito normativo.

Assim é que a interpretação fará nascer para o agente-hermeneuta certa margem de "liberdade" – ou, melhor: um exercício impossível de ser rechaçado objetivamente.

Disso resulta que esses espaços decisórios (latitude de ação jurídica) – sejam eles derivados do uso normativo de conceitos indeterminados na previsão da norma, sejam oriundos de delegação expressa pelo comando normativo – acabam por comportar a mesma atitude jurídica do agente (ressonância jurídica equivalente), que sempre fará jus a uma margem de "ação livre"; uma zona onde o Direito recepciona condutas não estritamente pautadas, permissiva de um juízo residual subjetivo (zona de incerteza).

Talvez tenha sido esse argumento que tenha levado doutrinadores a tomar a *hipótese normativa* – quando se utiliza de termos indeterminados – como causa de discricionariedade, identificando a aplicação de conceitos indeterminados com o fenômeno discricionário. É o caso, por exemplo, de Celso Antônio Bandeira de Mello, que vê também a hipótese da norma como fonte de discricionariedade, resultante "do modo impreciso com que a lei haja descrito a situação fática (motivo), isto é, o acontecimento do mundo empírico que fará deflagrar o comando da norma, ou da omissão em descrevê-lo".[48]

O mesmo autor, embora admitindo a distinção de natureza que existe entre o ato de intelecção (interpretação) e o ato de volição (decisão de mérito), contesta a univocidade dos conceitos indeterminados, traduzida como fruto da intelecção jurídica, por entender que, muito

---

48. *Discricionariedade* ..., 2ª ed., 5ª tir., p. 19. Também Régis Fernandes de Oliveira admite que "a discricionariedade pode descansar na hipótese normativa, ou seja, a referência feita pela norma a um fato do mundo humano, de ocorrência possível (...)" (*Ato Administrativo*, 4ª ed., p. 85).

embora um ato de intelecção e um ato de volição[49] sejam realidades logicamente distintas, tal "não implica que necessariamente tenham, em face do Direito, ressonâncias diversas. *In casu*, não o têm".[50]

Parece correto o parecer de Celso Antônio quando atribui ao espaço de livre decisão pertinente tanto para a aplicação de conceitos normativos indeterminados como para a avaliação de mérito (tradicionalmente referida como discricionária) o mesmo tratamento jurídico. Com efeito, é possível aludir-se a uma zona de *autonomia pública* da Administração, "correspondente à ausência de predeterminação legal do ato", onde os seus modos "são a discricionariedade e a margem de livre apreciação dos conceitos jurídicos indeterminados".[51]

Modernamente, vem tomando corpo a doutrina[52] que aponta para a unificação entre os espaços discricionários e de "margem de ação" oriunda de conceitos imprecisos ou indeterminados,[53] seja apoiando-se

---

49. Gaetano Azzariti já observou que: "Tanto a interpretação quanto a discricionariedade exigem um 'momento subjetivo' ou 'intelectivo'; mas a discricionariedade, além do momento intelectivo, envolve um momento volitivo e uma capacidade criadora" (*Dalla Discrezionalità al Potere*, pp. 318 e ss.).

50. Celso Antônio Bandeira de Mello, *Discricionariedade ...*, 2ª ed., 5ª tir., p. 25.

51. J. M. Sérvulo Correia, *Legalidade e Autonomia Contratual nos Contratos Administrativos*, 1987, p. 778.

52. Na Alemanha o estudo da aplicação dos conceitos normativos indeterminados deu origem à doutrina da *margem de apreciação* (*Beuteilungsspielraum*). A teoria, apesar de antiga, teve expressão com as lições de O. Bachof e Reuss. Essa doutrina derivou para uma série de orientações similares. O aprofundamento da discussão suscitou a necessidade de repensar a relação entre a discricionariedade e os conceitos normativos indeterminados. Expõe Sérvulo Correia que: "A orientação mais promissora das investigações em curso é aquela que aponta para a unificação teorizante de uma margem de livre decisão com responsabilidade exclusiva da Administração, na qual se enquadram a discricionariedade e a margem de livre apreciação. Tal zona emerge da falta de densidade da norma jurídica, quer na enunciação dos elementos cuja verificação permite ou impõe a tomada de decisão, quer na fixação dos elementos que formam o conteúdo da decisão. A diferença entre margem de livre apreciação dos conceitos jurídicos indeterminados e discricionariedade reside apenas na circunstância de a primeira envolver um juízo autônomo de prognose somente subordinando a critérios de aptidão, indispensabilidade e equilíbrio ou razoabilidade. Os limites externos e internos da legalidade põem-se de igual modo para as duas figuras, cujos vícios podem ser os mesmos" (*Legalidade ...*, 1987, p. 760).

53. Pode-se citar o entendimento de Walter Schmidt, com referências a construções anteriores (sobretudo de H. Wolff), o qual propugna pela identidade entre discricionariedade e aplicação de conceitos normativos indeterminados. A esse autor filia-se Sérvulo Correia (*Legalidade ...*, 1987, p. 128).

em justificativas de ordem puramente teórica, seja construindo entendimento utilitário a par de aspectos práticos.

Entende-se que na questão de qualificação jurídica dos pressupostos fáticos há atitude discricionária, sendo que tal residirá no âmbito da zona de incerteza que acometerá o juízo interpretativo. Essa afirmação passa pelo reconhecimento da unificação entre os espaços decisórios deferidos à Administração Pública, seja à guisa da aplicação de conceitos indeterminados, seja pela opção discricionária propiciada pela norma jurídica.

2.4.1.1 Síntese

Do exposto extrai-se que tanto dos conceitos indeterminados utilizados pela norma jurídica assim como das hipóteses explícitas de discricionariedade derivam espaços de livre apreciação dos quais resultarão indiferentes jurídicos (opções) a compor a decisão do administrador.[54] Em um e outro caso haverá exercício de interpretação pelo administrador; mesmo na composição discricionária do ato decisório os critérios normativos balizadores (critérios de *razoabilidade* e *proporcionalidade*) da ação administrativa exigirão a tarefa interpretativa de molde a circunscrever/reduzir o leque de opções a serem tomadas pela Administração. Pois em ambos os casos, a partir do esgotamento da via interpretativa, nascerá uma zona de incerteza, onde haverá dentro da moldura legal um quadro de opções igualmente lícitas à disposição do administrador.[55]

54. Cabe destacar que a valoração pessoal do administrador não passa por determinar a estrutura dos conceitos normativos indeterminados – zona de certeza positiva, halo e zona de certeza negativa. Sua opção restringe-se a uma "segunda etapa" da aplicação dos conceitos indeterminados, após encontrado o halo conceitual. "O juízo de subsunção que se emite dentro de seu 'halo' é que pode estar no plano da discricionariedade. Um juízo de subsunção que o reconheça presente quando os referentes empíricos estão dentro da zona de certeza negativa certamente será ilegal" (Raquel Cristina Ribeiro Novais, "A razoabilidade ...", in *Estudos de Direito Administrativo* ..., p. 33).

55. A distinção retórica entre a natureza dos fenômenos abordados (aplicação de conceitos normativos indeterminados e discricionariedade) produz reflexos na órbita do controle jurisdicional. Desde logo, cabe aclarar que a opção tomada neste estudo (de unificação entre os espaços decisórios, resultando no reconhecimento de uma atitude discricionária na tarefa de qualificação jurídica dos pressupostos fáticos) não significa (como parece óbvio) excluir do controle jurisdicional a tarefa administrativa de aplicação da norma, qualificação jurídica dos pressupostos fáticos. Muito ao contrário disso, o reconhecimento da ação discricionária nessa sede vem acompanhado pela conclusão de que o controle jurisdicional da discricionarie-

2.4.2 A tarefa de interpretação na qualificação dos pressupostos

Para a demarcação da *zona cinzenta* vale-se o hermeneuta de um processo de *interpretação* da norma. Busca, nesse propósito, a redução/ circunscrição do espaço discricionário de atuação mediante a identificação dos atributos normativos que se agregarão à hipótese de incidência.

O que se visa com o exercício de interpretação, de subsunção, é justamente ao estabelecimento da relação de *pertinencialidade* entre os referentes empíricos dos conceitos jurídicos e os conceitos normativos. O problema remete ao plano semântico. A imprecisão que produz a *latitude de ação administrativa* reside na "impossibilidade de se atribuir o valor de verdade ou falsidade ao enunciado que afirme sobre a relação de *pertinencialidade* entre o referente empírico e a extensão do conceito normativo (denotação) ou, ainda, ao enunciado que afirme reunir o referente empírico todas as qualidades exigidas pelo conceito para pertencer aos seus domínios (conotação)".[56]

Essa latitude de ação será delimitada tão-somente no caso concreto. E, nesse aspecto, quanto maior seja o conhecimento do agente-hermeneuta acerca dos elementos fáticos que compõem o pressuposto havido no mundo dos fatos, menor será a zona de incerteza.

Examinando a regra do art. 58 da Lei 8.666/1993, visualiza-se em sua estrutura normativa que a *hipótese da norma* exige que se verifiquem no mundo fático situações (de fato ou de direito) capazes de produzir a necessidade de alterar-se as condições contratuais "para melhor adequação às finalidades de interesse público".[57] A norma fixa a

---

dade (em sentido amplo) administrativa instrumentado pela incidência vinculativa do quadro principiológico próprio (regime jurídico-administrativo) acabará por traçar o perímetro da zona cinzenta, espaço residual e inapreciável pelo juiz. Daí que o processo de interpretação, qualificando juridicamente os pressupostos fáticos, servirá a circunscrever a zona cinzenta, a partir da projeção normativa do sistema jurídico-administrativo. Esgotada, assim, a tarefa de interpretação, nascerá uma zona discricionária de ação.

56. Raquel Cristina Ribeiro Novais, "A razoabilidade ...", in *Estudos de Direito Administrativo* ..., p. 30.

57. Da mesma locução extrai-se a finalidade da norma, que é a de atender melhor às necessidades públicas. Serve esta ainda como diretriz vinculante da ação subsuntiva dos conceitos empíricos (relativos aos referentes empíricos) ao conceito normativo (localizado na previsão normativa). E, ao mesmo tempo, e dadas a vagueza e fluidez dos termos utilizados, produzirá (a finalidade normativa) margem de ação discricionária, esgotado seu efeito vinculante. Acerca do efeito vinculante da finalidade, Caio Tácito já averbou: "À liberdade optativa da Administra-

finalidade vinculante, que é *o melhor atendimento às necessidades públicas*. A "escolha" dos pressupostos fáticos está vinculada à finalidade prescrita, que está a restringir as opções do administrador àquelas que atendam à melhoria das necessidades públicas.

Tais significantes estão a aludir a situações de fato ou de direito mantenedoras de uma relação de *relevância* e *pertinência* com o objeto do contrato capazes de repercutir alterações *necessárias* na relação jurídico-contratual, de modo a melhor atender ao interesse público.

Os atributos de *relevância* e *pertinência/adequação* que devem relacionar os fatos (pressupostos) e o conteúdo do comando que se produzirá (conteúdo do ato de modificação), e a *necessariedade* desse em face do perfil dos pressupostos, conduzirão à delimitação da margem de *certeza positiva* no juízo de subsunção.

Tais atributos serão descobertos pela projeção dos princípios da *razoabilidade* e da *proporcionalidade* aplicáveis ao caso. A diretriz da *proporcionalidade* aponta para uma avaliação de adequação entre meios e fins na ação administrativa. Michael Kohl identifica três condições na determinação da proporcionalidade de certa medida: "(1) a medida deve ser apropriada para o atingimento do objetivo (elemento de idoneidade ou adequação); (2) a medida deve ser necessária, no sentido de que nenhuma outra medida disponível será menos restritiva (elemento de necessidade); (3) as restrições produzidas pela medida não devem ser desproporcionais ao objeto buscado".[58]

ção se sobrepõe, no entanto, o elemento *finalidade*. Na escolha do objeto não se limita o agente a apreciar os antecedentes do ato, ou seja, os fatores objetivos que requisitam a ação administrativa. Ele determina o seu procedimento, levando em conta, especialmente, o alcance da competência, os fins públicos que justificam a sua interferência. Ele age em relação aos motivos para realizar os fins legais. Se esses fins não podem ser senão aqueles determinados em lei para o caso específico, se não é lícito ao agente substituí-los ainda que por outro fim público, é evidente que a finalidade do ato representa uma limitação à discricionariedade, um dique à expansão dos critérios oportunísticos na determinação do objeto. A finalidade é, em última análise, um elemento sempre vinculado, que não comporta apreciação discricionária" ("Poder vinculado e poder discricionário", in *Estudos de Direito Público (Estudos e Pareceres)*, vol. 1, p. 319).

58. *Constitutional Limits to Regulation with Anticompetitive Effects: the Principle of Proportionality*, Florença, European University Institute, 1999, p. 11, *apud* Marçal Justen Filho, *Comentários* ..., 7ª ed., p. 67.

Na França o emprego do princípio da proporcionalidade tipificou-se no critério da "contabilização custos/vantagens" (*bilan coût/avantages*), definido pelo *Conseil d'État* quando uma medida não poderá ser declarada de utilidade pública se as limitações para a propriedade privada, o custo financeiro e os eventuais inconvenien-

António Francisco de Souza ensina que o princípio da proporcionalidade desdobra-se em três subprincípios, que se traduzem em três técnicas (cumulativas) de controle jurisdicional: "(a) princípio da proporcionalidade em sentido estrito (*Proportionalität*), ou seja, equilíbrio global entre as vantagens e desvantagens da conduta; (b) princípio da necessidade absoluta, indispensabilidade (*Notwendigkeit*) ou da exigibilidade (*Erforderlichkeit*) da medida adoptada; e (c) princípio da adequação (*Geeignetheit*) dos meios aos fins".[59]

Diogo de Figueiredo Moreira Neto já evidenciou o realce do aspecto teleológico da discricionariedade alcançado pela aplicação do *princípio da razoabilidade*. Segundo o autor, "a razoabilidade, agindo como um limite à discrição na avaliação dos motivos, exige que sejam eles adequáveis, compatíveis e proporcionais, de forma que o ato atenda à sua finalidade pública específica; agindo também como um limite à discrição na escolha do objeto, exige que ele se conforme fielmente à finalidade e contribua eficientemente para que ela seja atingida".[60]

É possível extrair-se das lições os núcleos de *necessariedade, indispensabilidade* e *adequação* a configurar a proporcionalidade e a razoabilidade da medida. Infere-se que os pressupostos do *ius variandi* hão de traduzir ocorrências que exijam, sob um prisma de *necessariedade*[61] e *indispensabilidade*, a modificação contratual. Essas situações devem manter uma relação de pertinência com o objeto contratual, exigindo, de forma necessária e indispensável, alterações no âmbito contratual. Afasta-se o juízo de mera conveniência. Por força da aplicação do critério de *proporcionalidade*, o cabimento acerca do comando *variandi* fica adstrito à aferição de sua necessariedade e indispensabili-

---

tes de ordem social que dela resultarem forem excessivos em face do interesse que ela busca. "Ao proceder ao exame global comparativo das vantagens e inconvenientes de um acto administrativo, o tribunal penetra no âmago da ponderação de oportunidade em que assenta o poder discricionário" (Sérvulo Correia, *Legalidade ...*, 1987, p. 75).

59. *"Conceitos Indeterminados"...*, p. 230.
60. *Legitimidade e Discricionariedade*, p. 40.
61. Pode-se aludir que o critério de necessidade decorre do próprio sentido que a função administrativa outorga ao dever-poder que é manipulado pelo poder público para esse fim, informado pelo princípio da instrumentalidade dos poderes públicos. A competência oportunizada exige do agente público não só que promova todos os meios necessários à busca do interesse em questão, como o impede de manifestar qualquer ação que não se faça necessária na perseguição desses fins. Sendo assim, a modificação promovida em face da situação fática e superveniente verificada deve ser relevante e necessária.

dade em face das situações ocorridas no mundo dos fatos. Desde que não se verifique tal potencialidade, não haverá subsunção.

3. Pressupostos formais

Examinados os pressupostos substanciais do poder de modificação do contrato administrativo, cumpre tecer algumas considerações acerca do rito formal que a Administração haverá de cumprir de molde a dar existência à decisão de alteração unilateral do contrato.

Modernamente, o instituto do procedimento[62] vem sendo estudado e adotado como meio garantístico ao asseguramento da boa administração pública.[63] Tal instituto tem aplicabilidade própria no âmbito contratual administrativo, seja no processo de formação contratual (pré-contratual), seja na sede de execução do contrato, cujo âmbito recepciona os poderes exorbitantes de modificação unilateral do vínculo.[64]

62. Muito embora se reconheça a controvérsia doutrinária com relação aos significados imputáveis aos significantes "processo" e "procedimento", entendeu-se impertinente tal abordagem, pois que marginal ao objeto próprio do estudo. Todavia, convém esclarecer que a expressão "procedimento", utilizada acima e nos demais registros do estudo, refere-se a uma seqüência encadeada de atos administrativos e que resulta no ato modificador do vínculo contratual; tem o sentido de burocratização, de formalização da vontade pública de instabilizar o vínculo contratual.

63. A imposição da procedimentalização do agir administrativo relaciona-se diretamente com a concretização da Democracia. Como ensina Romeu Felipe Bacellar Filho: "A procedimentalização do agir administrativo, isto é, a fixação de regras para o modo como a Administração deve atuar na sociedade e resolver os conflitos, configura, assim, condição indispensável para a concretização da Democracia" (*Princípios Constitucionais do Processo Administrativo Disciplinar*, p. 130).

64. A procedimentalização da formação e execução (no que refere ao exercício de poderes) dos contratos administrativos realça uma função garantística e fiscalizatória quando admite a destacabilidade de atos administrativos, impugnáveis autonomamente. São atos separáveis e que permitem impugnação isolada, seja na fase pré-contratual, seja no âmbito do exercício de poderes sobre o co-contratante. Já dissemos em outra oportunidade, com fulcro em ensino de Carlos Ari Sundfeld, que a processualização da atividade administrativa é o que confere ao agente público a qualidade de mero intermediário entre a lei e o ato administrativo, instrumentando uma vontade funcionalizada do poder público (Fernando Vernalha Guimarães, "O procedimento administrativo e a garantia da impessoalidade", *Revista de Direito Administrativo Aplicado* 10/724).

Realçando a imprescindibilidade do procedimento como meio garantístico e juridicamente qualificado para o atingimento dos fins públicos, Sérvulo Correia pondera que "a procedimentalização da actividade administrativa corresponde à

As considerações que seguem dedicam-se ao estudo do procedimento como pressuposto objetivo ao *ius variandi*. Neste propósito, examinar-se-á o cabimento do instituto no campo das modificações unilaterais de contratos administrativos e seus requisitos de suficiência, desenhados a par das funções de (a) fiscalização, (b) defesa dos envolvidos e (c) otimização da ação administrativa.

Antes, pois, de examinar o procedimento como pressuposto ao ato de modificação do contrato administrativo, dando conta de seus requisitos de suficiência, expõe-se breve nota acerca da tendência de *revalorização do procedimento* – das funções que lhe têm sido destacadas no contexto do Estado Moderno.

3.1 A revalorização do procedimento

Se na administração-agressiva, típica do Estado Liberal, vigeram as formas autoritárias de gestão, produzindo o que se chamou de *ato desfavorável*, e no Estado Social (administração-prestadora), em contrapartida, o *ato favorável*, são agora o *procedimento* e a *relação jurídico-administrativa* (multilateral) os novos focos da atividade administrativa. Daí o alvitre de Nigro – na esteira de Bachof – de que "o ato administrativo já não é mais o centro de gravidade do direito administrativo".[65]

O modelo de Administração Pública do Estado Pós-Social prima por formas concertadas de ação. Assiste-se à multiplicação de formas de atuação em evidente desapego pela via *autoritária* e *unilateral*. Substitui-se, sobretudo, a preferência pela resolução pontual e concreta de conflitos por uma atuação genérica e *conformadora* da sociedade.[66] Mesmo nos casos de uma atuação individual da Administração, os atos produzidos por esse novo modelo geralmente não afetam so-

---

necessidade de objetivar a vontade da pessoa colectiva pública através de uma seqüência de actos e formalidades pré-ordenados e fixados no termo da qual a vontade dos suportes dos órgãos se despersonalize e combine numa vontade qualitativamente distinta: a da pessoa colectiva. Por esse modo, reúnem-se as melhores condições para a prossecução do interesse público, graças à intervenção de vários órgãos, do confronto de pareceres, da expressão e publicitação dos motivos, da sujeição a controlos" (*Legalidade* ..., 1987, p. 579).

65. "Diritto amministrativo e processo amministrativo nel bilancio di 10 anni di giurisprudenza", in Allegretti, Battaglini e Sorace, *Diritto Amministrativo e Giustizia Amministrativa nel Bilancio di Un Decennio di Giurisprudenza*, vol. 2, p. 967.

66. Parejo Alfonso, "Introducción ...", pp. 29-30.

mente seus destinatários imediatos, mas produzem efeitos a uma multiplicidade de sujeitos, gerando uma relação jurídica plurilateral.[67]

Essa postura da Administração despertou a "adormecida" crise do ato administrativo, dada a incompatibilidade desse provimento (típico à declaração autoritária do Estado) com um ambiente *consensual* cuja participação dos privados surge como modo da gestão pública.[68] Os esquemas tradicionais são insuficientes a enquadrar esta tarefa *conformadora*, especialmente por seu caráter de "composição de interesses".[69] A revalorização do procedimento surge como conseqüência desse contexto.[70]

Nessa nova dimensão da atividade administrativa o ato administrativo deixa de ser apenas uma forma de atuação particular, produzindo efeitos a uma multiplicidade de sujeitos, *pondo-se a serviço* de uma *relação jurídico-administrativa multilateral*.

Sintomáticas, nesse contexto, são as relações que instrumentam a prestação/regulação do serviço público, geralmente envolvendo *órgão regulador*, *agente prestador* e *usuário do serviço público*. São relações típicas de uma Administração consensual, que busca, mediante o

---

67. Como noticia Vasco Pereira da Silva: "A relação jurídica multilateral constitui assim a modalidade de relação jurídica, típica da Administração de infra-estruturas, adequada para explicar os vínculos jurídicos que se estabelecem entre todos os intervenientes das complexas relações administrativas modernas". Diz o autor que as decisões dessa Administração possuem uma eficácia que "vai muito além, e muitas vezes atinge pessoas diferentes do destinatário" (*Em Busca do Acto Administrativo Perdido*, pp. 130 e 137).

68. Anota Diogo de Figueiredo Moreira Neto, neste particular, que "as possibilidades de atuação consensual vêm apresentando evidentes vantagens se confrontadas com as opções de atuação exclusivamente coercitivas" ("Transformações juspolíticas do fim do século (remodelagem do direito público)", *Revista de Direito Administrativo Aplicado* 10/674).

69. Vasco Pereira da Silva, *Em Busca ...*, p. 129.

70. Tanto a recente doutrina italiana (Cassese, Pugliesi, Nigro, Trimarchi) quanto a alemã (Bachof, Brohm, Erichsen, Bauer, Fleiner-Gerster) conceberam novos focos da cena administrativa sob o modelo infra-estrutural de Administração; aquela valorizando o procedimento, ressaltando seu aspecto objetivo; esta, de cariz subjetivista (ante o apego aos direitos fundamentais), tendo a relação jurídica como novo conceito central do direito administrativo.

V.: Sabino Cassese, *Le Basi del Diritto Amministrativo*, 6ª ed., pp. 304-309; Hartmut Maurer, *Droit Administratif Allemand*, pp. 171 e 173; Vasco Pereira da Silva, *Em Busca ...*, pp. 149-186 e 301-310). No Direito Espanhol, v. Juli Ponce Solé, *Deber de Buena Administración y Derecho al Procedimiento Administrativo Debido*, pp. 46-211.

uso do procedimento, extrair a síntese dos interesses envolvidos na produção decisória.

O novo modelo de regulação estatal, cujos atores centrais são as agências reguladoras, impôs à tarefa regulatória, além de maior agilidade e transparência, uma metodologia conciliatória. Esta se verifica não apenas na possibilidade jurídica que possuem os órgãos de regulação de prover o arbitramento dos interesse envolvidos (entre prestador, usuário e terceiros envolvidos), mas pela feição mesmo que vem assumindo a função desempenhada por esses agentes, mais afeita a um ambiente amistoso e conciliador, a partir da intensificação da participação popular, menos desempenhada enquanto autoridade unilateral.[71]

Aliado a isso, as reformas no setor despertaram o desenvolvimento dos direitos do cidadão-usuário-consumidor; de uma condição de passivos na prestação do serviço, esses sujeitos passaram a assistir ao desenvolvimento de seus direitos, agora assegurados em leis específicas, o que lhes propiciou a assunção de uma condição mais ativa e integrada no controle da prestação.

Essa participação popular mais intensa na regulamentação do serviço tem sido provocada pelas agências reguladoras, mediante a instituição do procedimento como metodologia da produção decisória. Isso tem-se verificado na Europa e, de um modo geral, também nos países do MERCOSUL.[72]

71. Floriano P. Azevedo Marques Neto examina a feição da autoridade desempenhada pelos órgãos de regulação frente a este novo momento da regulação estatal, sublinhando que "a legitimação desta autoridade terá de se dar muito menos pela presunção da supremacia e indisponibilidade do poder estatal (poder extroverso), e muito mais: (i) pelo respeito às regras do jogo; (ii) pela clareza dos objetivos e princípios estabelecidos pelo setor; (iii) pela transparência do procedimento regulatório; (iv) pela capacidade de interlocução com os diversos atores envolvidos; (v) e pela detenção do conhecimento técnico aplicável ao setor" ("A nova regulação estatal e as agências independentes", in *Direito Administrativo Econômico*, 1ª ed., 2ª tir., p. 91).

72. A experiência brasileira, ao que parece, ainda não atingiu índices satisfatórios de processualização da atividade regulatória. É possível constatar iniciativas neste campo, como a criação do Código de Procedimento Administrativo da Agência Nacional de Telecomunicações – ANATEL, aprovado originariamente, em iniciativa pioneira, pela Resolução 1/1997, alterado pela Resolução 197/1999. No entanto – e como adverte Carlos Ari Sundfeld –, "esses reguladores não incorporaram totalmente a cultura processual, ao menos no que ela tem de positivo" ("Introdução às agências reguladoras", in *Direito Administrativo Econômico*, 1ª ed., 2ª tir., p. 38).

A Argentina também vem experimentando as reformas na esteira das tendências de transformação da estrutura estatal (privatização, desregulação e descentralização). Com a reforma constitucional argentina, o art. 42 daquela Carta consig-

Nesse contexto, o procedimento passa a ser utilizado não só como instrumento a permitir um exercício fiscalizatório aos envolvidos na relação, esgotando-se em sua função clássica "garantística", mas como meio de organização e eficiência da produção administrativa, alcançando uma gestão mais *eficiente* e *vantajosa* à Administração. Isso conduz a uma integração entre os atores da relação, produzindo decisões consensuais e mais eficazes.

Sabe-se que o procedimento, em sua configuração clássica, sempre foi considerado tão-somente com vistas à explicação do ato decisório final; tratava-se – como ilustra Cassese[73] – de uma fase meramente instrumental e secundária ao ato administrativo derradeiro. Nos tempos atuais, contudo, revela-se que, para além de servir à ligação de atos e fatos, dentro de uma sucessão lógica, o procedimento há de ser concebido em seu valor *organizativo*, isto é: ele "não se limita a ligar actos e os factos numa série progredindo para um resultado final, mas cose dinamicamente sujeitos (em sentido amplo) e interesses numa trama que é, acima de tudo, organizativa".[74]

nou que: "A legislação estabelecerá procedimentos para a prevenção e solução de conflitos e os marcos regulatórios dos serviços públicos de competência nacional, prevendo a necessária participação das associações de consumidores e usuários, e dos Estados interessados, nos órgãos de controle". Essa norma – comenta Salomoni – produziu uma profunda mudança de legitimidade no sistema de serviços públicos e concessões administrativas ao introduzir o usuário como sujeito determinante e co-titular do interesse público em questão ("Regulação dos serviços públicos e defesa da concorrência na Argentina", in *Direito Administrativo Econômico*, 1ª ed., 2ª tir., p. 213).

Também J. Comadira, comentando a atuação dos entes reguladores na Argentina, observa que "o componente garantístico do devido processo legal em sede administrativa completa-se, assim, com os aspectos colaborativos e participativos do procedimento, pois este não só é meio de defesa do particular e, em todo caso, de autocontrole administrativo, mas também instrumento de colaboração e participação de interessados" ("Reflexiones sobre la regulación de los servicios privatizados y los entes reguladores (con particular referencia al ENARGAS, ENRE, CNT y ETOSS)", in *Derecho Administrativo*, p. 249).

73. Referindo-se à *disattenzione per il procedimento*, Cassese anota que: "Per lungo tempo, la Scienza Giuridica ha ignorato questo aspetto, ritenendo che ciò che rivela è la decisione finale. Di qui, la tendenza della dottrina e della giurisprudenza, fino agli anni 40 del XX secolo, a ritenere che l'attività consistesse di atti e si esaurisse con essi" (*Le Basi ...*, 6ª ed., p. 305).

74. Mario Nigro, "Procedimento amministrativo e tutela giurisdizionale contro la Pubblica Amministrazione (il problema di una legge generale sul procedimento amministrativo)", *Rivista di Diritto Processuale* 2/273, abril-junho/1980, *apud* Vasco Pereira da Silva, *Em Busca ...*, p. 305).

Ponce Solé considera a emergência de um paradigma alternativo que passa a conceber o procedimento como instituto que permite a adoção de decisões de qualidade. Explica o autor que, "frente à consideração estática do procedimento simplesmente como uma sucessão de atos administrativos de trâmite, o paradigma alternativo se basearia na consideração do procedimento como modo de desenvolvimento da função administrativa de serviço aos interesses gerais".[75]

Tomado o procedimento nessa perspectiva, parece ele não se esgotar no escopo garantístico de evitar arbitrariedades ou desvios teleológicos, mas se preocupa ainda em tonificar a eficiência da produção administrativa, permitindo um âmbito conciliatório de interesses. Adquire uma função positiva. Sua utilidade (do procedimento), a esse fim, passa a residir não só na função protetiva *subjetiva* dos direitos dos sujeitos envolvidos (embora essa seja uma função inafastável do instituto), mas ainda numa função *objetiva* de propiciar o conhecimento da Administração acerca de informações pertinentes.[76]

A doutrina brasileira não parece alheia a este processo. A legislação acerca do processo administrativo (Lei 9.784/1999 e Lei 10.177/1998) assim como a transformação constitucional havida (Emenda Constitucional 19), têm levado a doutrina a entender a "Administração Pública não como mera produtora aleatória de atos administrativos", "mas enquanto produtora racional de atos administrativos derivados de regulares processos administrativos". Daí a advertência de Cássio Scarpinella Bueno no sentido de que "a tônica da produção dos atos administrativos deve ser dada ao caminho, ao *iter* a ser perseguido pela Administração para a produção de seu ato" ("Inafastabilidade do controle judicial", in *Direito Processual Público*, 1ª ed., 2ª tir., p. 246).

Esta concepção evoluiu de uma tendência de avanço democrático que se estriba, dentre outros fundamentos, num princípio de participação do cidadão; participação hoje vista – como agrega Romeu Felipe Bacellar Filho – em um sentido essencialmente dinâmico.

Explicando o sentido do princípio da participação através do procedimento, Bacellar aduz: "O termo 'participação' é aqui utilizado no sentido próprio da palavra, como 'tomar parte pessoalmente', e um tomar parte desejado, automotivado. Ou seja, participação não é um simples 'fazer parte de' (um simples envolvimento em alguma ocorrência), e menos ainda um 'tornado parte de' involuntário. Participação é movimento próprio, e, assim, o exato inverso de ser posto em movimento (por outra vontade), isto é, o oposto da mobilização. Com esta conotação deve ser entendida a participação popular direta afirmada no *caput* do art. 1º da Constituição de 1988" (*Princípios* ..., p. 133).

75. *Deber* ..., p. 109.

76. Vasco Pereira da Silva resume as duas vantagens significativas que a nova perspectiva apresenta em relação à tradicional doutrina do ato administrativo: "a possibilidade de uniformização do tratamento dogmático de toda a atividade ad-

No campo dos serviços públicos, por exemplo, muitas vezes as reais necessidades coletivas são avaliadas a partir da participação dos usuários, assim como aspectos pragmáticos da execução de um determinado serviço são conhecidos, em sua fidelidade, a partir do pronunciamento do executor-prestador (há muitos elementos que são de exclusivo conhecimento do executor-particular e que, para efeitos de regulamentação de serviços públicos, mediante alteração de contratos administrativos – por exemplo –, deverão necessariamente ir à ciência da Administração-contratante). Reduz-se, assim, a possibilidade de mal planejamento, de forma que – como observa Sérvulo Correia – "se tornam mais difíceis os erros de perspectiva das regras da boa administração".[77]

Isso deriva, como apontado, de um *princípio de participação* dos particulares na produção administrativa, o qual vem afirmando a pertinência de um modelo que se ocupa de técnicas consensuais no campo da ação administrativa, encontrando "pressupostos na Democracia e, ao mesmo tempo, de eficiência do procedimento administrativo".[78]

Reconhece-se também na participação procedimental uma função *compensatória*, como realização antecipada da solução de conflitos. David Duarte expõe que esta função de compensação opera-se em dois níveis: verticalmente – "através da redução do conflito entre a Administração e o particular, a participação aumenta o consenso e diminui a necessidade de recurso aos meios contenciosos"; e horizontalmente – "o diálogo entre os interessados procedimentais gerado pela participação produz um efeito regulador na resolução do problema policêntrico, possibilitando a composição das parcelas recíprocas dos interessados".[79]

Resume Juli Ponce Solé que o procedimento diz de perto com a "boa administração", "ajudando a conseguir um desenvolvimento da função administrativa mais racional, mais objetivo, mais eficaz e mais eficiente e econômico", significando "melhores decisões". O dever de

---

ministrativa", dado que o procedimento encontra-se em condições de "fazer a ponte" entre a "actuação de gestão pública e de gestão privada"; e "a possibilidade de entender a integralidade da actividade da Administração, assim como de seu relacionamento com os privados, ao longo do tempo, e não apenas no 'momento' da prática do acto administrativo" (*Em Busca ...*, p. 303).

77. *Legalidade ...*, 1987, p. 579.
78. Cf. Enzo Roppo, *O Contrato*, p. 347.
79. *Procedimentalização, Participação e Fundamentação: para uma Concretização do Princípio da Imparcialidade como Parâmetro Decisório*, p. 487.

eficácia[80] – explica o jurista – é alcançado pela participação prévia do cidadão nas decisões administrativas, favorecendo a atenuação das tensões sociais, "atingindo um melhor conhecimento do grau de aceitação social de uma decisão e uma maior efetividade prática da alternativa a adotar", evitando "futuros litígios que, em definitivo, estorvam a aplicabilidade prática da medida". Quanto ao comportamento *eficiente* e *econômico*, a "participação cidadã também ajuda o seu cumprimento, já que a Administração pode conhecer a partir dela os interesses afetados pela decisão, assim como críticas, alternativas ou sugestões relativas à oportunidade financeira da decisão".[81]

O uso do procedimento sob essa perspectiva – conclui-se – desdobra-se nas seguintes conseqüências: (a) produz uma melhor gestão regulatória, porquanto a Administração alarga a perspectiva de conhecimento das informações pertinentes, colhendo manifestações dos usuários, assim como dos executores-prestadores dos serviços; conjugam-se, por isso, aspectos de necessidades públicas (coletivas) a tendências tecnológicas; (b) produz decisões mais consensuais, atos decisórios que já passaram pelas discussões inerentes ao procedimento, os quais se afiguram menos suscetíveis a investidas judiciais – isso significa economia de tempo e de recursos públicos; (c) produz, enfim, decisões plurais, contemplando-se as diversas classes e grupos envolvidos no âmbito decisório da ação regulatória, eis que muitas vezes dentro de uma categoria maior, como dos usuários de determinado serviço público, acham-se subgrupos com interesses não-homogêneos.[82]

Alcança-se, com isso, a combinação de uma função *garantística* com a *eficiência* procedimental.

O grande desafio que se põe – como já concluiu Sandulli – reside justamente na conjugação do "garantismo" com a "eficiência".[83] Nesse particular, parece correto o pensamento de Maurer quando explica que essas diversas tendências do direito do procedimento não se põem em

---

80. A jurisprudência espanhola – como dão notícia García de Enterría e Tomás-Ramón Fernández – tem reiteradamente pronunciado que o procedimento garante "a possibilidade de acerto e eficácia na Administração e os direitos dos particulares afetados pelos atos administrativos" (*Curso* ..., 10ª ed., vol. 1, p. 557).

81. Juli Ponce Solé, *Deber* ..., p. 319.

82. Cf. Fernando Vernalha Guimarães, "Procedimento e função regulatória de serviços públicos no Estado Pós-Social", *Revista de Direito Administrativo e Constitucional* 7/100.

83. *Strumenti Giuridici della Contrattazione Pubblica per Programmi*, pp. 301 e ss. (p. 303).

contradição, mas, antes, se completam; não se constituem em "realidades excludentes" a "proteção jurídica subjetiva e a garantia da legalidade, assim como do mérito e da eficácia das decisões administrativas".[84]

Note-se que a "eficiência" que se ressalta das qualidades do procedimento não significa abreviação das formalidades inerentes ou supressão de ritos em busca da celeridade, mas o alcance de decisões melhor estruturadas e menos suscetíveis a controvérsias posteriores – o que produz uma gestão decisória mais eficaz.

3.1.1 A nova faceta do procedimento e as alterações unilaterais de contratos administrativos

O enquadramento do procedimento como meio conciliatório de interesses é particularmente significativo no terreno das modificações unilaterais dos contratos administrativos.

As alterações de contratos traduzem-se numa espécie de fator atualizante do interesse público. As necessidades coletivas são o fundamento deste poder, ditando seu alcance e feição. O ponto nevrálgico da questão assenta-se na definição das reais necessidades públicas. Hodiernamente a sociedade encontra-se estratificada de tal sorte que inexiste *o* interesse público. Concebe-se uma gama de grupos e castas cujos interesses relacionam-se numa verdadeira trama democrática. São diversos os interesses públicos que devem ser buscados pelo Estado, conforme o foco de suas ações. A cada ato estatal contrapõem-se inúmeros interesses relacionais. Estes nem sempre confluem, de modo que a suma resultante será alcançada mediante um expediente conciliador. Pode-se dizer – com Cassese – que no *Estado Pluriclasse* vigente não existe "o interesse público", mas "os interesses públicos", funcionando o procedimento como "meio de composição desses interesses".[85]

Assim é que, quando a Administração concebe a regulamentação específica e concreta (mediante alteração de contratos administrativos) de determinado serviço, obra ou fornecimento (entre outras tarefas passíveis de contratação administrativa), o faz buscando a satisfação dos inúmeros atores envolvidos, isto é, dos interesses de grupos e classes que se relacionam, por diversas situações, com a medida emanada. Para além disso, avaliam-se condições futuras, exercitando-se prospecções.

---

84. *Allgemeines Vewaltungsrecht*, 9ª ed., Munique, Beck, 1994, p. 435, *apud* Vasco Pereira da Silva, *Em Busca ...*, p. 442.

85. *Le Basi ...*, 6ª ed., p. 308.

Perceba-se que a pertinência desses interesses e o resultado de sua ponderação poderão conduzir à adoção de decisões desencontradas de uma "decisão ideal", a qual conteria a solução mais apropriada segundo um paradigma comum de eficiência e de *melhor administração*. Quer-se dizer que nem sempre a "melhor decisão" sob um prisma ideal e abstrato – tomada a partir de padrões teóricos – refletirá a decisão correta, resultante dos reais interesses dos grupos e classes relacionáveis e relacionados com os motivos da alteração do contrato público. Por isso, é extremamente significativa a instituição do procedimento nesse âmbito, sendo de toda relevância sua adoção segundo enfoque favorecedor da "participação substancial" dos interesses presentes.

Além de conduzir à descoberta da "real" necessidade ou interesse público subjacentes às alterações contratuais cogitadas pela Administração, o procedimento, ao mesmo tempo, favorece um campo de conciliação entre os interesses envolvidos, quando do confronto entre os múltiplos ângulos de argumentação e a partir da soma das informações amplamente produzidas resultará uma decisão consistente e dosadamente democrática – mais estável e duradoura, por isso. O ato imperativo de modificação do contrato será, assim, produto de objetivos exames e ponderações realizados pela Administração, caracteristicamente compromissados com a dinâmica procedimental.

*3.2 Aplicabilidade do procedimento
como instrumento de formação do ato "variandi"*

Posto o contexto em que se vê inserido o estudo do procedimento, cabe examinar sua aplicabilidade especificamente no âmbito das modificações unilaterais de contrato administrativo.

O *ius variandi* – já foi dito – manifesta-se por meio de ato administrativo, instrumento típico a concretizar a declaração do poder público. A manifestação desse ato, no entanto, exige um *iter concreto* de produção, no qual se insere a manifestação do particular e de terceiros envolvidos. Este rito de produção do ato, pautado por requisitos de suficiência, consiste no procedimento administrativo hábil à formação da autoridade de instabilização do contrato.

O procedimento como pressuposto necessário ao ato *variandi* encontra sede constitucional. O art. 5º, LIV e LV, da Constituição Federal determinou a exigência do procedimento em hipótese de privação de bens, garantindo aos litigantes o contraditório e ampla defesa, com os meios e recursos a ela inerentes. Impôs, assim, o texto constitucional a necessidade de procedimento, independentemente de previsão legal ou regulamentação,[86] sempre que um ato estatal seja apto a atingir a esfera de direitos dos particulares.[87]

A competência de instabilização do contrato administrativo pressupõe o uso de poder público restritivo de direitos individuais. Vislumbra-se que o co-contratante assim como terceiros envolvidos podem ter direitos mutilados pela competência, em nome da promoção do interesse geral. Essa situação limitativa de direitos impõe o procedimento como pressuposto de validade da função.[88]

3.3 Injuntividade e disposição do procedimento

A exigência normativa de estabelecimento do procedimento é de cunho *injuntivo*,[89] embora no concernente ao conteúdo de sua estipula-

---

86. O parágrafo único do art. 5º da Constituição Federal reza que os direitos e garantias individuais e coletivos arrolados não necessitam de regulamentação.
87. Há, nesse sentido – como anota Benedicto Porto Neto –, manifestações do Supremo Tribunal Federal e do Superior Tribunal de Justiça decidindo que o direito de manifestação prévia previsto no art. 5º da Constituição Federal deve ser assegurado a todos que tenham interesses contrapostos aos da Administração, e não apenas na hipótese de imposição de sanções ("A Agência Nacional de Telecomunicações", in *Direito Administrativo Econômico*, 1ª ed., 2ª tir., p. 297).
88. No mesmo sentido tem sido a jurisprudência do Superior Tribunal de Justiça: "Mandado de segurança – Recurso – Transporte coletivo – Exploração de linha de ônibus – Contrato de concessão – Alteração unilateral, pela Administração – Impossibilidade. A concessão dos serviços de transportes coletivos para exploração de linha de ônibus gera direitos e só pode ser alterada com observância do devido processo legal, assegurada ampla defesa" (2ª T., ROMS 1993.00.02938-0/TO, rel. Min. Hélio Mosimann, j. 14.9.1994, *DJU* 10.10.1994, p. 27.138 – "Decisão: Por unanimidade, conhecer do recurso e dar-lhe provimento").
Anote-se, ainda, registro de outro julgado: a concessão de serviço público, nos termos da legislação pertinente, só é alterável, com dano ao concessionário, se observado o devido processo legal, em que se assegure ampla defesa (1ª T., ROMS 1992/0007013-2/TO, rel. Min. Demócrito Reinaldo, j. 3.3.1993, *DJU* 29.3.1993, p. 5.218 – "Decisão: Por unanimidade, dar provimento ao recurso").
89. Há – registre-se – quem se pronuncie no sentido de negar a pertinência do procedimento de contraditório quando não consignado na sede do contrato. É o que sustentou Márcia Walquiria Batista dos Santos, aduzindo que, desde que não previsto no contrato, a Administração não estaria jungida a "estabelecer o contraditório" nos processos de alteração de contrato administrativo ("Contrato. Alteração unilateral. Princípio do contraditório", in *Temas Polêmicos sobre Licitações e Contratos*, 5ª ed., p. 319).
A mesma orientação se viu em decisões jurisprudenciais (TJSP, 3ª C., EDecl 235.179-1/0, rel. Des. Mattos Faria; no mesmo sentido: TJSP, 3ª C., EDecl 237.956-1/1-01, rel. Des. Ribeiro Machado).

ção no caso concreto, respeitados os requisitos de suficiência, admita-se disposição pelas partes.⁹⁰ Se há garantias insuprimíveis a serem alcançadas pela instituição do procedimento no campo das alterações de contratos administrativos, há, de outro lado, possibilidade de disposição de aspectos supletivos. Parece não só autorizado como *recomendado* que sejam clausuladas pelas partes contraentes regras procedimentais acerca da competência de instabilização do contrato administrativo, porquanto tais regras funcionarão a evitar dúvidas posteriores, reduzindo o risco de conflitos.⁹¹

3.4 Procedimento não-formalizado

É possível classificar o procedimento, no campo das modificações contratuais, como um procedimento *não-formalizado*. Vê-se que a lei não previu uma sucessão formalizada de atos inerentes, constituindo um rito específico. As leis específicas (Lei 9.784/1999 e Lei 8.666/1993), embora tenham prescrito requisitos e atos obrigatórios à construção procedimental, não chegaram a formalizar exaustivamente a ordenação de atos, erigindo um tipo procedimental determinado. Deixou o legislador, por isso, certa disposição pela Administração (e pelo co-contratante) na formulação do procedimento em casos concretos.⁹²

_{Com o devido respeito, discorda-se da posição. Como dito, por força das normas jurídicas aplicáveis, de natureza injuntiva, trata-se o procedimento de exigência inarredável à atuação administrativa de modificação dos contratos. A ressalva é que, dado que ausente a prescrição normativa de requisitos de formalização do rito procedimental, haverá aspectos manipuláveis pelas partes. Mas jamais isso poderá traduzir-se na renúncia ao procedimento ou aos elementos que lhe são essenciais (contraditório e ampla defesa). As estipulações restritivas ou excludentes do procedimento em si afiguram-se nulas. Esse deve conter-se nos parâmetros de suficiência, sob pena de invalidação do ato por ausência de requisitos procedimentais (vício de procedimento).}

90. Como pontua Marçal Justen Filho, relativamente ao contrato de concessão: "É perfeitamente cabível (...) que o contrato discipline o procedimento para exercício de poderes exorbitantes. Assim, poderá estabelecer prazos ou formalidades a que as partes se sujeitarão, a propósito de modificações unilaterais. Se essa for a opção das partes, as regras terão força vinculante e obrigatória, excluídas hipóteses de modificações emergenciais" (*Concessões de Serviços Públicos*, p. 254).

91. Neste sentido, e acerca do contrato de concessão, já averbou Justen Filho (*Concessões ...*, p. 257).

92. Não obstante em algumas espécies de serviços públicos se verifique regulamentação procedimental em diplomas específicos. Ressalte-se o Código de Procedimento Administrativo da Agência Nacional de Telecomunicações – ANATEL, aprovado originariamente pela Resolução 1/1997 e alterado pela Resolução 197/1999.

Não que a ausência de formalização signifique ausência de exigibilidade de procedimento.[93] Como se disse, o procedimento é cogente ao exercício de modificação dos contratos administrativos, e se há de impor de forma a contemplar as exigências de suficiência (adiante examinadas). Apenas não se acha submisso a um rito formal específico.

3.5 Fases do procedimento

De um modo geral – e nas hipóteses de alterações unilaterais não se foge à regra – o procedimento atende a três fases distintas: uma fase *preparatória*, uma fase *instrutória* e uma fase de *conclusão*. Esta última desdobra-se nas fases *dispositiva*, *controladora* e de *comunicação*.

A primeira fase abrange os atos de preparação que desembocam na instauração do rito procedimental. Inicia-se com os chamados "atos de iniciativa". Não só a Administração, mas o co-contratante ou qualquer cidadão poderão praticar atos informativos capazes de provocar a instauração do procedimento de alteração de contratos. Desde que praticados por terceiros (incluindo-se o co-contratante), esses atos (propostas, comunicações, denúncias, reclamações) constituem elemento de exame pela Administração, que, a partir de um juízo de avaliação e aferição, poderá instalar ou não o procedimento. Vislumbre-se a constatação pelo co-contratante de situações impeditivas da continuidade da execução de uma obra de escavação pela descoberta, por exemplo, de uma camada rochosa não identificada nos projetos produzidos para a contratação. Ao co-contratante cabe o dever de cientificar a Administração, dando conta dos entraves verificados, para que essa promova a avaliação e tome as providências adequadas. Este ato poderá provocar a instauração de procedimento voltado à alteração do contrato administrativo, visando à reformulação do projeto originário, de molde a reconduzir a execução da obra à nova realidade.

A fase instrutória ou de tramitação abrange propriamente a colheita de elementos e informações com a participação ativa dos interessados. É aqui que se concretiza a participação dos múltiplos interesses envolvidos com a medida. Há a instalação do contraditório e da ampla defesa, sendo a função da Administração Pública coordenar e favorecer as manifestações pertinentes.

---

93. Juli Ponce Solé já referiu que "la ausencia de formalización de un procedimiento específico no significa, en ningún caso, que puedan ser revocados actos sin seguir, previamente, un procedimiento administrativo" (*Deber* ..., p. 241).

Ao final da etapa de instrução o procedimento desemboca nas conclusões decisórias do órgão competente, quando acontece a fase conclusiva. Nesse passo, a Administração emanará o ato decisório (de modificação unilateral), acompanhado das devidas justificativas – as quais deverão considerar todas as informações e manifestações produzidas, sopesando e confrontando as argüições e revelações, sintetizando os interesses relacionais –, e, sob a irrenunciável busca pelo interesse geral, pronunciará o ato-decisão.

Após a fase *dispostiva* ou *decisória* há a fase de *comunicação*, sede em que se opera a notificação dos envolvidos do conteúdo do ato decisório emanado, mediante meios idôneos para tal.

Há autores, ainda, que visualizam, entre a fase *dispositiva* e a fase de *comunicação*, uma fase *controladora*, a qual oportuniza a confirmação ou infirmação do ato pela autoridade hierárquica superior, realizando-se controle acerca da correção da tramitação do procedimento.[94]

3.6 Requisitos procedimentais

A par da exigência injuntiva do procedimento, surge a necessidade de explicitar-se *requisitos necessários de suficiência* que deverão ser atendidos pelo processo de formação da autoridade decisória.

O estabelecimento do procedimento no campo das contratações administrativas, particularmente em sede de exercício do poder de modificação unilateral, justifica-se não como mero roteiro formal a ser seguido pela Administração (e pelas partes), mas como meio de possibilitar a *participação* popular (e dos diretamente interessados) na feitura da decisão buscada. Na síntese de Cândido Rangel Dinamarco: "(...) o que legitima os atos de poder não é a mera e formal observância dos procedimentos, mas a participação que mediante o correto cumprimento das normas processuais tenha sido possível aos destinatários".[95]

Essa *participação* é alcançada pelas exigências de suficiência que se impõem ao instituto. Ainda que como instrumento, o procedimento há de desenvolver-se a alcançar *escopos* definidos (de fiscalização, de contraditório, de defesa e de otimização da ação administrativa). É inócua a aplicação do procedimento descurando-se dos valores que, sob sua égide, devem ser preservados (garantidos). Esses requisitos de su-

---

94. V. Celso Antônio Bandeira de Mello, *Curso ...*, 15ª ed., p. 456.
95. *Fundamentos do Processo Civil Moderno*, 5ª ed., vol. I, p. 125.

ficiência do procedimento são o que confere legitimação ao exercício do poder público.

O procedimento, pois, aplicado às modificações unilaterais de contrato traduz três escopos definidos: (a) fiscalizatório; (b) de defesa; e (c) de otimização da atividade administrativa. É a partir desses, e para o favorecimento de sua efetividade, que se impõem requisitos procedimentais à formação da autoridade decisória. Vale dizer, o rito procedimental que instrumentará a formação do poder de modificação unilateral do contrato administrativo há de formalizar-se de molde a contemplar a tríplice função que lhe é prescrita pelo Direito.

Referidos escopos inferem-se da finalidade das normas jurídicas atinentes. O regime jurídico impõe o atendimento à *mens* das leis e princípios que cuidam do tratamento jurídico do processo administrativo. Da finalidade normativa extraem-se os escopos referidos, que se traduzem em requisitos de suficiência do rito formal – ou seja: configuram o atendimento mínimo, pela tarefa de criação e disposição do procedimento, a determinados objetivos inerentes.

Cabe inferir as diretrizes de cada escopo que se impõe (e se extrai) do procedimento na atividade de modificação unilateral dos contratos administrativos.

3.6.1 Escopo fiscalizatório

O procedimento que se institui na tarefa de formar-se a decisão de modificação do contrato administrativo deve atender, primariamente, a um requisito de *transparência*. Permite-se um exercício fiscalizatório dos envolvidos (e dos administrados em geral) acerca do trâmite de atos que desencadearão o ato derradeiro de modificação contratual.

Sabe-se que a atividade pública – por força do princípio da publicidade, encartado no art. 37 da Constituição Federal[96] – há de constranger-se à transparência de seus atos. Da publicidade do manejo com a coisa pública descende a possibilidade fiscalizatória dos cidadãos, que lhes permite um exercício efetivo da cidadania/Democracia. Dessa transparência depende a eficácia do princípio da responsabilidade pública.[97]

---

96. A Lei 9.784/1999, em seu art. 2º, prescreve a incidência do princípio da publicidade ao processo administrativo.

97. Nas palavras de Cármen Lúcia Antunes Rocha: "Não se exige que se fiscalize, se impugne, o que não se conhece. O acesso a quanto praticado administrativamente pelo Estado é que oferece os elementos para o exercício dos direitos do

Dito requisito de transparência tem em contrapartida a articulação de um direito público subjetivo do cidadão, de conhecimento do agir administrativo. O procedimento administrativo serve imediatamente a esse fim.

Ensina Romeu Felipe Bacellar Filho que: "Sem a fixação do procedimento administrativo, impossibilita-se qualquer relação estável entre Administração e cidadãos, onde cada um saiba até onde vai o poder do outro e como este poder será exercido".[98]

A publicidade que se exige da formação da autoridade pública à instabilização do contrato administrativo não aproveita apenas aos diretamente envolvidos na feitura da decisão, mas permite a *todo e qualquer cidadão* a fiscalização dos atos inerentes. Produz-se, pela via procedimental, o controle do cidadão (em geral) acerca da gestão da coisa pública; a atitude de fiscalização que se favorece com a instituição do procedimento é o que permite ao administrado zelar pela ótima gestão administrativa, investir contra abusos e ilegalidades e denunciar a corrupção.[99]

Veja-se que a Lei 9.784/1999 prescreveu o direito do cidadão à fiscalização dos procedimentos administrativos (art. 46),[100] quando

---

cidadão. A publicidade é, pois, fundamental para que os direitos conferidos constitucional e legalmente ao cidadão possam ser mais que letra de norma jurídica, mas tenham efetividade jurídica e social. Sem a publicidade da conduta administrativa, logo, não se há pensar também na eficácia do princípio da responsabilidade pública" (*Princípios Constitucionais da Administração Pública*, p. 241).

98. *Princípios* ..., p. 130.

99. Mediante ação popular, por exemplo (CF, art. 5º, LXXIII). No mesmo espírito, favorece-se a intensificação do controle pelo Ministério Público na defesa dos interesses indisponíveis em questão, pela defesa do consumidor de serviços públicos (CF, art. 170, e Lei 9.078/1990, art. 22) e através de ação civil pública (CF, art. 129, III, e Lei 7.347/1985).

100. "Os interessados têm direito à vista do processo e a obter certidões ou cópias reprográficas dos dados e documentos que o integram, ressalvados os danos e documentos de terceiros protegidos por sigilo ou pelo direito à privacidade, à honra e à imagem."

Sérgio Ferraz e Adílson Dallari esclarecem que a letra da norma pode sugerir entendimento equivocado, eis que atribui ao "interessado" o direito aos expedientes arrolados – que seriam aquelas pessoas qualificadas pelo art. 10 da mesma lei. "Não existe, porém, tal restrição, por força do princípio da publicidade e, especialmente, do direito à obtenção de certidões, assegurado pelo art. 5º, XXXIV, 'b', da Constituição Federal." Assim, "quando a lei fala em 'vista dos autos' ela o faz em sentido técnico, qual seja, o de oportunidade concedida à parte para eventualmente manifestar-se após exame do processo. A mera consulta ao processo, seja para sim-

aquele poderá formular consulta, requerer certidão ou cópia dos processos respectivos.

Já no âmbito específico da Lei 8.666/1993 cuidou-se de prescrever, mediante a veiculação de normas gerais, exigências de publicidade acerca do procedimento licitatório e da contratação buscada. Em seus arts. 4º, caput,[101] 7º, § 8º,[102] 15, § 6º,[103] e 63[104] a lei instituiu direitos subjetivos públicos de fiscalização do procedimento de contratação; nos arts. 41, § 1º, e 113, § 1º, disponibilizou ao administrado via de impugnação ao edital e de representação junto ao Tribunal de Contas e órgãos de controle acerca de irregularidades na aplicação da lei.

Os direitos públicos subjetivos elencados alcançam, no âmbito da execução do contrato administrativo, as modificações unilaterais. Sabe-se que, na tarefa de engendrar alterações em contratos administrativos, a Administração promove, sob certo ângulo, atividade similar à que se desenvolve na feitura das cláusulas e condições originárias do contrato. Há criação de pacto e manipulação de recursos públicos; verifica-se atividade criativa de condições de prestação de serviços públicos. Poderá pressupor, ainda, atividade de planificação.

Por isso, as exigências de transparência que se impõem a condicionar a produção do contrato estendem-se às modificações unilaterais do contrato. O direito público à fiscalização é inerente ao contrato administrativo, impondo-se nos procedimentos de alteração unilateral.

Embora a Lei 8.666/1993 não haja previsto um mecanismo próprio para a participação do cidadão no processo de alteração dos con-

---

ples conhecimento ou para formular pedido de certidão ou de cópia, independe da condição de 'interessado' em sentido estrito. Para isso 'interessado' é quem tem interesse, é qualquer pessoa" (Sérgio Ferraz e Adílson Dallari, Processo Administrativo, 1ª ed., 2ª tir., pp. 142-143).

101. "Todos quantos participem de licitação promovida pelos órgãos ou entidades a que se refere o art. 1º têm direito público subjetivo à fiel observância do pertinente procedimento estabelecido nesta Lei, podendo qualquer cidadão acompanhar o seu desenvolvimento, desde que não interfira de modo a perturbar ou impedir a realização dos trabalhos."

102. "Qualquer cidadão poderá requerer à Administração Pública os quantitativos das obras e preços unitários de determinada obra executada."

103. "Qualquer cidadão é parte legítima para impugnar preço constante do quadro geral em razão de incompatibilidade desse com o preço vigente no mercado."

104. "É permitido a qualquer licitante o conhecimento dos termos do contrato e do respectivo processo licitatório e, a qualquer interessado, a obtenção de cópia autenticada, mediante o pagamento dos emolumentos devidos."

tratos, como o fez no âmbito do ato de convocação da licitação, mediante impugnação ao edital,[105] certamente poderá aquele valer-se do direito de petição, consagrado constitucionalmente.[106]

Frise-se que a fiscalização acerca das alterações contratuais permite um controle da própria licitação, porquanto levará ao conhecimento dos demais licitantes que concorreram ao objeto licitado as implicações da modificação projetada, podendo-se aferir o respeito a princípios da licitação.[107]

Também se obtém pelo procedimento o favorecimento no âmbito de um controle ativo (externo) pelo Poder Legislativo (CF, art. 49, X) e pelo Tribunal de Contas (CF, art. 71). Estes órgãos procedem a um exame/controle acerca da *economicidade* e legitimidade das operações contratuais (em sentido amplo), inseridas aí as modificações unilaterais pela Administração. Na medida em que as alterações possam implicar o desembolso de recursos públicos, reclamam um controle da sua *economicidade* (CF, art. 70).

Além do controle *passivo*[108] do cidadão favorecido pelo procedimento, verifica-se modernamente a possibilidade de consultas públicas, admitidas no âmbito de procedimentos administrativos, de molde a melhor informar os atos decisórios. Estes expedientes parecem revestir-se de relevância nos procedimentos de alteração de contratos administrativos pela implicação do interesse geral tutelado, produzindo reflexos diretamente na execução de serviços públicos.

105. Art. 41, § 1º.
106. Em relação ao direito de petição e ao direito ao *due process fo law*, afirma Lúcia Valle Figueiredo "a indigência nossa no concernente à mais absoluta falta de tradição de uso desses mecanismos, e o ranço autoritário da Administração Pública, que, durante anos e anos, negou até mesmo vista de processo administrativo aos advogados" (*Direitos dos Licitantes*, 4ª ed., p. 96, nota 6).
107. Exemplo disso tem-se verificado, de forma expressa, no Direito Espanhol. Conforme destaca Sainz Moreno, a recente normativa espanhola sobre contratos da Administração Pública ampliou, em relação à normativa anterior, a exigência de publicidade no que toca às modificações contratuais (mesmo as consensuais), determinando aquela não só a audiência do co-contratante, mas de todos os licitantes que participaram do certame originário (art. 59.1) ("Temas objeto de debate en la nueva ley", in *Comentario a la Ley de Contratos de las Administraciones Públicas*, p. 94). O texto comentado pelo autor (originário do art. 60.1 da Lei 13/1995) foi mantido pelo Real Decreto Legislativo 2/2000, contendo-se no art. 59.1 da lei. A legislação espanhola estipulou, ainda, exigências procedimentais específicas ao contrato de obras (art. 146).
108. Entendido como possibilidade de conhecimento dos atos inerentes, não pressupondo o chamamento ao processo.

A Lei 9.874/1999 (art. 31[109]) prevê que, quando a matéria objeto do processo administrativo envolver assunto de interesse geral, o órgão competente, mediante despacho motivado, *poderá* abrir período de consulta pública para manifestação de terceiros, antes da decisão do pedido, se não houver prejuízo para a parte interessada.

Assim, nas modificações contratuais que repercutam efeitos em aspectos relevantes do serviço público, tocando ao *interesse geral*, faz-se necessária a consulta pública, de molde a atender à participação popular. Os arts. 32[110] e 33[111] da mesma lei determinaram, ainda, a possibilidade de instituir-se audiência pública e outros meios de participação de administrados.

Decorre que a instituição do procedimento no âmbito das contratações públicas produz um exercício fiscalizatório pelos administrados e pelos órgãos encarregados do controle externo dos atos e contratos da Administração, preservando a lisura dos atos inerentes e a qualidade das decisões resultantes, garantindo um conhecimento amplo acerca da gestão contratual administrativa.

Para além disso, ainda, o procedimento se desenvolve de maneira a *atrair* a participação dos *envolvidos* no processo de modificação contratual. O escopo fiscalizatório, além de favorecer o conhecimento da formação dos atos públicos aos administrados em geral, gera a possibilidade de *interferência* dos chamados "interessados" na produção decisória – isto é, daqueles que detenham interesse jurídico em face das modificações engendradas. Para esses o Direito assegura não apenas a

---

109. "Quando a matéria do processo envolver assunto de interesse geral, o órgão competente poderá, mediante despacho motivado, abrir período de consulta pública para manifestação de terceiros, antes da decisão do pedido, se não houver prejuízo para a parte interessada.

"§ 1º. A abertura da consulta pública será objeto de divulgação pelos meios oficiais, a fim de que pessoas físicas ou jurídicas possam examinar os autos, fixando-se prazo para oferecimento de alegações escritas.

"§ 2º. O comparecimento à consulta pública não confere, por si, a condição de interessado no processo, mas confere o direito de obter da Administração resposta fundamentada, que poderá ser comum a todas as alegações substancialmente iguais."

110. "Antes da tomada da decisão, a juízo da autoridade, diante da relevância da questão, poderá ser realizada audiência pública para debates sobre a matéria do processo."

111. "Os órgãos e entidades administrativas, em matéria relevante, poderão estabelecer outros meios de participação de administrados, diretamente ou por meio de organizações e associações legalmente reconhecidas."

possibilidade de conhecimento do atuar administrativo, mas a faculdade de manifestação nos autos, no âmbito de uma participação *ativa*.[112]

O co-contratante assim como os usuários de determinado serviço público, e até terceiros envolvidos, se interessados, hão de deter o necessário e imprescindível conhecimento acerca da feitura da decisão; devem ter a possibilidade de alcançar os pareceres técnicos produzidos, as diligências realizadas, os procedimentos internos adotados no fito de construção do ato decisório. Nenhuma informação lhes pode ser privada, sob pena da ofensa à publicidade administrativa.[113]

Perceba-se que a transparência da atividade administrativa não se esgota no fornecimento da publicidade suficiente ao cidadão, mas tem a virtualidade de devolver à Administração o acesso a informações pertinentes, trazendo a ela a possibilidade de enriquecer seu conhecimento acerca das circunstâncias; trata-se de admitir que, quanto mais se alcance um procedimento dotado de ampla transparência, mais os cidadãos-administrados participarão da gestão pública e, de conseqüência, mais contribuirão para a otimização da função pública. Assim: quanto mais visibilidade, maior a participação do cidadão, melhor o desempenho da função.[114]

O procedimento traduz ainda um escopo de *contraditório* dos interessados; deve permitir a participação não apenas passiva dos interessados, mas, ainda, ativa. Alcança-se tal função mediante o estabelecimento, naquele âmbito, do *amplo contraditório*, com suas conseqüências inerentes.

---

112. Essa participação infere-se dos termos da Lei 9.874/1999, que assegura ao "interessado" direitos e garantias em face do procedimento administrativo.

113. Como ilustração, cite-se que o Anteprojeto da nova Lei Geral de Contratações da Administração Pública, de 13.3.2002, previu expressamente a audiência do co-contratante como pressuposto de validade do ato de modificação (e do exercício de prerrogativas pela Administração em geral). Dispõe o parágrafo único do art. 167 do Anteprojeto: "O exercício de qualquer prerrogativa da Administração depende de ato escrito, motivado e prévia audiência do contratado".

114. Vale consulta à crítica de Benedicto Porto Neto, anotando que: "A Administração Pública (...) trata o procedimento, na grande maioria das vezes, como um requisito meramente formalista; reduz o procedimento à mera oportunidade de manifestação pelo particular, ignorando suas razões ao decidir e não admitindo a produção de provas. Enfim, reduz o procedimento a um culto vazio, desprovido de finalidade substancial" ("A Agência ...", in *Direito Administrativo Econômico*, 1ª ed., 2ª tir., p. 297).

3.6.2 Função contraditória

O procedimento deverá atender ao contraditório e à ampla defesa. O co-contratante, em face das alterações unilaterais levadas a efeito, detém direito subjetivo ao procedimento, de modo a permitir-se o estabelecimento do contraditório, a teor do art. 5º, LIV e LV, da Constituição Federal.[115]

Somam-se ao preceito as disposições dos arts. 2º, *caput*, e 3º, II, da Lei 9.074/1995.

Já se registrou atrás a função de transparência a que o procedimento deve atender. Pois esta será tanto mais fundamental quando se vislumbra o exercício de uma atividade ostensiva da Administração. Isto é, quando o poder público vale-se de competência que produz efeitos restritivos a direitos e garantias individuais e de grupos determinados. No campo dos poderes exorbitantes do contrato administrativo esta faceta toca particularmente ao co-contratante.

O procedimento atenderá ao contraditório enquanto permitir ao co-contratante a informação necessária para possibilitar sua reação. Segundo Odete Medauar o contraditório desdobra-se nos seguintes elementos: (a) *informação geral*, traduzida como um direito, deferido aos sujeitos e à Administração, à informação adequada dos fatos que estão na base da formação do processo, envolvendo dados, documentos e provas que vierem à luz no curso do procedimento, resultando daí a exigência de comunicação aos sujeitos dos elementos do processo; (b) *ouvida dos sujeitos*, consistente na possibilidade de manifestar o próprio ponto de vista sobre os fatos, documentos e argumentos apresentados pela Administração e por outros sujeitos. Aí se incluem o direito paritário de propor provas (com razoabilidade) e de vê-las realizadas e o direito a um prazo suficiente para o preparo das observações a serem contrapostas; e a (c) motivação,[116] cujo expediente permite identificar como e quanto determinado fato, documento ou alegação influiu sobre a decisão final.[117]

---

115. R. Ehrhardt Soares infere a audiência do particular a par de atos restritivos de direitos do princípio do Estado de Direito. Segundo o autor: "A audiência do particular tocado pelo procedimento é muitas vezes exigida por lei. Quando tal não suceda, deve ter-se por necessária sempre que o procedimento se dirija a um ato que implica compressão de direitos ou vantagens. Tal decorre de uma idéia de Estado de Direito" (*Direito Administrativo*, p. 161).

116. *Processualidade no Direito Administrativo*, p. 104.

117. Idem, pp. 104-107.

O exercício do contraditório há de ser absorvido pela Administração como possibilidade de *otimização* da ação. Significa que o órgão administrativo deve se mostrar "sensível" às informações e argüições produzidas, permitindo ao co-contratante a produção ampla de provas e informações. É que tal expediente favorecerá a própria Administração na condução da atividade decisória.[118] Isso traduz e produz um dever de cooperação do órgão administrativo para com o particular envolvido; decorre um dever do Estado de "colaborar, mesmo *ex officio*, na interação do administrado no processo. Além de outorgar lapsos temporais para a manifestação das pessoas privadas, devem ser esclarecidas as razões de tais atos e as alternativas que deles derivam".[119] Completa Egon Bockmann Moreira: "O princípio do contraditório assegura ao particular a possibilidade de influenciar a atividade da Administração e o dever desta de auxiliar, de forma sempre isonômica, as partes da relação jurídico-processual".[120]

Observe-se, sobretudo, que o art. 3º da Lei 9.784/1999 previu a instituição nos processos administrativos de um contraditório não meramente formal, mas efetivo, ao prescrever a exigência de que as alegações e documentos produzidos pelo interessado naquele âmbito sejam objeto de consideração pelo órgão julgador. Logo, "a decisão deve fluir da dialética processual",[121] devendo as razões produzidas ser sopesadas (todas elas), sob pena de ofensa à função contraditória.

De fato, "a efetiva participação do administrado na formação do ato administrativo esgotará ou, quando menos, minimizará todas as questões, dúvidas ou indagações" que se fizerem presentes. Daí que "somente após a sua ampla discussão" o ato administrativo deve ser praticado. "Todas estas dificuldades, por assim dizer, vão passar pelo crivo do *contraditório* antes mesmo de o ato administrativo ser produzido, filtrando as questões passíveis de contraste jurisdicional posterior."[122]

---

118. Celso Antônio Bandeira de Mello chama a atenção para o "segundo objetivo" a que o procedimento serve, qual seja: "concorre para uma decisão mais bem informada, mais conseqüente, mais responsável (...) pois a Administração não se faz de costas para os interessados, mas, pelo contrário, toma em conta aspectos relevantes por eles salientados e que, de outro modo, não seriam, talvez, vislumbrados" (*Curso ...*, 15ª ed., p. 453).
119. Egon Bockmann Moreira, *Processo Administrativo – Princípios Constitucionais e a Lei 9.784/1999*, 2ª ed., p. 285.
120. Idem, ibidem.
121. Adílson Dallari e Sérgio Ferraz, *Processo Administrativo*, 1ª ed., 2ª tir., p. 72.
122. Casio Scarpinella Bueno, "Inafastabilidade ...", in *Direito Processual Público*, 1ª ed., 2ª tir., p. 247.

Da ampla defesa – conceito que se pode entender como abrangente do contraditório – desdobram-se os seguintes aspectos: (a) caráter prévio da defesa, significando a anterioridade da defesa; (b) o direito de interpor recursos (inclusive e quando não houver previsão expressa), mediante o direito de petição; (c) possibilidade de defesa técnica; (d) o direito de ser notificado do início do processo, "devendo constar do texto a indicação dos fatos e bases legais"; o direito de ser cientificado das medidas ou atos relativos à produção de provas; e (e) o direito de solicitar e acompanhar a produção de provas, e de vê-las realizadas e consideradas.[123]

Impõe-se, assim, o "amplo contraditório"[124] ao exercício de modificação unilateral dos contratos administrativos.

Não obstante, é preciso pontuar que a amplitude e a extensão das garantias inerentes aos institutos deverão graduar-se pela relevância do objeto do ato derradeiro (em tese). O princípio da proporcionalidade ditará a oportunidade da instituição de amplas garantias ou a prevalência de um procedimento esquálido, pautado pela absorção restrita da "participação" dos sujeitos. Não se pode pretender traduzir as garantias estipuladas em exercício tumultuário do processo, ou em expediente de estorvo da ação administrativa. Daí a advertência de Juli Ponce Solé no sentido de que os elementos do contraditório haverão de modular-se conforme o *tipo* de procedimento, não podendo, entretanto, em caso algum, desaparecer.[125]

3.6.3 Escopo de otimização da ação administrativa

A função de *otimização* significa que o procedimento deverá favorecer à Administração a intensificação do conhecimento acerca das informações inerentes ao objeto da decisão (da modificação propriamente do contrato administrativo). Essa postura deverá permear a tomada de decisões discricionárias e o sopesamento dos fatos que contribuirão na eleição do ato decisório. Pressupõe-se, em face disso, uma participação cidadã não apenas passiva, mas dinâmica.[126]

---

123. Odete Medauar, *Processualidade* ..., pp. 115-120.
124. Adota-se expressão de Lúcia Valle Figueiredo, a qual sintetiza (reúne) as garantias de ampla defesa e o contraditório (*Curso de Direito Administrativo*, 6ª ed., p. 425).
125. *Deber* ..., p. 298.
126. R. F. Bacellar Filho, *Princípios* ..., p. 133.

Como expõe Ponce Solé: "Os critérios, opiniões, alternativas, sugestões, críticas e etc. introduzidos no procedimento mediante a participação podem e devem contribuir a melhorar a decisão a adotar, ainda que não sejam aceitos. Através deles, os cidadãos podem expor seus pontos de vista relativos ao núcleo da decisão discricionária a tomar, influenciando e orientando positivamente o critério metajurídico ínsito nela".[127]

A produção de uma decisão de alteração unilateral de contrato administrativo envolverá, via de regra, aspectos técnicos e pragmáticos. Os critérios decisórios, por isso, pressupõem um reconhecimento minucioso do objeto do contrato, particularmente das condições práticas de sua execução. Nesse contexto, há muitos elementos que são de exclusivo conhecimento do executor-particular e que, para efeitos de alteração dos termos executivos do contrato, deverão necessariamente ir à ciência da Administração-contratante. Por mais bem engendrada que possa ser uma modificação contratual no campo teórico, seu melhor êxito dependerá, inclusive no que tange a aspectos executivos específicos (porquanto a mesma finalidade poderá ser alcançada através de diferentes meios), do conhecimento e do dimensionamento de fatores práticos implicadores da execução do objeto.

Em inúmeros casos as necessidades públicas poderão ser alcançadas sob variadas formas de se programar uma alteração na execução contratual. O surgimento de necessidade que legitime uma alteração no contrato produz a necessidade de se engendrar tecnicamente essa alteração – donde a Administração haverá de levar em consideração não só aspectos técnicos inerentes à execução contratual, mas também aspectos pragmáticos, práticos, que vêm influenciando no curso da execução; circunstâncias que detêm influência na forma de gestão contratual, geralmente do conhecimento do co-contratante. A noção contextual, pela Administração, do cenário a que se destina a investida modificadora propiciará, não há duvidar, melhor eficiência na gestão administrativa.[128]

Impõe-se ao procedimento de alteração do contrato o princípio da *melhor administração*. Reconhece-se que, do leque de opções discricionárias que se verificam em tese, deverá o administrador, promovendo

---

127. *Deber* ..., p. 321.
128. Fernando Vernalha Guimarães, "Uma releitura do poder de modificação do contrato administrativo no âmbito das concessões de serviços públicos", *RT* 781/19.

a redução da zona de livre responsabilidade, extrair a ótima decisão (que não será exclusiva). A depuração decisória consegue-se pela maximização do reconhecimento do circunstancial fático, propiciado este (não exclusivamente) pela instituição de um procedimento suficiente.

Daí se vê que não só a proteção a direitos dos particulares – tida pelo regime jurídico-administrativo como um contrabalanço em relação às prerrogativas públicas – está a legitimar a pertinência da participação do co-contratante no processo de formação do *ius variandi*, como também funda-se essa na busca pela otimização da ação administrativa segundo uma diretriz principiológica da "melhor administração".[129]

Ressalve-se que a manifestação do particular (co-contratante), nessa sede, não significa o exercício de ingerência sobre o conteúdo da modificação proposta. O conteúdo decisório da alteração é manifestado exclusivamente pela Administração Pública sob o desempenho indisponível de competências. Mas o co-contratante tem de ser cientificado dos termos da modificação, tendo a oportunidade processual para argüir eventuais vícios que possam acometer a investida da instabilização do vínculo engendrada, assim como manifestar-se acerca do mérito da modificação. Verificada a ilegalidade denunciada, a Administração tem o dever de nulificar o ato (essa, uma solução imposta pela indisponibilidade dos interesses manejados no setor administrativo-público).

Ainda no contexto da função otimizadora do procedimento, tem-se levantado a possibilidade de instituir uma *tratativa negocial* – âmbito em que se permitiria à Administração a composição de interesses.[130] Admite-se que, embora o chamamento do co-contratante não lhe

---

129. Nesse espírito, a Lei 9.784/1999 parece ter recepcionado a função de otimização da atividade administrativa propiciada pelo procedimento quando, em seu art. 1º, estabelece que as normas veiculadas visam "à proteção dos direitos dos administrados e ao melhor cumprimento dos fins da Administração".

130. Floriano Azevedo Marques Neto comenta que: "Os novos órgãos reguladores de nova geração substituem a autoridade unilateral e adjudicatária pela autoridade negocial, permanentemente constituída. De nada adianta o agente público executar sua atividade regulatória tentando adjudicar unilateralmente direitos, ditar normas ou aplicar sanções em face de consumidores cada vez mais articulados ou de agentes econômicos cada vez mais fortes e internacionalizados. Assim, a legitimação desta autoridade terá de se dar muito menos pela presunção da supremacia e indisponibilidade do poder estatal (poder extroverso), e muito mais: (i) pelo respeito às regras do jogo; (ii) pela clareza dos objetivos e princípios estabelecidos pelo setor; (iii) pela transparência do procedimento regulatório; (iv) pela capacida-

outorgue a faculdade de interferir no mérito da modificação contratual proposta, sua participação, assim como a dos demais envolvidos, poderá ser absorvida pela Administração sob uma perspectiva negocial (prévia). Certamente, a atitude negocial propiciada pela Administração (dentro da latitude de ação própria conferida pela lei) deverá conduzir a um melhor resultado prático, legitimando de plano a alteração contratual promovida, evitando-se, pois, alguma irresignação do cocontratante na utilização de seu direito de recorrer à tutela jurisdicional, o que poderá estorvar o processo, trazendo, em última análise, prejuízos ao usuário final.[131]

Essa questão, contudo, produz a dificuldade de compatibilizar os espaços decisórios de livre negociação com a indisponibilidade dos interesses manejados. O aparente paradoxo parece se superar quando se aclara a natureza da margem negocial, definindo-a como um espaço discricionário, oriundo da *abertura/densidade* das normas jurídicas que se impõem como reguladoras da matéria. Nesse plano, é a interpreta-

de de interlocução com os diversos atores envolvidos; (v) e pela detenção do conhecimento técnico aplicável ao setor" ("A nova regulação ...", in *Direito Administrativo Econômico*, 1ª ed., 2ª tir., p. 91).

131. Fernando Vernalha Guimarães, "Uma releitura ...", *RT* 781/19. Essa experiência de negociação prévia tem-se visto, em certa medida, no âmbito das agências reguladoras norte-americanas, que, constantemente sufocadas em sua prática de regulação por litígios judiciais, acabaram por adotar um sistema de consenso, oportunizando ao concessionário uma instância preliminar negocial. O resultado é uma maior agilização da atividade reguladora, significando menor ônus ao usuário dos serviços.

Pode-se lembrar, ainda, a ponderação de Carlos Ari Sundfeld quando anotava que "o Direito Brasileiro, ao contrário do que ocorre em outros países, não tem grande tradição no que se refere à solução não-judicial do contencioso entre Estado e particulares. Se essa falha é inconveniente para as genéricas relações entre Estado e cidadão, o é, em ainda maior medida, para as relações entre Estado-concedente, de um lado, e concessionários, de outro. A complexidade das concessões, que envolvem aspectos tecnológicos, financeiros, contábeis, além de jurídicos, bastante sofisticados, torna imprudente a tendência de deixar que os conflitos a elas relativos deságüem, muito naturalmente, no Poder Judiciário, leigo nessas questões. Ainda que se cogitasse da criação de uma Justiça especializada para os serviços concedidos, ocorre que as decisões judiciais e seus respectivos procedimentos, sempre demorados, são pouco próprios para solucionar conflitos em relações, como as concessões, cuja manutenção suponha permanente intercâmbio, entendimento, negociação, entre as partes contraentes. Portanto, embora os contratos de concessão do setor elétrico se sujeitem ao controle judicial – inevitável, pois tem matriz constitucional –, deve-se discutir a criação de mecanismos de solução não-judicial do contencioso entre concedente e concessionário" ("A concessão de energia elétrica – Desafios atuais", *ILC – Informativo Licitações e Contratos*, junho/1996 (*CD-Rom*).

ção sistemática do regime jurídico-público das contratações administrativas que aconselha a pertinência da zona negocial como técnica preventiva de litígio. Afinal, a diretriz da *melhor administração* conduz a que o agente público tome a decisão mais vantajosa para o interesse geral – este, preenchido pelo balanço dos muitos interesses públicos em jogo. A avaliação discricionária, neste aspecto, pauta-se pelo critério do menor ônus e maior vantagem.

É certo que a opção pela pertinência de uma zona negocial normativamente orientada não se identifica com uma tendência de "administração gerencial". Ao contrário, traduz-se como técnica que privilegia o balanço (equilíbrio) dos interesses públicos envolvidos, sem deixar de pautar-se por um processo de burocratização de produção da decisão. Bem por isso, o espaço negocial nasce a partir de um procedimento próprio que envolve o *iter* de formação do ato que manifesta o *ius variandi*.

Quanto mais essa margem negocial propiciada ao poder público diz de perto com uma autonomia imediata de ação, com margem de liberdade decisória discricionária, mais reclama a pertinência de um procedimento minucioso, pormenorizado, pautado por uma ampla visibilidade das manobras adotadas. Como ensina Mario Nigro, quanto mais se desnatura a atividade substancial administrativa do sentido jurídico-público, mais se deve procurá-lo para além dela e de seus resultados – ou seja, na organização (procedimento).[132] Já afirmou, nesse particular, Ponce Solé – com cita a Malaret – que "a importância e funcionalidade do procedimento, junto com os aspectos organizativos, crescem quando se trata de casos em que algum dos elementos não está inteiramente regulado pela lei – discricionariedade em sentido próprio – ou 'quando o processo de aplicação da mesma (lei) apresente especial complexidade em relação à determinação precisa do pressuposto de fato – discricionariedade técnica e conceitos jurídicos indeterminados –', pois que, 'quanto mais indeterminada aparece a idéia de interesse público, maior é a responsabilidade técnico-política da Administração e mais completo e razoável deve ser o fundamento da decisão'".[133]

Não se quer, com o que se expôs, aludir a uma substituição da reserva normativo-legal por uma reserva de procedimento.[134] São cen-

132. "Procedimento amministrativo e tutela giurisdizionale contro la Pubblica Amministrazione (il problema di una legge generale sul procedimento amministrativo)", *Rivista di Diritto Processualle*, 1986, pp. 252 e ss.
133. *Deber* ..., pp. 116-117.
134. Na Itália e na Alemanha já se debateu o problema de se substituir a reserva legal por uma reserva de procedimento. A par da discussão que tomou a dou-

suráveis as teses que preconizam a dispensa ou relativização da reserva legal em prol de um fortalecimento da reserva de procedimento. A latitude de ação será buscada na abertura/densidade das normas que se projetam sobre o caso concreto.

A técnica negocial normativamente orientada funda-se sobretudo nos ditames de otimização e eficiência do exercício administrativo que se impõem a par do instituto do procedimento. Na advertência de Vieira de Andrade, um código de procedimento deve servir à Administração no fito de criar uma "Administração eficiente".[135]

Nesse diapasão, é razoável que se pense numa margem negocial para que o poder público possa, dentro dos parâmetros positivamente estatuídos pelo ordenamento, compor litígios, evitando-se pendências desnecessárias. E o procedimento, neste âmbito, exercerá uma função tanto garantística como propiciadora de maior celeridade e eficácia nas ações administrativas. Persegue-se o "equilíbrio entre os interesses da Administração e da sua eficiência (que são no fundo, também, interesses de todos os administrados) e os interesses dos administrados que participem directamente em cada procedimento".[136]

3.6.4 Chamamento de terceiros envolvidos.
A tutela dos usuários de serviços públicos

Destacou-se linhas atrás que o procedimento há de contemplar os interesses muitos envolvidos na confecção do ato. Para se delimitar a esfera de participação no âmbito do procedimento administrativo de modificação unilateral do contrato administrativo é de se precisar, primeiro, a implicação dos interesses abrangidos – vale dizer: a quem se

trina alemã, Schimpf sustentou que a substituição de ambas as técnicas jurídicas "poria em risco o princípio da igualdade e refletir-se-ia pesadamente na doutrina do acto administrativo, onde o consentimento prévio do destinatário nos actos administrativos carecidos de colaboração (*mitwirkungsbedürftigen Verwaltungsakte*) serviria, pela mesma lógica, para subtrair o acto aos imperativos da legalidade. Em compensação, a participação do interessado na formação da decisão administrativa pode constituir um factor de ponderação quanto ao grau de densidade da norma reputada indispensável: a colaboração do destinatário justificará a abertura da norma" (*apud* J. M. Sérvulo Correia, *Legalidade* ..., 1987, p. 604).

135. J. C. Vieira de Andrade, "As novas regras para a actividade administrativa", in *Seminário sobre o Código do Procedimento Administrativo, Centro de Estudos e Formação Autárquica*, Coimbra, 1993, pp. 83-84, *apud* Maria João Estorninho, *A Fuga para o Direito Privado*, p. 246).

136. Idem, ibidem.

defere legitimidade para a participação ativa no processo. Investiga-se quem são os sujeitos capazes de deter direito subjetivo ao procedimento.

Como se viu, o procedimento propicia à tarefa regulamentar estatal uma ampla participação (passiva) dos cidadãos. As exigências de publicidade e transparência garantem a visibilidade dos atos inerentes, levando ao conhecimento da população as razões e as decisões que confluem para o ato de alteração contratual. Mas esta ampla participação contém-se numa situação de *passividade*, não outorga a qualquer cidadão o direito de ser *chamado* no processo, garantindo-lhe apenas a via abstrata de impugnação mediante o direito de petição.

Em relação a determinados sujeitos, todavia, garante-se a manifestação *ativa* no procedimento, tendo a Administração de prover sua ouvida, considerar e relevar as alegações produzidas para o fim de confecção da decisão final. Nesta classe de sujeitos insere-se, como já visto, o co-contratante.

Além desse, há sujeitos que devem ser chamados ao processo sob pena de subtração de seu direito de *indução* à decisão de modificação do contrato. São estes os terceiros (1) atingidos de forma individual pela decisão final do procedimento ou (2) que detenham pretensão jurídica em decorrência da lei (como é o caso dos usuários de serviços públicos).

A tutela aos terceiros em geral verifica-se a partir do exame da legitimidade e do interesse ao procedimento – análise que se traduz na possibilidade concreta de lesão à esfera de direitos dos sujeitos. Quanto a esses o exame cinge-se à verificação do direito material subjacente; haverá direito à participação ativa no procedimento quando demonstrada efetiva lesão a interesses individuais. Apenas se acrescenta que a possibilidade de admissão da participação ativa destes sujeitos deve estar inserida num contexto de alargamento da participação popular em procedimentos desta ordem, o qual é despertado pela moderna postura que vem assumindo a Administração, traduzida na busca por decisões consensuais. Assim é que se tem permitido,[137] mediante um exame de relevância que faz o poder público, o chamamento de grupos e terceiros que detenham potencialmente interesse no ato de modificação unilateral, particularmente quando sua manifestação poderá contribuir à busca da melhor solução ao interesse geral.[138]

---

137. A Administração, conforme o objeto do ato, a teor do art. 33 da Lei 9.784/1999, poderá estabelecer meios de participação dos administrados, diretamente ou por meio de organizações e associações legalmente reconhecidas.

138. Na França o Conselho de Estado, em reforma a posições passadas (C.E. 16.4.1986, Cie. Luxembourgeoise de Télédiffusion, Rec. 96, *apud* Jean Pierre Le-

Verificam-se, ainda, sujeitos cujo direito ao procedimento (no campo da modificação de contratos administrativos) decorre da lei. É o caso dos usuários de serviços públicos.[139] Em relação a eles a Lei de Concessões (Lei 8.987/1995) garantiu sua participação na prestação do serviço público, estabelecendo regras relativas à fiscalização e controle (arts. 3º, 7º, II, IV e V, 22, 30, parágrafo único, e 33) e à cooperação com o serviço (art. 29, XII). Anuncia Dinorá Musetti Grotti que, "qualquer que seja a forma de prestação da atividade, direta ou indireta, o cidadão, o usuário direto ou em potencial do serviço, tem o direito assegurado constitucionalmente de participar de sua fiscalização e de seu controle".[140]

Sempre que a alteração de contratos administrativos envolver objeto relacional ao interesse geral e à prestação de serviços públicos, ensejará a participação ativa dos usuários de serviços públicos na produção decisória. Estes poderão se fazer representar em grupos ou postular individualmente. Deverão deter todas as faculdades inerentes à participação procedimental, de acordo com o que já se destacou.

Vale dizer que o desenvolvimento dos direitos dos usuários de serviços públicos[141] tem gerado a necessidade de instituir métodos de

breton e Stéphane Manson, "Le contrat administratif", in *Documents d'Études* 2.11/39), reconhece modernamente a viabilidade de terceiro interessado atacar cláusulas regulamentares mediante recurso de excesso de poder. Assim também o *arrêt* "Cayzeele" (C.E. 10.7.1996): "Considérant, en fin, que les dispositions dont M. Cayzeele a demandé l'annulation ont un caractère réglementaire; qu'elles peuvent, par suite, être contestées devant le juge de l'excès de pouvoir (...)" (Lebreton e Manson, idem, pp. 39-40).

139. Acerca dos direitos de informação dos usuários de serviços públicos no Direito Argentino consulte-se Roberto M. Lopez Cabana, "Dever de informação ao usuário na Argentina", in *Direito Administrativo Econômico*, 1ª ed., 2ª tir., pp. 255-263).

140. "Teoria dos serviços públicos e sua transformação", in *Direito Administrativo Econômico*, 1ª ed., 2ª tir., p. 59.

141. Destacou, neste particular, Juarez Freitas a conveniência de se "ampliar a possibilidade de uma participação intensa do usuário na prática fiscalizatória, fazendo-o vivificar, por exemplo, regra similar à prevista no art. 22 do Código de Defesa do Consumidor, consoante o qual a Administração Pública direta e indireta bem como os delegados da execução de tais serviços (concessionárias, permissionárias ou sob qualquer outra forma de empreendimento) são obrigados a fornecer serviços adequados, eficientes, seguros e, quanto aos essenciais, contínuos. Ora, o conceito de 'serviço adequado', ainda que genérico e indeterminado, é justamente aquele constante no art. 6º, § 1º, da Lei 8.987/1995, mas requer, para sua determinação, o papel ativo do consumidor, não apenas atuando de maneira coadjuvante, mas tendo acesso a todos os dados concernentes à execução do serviço" (*O Controle ...*, 2ª ed., pp. 150-151).

controle que passam pelo aperfeiçoamento do procedimento e de novas formas de captação da participação popular.[142] A forma de concretização destes controles, quando não disciplinada em regulamentos ou leis específicas, será determinada pela Administração mediante os contratos administrativos de concessão.

A regulamentação dessa participação no controle dos serviços públicos tem sido provida pelas agências reguladoras.[143] Assim é que nas diversas espécies de serviços verificam-se regulamentações pontuais no tocante às modalidades da participação do usuário. Nos serviços de telecomunicações, por exemplo, há procedimentos específicos prescritos pelo Código de Procedimento Administrativo, adotado pelo Regimento Interno da Agência Nacional de Telecomunicações – ANATEL.[144] A tendência é no sentido de que se desenvolvam estatutos específicos que se ocupem de prover regras acerca da organização procedimental de cada espécie de serviço público.

3.7 Breve nota sobre a motivação como instrumento fiscalizatório

Embora a motivação do ato de modificação do contrato administrativo não se insira propriamente no exame dos pressupostos do *ius variandi* – eis que se trata de *elemento* do ato, sendo seu requisito de *forma* –, faz-se oportuna breve análise da matéria, porquanto é mediante o expediente de motivação que se consuma o controle acerca do atendimento aos pressupostos objetivos do *ius variandi*.

---

142. Nesse sentido manifesta-se Floriano Marques Neto: "A articulação com os atores regulados deve ser feita às claras, com publicidade, evitando sua conversão em mera composição de interesses feita à sorrelfa. Se reconhecemos a legitimidade dos diversos interesses, nada deve impedir que eles sejam postos para a sociedade e que a motivação da decisão regulatória a eles faça referência. A introdução de espaços e oportunidade de auscultação e composição destes interesses nas regras procedimentais, bem como a introdução de instrumentos de participação de todos os interessados, são importantes mecanismos para permitir esta transparência" ("A nova regulação ...", in *Direito Administrativo Econômico*, 1ª ed., 2ª tir., p. 96).

143. Pode-se dizer que com o advento das agências reguladoras incrementou-se a participação do usuário no controle do serviço público. Até a instituição destes órgãos de regulação – lembra Leila Cuéllar – raras eram as hipóteses de colaboração dos particulares na elaboração de normas atinentes ao funcionamento do serviço público. No desempenho de sua função, as agências não só permitem a participação do usuário na atividade reguladora dos serviços, como cuidam de estimulá-la, impondo-a como requisito à emanação de alguns atos (*As Agências Reguladoras e seu Poder Normativo*, p. 135).

144. Aprovado originariamente pela Resolução 1/1997 e alterado pela Resolução 197/1999.

Ainda que só por força do texto constitucional e do regime jurídico dos atos administrativos o dever de motivação imponha-se à competência *variandi* de forma inexorável, a Lei 8.666/1993 prescreveu a exigência de forma específica, ao dispor, no art. 65, que as alterações contratuais deverão ser produzidas "com as devidas justificativas". A lei remeteu aos *requisitos de suficiência* da motivação, exigindo seu cabal cumprimento pela Administração.

Já foi dito que a apreciação/interpretação, pela Administração, acerca das alterações fáticas que advierem no curso da execução contratual (após a apresentação das propostas no âmbito licitatório) comporta certa margem discricionária.

Daí ser imperativo que o poder público exponha e justifique as novas circunstâncias e as razões que as qualificam como determinantes da alteração contratual mediante uma *suficiente*[145] motivação. Nessa devem conter-se não apenas as razões que a Administração concebeu à emissão do conteúdo do ato, mas, ainda, a demonstração de todos os elementos colhidos no curso do procedimento, inclusive provenientes de manifestação dos terceiros interessados, e a considerações destes para a decisão extraída.

De nada valeria a garantia de participação dos administrados (interessados) no procedimento se não fosse exigida da Administração a demonstração da consideração das informações produzidas. O dever de motivação se impõe, assim, não só como um controle acerca da validade da *causa* do ato (adequação entre o motivo de fato e o motivo legal), mas como controle sobre o exercício substancial do procedimento. Objetiva-se a fiscalização também das necessárias ponderações a que a Administração deverá proceder acerca das manifestações e informações produzidas no âmbito do procedimento pelos envolvidos.

Com efeito, o que se vê, em larga medida, é que a Administração Pública invoca a disposição genérica do art. 58 da Lei 8.666/1993 a promover alterações no âmbito dos contratos administrativos, motivando a investida pela existência de relevantes "interesses públicos", não identificando os interesses efetivamente envolvidos, sequer demonstrando o nexo relacional destes com a alteração contratual buscada.

---

145. Não se trata, aqui, de examinar os requisitos de suficiência do texto motivador – objetivo que daria razão a outra monografia. Apenas se quer enfatizar (de forma muito sumária) aspectos que poderão contribuir para se coibir práticas ardilosas ao dever de motivação aplicado aos atos de alterações de contratos administrativos.

Anote-se que a mera referência a "relevantes interesses públicos", no âmbito da motivação, não tem o condão de legitimar a pretensão *variandi*. Não é possível pela invocação da disposição genérica do art. 58 da Lei 8.666/1993 a promoção de alterações contratuais motivadas formalmente pela existência de relevantes "interesses públicos", não se particularizando os interesses presentes. Trata-se, tal expediente, de ardilosa fraude ao dever de motivação ampla do ato administrativo, hoje direito público subjetivo fiscalizatório de toda relevância na relação cidadão/Administração. É prática coibida pelo regime jurídico-administrativo, pois que infratora de uma motivação ampla exigida, e que muitas vezes se mira na vagueza dos termos indeterminados – como "interesse público" – no fito de legitimar interesses desencontrados do interesse geral perseguido. É o caso da utilização das fórmulas *passe-partout*, assim nominadas pelo Direito Francês, que servem genericamente para qualquer hipótese, mas não dão conta da situação concreta e particularizada.

A relação de pertinência lógica com os elementos contratuais visados pela alteração será capturada pela motivação produzida pelo poder público; deve haver um atendimento à exigência de *suficiência* de motivação do ato. É a necessidade de adequação do pressuposto fático à sua finalidade. A modificação do vínculo contratual deve conter suficiente motivação a lhe dar validade.

Parece que, para ser suficiente, a motivação deve não apenas dar conta do processo lógico que levou à decisão de alteração do contrato administrativo, demonstrando as razões fáticas e jurídicas, assim como sua correlação; mas, ainda, não poderá prescindir da demonstração do *iter* percorrido pela Administração até a decisão de alteração do contrato administrativo. Deverá a motivação apresentar o conhecimento de todas as informações produzidas no âmbito procedimental, fornecendo sua avaliação objetiva.

Capítulo IV
REGIME PRINCIPIOLÓGICO APLICÁVEL AO PODER DE MODIFICAÇÃO UNILATERAL

1. Considerações introdutórias. 2. Regime principiológico do "ius variandi": 2.1 Princípios gerais: 2.1.1 Princípio da proporcionalidade – 2.1.2 Princípio da economicidade – 2.1.3 Princípio da eficiência – 2.1.4 Princípio da dignidade da pessoa humana – 2.1.5 Princípio da boa-fé – 2.1.6 Princípio da legalidade – 2.2 Princípios específicos: 2.2.1 Princípio da inalterabilidade do objeto contratual – 2.2.2 Princípio da preservação das condições de exeqüibilidade do objeto originalmente contraídas pelo co-contratante – 2.2.3 Princípio da intangibilidade da equação econômico-financeira do contrato.

1. Considerações introdutórias

Explicitaram-se no capítulo precedente os pressupostos habilitantes do poder de modificação do contrato administrativo. Admitiu-se que o ato de modificação deverá estar estribado em pressupostos substanciais que o habilitem, assim como deverá atender a um rito formal suficiente.

No entanto, a esses pressupostos não se resumem os limites que se impõem à produção do *ius variandi*. O ato de modificação deverá conter-se em parâmetros qualitativos e quantitativos; deverá, sobretudo, atender ao regime principiológico pertinente.

Este capítulo trata do exame do catálogo de princípios que conformam o ato modificatório, os quais servirão a iluminar o sentido das regras na aplicação do Direito aos casos concretos. Nesse propósito, será recapitulado primariamente o perfil das normas-princípios, seguindo-se a exposição individuada de cada princípio-vetor do regime jurídico do *ius variandi*.

2. Regime principiológico do "ius variandi"

O poder de modificação unilateral do contrato, além de submisso às regras específicas prescritas pelo direito positivo, tem sua aplicação pautada pela incidência de um quadro principiológico conformador. A Administração deverá observar não só as regras atinentes à matéria veiculadas pela Lei 8.666/1993 e demais legislação, mas também adotar os princípios aplicáveis como direção hermenêutica na solução de casos concretos. Estas normas terão a função de iluminar o sentido das regras, conduzindo o agente público à escolha da solução viável em face da situação concreta.

A idéia de *regime jurídico* remete à noção de *sistema*.[1] Os princípios que se impõem ao tratamento do *ius variandi* gravitam em órbita sistemática e estão hierarquizados a partir dos critérios desenhados pela Constituição Federal. Por isso, esses princípios não poderão ser aplicados isolados do *contexto sistêmico* em que estão inseridos e organizados. Serão sempre interpretados uns em relação aos outros, confrontando-se e relacionando-se para a extração da norma jurídica aplicável. Lembrando-se a já muito difundida expressão de Eros Grau, não se interpreta o Direito em tiras, aos pedaços. "Uma norma jurídica isolada, destacada, desprendida do sistema jurídico, não expressa significado normativo algum."[2]

---

1. Fartíssima é a bibliografia acerca do conceito de *sistema*. Não se pretende, aqui, enfrentar o problema, sequer arriscar conceito melhor depurado. Até porque esta tarefa demandaria monografia autônoma, fugindo ao propósito deste estudo. Adota-se, para fins do presente estudo, a sempre lembrada concepção de Geraldo Ataliba acerca de *sistema*: "O caráter orgânico das realidades componentes do mundo que nos cerca e o caráter lógico do pensamento humano conduzem o homem a abordar as realidades que pretende estudar, sob critérios unitários, de alta utilidade científica e conveniência pedagógica, em tentativa de reconhecimento coerente e harmônico da composição de diversos elementos em um todo unitário, integrado em uma realidade maior. A esta composição de elementos, sob perspectiva unitária, se denomina *sistema*. Os elementos de um sistema não constituem o todo, com sua soma, com suas simples partes, mas desempenham cada um sua função coordenada com a função dos outros" (*Sistema Constitucional Tributário Brasileiro*, p. 4).

2. Eros Grau, *A Ordem Econômica na Constituição de 1988 (Interpretação e Crítica)*, 7ª ed., p. 196.

Portanto: os princípios são elementos internos ao sistema.³ É a partir do sistema que estas normas se articulam e produzem a direção hermenêutica sob o processo de interpretação. Nesse mister, é extremamente útil a apreensão do conhecimento necessário ao desempenho da operação interpretativa das normas-princípios. Isso pressupõe o domínio de noções básicas acerca da virtualidade dessas normas em relacionar-se (confrontar-se) umas com as outras, conduzindo o hermeneuta à extração da solução normativa aos casos concretos.

Relembre-se que os princípios são dotados de alto grau de abstração e generalidade, tendo sua incidência ilimitada. São, por isso, ponderáveis e relacionáveis entre si numa dimensão de *peso*, de *importância – dimension fo weight*.⁴ Distinguem-se das regras porquanto essas são limitadas quanto à sua incidência; sua inter-relação se dá no âmbito da "validade". Explicável, assim, a distinção de tratamento que existe a partir do *conflito de regras* e do *conflito entre princípios*.

O conflito entre regras produz a exclusão de uma delas. Quando existirem regras em sentidos opostos o aplicador utilizará critérios normativos a determinar a exclusão de uma delas, por invalidade. Seu choque – na expressão de Dworkin – se dá numa relação do "tudo-ou-nada" – *all-or-nothing*.⁵ Ou se aplica ou não se aplica determinada regra ao caso concreto. Não são passíveis essas normas de serem permeáveis por outras (regras), como se pudesse o intérprete sopesar sua importância em face do caso particular, produzindo sua incidência parcial ou proporcional.

Diferentemente se passa com os princípios. Normas dessa natureza são relacionáveis umas com as outras segundo um critério de importância (segundo o *peso* que assumem) em face de dada situação concreta. De sua colisão não se opera a invalidade de um deles. É viável e próprio dos princípios sua aplicação simultânea (de várias normas), tirando-se uma direção hermenêutica mediante exercício de ponderação. Os princípios hão de ser sopesados no processo de interpretação dos

---

3. Ensina Eros Grau que "cada direito não é mero agregado de normas, porém um conjunto dotado de unidade e coerência – unidade e coerência que repousam precisamente sobre os seus (dele = de um determinado direito) princípios" (*A Ordem Econômica* ..., 8ª ed., p. 146).

4. Conforme expressão de Ronald Dworkin, *Taking Rights Seriously*, p. 26.

5. Idem, p. 24.

casos concretos, confrontando-se uns com os outros a partir da *adequação*, da *necessidade* e da *ponderação de objetivos*.[6]

Perceba-se que, enquanto as regras apresentam estrutura que contém uma "programação condicional" – segundo o esquema: "*Se* ocorrer o fato 'y', *então* deve ser a conseqüência jurídica 'x'" –, os princípios denotam uma "programação finalística",[7] cujo processo de subsunção passa a depender de exercícios de *ponderação*. Estes "permitem uma consideração comparativa de valorações (*Vergleichsbetrachtungen und-bewertungen*), com uma correspondente ampliação da margem de discricionariedade do agente administrativo vinculado por tais normas".[8]

Faz-se extremamente significativo, por isso, o manuseio dos princípios, a par do sistema jurídico, ponderando-se-os segundo o princípio da proporcionalidade (adiante abordado).[9]

Despontam como normas-princípios genéricas aplicáveis ao *ius variandi* os princípios da *proporcionalidade, economicidade, eficiência, boa-fé* e *legalidade*. Como princípios dotados de maior especificidade – que podem assumir, ainda, a condição de regra – a *inalterabilidade do objeto*, a *preservação das condições de exeqüibilidade fática e jurídica do objeto originalmente contraídas pelo co-contratante* e a *intangibilidade da equação econômico-financeira do contrato*.

A enumeração que se propõe, por evidente, não é exaustiva. Constata-se que o *ius variandi*, conquanto competência pública, submete-se ao regime jurídico-administrativo, impondo-se-lhe todos os demais princípios inerentes. A delimitação do exame realizou-se sob critério

---

6. Cristiane Derani, *Atividades do Estado na Produção Econômica: Interesse Coletivo, Serviço Público e Privatização*, p. 144.

7. Cf. Willis Santiago Guerra Filho, "Princípio de proporcionalidade e Teoria do Direito", in *Direito Constitucional – Estudos em Homenagem a Paulo Bonavides*, 1ª ed., 2ª tir., p. 282.

8. Idem, ibidem.

9. Marçal Justen Filho, referindo-se à filosofia do sistema, diz que tal indica "não somente a prevalência dos princípios fundamentais, mas a consagração de uma organização acerca deles. Sob um certo ângulo, indica-se uma manifestação ideológica acerca do que se poderia denominar de 'arquitetura' dos princípios. Ou seja, não basta afirmar a preponderância de determinados princípios, pois é relevante também o modo como estão organizados, a ênfase que se atribui a cada qual e os fins últimos que se buscam realizar". E mais adiante afirma: "Adotar uma filosofia para o sistema permite superar certas dificuldades, especialmente quando se enfrentam conflitos entre princípios juridicamente tutelados" ("Conceito de interesse público e a 'personalização' do direito administrativo", *RTDP* 26/133).

de especialidade e relevância das normas em face da natureza da medida-objeto.

2.1 Princípios gerais

2.1.1 Princípio da proporcionalidade

O princípio da proporcionalidade está consagrado implicitamente[10] pelo texto constitucional no inciso IX do art. 37.[11] Tem previsão infraconstitucional no campo das contratações públicas, sendo princípio correlato às normas plasmadas no art. 3º da Lei 8.666/1993.

A Administração, pois, ao intentar a modificação de contratos administrativos, estará jungida à observância do princípio da proporcionalidade. Por força da aplicação do princípio, o conteúdo da modificação deverá levar em conta as circunstâncias fáticas que provocaram o surgimento do ato, a finalidade perseguida, assim como o meio eleito para seu atingimento.

Essa norma – já foi dito anteriormente – desdobra-se em três elementos ou *subprincípios*: (a) adequação; (b) necessidade; e (c) razoabilidade (proporcionalidade em sentido estrito).

Como *adequação* entende-se que os meios utilizados deverão ser adequados aos fins perseguidos. Impõe-se a *funcionalidade* da decisão, de modo que essa (a decisão administrativa) – como indica Sérvulo Correia – "tem de poder inscrever-se objectivamente numa relação de causa-efeito com o fim ditado ou escolhido".[12] O ato de instabilização deve apresentar-se como via *adequada* e pertinente à finalidade que a Administração pretende atingir com a edição da medida. A *adequação* significa que seu conteúdo (do ato de modificação) haverá de

---

10. "Os grandes princípios de um sistema jurídico são normalmente enunciados em algum texto de direito positivo. Não obstante (...) tem-se, aqui, como fora de dúvida que esses bens sociais supremos existem fora e acima da letra expressa das normas legais, e nelas não se esgotam, até porque não têm caráter absoluto e estão em permanente mutação" (Luís Roberto Barroso, *Interpretação e Aplicação da Constituição*, p. 149).

11. Dito princípio – como observa Paulo Armínio Tavares Buechele – pode ainda ser identificado implicitamente no texto constitucional a partir das seguintes normas: art. 5º, V, X e XXV; art. 7º, IV, V e XXI; art. 36, § 3º; art. 40, III, "c" e "d", e § 4º; art. 40, V; art. 71, VIII; art. 84, parágrafo único; art. 129, II e IX; art. 170, *caput*; art. 173, *caput* e §§ 3º, 4º e 5º; art. 174, § 1º; e art. 175, IV (*O Princípio da Proporcionalidade e a Interpretação da Constituição*, p. 145).

12. *Legalidade e Autonomia Contratual nos Contratos Administrativos*, 1987, pp. 672-673.

estar em consonância com a via eleita. Seria inadequada, por exemplo, a externação do *ius variandi* para fins de alteração do *regime de contratação* ou do *modo de fornecimento*. Essas espécies de alterações contratuais, relativas a aspectos eminentemente jurídicos, só se justificam pela via bilateral.

A *necessidade* determina que a decisão seja indispensável à conservação do direito protegido e que não possa ser substituída por outra providência igualmente eficaz mas menos gravosa.[13] A alteração pretendida deverá constituir-se no meio *indispensável* a que a Administração alcance os fins que almeja. A Administração deverá demonstrar que a medida adotada afigura-se *concretamente* (e não apenas em tese) a menos gravosa à consecução do objetivo que se quer alcançar.

Já a *razoabilidade* remete a um exame da relação custo/benefício da medida. Pressupõe a *ponderação* de interesses sob a ótica da vantagem buscada pelo ato estatal. Impõe-se o atendimento pelo administrador a uma relação de equivalência entre o motivo do ato de modificação e seu conteúdo (do ato). Cumpre observar se a modificação em si, tal como formulada pela Administração, mantém-se *proporcional* à situação que lhe deu origem, se os fatos que provocaram a instabilização contratual foram tomados em sua inteireza como elementos produtores do ato, fornecendo parâmetros a que seja construída modificação conseqüente. Como pontua Dromi, "a razoabilidade da modificação é matéria a ser aferida (medida) no caso concreto, tendo em conta a 'conexidade' e 'causalidade' entre o originariamente pactuado e o supervenientemente modificado, e tendo em conta também a possibilidade técnica e econômica de o contratante continuar com a prestação 'novada'".[14]

A proporcionalidade-razoabilidade se desdobra, ainda, no exame da *relevância* do motivo. Para que seja possível a emanação de um ato restritivo de direitos, tal qual é o *ius variandi*, exige-se a verificação de motivo *relevante*, isto é, de dimensão tal que autorize a existência da medida.

Note-se que a aplicação do princípio da proporcionalidade não produz o alcance da *melhor decisão* possível. O juízo de proporcionalidade traduz muito mais um *limite negativo* à escolha administrativa do que um comando positivo otimizador. Sérvulo Correia observa que a constatação a que conduz o princípio da proporcionalidade cinge-se

---

13. Cf. Suzana de Toledo Barros, *O Princípio da Proporcionalidade e o Controle de Constitucionalidade das Leis Restritivas de Direitos Fundamentais*, p. 76.
14. *Las Ecuaciones de los Contratos Públicos*, p. 38.

à afirmação ou negação da adequação, indispensabilidade e razoabilidade do meio eleito. "O que é diferente e mais modesto do que pretender concluir sobre se o meio não seria o mais adequado, ou o mais razoável."[15] "O facto de se concluir que determinada solução teria sido mesmo onerosa do que a efectivamente adotada não exclui a possibilidade da existência de outras ainda porventura mais convenientes."[16]

Outro escopo do princípio da proporcionalidade repousa sobre a tarefa hermenêutica. Esse princípio é extremamente valioso ao processo de interpretação/aplicação das normas jurídicas. Pode-se afirmar que sua virtualidade no seio do ordenamento reside primariamente no auxílio do intérprete na aplicação das normas jurídicas. Sobretudo a par da tensão relacional entre os princípios que se verifica na solução hermenêutica de casos concretos, o princípio da proporcionalidade fornecerá parâmetros a contemplar o *choque* entre aqueles, examinando o *peso* de cada qual, determinando seu alcance em casos específicos.

Partindo-se de um quadro de ausência de homogeneidade absoluta de valores visados pelo ordenamento jurídico, a tarefa do hermeneuta será a de ponderar os elementos axiológicos veiculados por princípios, concebendo a normatividade aplicável ao caso específico. A norma jurídica será o produto da tarefa de interpretação e refletirá o sopesamento de todos os valores segundo um critério de proporcionalidade.

O princípio da proporcionalidade – nas palavras de Juarez Freitas – "implica uma adequação axiológica e finalística, vale dizer, o uso acertado, pelo agente público *lato sensu*, do poder-dever de hierarquizar princípios e valores de maneira adequada nas relações de administração e no controle das mesmas".[17]

Nessa missão o administrador "está obrigado a sacrificar o mínimo para preservar o máximo de direitos".[18] A mecânica da ponderação dos interesses e valores albergados pelo ordenamento em face de casos concretos efetiva-se pela tentativa de homogeneização imposta pela norma da proporcionalidade. "Introduzem-se limitações e reduções nos diferentes interesses, de molde a compatibilizá-los."[19] Observa Marçal Justen Filho: "Ainda que um interesse seja evidentemente mais relevante do que os demais, não se autoriza sua realização absoluta se tal

---

15. Sérvulo Correia, *Legalidade ...*, 1987, p. 673.
16. Idem, ibidem.
17. *O Controle dos Atos Administrativos e os Princípios Fundamentais*, 2ª ed., p. 57.
18. Juarez Freitas, idem, ibidem.
19. Marçal Justen Filho, "Conceito de interesse público ...", *RTDP* 26/132.

acarretar o sacrifício integral de interesses que comportam proteção do Direito. Tem de buscar-se, sempre, a solução que realize mais intensamente todos os interesses, inclusive na acepção de não produzir a destruição de valores de menor hierarquia".[20]

A violação à proporcionalidade ocorre, portanto, quando, tendo dois valores legítimos a sopesar, "o administrador prioriza um em detrimento ou sacrifício exagerado de outro".[21]

A função da proporcionalidade na tarefa hermenêutica parece extremamente significativa para os casos de alterações unilaterais de contratos administrativos. Inúmeros entraves se põem na aplicação do Direito a par das alterações unilaterais de contratos em face da escolha entre valores aplicáveis. As soluções que se desenham abstratamente passam pelo exame da *economicidade*, da *proteção a direitos do co-contratante* e da *isonomia inerente ao procedimento licitatório*. Tais valores assumem pesos variados conforme os elementos que se colhem dos casos concretos. A tarefa de hierarquização dos valores levada a efeito pelo hermeneuta indicará, assim, a solução juridicamente viável à questão posta.

2.1.2 Princípio da economicidade

O princípio da *economicidade* extrai-se da obrigação que tem a Administração de promover a escolha mais vantajosa à contratação perseguida (art. 3º da Lei 8.666/1993). Depreende-se como consectário lógico da imposição do princípio da *vantajosidade* aplicável às contratações públicas, o qual, por sua vez, descende de uma diretriz de *melhor administração*. O agente público está constrangido a não só gerir a coisa pública de molde a não praticar desperdícios de recursos públicos, mas, ainda, à otimização da vantagem perseguida em suas contratações (sempre dentro de parâmetros éticos e de boa-fé). Por isso, não lhe é dado abdicar de perquirir a solução mais vantajosa, sobretudo sob o aspecto financeiro. "Economicidade" significa, pois, a realização do menor ônus e maior vantagem na manipulação de recursos públicos, promovida sob a perspectiva da racionalidade.

A idéia de economicidade desdobra-se num dever de *eficiência* na gestão de recursos públicos.[22] Não basta gerir recursos do Estado sem

---

20. Idem, ibidem.
21. Juarez Freitas, *O Controle ...*, 2ª ed., p. 57.
22. Cf. Marçal Justen Filho, *Comentários à Lei de Licitações e Contratos Administrativos*, 7ª ed., p. 73.

lesá-lo; impõe-se a adoção da solução que represente a melhor eficiência. Não tem a economicidade apenas um comando negativo de proibir, sob o prisma econômico-financeiro, condutas imorais e lesivas ao Erário; mas, ainda, traz um comando positivo de atribuir ao agente público a busca pela solução mais eficiente. Sob este ângulo, a economicidade traduz-se no viés econômico-financeiro do princípio da eficiência.

Essa busca pela melhor solução econômico-financeira remete o agente público a um dever de maximização do conhecimento acerca de elementos fáticos que interessam à decisão. Quanto maior seu conhecimento sobre as informações pertinentes a determinada decisão a ser tomada, tanto mais acertado será o processo de ponderação acerca da situação concreta; tanto mais fiel, portanto, será o resultado da avaliação. O comando tem significativa utilidade no terreno da discricionariedade.

Mas a adoção do princípio da *economicidade* deve levar em conta alguns fatores que cuidam de demarcar sua incidência.

A delimitação da incidência do princípio da economicidade produz-se – como explica Justen Filho – por três fatores: (a) *previsibilidade*, admitindo-se que a economicidade será atendida quando a avaliação deu-se dentro de padrões normais de racionalidade e de previsibilidade, não se considerando a aleatoriedade de fatos supervenientes; (b) *relevância de outros fatores* (não-econômicos), pela advertência de que o critério da maior vantagem econômica não se apresenta como absoluto, sendo que outros valores não-patrimoniais, hierarquicamente superiores, não poderão restar frustrados ou ser postos a risco pela escolha da solução economicamente mais vantajosa; (c) *formalidades jurídicas*, quando não se poderão infringir/desprezar regras atinentes a *formalidades* em homenagem pura e simplesmente à máxima vantagem econômica. O princípio da economicidade não autoriza a supressão de ritos formais ou de atendimento a formas prescritas em lei sob o argumento de melhor resultado sob o prisma econômico-financeiro.[23]

No campo das modificações unilaterais esse princípio assume especial relevo. Sobretudo porque muitos dos casos concretos resolvem-se sob sua orientação. Muitas vezes a Administração depara-se com a situação de "escolha" entre a *possibilidade de alteração contratual* e a *rescisão do contrato com a conseqüente reabertura de processo licitatório*. Nessas hipóteses a projeção do princípio da *economicidade* é

---

23. Idem, p. 74.

fundamental (mas não suficiente) à aplicação do comando válido. Sempre a Administração realizará, em casos de alteração unilateral, exame da *economicidade* da situação posta como pressuposto lógico à tomada de suas decisões. Trata-se de uma espécie de estudo econômico-financeiro da operação sob a ótica da vantajosidade.

A função da *economicidade* pode considerar-se, ainda, como fundamento (fator de legitimação) da possibilidade de modificação unilateral em abstrato. A concepção das alterações contratuais unilateralmente impostas justifica-se também pela função de economicidade que produzem ao Estado no âmbito de suas contratações. Carlos Ari Sundfeld já teorizou a respeito, concebendo a possibilidade de alteração quantitativa fundada no art. 65 da Lei 8.666/1993 como hipótese de dispensa de licitação em função da *economicidade*: "A justificativa está em que a dispensa é mais econômica para a Administração, seja por evitar os gastos com a realização do certame (publicação de editais, custos administrativos indiretos etc.), seja por propiciar a contratação de empresa já envolvida com a execução do objeto em causa".[24]

2.1.3 Princípio da eficiência

A Emenda Constitucional 19/1998 introduziu no *caput* do art. 37 da Constituição o *princípio da eficiência*, explicitando sua aplicabilidade à atividade da Administração Pública. Essa norma, consagrada como "direito difuso da cidadania",[25] já desde antes se impunha à ação administrativa, sacando-se sua existência do princípio da *melhor administração*, consagrado pelo regime jurídico-administrativo.

Inúmeros são os ângulos sob os quais se pode proceder a um exame dos efeitos dessa norma. No campo específico das alterações contratuais a eficiência pode ser concebida sob dois aspectos: (1) como dever de adoção de meios racionais e técnicas eficientes na concepção e produção das decisões, sobretudo como dever de maximização do conhecimento das informações relativas (que se põe no âmbito do procedimento);[26] e, ainda, (2) como dever de adoção de soluções que se afigurem eficientes aos destinatários e beneficiários (usuários e consumidores) dos serviços ou obras objeto das alterações concebidas.

---

24. *Licitação e Contrato Administrativo*, 2ª ed., p. 59.
25. Expressão de Diogo de Figueiredo Moreira Neto, *Apontamentos sobre a Reforma Administrativa*, p. 38.
26. Quanto à implicação do princípio da eficiência no âmbito procedimental, v. Capítulo III deste trabalho.

No primeiro aspecto tem-se a eficiência em sentido próximo ao que a concebe como norma genérica que se destina à função administrativa. O Estado tem o dever de atuar eficientemente na condução dos interesses da coletividade, agindo de molde a atingir melhores resultados a partir da racionalização dos meios. Isso não significa, obviamente, descurar de outras garantias ou relativizar a incidência de outros princípios.[27] Significa a adoção de meios eficientes e racionais, mas que se conformem aos imperativos constitucionais e legais impostos à Administração.

A noção de eficiência prende-se à maximização de resultados. Põe-se como subprincípio da "melhor administração" ou da "administração ótima". Traduz um comando positivo. O agente público não se pode contentar com a mera utilidade dos meios que adotara com vistas ao atingimento da finalidade normativa. Deve primar, antes, pela busca constante do *melhor resultado* possível a partir da eleição de *meios idôneos*, *compatíveis* e *proporcionais*. Tem a dimensão não só da "racionalidade e otimização no uso dos meios", mas, sobretudo, da "satisfatoriedade dos resultados da atividade administrativa pública".[28] Para fins jurídicos, *eficiência* "não é apenas o razoável ou correto aproveitamento dos recursos e meios disponíveis em função dos fins prezados", mas "diz respeito tanto à otimização dos meios quanto à qualidade do agir final".[29]

27. Conforme Maria Sylvia Zanella Di Pietro, a eficiência é um princípio que se soma aos demais princípios impostos à Administração, não podendo sobrepor-se a qualquer deles, especialmente ao da legalidade, sob pena de sérios riscos à segurança jurídica e ao próprio Estado de Direito (*Direito Administrativo*, 13ª ed., p. 84).

Também – e segundo Egon Bockmann Moreira –, o princípio da eficiência deve ser concebido como estritamente vinculado aos demais princípios do *caput* do art. 37: legalidade, moralidade, impessoalidade e publicidade: "Não há cumprimento ao princípio da eficiência que pressuponha ou autorize menosprezo às demais previsões do art. 37" ("Processo administrativo e princípio da eficiência", in *As Leis de Processo Administrativo*, p. 330).

28. Paulo Modesto, "Notas para um debate sobre o princípio da eficiência", *Revista de Direito Administrativo e Econômico*, 2001, p. 45. O mesmo autor conceitua o princípio como "a exigência jurídica, imposta à Administração Pública e àqueles que lhe fazem as vezes ou simplesmente recebem recursos públicos vinculados de subvenção ou fomento, de atuação idônea, econômica e satisfatória na realização das finalidades públicas que lhes forem confiadas por lei ou por ato ou contrato de direito público" (idem, ibidem).

29. Paulo Modesto, "Notas ...", *Revista de Direito Administrativo e Econômico*, 2001, p. 45.

A obrigação de atuação eficiente – comenta Paulo Modesto – acarreta a imposição de uma (a) ação idônea (eficaz); (b) econômica (otimizada); e (c) satisfatória (dotada de qualidade).[30]

É importante ver-se que a *eficiência* não é um conceito apriorizado, que possa ser preenchido abstratamente em termos absolutos. Terá seu *conteúdo* delineado a partir de casos concretos. Uma coisa só é mais ou menos eficiente (a partir de um referencial teórico) avaliada concretamente. Não se quer apenas dizer que a subsunção do fato ao conceito dependerá do exame do caso concreto (o que é óbvio), mas que o conceito em si será *variável* conforme a situação fática. Admite-se, por isso, que se trata de um conceito *relativo*, significando que a solução *mais eficiente* examina-se à luz das condições peculiares das situações-objeto, sendo o conceito distinto para cada caso analisado.[31]

Esta *relatividade* não traduzirá tão-somente o elemento *técnico*, mas, ainda, o elemento *ético*. Para se delimitar em casos concretos o conceito de eficiência buscar-se-á não só contemplar aspectos *técnicos* que funcionem como parâmetros de eficiência, como também aspectos *éticos* que relacionem o valor da dignidade da pessoa humana. O conteúdo jurídico da *eficiência* estaria, nesse viés, relacionada com o *princípio da dignidade da pessoa humana*.

É possível conceber, então, que a *eficiência*, ainda que *relativa* aos casos concretos, não o é apenas em face de peculiaridades que possam produzir a alteração conceitual a partir de um *critério técnico* de análise. Não se prende exclusivamente a uma noção de otimização *técnica*, ainda que seja ela relativa à situação objetiva do caso concreto. Reputa-se que o conteúdo da eficiência será preenchido a partir de elementos peculiares relativos ao interesse da *pessoa humana* destinatária da medida administrativa. É esse um segundo aspecto da aplicação do princípio e destina-se à satisfação dos beneficiários e destinatários da medida.

Entende-se a eficiência como um dever de produção de soluções que se mostrem *eficientes* aos cidadãos-usuários e consumidores dos serviços e das obras relacionados com as alterações contratuais. Sob esse ângulo, a aplicação do princípio da eficiência significa que a Ad-

---

30. Idem, ibidem.
31. Na concepção de determinada obra, por exemplo, seria ineficiente a imposição de instalação de sistema de captação de energia solar (ainda que, em tese, se mostre mais eficiente) quando as situações locais são desfavoráveis (incidência baixa de raios solares, por exemplo).

ministração deverá adotar soluções que sejam úteis à satisfação dos interesses dos destinatários últimos da prestação contratual. Afasta-se a consagração de uma noção de eficiência com descendência exclusiva em paradigmas de técnica que, abstratamente, representariam solução mais evoluída (e que abstratamente – e só abstratamente – seriam mais eficientes), mas se busca, ainda, contemplar solução que atenda às particulares necessidades dos usuários específicos, levando-se em consideração os perfis, as situações particulares e os interesses relacionais de cada grupo ou classe afetados pela medida.

A constatação formulada pressupõe o entendimento de que o interesse público primário, fundamento maior das alterações de contratos administrativos, não se constitui como um conceito apriorizado. Resulta das reais necessidades de cada grupo, classe ou comunidade relacionado ou relacionável com a medida proposta. Isso porque os interesses da sociedade não são homogêneos ou conduzíveis à homogeneidade. São interesses cada vez mais fracionários, capazes só de serem aferidos (detectados) nos casos concretos. Em valiosa ponderação, Marçal Justen Filho já concebeu que: "O exercício do poder político retrata a pluralidade de interesses sociais e a segmentação dos diferentes grupos. Existem agrupamentos com interesses comuns, dentro de limites estreitos e com extensão temporal precária. Cada classe comporta interesses contrapostos. A Democracia contemporânea externa-se numa espécie de interminável reorganização dos interesses individuais e coletivos. As composições entre os diferentes grupos de interesses assemelham-se a um processo caleidoscópico, em que cada arranjo é distinto do existente em momentos anteriores e posteriores".[32]

Logo, será eficiente, nesse campo, a ação administrativa que melhor amoldar, no momento preciso de sua emanação, as necessidades reais do microcosmos a que se destina às prestações contratuais concebidas.

E adequar-se as necessidades específicas de determinado grupo à concepção de serviço, obra, fornecimento, entre outras prestações, significa tomar em consideração suas peculiaridades e limitações, as quais serão determinantes à ponderação realizada pela Administração. Essas (peculiaridades e limitações) poderão ser examinadas sob variados aspectos, sempre à luz da supremacia da pessoa humana. Pouco *eficiente* seria, por exemplo, uma solução que transformasse tecnologia de determinado contrato administrativo, sob a justificativa de atualização

---

32. "Conceito de interesse público ...". *RTDP* 26/121.

tecnológica – ainda que esta nova tecnologia fosse mais evoluída segundo padrões de técnica –, se esta nova concepção proposta ao serviço não se mostrasse afeita e adequada à situação humana dos indivíduos que habitassem determinada região.

Avalia-se, num outro exemplo, como *ineficiente* decisão que propusesse o aumento considerável de tarifa em prol da implantação de tecnologia mais sofisticada (e evoluída tecnicamente) quando a comunidade local constitui-se de pessoas de baixo poder aquisitivo.

Atento a isso, Benedicto Porto Neto já apontou: "A sujeição da prestação aos princípios da eficiência e atualidade não significa que o poder público deva adotar na organização do serviço a tecnologia mais sofisticada existente, vez que existe direta relação entre a forma de prestação do serviço e a tarifa cobrada dos usuários para fruição dele. Assim, em favor da modicidade da tarifa, o Estado pode preferir tecnologia mais modesta, sem que isso represente comprometimento dos princípios em questão".[33]

Por isso, a eficiência não se esgota numa avaliação meramente econômica ou técnica, mas pressupõe a valoração global do interesse público. Na advertência de Cabral de Moncada: "Aquilo que pode parecer ineficiente, no sentido de desaconselhável à escala microeconômica, pode não o ser à escala social global. Assim, sucederá frequentemente no âmbito de serviços essenciais prestados à comunidade, tais como a eletricidade, a distribuição de água, os transportes públicos colectivos, certos serviços culturais etc.".[34]

Decorre, assim, que, por força da aplicação do princípio da eficiência, a Administração está constrangida, no exercício de modificação unilateral dos contratos administrativos, a eleger e adotar meios racionais e técnicas eficientes na concepção e produção das decisões, dotando o serviço ou obra pública-objeto de técnica eficiente, observando, para tanto, as singularidades e idiossincrasias de cada coletividade destinatária, processando a adequação e compatibilização das reais necessidades públicas constatadas à solução proposta.

2.1.4 Princípio da dignidade da pessoa humana

O princípio da dignidade da pessoa humana traduz o raciocínio de que nenhum valor contemplado pelo ordenamento jurídico, por mais

---

33. *Concessão de Serviço Público no Regime da Lei 8.987/1995 – Conceitos e Princípios*, pp. 88-89.
34. "Direito público e eficácia", in *Estudos de Direito Público*, p. 166.

privilegiado que o seja, poderá sobrepor-se à pessoa humana. Considera-se que o valor que tem a pessoa humana no seio do ordenamento é insuprimível e irredutível, constituindo-se no fim primeiro e último do poder público (político).[35] A supremacia da pessoa humana acarreta – apostilou Justen Filho – a equiparação de todos os seres humanos.[36] Cada um e todos os seres humanos possuem dignidade igual e insuprimível.

Dito princípio assume hierarquia suprema no seio do sistema jurídico, devendo ser considerado como valor maior na fixação da norma jurídica aos casos concretos.[37]

Num primeiro aspecto denota o postulado que a Administração não poderá arbitrariamente instabilizar as relações contratuais senão a partir de um *legítimo* interesse coletivo que o fundamente. Jamais se admitirá a emanação de atos imperativos sob a legenda do interesse público quando se tem como real estribo um interesse meramente *secundário*, titularizado pelo aparato administrativo como tal. Juarez Freitas ensina que "o princípio da universalização do interesse público e da correlata subordinação das ações estatais à dignidade da pessoa humana não significa o arbitrário e inaceitável jugo da vontade do par-

35. Marçal Justen Filho, "Conceito de interesse público ...", *RTDP* 26/124-125.
36. Idem, ibidem.
37. Essa afirmação, embora possa conduzir a uma espécie de absolutização do princípio, não desfaz a constatação de que se trata essa norma, mesmo, de um princípio (contrapondo-se que um princípio, dada sua natureza de norma relacionável e ponderável com outras da mesma espécie, não poderia afigurar-se absoluto, precedendo, em caso de colisão, a todos os outros). Com efeito, é possível recorrer à ponderação de Alexy para explicar que existem duas ordens de normas relativas à dignidade da pessoa humana: o princípio e a regra. "A relação de preferência do princípio da dignidade da pessoa humana com respeito a princípios opostos decide sobre o conteúdo da regra da dignidade da pessoa humana. Absoluto não é o princípio, mas a regra, que, devido à sua abertura semântica, não necessita de uma limitação com respeito a nenhuma relação de preferência relevante." E, em exame em face do Direito Alemão, constata o jurista que a situação de que em determinadas situações o princípio preceda a todos os outros com um alto grau de certeza não fundamenta qualquer caráter absoluto do princípio, mas simplesmente significa que quase não existem razões jurídico-constitucionais para uma relação de preferência a favor da dignidade da pessoa humana sob determinadas condições. Daí a conclusão de que "a impressão do caráter absoluto resulta do fato de que existem normas de dignidade da pessoa e um princípio da dignidade da pessoa, como assim também do fato de que existe uma série de condições sob as quais o princípio da dignidade da pessoa, com um alto grau de certeza, precede a todos os demais" (*Teoría de los Derechos Fundamentales*, p. 108).

ticular ou do cidadão, imolado para o gáudio de um volúvel e falso interesse coletivo. Ao revés. Representa tão-somente a indução legítima (limitada por imperativos de justiça) de que se subordinem as condutas e os bens particulares ao interesse geral digno desse nome, o qual também haverá de se configurar afinado com o interesse lícito de cada cidadão, quiçá na realização da velha esperança de que o Estado, que somos nós, venha a existir como legítima corporificação de uma vontade igualmente nossa, não de vertentes de pequenos grupos que almejam destruir incessantemente a sutil teia onde se ergue a construção da *polis*. Esta, de alguma forma, precisa condensar todos os princípios no respeito à dignidade da pessoa humana. Tal princípio encontra-se, pois, constantemente a concitar respeito às fronteiras de atuação do agente público, que não pode invocar em vão o interesse geral, sob pena de não respeitar a dignidade do Estado, que existe para a pessoa, não o contrário".[38]

Nesse viés, a noção de respeito à dignidade da pessoa humana é o que fundamenta mesmo a existência da competência do *ius variandi*. É essa norma que "oferece substrato ao subprincípio da continuidade dos serviços públicos, bem como, dentro de limites, torna admissível os demais atos de intervenção sobre a propriedade".[39]

Decorre, ainda, como conseqüência do mesmo princípio que a Administração não poderá intervir na propriedade privada sob a rubrica da autoridade pura e simples. O ato de modificação unilateral de contratos administrativos subjuga-se à verificação do interesse público subjacente e exige a garantia do correspondente ressarcimento ao particular-contratante. Como aduziu Edílson Pereira Nobre Júnior: "A obrigação do administrado de contribuir para os encargos coletivos guarda vinculação ao parâmetro da não-imposição de tributo com efeito de confisco".[40] Disso se extrai o respeito que deve a Administração aos direitos do co-contratante, que não se poderá ver sujeitado a um ato de autoridade infundado e desprovido de correspondente recomposição patrimonial.

Outro efeito do princípio consiste em informar o preenchimento da noção de *interesse público* a partir da situação concreta a que é endereçada a medida de atualização do contrato administrativo.

38. *O Controle ...*, 2ª ed., p. 53.
39. Idem, ibidem.
40. "O Direito Brasileiro e o princípio da dignidade da pessoa humana", *RDA* 219/251.

A modificação dos contratos administrativos, por encerrar uma função tutelar da atividade pública contratual, estará freqüentemente reclamando a consulta ao conteúdo normativo do princípio da dignidade da pessoa humana. Na medida em que o conceito de interesse público deve ser preenchido a partir do viés da dignidade da pessoa humana, e dado ser aquele o fundamento da competência de instabilização autoritária dos contratos, a legitimidade da medida consiste no atendimento ao *princípio da dignidade da pessoa humana*.

Por isso, toda e qualquer alteração unilateral de contratos administrativos não poderá desprezar os interesses humanos envolvidos nas prestações contratuais. As atualizações e correções que se produzirem no contrato haverão de primar pelo atendimento aos interesses implicados. Isso se alcança – como já advertido neste trabalho –, sobretudo, pela instituição de um *procedimento* suficiente e conciliador de interesses.[41]

A supremacia da pessoa humana como valor imperativo e de cogente observância pela Administração toca particularmente aos usuários-consumidores-cidadãos atingidos pela alteração do serviço, obra ou fornecimento veiculados pelo contrato administrativo. Não é admissível que se produzam concepções de serviços e obras que visem a atender às necessidades públicas desconectadas ou desinteressadas do elemento humano destinatário. Por mais aprimorada tecnicamente que se possa conceber uma atualização/modificação no objeto do contrato, nunca se poderá admiti-la senão a partir da consideração da situação humana e social dos beneficiários e implicados com a medida. O apreço pela evolução e pelo progresso técnicos não poderá conduzir à desconsideração da dignidade do ser humano.

Não significa isso dizer que o elemento "técnico" estaria subtraído da avaliação de que se vale a Administração à formulação das modificações contratuais. Desde que não se constate ofensa ao valor erigido pelo princípio da dignidade da pessoa humana, deve a Administração usar de avaliações de ordem "técnica"[42] como fator de elaboração cria-

---

41. Conforme exposto no Capítulo III.
42. Vale transcrever interessante passagem de ensaio de Marçal Justen Filho acerca da relação entre dignidade da pessoa humana e soluções fundadas na técnica: "Afirmar a natureza ética do interesse público não significa afastar considerações técnicas. Ambos os temas se relacionam, eis que a ética não exclui a adoção da melhor solução do ponto de vista técnico. O que a ética exclui é que as decisões sejam adotadas segundo critérios exclusivamente técnicos, desvinculados da realização dos valores relacionados com a dignidade" ("Conceito de interesse público ...", *RTDP* 26/131).

tiva e reorganizatória dos serviços e obras públicos. Aliás, a melhor técnica deverá ser buscada, sempre, pela Administração, por imposição, sobretudo, do princípio da eficiência. Apenas se adverte que a consulta prévia ao princípio da dignidade da pessoa humana como valor maior a ser respeitado na imposição das decisões desta ordem poderá implicar a relativização da melhor solução técnica em prol do atendimento ao valor humano.

No campo das modificações unilaterais de contratos o princípio aplica-se tanto à definição do conteúdo do ato como a informar a eleição dos pressupostos substanciais.

No primeiro caso o postulado apresenta-se muito mais um comando negativo do que positivo. Visa a preservar condições mínimas relativas à dignidade da pessoa humana. Impede que o administrador invista contra um núcleo mínimo e irredutível relativo à dignidade do ser humano.[43]

No segundo caso o princípio denota atribuição positiva, de impor o comando *variandi* por força da preservação do valor da dignidade da pessoa humana. Pode-se conceber, por exemplo, que, no âmbito de determinado contrato de concessão de serviços públicos, a Administração se veja forçada a promover alterações na forma da prestação de molde a impedir que seja ameaçado os valores da pessoa humana. A repulsa às práticas que visem a "expor o ser humano, enquanto tal, em posição de desigualdade perante os demais, a desconsiderá-lo como pessoa, reduzindo-o à condição de coisa, ou ainda a privá-lo dos meios necessários à sua manutenção",[44] dentre outras que produzam o amesquinhamento da dignidade da pessoa humana, ensejará a ação administrativa de alteração das condições de prestação, visando a reorganizar o serviço, a obra, o fornecimento e demais prestações, evitando-se, assim, que a execução, tal qual vinha sendo desempenhada, implique ofensa a estes valores.

2.1.5 Princípio da boa-fé

É clássica em matéria de contratos administrativos a aplicação do *princípio da boa-fé*. Tanto a Administração como o particular que com

---

43. Mas sua aplicação anelada ao princípio da eficiência, como já referido, pode traduzir-se em comando positivo, de esculpir o conceito de eficiência em face de situações concretas.

44. Edílson Pereira Nobre Júnior, "O Direito Brasileiro ...", *RDA* 219/251.

ela trava relações contratuais deverão adotar condutas condizentes com *standards* de boa-fé, não podendo um se locupletar em detrimento de outro.

A norma impõe às partes o fiel cumprimento das obrigações assumidas na esfera do contrato, inclusive aquelas derivadas da introdução de novas prestações. Por força da boa-fé como postulado aplicável ao contrato administrativo, é defeso ao co-contratante "evadir-se, seja por que meios for, ao completo, regular e fiel cumprimento das obrigações assumidas", incluindo-se nestas os encargos suplementares oriundos de alterações unilaterais promovidas pela Administração.[45]

Não seria lícito, por exemplo, que o co-contratante dificultasse o pronto cumprimento de novas prestações introduzidas no contrato quando estas lhe são desconfortáveis. Tem aquele o dever de conduzir o cumprimento das obrigações de molde a dar-lhes o melhor atendimento, zelando pela sua ótima execução, independentemente de aquelas lhe serem ou não simpáticas.ou não.

O princípio deverá nortear sobretudo a conduta do co-contratante na produção de atos inerentes à modificação unilateral. Como já evidenciado quando da abordagem acerca do procedimento de formação da decisão administrativa de alteração contratual, a Administração deverá colher todos os elementos pertinentes a fim de relacioná-los e sopesá-los à extração da decisão aplicável. Nesta tarefa, serão objeto de ponderação as informações e petições produzidas pelo co-contratante. A realização destes atos deverá estar orientada pela boa-fé. É preciso que o co-contratante adote postura condizente com padrões de boa-fé na comunicação que se estabeleça com a Administração. Deverá mostrar presteza e eficiência nas solicitações que se lhe fizerem, permitindo o amplo conhecimento acerca de dados técnicos e inerentes à execução que lhe sejam solicitados, porque relevantes à decisão administrativa. Não é lícito ao co-contratante camuflar informações com fins de objetar a alteração produzível ou de dirigir a decisão de forma a melhor o contemplar.[46]

---

45. Celso Antônio Bandeira de Mello, *Curso de Direito Administrativo*, 15ª ed., p. 596.

46. Gaspar Ariño Ortiz, comentando sobre o controle tarifário do Estado, aduz que: "Las tarifas tienen que ser la remuneración justa y razonable del servicio, que cubra los costes de éste y permita a los que aportaron su capital y su esfuerzo un 'normal beneficio industrial'. Para que ello pueda ser así, resulta absolutamente necesario que haya juego limpio entre las compañías y el poder público, y también una instrumentación bien estudiada de los criterios y reglas que deben presidir la fijación de aquéllas" (*Economía y Estado: Crisis y Reforma del Sector Público*, p. 369).

Da mesma forma, a Administração deverá permitir o acesso do co-contratante às informações e aos atos produzidos no procedimento de feitura da decisão administrativa de alteração unilateral, tomando sua participação não como adversa ou intrusa, mas como *necessária* à confecção da medida. A norma conduz a que a Administração não dificulte ou inviabilize o acesso do co-contratante ao processo de formação da decisão, negando-lhe o amplo conhecimento de informações e papéis inerentes.

A aplicação do princípio relaciona-se, ainda, com a intangibilidade da equação econômico-financeira do contrato. De um lado, a Administração – segundo advertência de Celso Antônio Bandeira de Mello – deverá atender à intangibilidade da equação econômico-financeira do contrato, entendendo-a com significado *real*, e não apenas *nominal*;[47] de outro, o co-contratante não poderá "buscar qualquer proveito econômico adicional excedente do equilíbrio originário tratado – isto é, não previsto – que seja auferível em detrimento e às expensas da Administração".[48]

Os procedimentos que investirem contra a boa-fé, particularmente do co-contratante, configuram *falta contratual* sancionável, a ser apurada e reconhecida pela Administração.[49]

O princípio da boa-fé também traduz limitações na esfera do conteúdo do ato de modificação unilateral. A Administração não poderá conceber modificações de tal ordem que produzam "transtorno grave do contrato e de sua economia geral".[50] Não poderá, na missão de reordenar as condições contratuais alteradas pelo *ius variandi*, praticar projeções desproporcionais ou limitativas do desempenho da execução do contrato, como a fixação de prazos incompatíveis ou de condições faticamente inexeqüíveis.

A norma atende a situações ainda menos agressivas, as quais, embora não se afigurem manifestamente inviáveis (porque impedem o cumprimento fático das prestações, por exemplo), transgridem um

---

47. *Curso* ..., 15ª ed., p. 596.
48. Idem, ibidem.
49. Idem, ibidem.
50. Brewer-Carías, citando Laubadère, afirma que "la Administración tampoco puede pretender – porque ello iría contra el principio de la buena fe – introducir modificaciones en el contrato que por su importancia y amplitud conduzcan 'a un trastorno grave del contrato y de su economía general'" (*Contratos Administrativos*, p. 182).

"comportamento leal" da parte.[51] Espera-se da Administração a fixação de condições *favoráveis* à execução contratual, de forma a, sem descurar de *standards* de eficiência, *facilitar* (e não dificultar) o cumprimento das metas e obrigações prescritas.

Outra imposição que se tira do princípio reside no reconhecimento que deverá a Administração realizar acerca das condições de prestação que vinha desempenhando o co-contratante. A Administração, no fito de orientar a formulação das novas prestações, deverá contemplar, sempre que possível, as metodologias e "cacoetes" técnicos que o co-contratante utilizara no desempenho da prestação contratual, de molde a não causar transtornos em sua esfera de atuação. Assim, ao definir os novos prazos, por exemplo, caberá examinar a *velocidade* (desde que eficiente) com que o co-contratante vinha executando o objeto; ao elegerem-se metodologias diferenciadas, caberá olhar para as tecnologias que o co-contratante vinha utilizando para tanto, os perfis dos equipamentos, os horários e condições gerais dos trabalhos etc.

Também será defeso à Administração, por força da imposição do princípio, desafiar irrazoavelmente as condições de capacitação do co-contratante.

Essas vertentes do princípio da boa-fé desdobram-se em outros postulados (mais específicos) que se impõem à produção do conteúdo da alteração unilateral, como o princípio da *inalterabilidade do objeto do contrato* e o da *preservação das condições de exeqüibilidade originariamente assumidas pelo co-contratante*.

2.1.6 Princípio da legalidade

O poder de modificação está – como, de resto, toda a atividade pública – subjugado a um quadro de legalidade, que se impõe a par de uma relação de conformidade. Exige-se, para fins de exercício do *ius variandi*, que esse esteja positivamente estatuído pelo ordenamento jurídico, de modo que se torna inviável seu exercício para além dos termos conformadores prescritos pelas normas específicas. Não se aceita

---

51. Nesse sentido é a lição de Jesús González Pérez: "(...) si el plazo concedido es de tal duración que resultaría imposible en absoluto la prestación, el acto en que así se acordara sería nulo de pleno derecho sin tener que acudir al principio general de la buena fe. Éste sólo operará cuando, siendo posible la prestación, tal posibilidad sería a costa de unos esfuerzos y sacrificios cuya imposición no cabe esperar de un comportamiento leal" (*El Principio General de la Buena Fe en el Derecho Administrativo*, 3ª ed., p. 153).

que a Administração-contratante possa criar poderes não tipificados pelo ordenamento ou, mesmo, dar ao *ius variandi* interpretação extensiva, concebendo funções e efeitos não estatuídos pelas normas aplicáveis. Isso porque a relação de legalidade que o caracteriza é a de *conformação*.

Convém, a par dessa consideração, atribuir significação ao que se entende pelo *princípio da legalidade*, em sua modalidade de *conformação*.

Em termos gerais, sabe-se que a Administração Pública está submissa ao princípio da legalidade. Essa é uma conseqüência inevitável do Estado de Direito, e que tem fulcro sobretudo na concepção de igualdade *rousseauniana* e também no sistema de tripartição de poder, cuja construção originária e primária se deve a John Locke, depois aperfeiçoada por Montesquieu.

Afirmar-se genericamente a submissão da Administração à lei, entretanto – embora constitua uma inegável realidade jurídica –, não explica suficientemente a dimensão da relação que a legalidade tem para com a ação administrativa, ou seja: a natureza da submissão do exercício administrativo à lei. É nesse campo que despontam as modalidades próprias de configuração de legalidade que cada ordenamento jurídico prescreve; as variadas formas de recepção legal dos atos da Administração Pública.

É possível aludir a duas modalidades estruturais de legalidade administrativa: a conformação (reserva legal) e a não-contradição (compatibilidade ou precedência). São desdobramentos do princípio da legalidade; feições que esse primado assume conforme a orientação apontada no sistema constitucional[52] de cada ordenamento jurídico.

Entende-se pelo princípio da *precedência de lei* que os atos do poder público não devem ofender as normas legais impostas, bastando, para tanto, uma relação de não-contradição entre a ação administrativa e a prescrição legal. Nesta modalidade de legalidade não se exige uma subsunção do ato à norma legal, conformando seu conteúdo; mas ape-

---

52. Segundo Sérvulo Correia: "É Jesch quem tem razão ao afirmar que o valor, o conteúdo e o âmbito do princípio da legalidade dependem da estrutura de cada ordenamento constitucional, isto é, do conjunto dos princípios basilares da Constituição – explicitamente afirmados ou dedutíveis através do exame sistemático dos complexos de normas – organizados na perspectiva funcional da sua aplicação nas diversas situações de atuação dos órgãos de soberania e de concretização efectiva dos institutos da Lei Fundamental (Jesch, *Gesetz und Verwaltung*, 66, 72 e 73)" (*Legalidade* ..., 1987, p. 34).

nas uma não-contrariedade, de modo que a validade dos atos administrativos resulta tão-somente de estes não se manifestarem *contra legem*.

Já o princípio da *conformação*, diversamente, prescreve para a ação administrativa a necessária correspondência entre a previsão normativa e o conteúdo do ato. Para além de uma mera não-contradição, a conformação exige que o conteúdo do ato público encontre na norma jurídica seu fundamento de determinação. A ação administrativa deve estar positivamente orientada segundo uma previsão normativa específica, não bastando uma limitação negativa a esse exercício. Como explica Sérvulo Correia, com espeque em lição de Eisenmann: "A conformidade não exprime simplesmente a idéia de ausência de conflito, mas a de similitude ou reprodução: um acto da Administração é conforme a uma norma se a tiver como modelo. A correspondência pode verificar-se em dois planos. Em primeiro lugar, pode exigir-se que a operação de emissão do acto se desenrole em conformidade com o esquema processual fixado pela norma; em segundo, que o seu conteúdo seja modelado por esta".[53]

Assim, enquanto o princípio da precedência de lei significa que nenhum ato administrativo pode violar o *bloco de legalidade*,[54] quando se estará diante de uma *legalidade-limite*, o princípio de reserva de lei implica que nenhum ato administrativo poderá ser praticado sem fundamento no mesmo *bloco de legalidade*, tratando-se de uma *legalidade-fundamento*.[55]

É certo que a questão da precedência de lei no âmbito público-administrativo, a partir do aparecimento do Estado de Direito, já não desperta maior polêmica, porquanto se aceita sem ressalvas que os poderes públicos não podem irromper *contra legem*, desafiando o ordenamento legal. Já a modalidade de conformação de legalidade vem marcada pela diversidade de configurações, dado seu caráter variável, fundado basicamente na graduação da intensidade de correspondência

---

53. Sérvulo Correia, *Legalidade* ..., 1987, p. 58.
54. Marcelo Rebelo de Souza explica que o bloco de legalidade consiste no "conjunto formado pelos princípios e pelas regras constitucionais, internacionais e legais, bem como por actos como os regulamentos administrativos, os contratos administrativos e de direito privado e actos administrativos constitutivos de direitos, que, nos termos da lei, condicionam a actuação da Administração Pública". E complementa: "A subordinação ao bloco de legalidade deve atender ao escalonamento normativo desse bloco" (*Lições de Direito Administrativo*, vol. 1, p. 86).
55. Cf. Marcelo Rebelo de Souza, *Lições* ..., vol. 1, p. 87.

entre a norma jurídica e o ato da Administração. A partir de um núcleo mínimo e irredutível de densidade normativo-legal, a variação de intensificação que exsurge quanto à densidade de normação jurídica de conformação acaba por implicar o surgimento de um rol quase interminável de feições da legalidade de conformação.

Na classe das relações de conformidade é possível – na esteira de terminologia proposta por Lorenza Carlassare, adotada por Ruy Manchete e Sérvulo Correia – estabelecer uma dicotomia entre *legalidade formal* e *legalidade substancial* ou *material*, referindo a primeira como a fixação de uma base mínima de legalidade para o exercício de atividade administrativa, consistente na regulação normativo-legal da produção jurídica do ato, na atribuição de poderes para sua emissão. Alude a *legalidade substancial* à exigência de estatuição normativa do conteúdo do ato; à exigência de lei contendo a disciplina da matéria versada pelo ato. Se, no âmbito da conformidade formal, a norma jurídica habilitante se esgota em fornecer uma conformação da produção jurídica do ato, na conformação material o estatuto normativo, ao conformar a disciplina própria do ato, assim o fará segundo uma graduação específica de conformação, cujo grau de conformação variará conforme a "densidade-abertura"[56] da norma jurídica. Eis aqui, portanto, um problema que se prende com a "liberdade" a que a Administração fará jus na manifestação dos poderes exorbitantes em sede de contrato administrativo.

No Direito Brasileiro o sistema de legalidade que vigora no que toca à matéria das cláusulas exorbitantes dos contratos administrativos é aquele fundado na *conformação material* dos atos administrativos.[57] A competência de alteração unilateral, como exercício de poder da Administração sobre o co-contratante, constitui matéria de conformação,[58] derivando sua regulação unicamente a partir do texto normativo.

56. Expressão utilizada por Sérvulo Correia (*Legalidade* ..., 1987, p. 610).

57. O fundamento constitucional do princípio da legalidade pode ser encontrado no art. 5º, II, da Constituição Federal; e, no que diz com a atuação da Administração Pública, no art. 37 da mesma Carta. De uma forma mais geral, Romeu Felipe Bacellar Filho pondera que "a adoção do sentido restrito do princípio da legalidade é exigência da própria Constituição de 1988. O primeiro argumento é de ordem lógica. Ora, se o princípio da legalidade pretendesse abarcar a própria vinculação constitucional da atividade administrativa seria inútil e totalmente despida de sentido a afirmação de outros princípios constitucionais da Administração Pública. Afinal, o que sobraria para os demais?" (*Princípios Constitucionais do Processo Administrativo Disciplinar*, p. 160).

58. Como anota Canotilho: "A relação entre a reserva da lei e o princípio da legalidade da Administração continua a apontar para a acentuação da 'legalidade

A exigência é a de conformação normativa entre o conteúdo do ato modificador e a disciplina legal.

Esse entendimento produz a conclusão de que a única fonte regulamentar de competência para o exercício de modificações unilaterais contratuais no Direito Brasileiro é a lei. O plano contratual – ao contrário do que se passa em outros países – não tem o condão de atribuir competência dessa ordem. O contrato não funciona como fonte, originária ou suplementar, de competência regulamentar, mas tão-somente como forma de aplicação dos imperativos estatuídos no ordenamento legal exigíveis à situação regulada, desde um prisma de conformação (subsunção).[59] Não há qualquer discricionariedade ou autonomia contratual na tarefa criativa de concepção de poderes do poder público sobre o co-contratante; não é válido que a Administração se valha de prerrogativas sobre o co-contratante fundadas no plano meramente contratual. É mister – por força da configuração própria da legalidade administrativa de nosso sistema constitucional – que os poderes lançados sobre o co-contratante na execução do contrato estejam positivamente orientados pelo ordenamento jurídico.

O raciocínio tirado do sistema de legalidade aplicável denota muito mais um caráter de *regra*, e não de princípio da legalidade. Trata-se de inferir de sua aplicação limite objetivo, de vedação à concepção pela Administração Pública do exercício de poderes não previstos em lei. É certo, no entanto, que o postulado revela ainda um cunho principiológico quando aplicável ao *ius variandi*, de veiculação de valores fundamentais passíveis de sopesamento, como a *segurança jurídica*.

2.2 Princípios específicos

2.2.1 Princípio da inalterabilidade do objeto contratual

Desde a formação da teoria do contrato administrativo, quando o Conselho de Estado Francês afirmou a prerrogativa de instabilização

---

substancial', que exige: (1) fundamento legal para os poderes conferidos à Administração; (2) determinação e densificação, por arte do legislador, dos limites materiais da acção da Administração" (*Direito Constitucional*, 1992).

59. É de se ressaltar que a caracterização do *ius variandi* como um "poder estatal", como se dá no Direito Brasileiro, afasta a possibilidade de vê-lo (a competência *variandi*) erigido a partir de cláusulas contratuais, independentemente da conformação de normas públicas. Relembrando as palavras de García de Enterría e Ramón-Fernandez, os poderes públicos não são gerados em relação jurídica alguma, "nem em pactos, negócios jurídicos ou atos ou fatos singulares", mas procedem "diretamente do ordenamento" (*Curso de Derecho Administrativo*, 10ª ed., vol. 1, p. 441).

do contrato administrativo pela Administração Pública, tem-se como certo que a mutação contratual não poderá jamais ofender a natureza do objeto do contrato. Só em casos muito excepcionais – como anunciou Berçaitz[60] – teve-se admitida alguma modificação do objeto próprio do contrato, como já ocorrera na França a par de circunstâncias extraordinárias propiciadas pelas Guerras de 1914 e 1939.

A norma, no entanto, que vem sendo afirmada pela doutrina especializada[61] é a de que a modificação não pode implicar a perda da substância própria do contrato.[62] Trata-se de restrição imposta sobretudo em respeito a princípios licitatórios.

Caio Tácito já observou que: "A prerrogativa da Administração não é, em suma, a denegação do vínculo contratual de tal forma que elimine o conteúdo bilateral, que lhe é inerente. A incidência do poder de alterar unilateralmente o contrato administrativo não ocorre sobre as cláusulas essenciais, ou os pressupostos básicos de formação do nexo contratual, afetando-lhe a essência ou substância. Não é dado ao administrador substituir um contrato por outro, guardando-lhe apenas a aparência exterior ou a mera terminologia".[63]

Daí não ser possível "dilatar sua incidência de tal forma que não apenas modifique a obrigação do co-contratante mas se torne contraditória com a presunção de seu consentimento na medida em que é atingida a própria natureza do objeto do contrato".[64]

Tal princípio não se erigiu tão-somente a resguardar um direito subjetivo do co-contratante, que – desvirtuada a essência do objeto do contrato em razão do exercício do *ius variandi* – teria que arcar com a execução de novo objeto contratual (mesmo que assegurada a recomposição da equação econômico-financeira contratual), mas se impôs visando a preservar a isonomia inerente ao procedimento licitatório.

Sem dúvida que o postulado gera um *direito subjetivo* ao co-contratante, que não se poderá ver obrigado à continuidade do vínculo des-

---

60. *Teoría General del Contrato Administrativo*, 2ª ed., p. 402.
61. É praticamente unânime o entendimento doutrinário que consagra o princípio da inalterabilidade do objeto do contrato administrativo na hipótese de exercício unilateral pela Administração. Sobre a matéria, podem-se consultar: Georges Péquignot, *Théorie Générale du Contrat Administratif*, p. 410; André de Laubadère, *Traité Théorique et Pratique des Contrats Administratifs*, vol. 2, p. 339; Miguel Berçaitz, *Teoria ...*, 2ª ed., p. 402.
62. Cf. Vedel e Delvolvé, *Droit Administratif*, vol. I, p. 420.
63. "Contrato administrativo", in *Temas de Direito Público*, vol. 1, p. 620.
64. Idem, p. 621.

de que desnaturado o objeto do contrato; isso porque se presume que inúmeras condições atinentes à sua capacitação técnica e financeira estarão degradadas pela modificação radical do objeto do contrato. Mas a *ratio* da norma assenta-se em plano mais elevado. Em verdade, o que se verifica é que a alteração unilateral que implicar a desnaturação do objeto do contrato está a ofender o *princípio da licitação pública*, donde o "novo objeto" resultante estaria sendo contratado sem submeter-se ao procedimento de licitação. Bem por isso, esta norma alcança qualquer modificação contratual, seja unilateralmente imposta pela Administração, seja aquela acordada pelos contratantes.[65]

É de se ver que a transfiguração radical do objeto do contrato desnatura o fundamento do *ius variandi*, que é a *adaptação* do objeto do contrato às necessidades de interesse público. "A substituição do objeto primitivo por outro distinto revela a inoperância do fim perseguido no contrato inicial, e não a presença de uma necessidade de adaptação a este fim, que é o fundamento singular desta figura" (*ius variandi*).[66] Daí por que a *continuidade objetiva* do vínculo trata-se de pressuposto necessário a configurar uma alteração unilateral. Aquela afere-se pela compatibilidade nuclear entre as modificações introduzidas e o objeto originário. Inexistindo continuidade do vínculo, haverá "nova contratação", impossível, pois, de veicular-se pela via do *ius variandi*.

Hely Lopes Meirelles, em exame ao conteúdo do princípio, alude à preservação da *essência* do objeto, cuja aferição denota-se pelo exame sucinto do objeto do contrato. O autor contrapõe a afetação da essência do objeto à introdução de meras *adaptações* no projeto originário: "Insistimos, todavia, em que só existirá inovação do objeto quando a alteração pretendida afetá-lo na sua essência, aferida apenas por sua descrição, 'sucinta e clara', no instrumento convocatório (...), ou no instrumento contratual, com 'seus elementos característicos' (...), sem se cogitar das especificações e demais elementos técnicos, fornecidos para a sua execução em plena conformidade com o requerido pela Administração. Assim, se o objeto, tanto na licitação quanto no contrato, for a construção de um edifício, será ilegítima a sua modificação para construção de uma ponte (inovação do objeto). Tal não ocorrerá, po-

---

65. Nesse sentido aludiu Lúcia Valle Figueiredo: "Os princípios da licitação iriam por água abaixo se permitidas fossem quaisquer extensões contratuais, independentemente de limite ou qualidade. Ocorreria, sem sombra de dúvida, sério gravame aos princípios da licitação" (*Extinção dos Contratos Administrativos*, 3ª ed., p. 92).
66. C. Horgué Baena, *La Modificación del Contrato Administrativo de Obra (el "Ius Variandi")*, p. 121.

rém, se a alteração visar apenas a adaptações do projeto original, tendo em vista uma nova destinação para o edifício (modificação de cláusulas de serviço), ou se, de um conjunto, suprimir um ou mais edifícios (redução do objeto)".[67]

Se é inequívoco que – por imposição do princípio da inalterabilidade do objeto do contrato – a Administração não deverá desnaturar, no que há de essencial, a qualidade do objeto, esta verificação poderá, nos casos concretos, suscitar problemas de interpretação. Isso porque nem sempre desponta nítida a linha divisória entre as modificações qualitativas lícitas (quando se trata do "mesmo objeto", lapidado por modificações qualitativas) e aquelas que acabam por desnaturar a tal ponto o objeto do contrato que produzem um "novo objeto".

Em face disso, a doutrina tem perseguido critérios que permitam aferir a intensidade e amplitude das alterações de molde a contribuir com a solução de casos concretos. Particularmente no Direito nacional, não se erigiram critérios normativos expressos a informar a tarefa de qualificação das alterações qualitativas impróprias ou comprometedoras da natureza do objeto. Tem-se certo que "várias causas poderão recomendar que se atualizem e aperfeiçoem as especificações da obra ou do serviço, em termos técnicos ou de qualidade material, mantida a *compatibilidade* da estrutura do ajuste".[68] Mas não se tem clara a delimitação desta *compatibilidade* entre o *conteúdo da modificação* e a *estrutura do ajuste*.

A questão poderá demandar dificuldades de intelecção. Indaga-se qual o mínimo que se deve preservar na estrutura do objeto para que dele não se produza um "novo objeto".[69] É certo que a resposta será buscada nos casos concretos, até porque a medida será dada pela natureza de cada objeto. O problema relaciona-se com a celebração pela Administração de verdadeiros *contratos adicionais*, sob o disfarce de alterações fruto da competência do *ius variandi*.[70]

---

67. "Contrato administrativo – Características – Alteração", in *Estudos e Pareceres de Direito Público*, vol. 3, pp. 479-480.

68. Caio Tácito, "Contrato administrativo – Alteração quantitativa e qualitativa – Limites de valor", *RDA*, 1994, p. 366.

69. O Conselho de Estado Francês, no propósito de delimitar a noção de *obra nova*, já desenvolveu categorias como (a) trabalhos estranhos ao objeto do contrato; (b) trabalhos que não podem caracterizar-se como constituindo parte do mesmo contrato concluído e (c) trabalhos que não se identificam em nada ao originariamente previsto (cf. André de Laubadère, *Traité Théorique* ..., vol. 2, p. 390).

70. A par dos contratos de obra, o Direito Espanhol conhece a diferença entre as alterações unilaterais e as nominadas "obras acessórias ou complementares".

Tome-se como exemplo a imposição, no âmbito de contratos de concessão, de tecnologia diferenciada ao co-contratante em face do surgimento de novos padrões tecnológicos aplicáveis. São hipóteses em que o surgimento de *nova tecnologia* relativa ao objeto do contrato exija da Administração, por força de *standards* de boa administração, a atualização técnica correspondente.

Em princípio tal atualização, em face do direito positivo nacional, poderia conter-se no âmbito da alínea "a" do inciso I do art. 65, da Lei 8.666/1993, eis que é subsumível à hipótese de atualização do projeto para melhor adequação técnica.

No entanto, e por vezes, poderão ser concebidas, sob esta hipótese, mudanças profundas no objeto do contrato, desafiando, inclusive, princípios licitatórios (eis que freqüentemente os editais licitatórios exi-

Para além do fato de não se conceber nesse país a desnaturação da essência do objeto do contrato – o que ofenderia o processo de licitação dos contraentes –, admite-se que, mesmo quando se verifique a relação de pertinência entre obras extras que se põem necessárias e o objeto primitivo do contrato, poderá haver distinção de tratamento jurídico. Trata-se de aceitar, nas hipóteses de contrato de obra, a distinção entre obras acessórias ou complementares e novos trabalhos introduzidos no escopo do contrato e não previstos no projeto que podem ser fruto de alteração unilateral. Para as tais obras acessórias a Lei de Contratos das Administrações Pública da Espanha permitiu, mediante procedimento negociado e sem publicidade (art. 141.d: "Cuando se trate de obras complementarias que no figuren en el proyecto ni en el contrato, pero que resulte necesario ejecutar como consecuencia de circunstancias imprevistas, y su ejecución se confíe al contratista de la obra principal, de acuerdo con los precios que rigen para el contrato primitivo o que, en su caso, fuesen fijados contradictoriamente"), a adjudicação do novo contrato diretamente pelo co-contratante originário.

No propósito de evitar qualificação arbitrária pela Administração das "obras acessórias e complementares" como produto do *ius variandi*, sobretudo visando a desviar o regime jurídico pertinente, o Conselho de Estado tem utilizado como critérios de distinção (1) a possibilidade de utilização separada das novas obras, (2) sua necessidade em relação ao projeto inicial e (3) as dificuldades técnicas de adjudicação e execução independentes (decisões, entre outras, de 15.12.1983, expte. 45.942; de 29.11.1984, expte. 47.127; de 24.7.1985, expte. 48.034, e de 2.4.1992, expte. 424/92) (Luis Martín Rebollo, "Modificación de los contratos y consecuencias patrimoniales de las modificaciones irregulares (con especial referencia al contrato de obras)", in *Comentario a la Ley de Contratos de las Administraciones Públicas*, p. 462).

O Direito Brasileiro não cuida da distinção. O exame, aqui, passa pela relação essencial que deve unir o objeto das alterações com o objeto original do contrato. Sejam mesmo obras complementares ou acessórias, desde que se possa afirmar que tais não desnaturam o objeto primitivo do contrato ter-se-lhes-á como objeto possível e válido do *ius variandi*.

gem tecnologia determinada para o objeto licitado). Essa situação é de certa forma mais freqüente nos contratos de concessão de serviços públicos, que, diuturnos em essência, experimentam com maior assiduidade as adaptações contratuais impostas pela finalidade buscada pelo contrato.

Cogita-se sobre até que medida, nessas hipóteses, poderá o poder público valer-se do poder de modificação unilateral do contrato, ou se deverá lançar mão de uma medida rescisória e instalar nova licitação.

A alteração de tecnologia pode (e deve) ser veiculada mediante o poder modificatório do contrato desde que tal (a tecnologia modificada) não se constitua propriamente no *núcleo* da prestação contratual. Vale dizer: é lícito que a Administração determine a mudança de *tecnologias acessórias*[71] à execução do contrato. Mas não poderá transmudar a *feição* do contrato, alterando a concepção técnica de fundo. Isso seria inviável sob inúmeros aspectos, particularmente pela frustração aos requisitos de habilitação técnica e econômico-financeira assumidos pelo co-contratante, e pelo desabrigo proporcionado ao princípio da isonomia.

Mas mesmo para as *tecnologias acessórias* – que não configuram elemento nuclear do contrato – o cabimento de alteração unilateral deve ser buscado nos casos concretos. A solução pauta-se pelo balanço dos bens em jogo: de um lado, têm-se os primados que informam o concurso licitatório, assegurando impessoalidade, isonomia e moralidade no procedimento, assim como os direitos do co-contratante; de outro, tem-se a continuidade do serviço segundo uma lógica de menor ônus/ melhor vantagem ao Erário.

Entende-se, assim, que desde que no curso da execução contratual se verifique o surgimento de nova tecnologia (não conhecida ao tempo da celebração do contrato – formulação das propostas), capaz de, segundo um juízo *técnico*, exigir a alteração dos padrões tecnológicos ditados para o contrato, verificada, em decorrência, a defasagem da técnica contratual aplicada, a Administração Pública pode (deve) propor a instabilização do vínculo, alterando os aspectos referidos. O limite à investida *variandi* para a transmudação de aspectos tecnológicos fundamentais do objeto do contrato encontra-se nos princípios relativos à licitação e nos direitos do co-contratante.

---

71. A delimitação do conceito de *tecnologias acessórias*, nos casos concretos, será fornecida por avaliação eminentemente técnica, não se pondo como conseqüência de critérios jurídicos.

Além de não ferir postulados básicos da licitação, a alteração não poderá ser de tal dimensão que acabe por desafiar as condições de suficiência de capacitação (técnica e econômico-financeira) do co-contratante. Essas condições subjetivas estão protegidas pela imposição do *princípio da preservação das condições de exeqüibilidade fática e jurídica do objeto originalmente contraídas pelo co-contratante*.

2.2.2 Princípio da preservação das condições de exeqüibilidade do objeto originalmente contraídas pelo co-contratante

Como decorrência do princípio da boa-fé tem-se o *princípio da preservação das condições de exeqüibilidade do objeto originalmente contraídas pelo co-contratante*. A norma visa a assegurar que as modificações contratuais não impliquem o extravasamento agressivo das condições de habilitação técnica e econômico-financeira assumidas pelo co-contratante na fase pré-contratual. A *medida* da transgressão causada nas condições de capacitação será fornecida pelo princípio da razoabilidade.

Justifica-se a imposição sob dois aspectos: pela *ótica subjetiva*, admitindo-se que o co-contratante não poderá ter seus direitos mutilados pelo poder administrativo, podendo recusar a medida quando não detiver condições de execução (pela demonstração objetiva de transgressão de suas condições subjetivas de capacitação); e pela *ótica objetiva* – a Administração tem um dever de zelar pela boa execução do contrato, de modo que não poderá conceber alteração contratual de tal envergadura que ponha em risco a execução do contrato ante a insuficiência de capacitação técnica ou financeira de seu executor. Ainda sob o aspecto objetivo, decorre da norma a tutela a princípios da licitação (como a isonomia). Não é possível proceder-se a alterações que acarretem a adjudicação ao co-contratante de trabalhos que demandem condições de habilitação muito distantes daquelas aferidas ao tempo da licitação, conquanto estaria o adjudicatário a desviar-se da avaliação de capacitação específica. Este distanciamento radical da habilitação previamente aferida poderá indicar que a alteração proposta investe contra a natureza do objeto do contrato, acarretando, ainda, a frustração do princípio da intangibilidade do objeto do contrato.[72]

---

72. Nos termos mencionados na instrução de procedimento de auditoria, cujas conclusões foram acatadas por acórdão proferido pelo Tribunal de Contas da União, vislumbrou-se irregularidade a par de alteração contratual que "tem origem no fato do aditivo contemplar serviços e fornecimentos não incluídos na licitação, e cujo atendimento requereria fornecedor próprio, do ramo, e não a própria Cons-

O princípio atende, como limite negativo, à preservação das condições de *exeqüibilidade econômico-financeira*, de *exeqüibilidade técnica* e de *exeqüibilidade fática*.

As condições de exeqüibilidade técnica e econômico-financeira correspondem à capacitação subjetiva do co-contratante, relativa à sua potencialidade empresarial, profissional ou comercial. Relacionam-se com o retrato de sua saúde financeira e de sua experiência técnica apresentado no processo licitatório.[73]

A exeqüibilidade econômico-financeira será avaliada fundamentalmente pela capacidade de contrair investimentos e de aportar recursos. Isso se alcança pelo exame dos índices econômico-financeiros que apresentam o diagnóstico da saúde financeira do co-contratante.

A exeqüibilidade técnica traduz a *capacidade operativa gerencial* e a *capacidade profissional* que detém o co-contratante (as quais poderão ter sido demonstradas no certame). Ao co-contratante não poderão ser impostas alterações que se distanciem de sua experiência técnica. Mais do que isso, não lhe poderá ser imposta *tecnologia específica* não contemplada no exame de sua qualificação, desde que tal lhe seja de difícil acesso ou adaptação.[74]

---

trutora Sultepa, por não se inserirem, os itens acrescidos, nas atividades desta. Assim, o que se verificou, forçosamente, foi uma intermediação, pela Sultepa, no fornecimento dos equipamentos constantes da cláusula segunda do aditivo em comento (fls. 48), melhor detalhados no item 4.3 do relatório de auditoria (fls. 10). Ao optar pelo aditamento a Administração Estadual renunciou à possibilidade de, por meio de licitação, obter melhores condições para a Administração Pública. Ante a evidência de se tratar de materiais e serviços de outros fornecedores, exigia-se licitação própria, e não o aditamento do contrato" (TCU, Plenário, Acórdão 30/2000, sessão de 1.3.2000: "Auditoria – Construção do Hospital Geral de Caxias do Sul/RS – Solicitação de Comissão Parlamentar do Senado Federal – Aplicação de recursos do Ministério da Saúde – Utilização de recursos humanos e materiais públicos para fins particulares – Não submissão do projeto executivo à aprovação da então Secretaria do Interior, Desenvolvimento Regional e Urbano – Aditamento de contrato sem licitação – Supressão de itens contratados com a finalidade de encobrir acréscimos na obra – Restituição de parte de recursos sem correção monetária – Extravio de equipamentos adquiridos – Justificativas de um responsável acolhidas – Alegações de defesa do outro responsável rejeitadas – Multa – Orientação").

73. Como se sabe, na fase de processo de licitação a Administração destina-se a colher, dentre outras, as informações necessárias a configurar a capacitação dos futuros contratantes. Essas constituirão elementos objetivos de análise a fim de se aferir a capacitação adequada a suportar as novas prestações introduzidas no objeto; servirão a compor um quadro que permita identificar a situação financeira e técnica do co-contratante frente à nova situação do contrato.

74. Pode-se conceber ter a Administração exigido na fase de habilitação do processo licitatório capacitação técnico-operacional e capacitação profissional ge-

A *exeqüibilidade fática* diz com a *viabilidade de execução* do contrato como um todo. A introdução de modificações tem de se fazer acompanhar de uma *reorganização* interna das prestações de molde a proceder à *adequação de condições de prazo*, de *oxigenação de recursos*, de *acesso a equipamentos* etc., permitindo-se a consecução dos objetivos contratuais. A preservação da exeqüibilidade fática deve levar em conta o cronograma do contrato, a velocidade de obtenção de recursos, o acesso a fornecedores, entre outras condições.

2.2.3 Princípio da intangibilidade
da equação econômico-financeira do contrato

A associação do particular co-contratante à função de prossecução do interesse público – situando-o como colaborador da Administração, daí experimentando certa insegurança em face de alterações unilateralmente promovidas pelo ente público – foi o que concebeu o desenvolvimento de uma teoria do equilíbrio econômico-financeiro dos contratos administrativos, garantindo aos contraentes a intangibilidade da equação econômico-financeira travada. Trata-se de princípio que visa a assegurar aos contratantes a mesma relação de eqüidade existente ao tempo da celebração contratual (apresentação de proposta no âmbito licitatório) entre os encargos assumidos pelos particulares e a remuneração devida pela Administração.

Esse princípio erigiu-se a partir da jurisprudência do Conselho de Estado Francês e desde então foi recepcionado pela doutrina universal.[75] No Direito nacional sua disciplina jurídica decorre das leis específicas (Lei 8.666/1993, § 2º do art. 58, e Lei 8.987/1995, art. 9º), bem como do próprio texto constitucional. É possível encontrar na Constituição Federal fundamentos explícitos e implícitos à exigência de manutenção do equilíbrio econômico-financeiro do contrato.

Celso Antônio Bandeira de Mello explica que a "moralidade administrativa", encartada no art. 37 da Constituição, impõe a intangibilidade do equilíbrio contratual, na medida em que "não se compadeceria com intuitos de a Administração sacar vantagens de um negócio em detri-

---

néricas em relação à operação de determinado serviço, as quais não contemplam capacitação específica exigida para determinada tecnologia acessória introduzida na execução do contrato via *ius variandi*.

75. No Direito Francês o reequilíbrio econômico-financeiro do contrato em face do exercício do *ius variandi* é tratado de forma semelhante ao nosso Direito. Não obstante, em relação a outras causas de desbalanceamento do equilíbrio contratual o tratamento jurídico é distinto.

mento de outra parte, isto é, de obter ganhos não previstos nem consentidos pelo contrato quando do travamento da avença".[76]

De outro lado – e explicitamente –, tem-se no art. 37, XXI, da Carta Federal a prescrição de que serviços governamentais serão contratados com obediência às cláusulas de pagamento, mantidas as condições efetivas da proposta.

A Lei 8.666/1993 disciplinou – aos contratos administrativos em geral –, no § 2º do art. 58, a manutenção do equilíbrio econômico-financeiro em caso de modificação unilateral pela Administração. A Lei 8.987/1995 prescreveu-a de forma específica aos contratos de concessão, obrigando, em caso de desbalanceamento da equação, à recomposição *concomitante* dos encargos.

Como é sabido, a equação econômico-financeira do contrato administrativo traduz-se na exata proporção que se estabelece entre os encargos assumidos e a remuneração devida. Fixada a proporção no momento da apresentação das propostas no âmbito licitatório, a equação é inflexível, sob pena de se produzir um lucro indevido ao co-contratante ou causar-lhe prejuízo ilegítimo.

A modificação unilateral do contrato consiste em uma das causas de quebra da equação econômico-financeira. O ato estatal que introduz modificações na esfera do contrato poderá provocar o desbalanceamento deste equilíbrio, na medida em que as novas prestações produzam variação de encargos e remuneração. Como a equação econômico-financeira do contrato é intangível, tem-se como contraponto ao poder de modificação o restabelecimento da relação remuneração/encargos inicialmente pactuada.

Seria inadmissível que, em caso de ato exorbitante que produzisse agravos econômicos ao co-contratante, editado sob a legenda do interesse público, deixasse o Estado de promover a recomposição da situação patrimonial do co-contratante. Este entendimento deriva de um *princípio de igualdade entre os encargos sociais*. Se o interesse coletivo impõe a necessidade de produzir novas prestações no contrato administrativo, não é justo que o co-contratante suporte exclusivamente o ônus social decorrente. A Administração deve ressarci-lo integralmente, pautando-se pela manutenção da proporção originária (entre encargos e remuneração) estabelecida no contrato.[77]

---

76. "O equilíbrio econômico nos contratos administrativos", in *Perspectivas de Direito Público (Estudos em Homenagem a Miguel Seabra Fagundes)*, 1995.

77. Conforme Roberto Dromi, "é imprescindível no âmbito dos contratos públicos a realização da justiça comutativa, o que outorga um lugar preponderante à

O asseguramento da intangibilidade do equilíbrio contratual nos contratos administrativos não se justifica tão-somente na relação de eqüidade que deve pairar sobre a relação contratual (base econômica), mas também se funda na realização, viabilização e continuidade do interesse público perseguido pela via do contrato;[78] se se desmonta a relação contratual, corre-se o risco de se ver atingido, prejudicado e interrompido o interesse público perseguido; de resto, fica ameaçada a eficácia contratual. É neste sentido que se afirma que o equilíbrio contratual nos contratos administrativos assume rigidez mais acentuada do que nos contratos privados, quando a ruína do co-contratante pode comprometer "a necessária continuidade da satisfação das necessidades públicas".[79]

Resulta que a tutela do equilíbrio econômico-financeiro do contrato administrativo não se trata propriamente de expediente disponível pelas partes contraentes. Não se resume, em todos os casos, a um direito das partes à recomposição de encargos em caso de quebra da equação. Este princípio insere-se, na maioria das vezes, num regime de indisponibilidade de interesses e produz a obrigatoriedade de manutenção do equilíbrio contratual, sobretudo pela proteção ao interesse público inerente à questão.[80]

boa-fé no cumprimento dos contratos". "Em virtude da garantia (...) da igualdade ante as cargas públicas, resulta ilógico exigir do contratante particular que suporte mais prejuízos que o resto da comunidade em detrimento de seus interesses, ainda quando se funde em razões de 'justiça distributiva'" (*Las Ecuaciones ...*, p. 244).

78. Oswaldo Aranha Bandeira de Mello, afirmando o tríplice objetivo da tarefa regulamentar no âmbito da concessão de serviços públicos (assegurar os interesses gerais da comunidade; proteger os interesses imediatos dos usuários; e defender os interesses próprios da empresa), já concluiu que "Para prestar serviço adequado o concessionário precisa perceber renda compensatória e, por conseguinte, necessita que as tarifas sejam estabelecidas em bases razoáveis. Mas, para serem razoáveis as tarifas cumpre se atenda, de um lado, a estabilidade financeira da empresa, a qual compreende os lucros, decorrentes da cobrança das tarifas, como os provenientes, ainda, das suas operações econômicas, e, de outro lado, precisam corresponder às possibilidades financeiras dos usuários do serviço. Afinal, uma empresa estável, com lucros moderados, porém certos, deve prestar serviços satisfatórios, sem exigir dos consumidores tarifas muito elevadas, mas apenas as convenientes para se resguardarem as suas condições normais de vida, no fornecimento de serviço adequado". "Aspecto jurídico-administrativo da concessão de serviço público", *in Revista de Direito Administrativo*, Seleção Histórica, Rio de Janeiro: Renovar, 1991, p. 225.

79. Jean Rivero, *Droit Administratif*, 18ª ed., p. 133.

80. Essa dimensão pública e indisponível do equilíbrio econômico-financeiro do contrato administrativo torna-se mais visível nos contratos de concessão de ser-

É certo, ainda, que a recomposição poderá se produzir sob diversas formas de compensação (redução de investimentos, prorrogação de prazo contratual, remuneração compensatória etc.). Dentre opções razoáveis (cabíveis) erigidas, deve-se buscar o meio menos gravoso ao co-contratante. Ainda que no plano ideal todos os caminhos cheguem a resultados idênticos – porquanto a manutenção da equação econômico-financeira há de ser assumida como produto de um cálculo matemático, exato –, na prática a aplicação das compensações poderá traduzir-se em resultados não exatamente iguais. Assim é que se recomenda que o planejamento da recomposição seja feito conjuntamente com o co-contratante, achando-se a fórmula menos onerosa.

Não se ignora, sobretudo, que as compensações serão objeto de ato de autoridade, executório. Mas deverão (as compensações) estar orientadas pelo *princípio do menor ônus ao co-contratante*, a partir de um elenco de soluções razoáveis e pertinentes.

viço público. A comutatividade que se impõe é objetiva, relacionando não só o concessionário e o poder concedente, mas também, e sobretudo, todos aqueles que contribuem para a prestação do serviço, assim como os usuários, detentores do direito subjetivo público de obter prestação adequada dos serviços. Cármen Lúcia Antunes Rocha explica que: "Como a utilização do serviço por eles (os usuários) é que determina o desenvolvimento da concessão e o pagamento do serviço que lhes deverá ser prestado, tem-se que a comutatividade da concessão – vale dizer, a certeza no equilíbrio honesto de encargos e benefícios das partes – inclui aquele cabedal de responsabilidades que lhes integra o patrimônio nessa condição de usuários" (*Concessão e Permissão de Serviço Público no Direito Brasileiro*, p. 75).

Capítulo V

DISCIPLINA DO CONTEÚDO DO ATO MODIFICADOR. EXEGESE DAS REGRAS DA LEI 8.666/1993

1. Considerações introdutórias. 2. A regra do art. 65 da Lei 8.666/ 1993 como "norma geral". 3. Natureza "injuntiva" das regras que conformam o "ius variandi". 4. Tipologia das alterações contratuais (unilaterais): 4.1 Alterações qualitativas. A hipótese da alteração do projeto: alínea "a" do inciso I do art. 65 da Lei 8.666/1993: 4.1.1 Aumento ou redução do "escopo do contrato" como alteração qualitativa – 4.1.2 As limitações à alteração qualitativa: 4.1.2.1 A inaplicabilidade do § 1º do art. 65 às alterações qualitativas: 4.1.2.1.1 A tese restritiva (da possibilidade de extravasamento dos limites) à via consensual – 4.2 Alterações quantitativas – 4.3 A questão da eleição bilateral dos preços unitários: § 3º do art. 65 – 4.4 Possibilidade de extravasamento dos valores fixados às modalidades licitatórias – 4.5 As regras atinentes à manutenção do equilíbrio econômico-financeiro – 4.6 Extensão do ressarcimento indenizatório – 4.7 Necessidade de adequação do "prazo" – 4.8 Revisão da garantia.

1. Considerações introdutórias

Já foi dito que o *ius variandi* tem tratamento legal explícito pelo direito positivo brasileiro, decorrendo sua disciplina genérica dos arts. 58 e 65, I, da Lei 8.666/1993.[1] Enquanto a norma do art. 58 tem um

---

1. Essas normas não se aplicam de forma plena às concessões. A tipologia das concessões está regulada pela Lei 8.987/1995, admitindo, subsidiariamente, a aplicação das normas veiculadas pela Lei 8.666/1993. No caso específico do poder de modificação unilateral, embora a Lei das Concessões não tenha previsto uma

caráter mais genérico, possuindo virtualidade principiológica, o conteúdo do preceito do art. 65 denota a qualidade de regra, prescrevendo disciplina mais específica da matéria.

Este capítulo destina-se a examinar o tratamento jurídico positivado pelas regras do art. 65 (e demais aplicáveis), dando conta das limitações e conformações que visam a disciplinar o conteúdo do ato de modificação. Para tanto, o exame contará com a revisão de doutrinas especializadas, estabelecendo confrontos analíticos no fito de extrair soluções adequadas aos problemas levantados.

Previamente ao exame acerca das prescrições específicas contidas nessas regras, cabe analisar sua natureza de *normas gerais* e o cunho *injuntivo* que as caracteriza. Após, proceder-se-á à análise das disposições da Lei 8.666/1993 endereçadas ao tratamento específico do *ius variandi*, envolvendo a prescrição de limites qualitativos e quantitativos à emanação da competência, descendo-se a aspectos específicos passíveis de serem versados em abstrato.

2. A regra do art. 65 da Lei 8.666/1993 como "norma geral"

Tem-se que a regra do art. 65 possui natureza de *norma geral*, sendo, assim, de edição privativa da União, nos termos do art. 22, XXVII, da Constituição Federal, vinculando a União, os Estados, o Distrito Federal e os Municípios.[2]

Como é inferível da ementa da Lei 8.666/1993, esta consubstanciou-se no atendimento pela União à competência privativa para editar normas gerais sobre licitação e contratação, em todas as modalidades,

---

regulamentação específica da matéria, capaz de derrogar o regime jurídico imposto pela Lei 8.666/1993, suas diretrizes indicam (especialmente aquelas que prescrevem os encargos do poder concedente) que as normas aplicáveis ao *ius variandi* devem ser interpretadas de modo a levar em consideração alguns aspectos específicos desta tipologia e que produzem um tratamento por vezes diferenciado dos demais tipos de contratos administrativos. Exemplo disso é a função regulamentar genérica do poder concedente, exercitando a tutela relativa a classes de contratos de concessões, de molde a alterar aspectos genéricos da prestação mediante regulamento.

2. No mesmo sentido alinham-se Alice González Borges (*Normas Gerais no Estatuto de Licitações e Contratos Administrativos*, p. 52) e Jessé Torres Pereira Júnior (*Comentários à Lei das Licitações e Contratações da Administração Pública*, 5ª ed., p. 643). Embora a orientação de Alice González Borges, na obra indicada, repouse sobre a legislação anterior – art. 55 do Decreto-lei 2.300/1986 –, as considerações lançadas, neste particular, são ainda atuais.

para a Administração Pública, direta e indireta, incluídas as fundações instituídas e mantidas pelo Poder Público, nas diversas esferas de governo e empresas sob seu controle. É verdade que – já como assente na doutrina – nem todas as normas veiculadas pela referida lei federal constituem normas gerais. Certamente, há regras que estão endereçadas, dada sua natureza própria, restritivamente à esfera federal, não alcançando, assim, as demais esferas políticas. Mas dentre as normas constantes da lei classificáveis como normas gerais encontram-se aquelas que estatuem o poder de modificação do contrato administrativo, particularmente o preceito veiculado pelo art. 65 da Lei 8.666/1993. Quanto ao seu conteúdo, portanto, devem as demais ordens federadas obediência aos parâmetros normativos veiculados, cabendo-lhes apenas competência de regramento suplementar – isto é, a partir do esgotamento das diretrizes fundamentais que elas emanam.

Há entendimentos, entretanto, contrários à posição exposta. Floriano Azevedo Marques Neto, a exemplo, refuta a idéia, fazendo-o sob dois argumentos. Primeiramente, anota, em parecer aparentemente inédito na doutrina, que a competência dada pela Constituição à União não alcança o regramento da *execução de contratos* (que seria de "economia interna do poder contratante"), mas tão-só (o regramento) acerca da *contratação* – o que, segundo afirma, trata-se de delegação de competência para legislar sobre procedimentos gerais de contratação direta. Justifica o jurista o parecer nos seguintes termos: "Note-se que a expressão 'contratação' – *v.g.*, ato ou procedimento de contratar, mas não de gerir e gerenciar o contrato – pode ser entendida como a fórmula do constituinte para outorgar à União poderes para regulamentar os casos de contratação direta. Pelo entendimento aqui esboçado, seria plausível sustentar que a Carta Maior não deu à União poderes para editar normas dos contratos, mas somente para uniformizar os procedimentos gerais (a) de licitação – quando esta couber – e (b) de contratação direta".[3]

Mas, para além de refutar a viabilidade da competência manejada pela União para a edição de normas gerais acerca da execução dos contratos públicos, entende o jurista ainda não ser o art. 65 versante sobre norma geral quanto ao seu conteúdo. Expõe que a condução dos rumos específicos da execução de um contrato administrativo – sujeito às vi-

---

3. Floriano P. Azevedo Marques Neto, "Contrato administrativo: superveniência de fatores técnicos dificultadores da execução de obra – Inaplicabilidade dos limites de 25% de acréscimos", *Boletim de Direito Administrativo*, 1998, p. 116.

cissitudes e peculiaridades próprias do poder local – não se pode ter como norma geral.[4]

Ainda nessa mesma linha já julgou o Tribunal de Contas de São Paulo, concluindo que "a aplicação do § 2º do art. 65 viola a Constituição por não se caracterizar, nem de longe, como uma norma geral".[5]

Não parecem, com todo o respeito, procedentes essas teses. Primeiro porque não se entende inferível do texto constitucional a não-abrangência da matéria de execução dos contratos da Administração como objeto de competência privativa da União para a edição de normas gerais. A redação do preceito constitucional parece não deixar dúvidas quando utiliza a expressão "contratação". Repare-se que o texto refere-se à *licitação* e à *contratação*, deixando bem vincado que a esfera de competência privativa da União não se resume à edição de normas gerais sobre o *processo de formação dos contratos* (o que se identifica pela expressão "licitação"), mas envolve, ainda, a própria *contratação*. Fosse a intenção do texto delimitar a esfera de competência ao regramento acerca da licitação e de processos de contratação direta, não faria sentido a inclusão da expressão "contratação". Ou seja: a prevalecer o entendimento de que a locução "contratação" limita-se a indicar as hipóteses de *contratação direta*, ter-se-ia de reconhecer que sua inclusão no texto tem função supérflua, eis que a própria expressão "licitação" abrangeria tais hipóteses. Regrar sobre licitação é, sobretudo, regrar sobre seu cabimento, identificando hipóteses em que ela (a licitação) é exigível, inexigível ou dispensada. Dado que a Constituição Federal erigiu a licitação como regra a toda e qualquer contratação, as únicas hipóteses admissíveis de contratação direta são aquelas em que há ausência de exigibilidade da licitação (inexigibilidade ou dispensa). A contratação direta significa, por isso, a ausência de licitação – dispensa ou inexigibilidade da contratação. Versar sobre contratação direta, portanto, é versar acerca dos casos de ausência de licitação. Logo, bastaria referir a competência para legislar sobre *licitação* que a abrangência acerca da matéria de *contratação direta* estaria alcançada. Neste caso se teria de admitir que a locução "contratação" careceria de função no contexto do preceito.

Como não se pode presumir, por força de princípio hermenêutico aplicável, que o texto constitucional contenha palavras supérfluas ou faça uso de tautologia, extrai-se a conclusiva tese de que a expressão

---

4. Idem, ibidem.
5. Voto dado no TC-2.633/95-23, *DOM* 29.6.1995.

"contratação" quer significar as matérias relativas aos *contratos* propriamente, envolvendo, aí, a disciplina acerca de sua execução e conclusão.

É em sentido próximo, ainda, o escólio de Alice González Borges, que, em monografia específica sobre o tema, já apontou como *normas gerais propriamente ditas* as "normas gerais de licitações e contratos administrativos, fundamentalmente construtoras de uma teoria geral dos contratos administrativos, dentro da categoria dos contratos em geral, pertencente à Teoria Geral do Direito, como espécie autônoma e diferenciada".[6]

Ademais disso, o conteúdo normativo veiculado pelo preceito do art. 65 afigura-se próprio ao de normas gerais. Isto é: trata de matéria cujo regramento deve ser uniforme em todas as esferas estaduais, a fim de preservar princípios fundamentais à contratação administrativa, subjacentes ao conteúdo normativo veiculado. Note-se que a imposição de limites e garantias à mutabilidade unilateral dos contratos administrativos, tal como versado pela norma, estriba-se em postulados principiológicos fundamentais à isonomia e à moralidade administrativas. Bem por isso, convém que o tratamento perseguido pela norma tenha essa uniformidade mínima. Novamente registra-se a orientação de Alice González Borges, fazendo incluir na categoria das normas gerais propriamente ditas "normas gerais de aplicação em âmbito nacional, determinando comportamentos uniformes às ordens locais, para assegurar-se o cumprimento de princípios fundamentais e prevenir-se a ocorrência de controvérsias entre as unidades da Federação, ou entre seus órgãos e administrados".[7]

Também se observa que a disposição dos limites e parâmetros normativos dispostos não tem o condão de ameaçar peculiaridades próprias dos entes federados. O conteúdo da regra denota ser passível de uniformizar todos os níveis políticos da Federação sem que isso traga alguma espécie de inconveniência ante situações governamentais regionais. Sobretudo pela já aludida preservação de valores fundamentais à isonomia administrativa.

Conclui-se, assim, tratar-se o preceito do art. 65 de norma geral de competência privativa da União, vinculando os demais entes federados.

6. *Normas Gerais* ..., p. 48.
7. Idem, ibidem.

3. Natureza "injuntiva" das regras que conformam o "ius variandi"

Interessa perquirir, antes ainda do exame acerca do conteúdo prescritivo específico das regras que estatuem o *ius variandi*, seu cunho injuntivo.

Como se sabe, enquanto as normas injuntivas possuem uma aplicabilidade autonomizada da pactuação contratual das partes, as normas dispositivas têm entre seus pressupostos sua manifestação de vontade. Assim é que – emprestando o raciocínio de Sérvulo Correia – "se o poder de modificação unilateral das prestações por razões de interesse público é objeto de um princípio geral com valor de regra injuntiva, é de todo indiferente que o mesmo seja ou não estipulado em cada caso concreto; quando o for, as partes limitam-se a reproduzir uma norma jurídica à qual sempre estariam vinculadas. Mas o valor do princípio pode ser diferente: o de permitir que as partes convencionem tal poder: deste modo a convenção conhecerá uma base de legalidade material; mas, se as partes não procederem a uma tal estipulação, a Administração não disporá de competência em causa no contrato concreto".[8]

Parece certo que em face do Direito Brasileiro as normas legais pertinentes ao regime jurídico do *ius variandi* possuem um caráter injuntivo, pois que não se limitam a fornecer uma base legal para que, desde que previsto no plano contratual, o poder de instabilização possa ser exercido pela Administração-contratante. De fato, a previsão normativa por si só autoriza o exercício do *ius variandi* nos moldes em que o concebeu. Mesmo que não haja previsão contratual, esse "poder" se impõe na oportunidade e condições que a norma estatuiu, indiferente se restou ou não firmado em sede contratual. Daí se dizer que se trata de uma competência *irrenunciável*. Relaciona-se, como já visto, com a idéia de dever jurídico.[9]

Nesse sentido tem-se posicionado a jurisprudência brasileira.[10]

---

8. *Legalidade e Autonomia Contratual nos Contratos Administrativos*, 1987, p. 733.

9. Fernando Vernalha Guimarães, "Uma releitura do poder de modificação unilateral dos contratos administrativos nas concessões de serviços públicos", *RT* 781/15.

10. "Alteração e rescisão unilateral. O poder de alteração e rescisão unilateral do contrato administrativo é inerente à Administração, pelo quê podem ser feitas ainda que não previstas expressamente em lei ou consignadas em cláusula contratual. Assim, nenhum particular ao contratar com a Administração adquire o direito à imutabilidade do contrato ou à sua execução integral ou, ainda, às suas vantagens *in specie*, porque isso equivaleria a subordinar o interesse público ao interesse pri-

Cumpre observar que, no que diz com aspectos procedimentais, embora mantida a injuntividade em relação à pertinência e suficiência do procedimento, haverá possibilidade de disposição residual pelas partes. Trata-se de reconhecer que as partes contraentes poderão regular a partir do plano contratual situações procedimentais, desde que mantidos os requisitos de um procedimento *suficiente*.[11] Basicamente, os aspectos de prazo, formas de oitiva, avaliações técnicas e financeiras, método de participação de terceiros, questões relativas à publicidade, poderão ser regulamentados pelas partes mediante o contrato, dentro de uma latitude de pactuação própria do princípio dispositivo. Aqui, onde não houver vedação, as partes são livres para produzir a regulamentação contratual – lembrando que, no que toca à Administração, existirá tecnicamente um exercício de autonomia pública, a partir do uso de competência discricionária.

E é conveniente que essas questões sejam reguladas no plano contratual. Até porque respeitam a aspectos relativos às peculiaridades de cada objeto versado pelo contrato. Assim, aos contratos de menor dimensão, e onde a implicação de direitos de terceiros esteja minimizada ou desaparecida, não convém engendrar-se um procedimento pormenorizado e "pesado", burocratizando desnecessariamente a produção administrativa. Já, em casos em que se tem o estabelecimento de relações multipolares, em que se identifica desde logo a pertinência de interesses diversos envolvidos, ou mesmo onde se põe a necessidade de ampla publicidade (pela dimensão do objeto a que se visa), faz-se razoável atender a um procedimento detalhado e suficiente.

4. Tipologia das alterações contratuais (unilaterais)

No Direito nacional a Lei 8.666/1993, reproduzindo o inciso I do art. 55 do revogado Decreto-lei 2.300/1986, disciplinou, em seu art. 65, os parâmetros do poder de modificação unilateral do contrato administrativo, estabelecendo limites à competência. A norma consagrou duas ordens distintas de alterações contratuais: as alterações qualitativas, previstas pela alínea "a" do inciso I, e as alterações quantitativas, constantes da alínea "b" do mesmo inciso, prescrevendo regimes jurídicos distintos para cada uma.

---

vado do contratante" (STJ, REsp 717-SC (89.09997-3), rel. Min. Adhemar Maciel, *DJU* 16.2.1998).

11. V. item 3.4 do Capítulo III.

As hipóteses normativas são definidas como *modificações no projeto ou de suas especificações para melhor adequação técnica de seus objetivos* e *modificações no valor do contrato em decorrência de acréscimo ou diminuição quantitativa de seu objeto* e põem-se como *numerus clausus*.[12]

Cabe examinar o regime jurídico específico de cada uma das tipologias de alteração contratual.

4.1 Alterações qualitativas. A hipótese da alteração do projeto: alínea "a" do inciso I do art. 65 da Lei 8.666/1993

Como dito, as alterações qualitativas estão disciplinadas pela alínea "a" do inciso I do art. 65 da Lei 8.666/1993. A norma alude a modificações no projeto ou de suas especificações para melhor adequação técnica de seus objetivos. Consagrou-se a possibilidade de a Administração promover mudanças na contratação engendrada de molde a ajustar aspectos do projeto (em sentido amplo) às condições de execução. Esses ajustes podem ter como causa a *otimização técnica* da execução do objeto, quando se concebem alterações de tecnologia e de metodologia, ou a necessidade de promover adequações havidas por situações que podem obstaculizar os trabalhos-objeto, prejudicando o satisfatório despenho contratual. Em um caso tem-se a melhora do atendimento ao interesse público, pelo aprimoramento técnico da execução; em outro tem-se a salvaguarda do resultado originariamente perseguido, ante a possibilidade de prejuízos ao interesse público (causado por situações imprevistas prejudiciais à execução do contrato).

Ambas as possibilidades de modificação pressupõem a existência de *fato novo* que as autorize, seja pela melhor solução técnica ou fática surgida, seja pelos entraves que se apresentem e que inviabilizem ou prejudiquem a execução. Esses entraves podem significar, ainda, os erros de projeto praticados pela Administração.[13]

Entende-se, assim, que a noção de alteração de projeto não é restrita. Em princípio toda e qualquer alteração na concepção do serviço que se faça necessária a contemplar as necessidades públicas buscadas poderá (deverá) ser promovida pela Administração Pública. Admitem-

---

12. Nesse sentido já defendeu Eros Grau, "Preços: modificação unilateral de contrato celebrado com a Administração – Quitação – Expectativa inflacionária", *RTDP* 22/99.

13. Nessa hipótese o fato superveniente será a própria descoberta do erro. Consulte-se o Capítulo III deste trabalho.

se pela via do *ius variandi* modificações qualitativas de toda ordem do objeto contratado, podendo alcançar as mudanças de metodologia de execução (prática) ou de condições gerais de exeqüibilidade técnica e fática da obra, serviço ou gestão do serviço; a alteração no traçado de uma estrada, modificações na planta de uma escola ou a inovação tecnológica acerca de uma determinada prestação de serviço são exemplos de causas pertinentes à modificação unilateral.

As alterações de projeto hábeis a produzir modificações qualitativas abrangem fundamentalmente aspectos do *objeto mediato* do contrato, excetuando de seu âmbito questões essencialmente jurídicas. A Lei 8.666/1993 cuidou de retirar da esfera da competência unilateral questões como alteração de garantia do contrato, do regime de execução e do modo de fornecimento. Como se vê do disposto na alínea "b" do inciso II, essas hipóteses estão restritas às alterações consensuais. Não poderá a Administração constranger o co-contratante à mudança no regime de execução da obra ou serviço, assim como no modo de fornecimento, mesmo que constatada a não-conveniência técnica de sua manutenção. Do contrário teria a lei ampliado as hipóteses de incidência do poder *variandi*, estendendo-as às modificações no regime de execução ou modo de fornecimento. Como não o fez, reputou o legislador incabível a alteração unilateral para estas hipóteses.[14]

Também parece certo que os aspectos do objeto do contrato de feição meramente procedimental não poderão ser alcançados pelo *ius variandi*, porquanto definem questões que não dizem com a natureza regulamentar exigida para a tutela do ato. As partes, quando pactuam prazos e metodologia procedimental, devem ter essas estipulações protegidas da intervenção unilateral da Administração, eis que tais não se relacionam com os pressupostos habilitantes do *ius variandi*.

4.1.1 Aumento ou redução do "escopo do contrato" como alteração qualitativa

Incluem-se na classe das alterações qualitativas acréscimos e supressões acerca de quantitativos que se fizerem necessários no curso da execução do contrato, desde que não afetem a *dimensão* do objeto (caso em que se teria uma alteração quantitativa). Trata-se de reconhe-

---

14. Roberto Bazilli entende que o regime de execução ou a forma de fornecimento é cláusula não sujeita a alteração unilateral porquanto configura cláusula de natureza econômica, "visto que substancialmente relacionada com o preço e as condições de pagamento do contratado" (*Contratos Administrativos*, p. 62).

cer que as alterações qualitativas podem versar sobre aumento ou redução do *escopo do contrato*, desde que não se mire a alteração na *dimensão do objeto do contrato*.

Eros Grau propõe com bastante clareza a distinção entre *escopo* e *objeto do contrato*: "O primeiro compreende as atividades necessárias à realização do segundo".[15] O aumento de quantidade de obras e serviços pode se fazer necessário na execução do contrato de molde a preservar seu objeto (dimensão). A Administração por vezes tem de acrescer obras e serviços, alargando o escopo do contrato, para fins de atingir o objeto originariamente perseguido. Na hipótese tem-se um aumento do escopo contratual, mantendo-se a dimensão do objeto. Configura-se, no caso, alteração qualitativa (e não quantitativa), eis que se manteve intocada a dimensão do objeto do contrato.

É ilustrativa, nesse passo, a explicação de Carlos Ari Sundfeld, distinguindo sobre a "dimensão do objeto" e a "quantidade de serviços ou obras":

"Tome-se (...) um contrato para pavimentação de 100km de rodovia. O objeto do vínculo é identificável pela natureza da prestação (serviços de pavimentação) e por sua dimensão (em 100km de rodovia). Se a Administração estender a pavimentação por mais 10km, estará alterando o objeto, por meio de ampliação. Se a encolher para 90km, também modificará o objeto, via redução

"A execução do objeto contratual, na dimensão estabelecida, demanda certa quantidade de serviços. No exemplo cogitado, imagine-se haver sido prevista a realização de terraplenagem de 1.000m^3 para permitir a execução dos 100km de pavimentação. Caso a adoção de nova técnica viabilize a execução dos mesmos 100km de asfaltamento com o movimento de apenas 800m^3 de terra, a quantidade de serviços poderá ser diminuída (de 1.000m^3 para 800m^3), sem qualquer alteração na dimensão do objeto (que persistirá sendo de 100km)."[16]

Extrai-se da explicação do jurista que as alterações de quantitativos específicos não necessariamente produzirão a alteração da dimensão do objeto. Com base nisso, é válido dizer que a Administração poderá eventualmente deparar-se com a necessidade de acrescer ou decrescer certos quantitativos em decorrência de fatos supervenientes que assim indiquem. Nessas hipóteses haverá, para fins de aplicação do regime

---

15. *Licitação e Contrato Administrativo*, p. 30.
16. "Contratos administrativos – Acréscimo de obras e serviços – Alteração", *RTDP* 2/156.

jurídico, *alteração qualitativa*, eis que o motivo do ato de alteração reside na adequação de certos quantitativos componentes do objeto contratual, mas que não o definem por si sós. É dizer: esses quantitativos são acessórios à delimitação da dimensão; não configuram mesmo a dimensão do objeto.

É nesses termos que Eros Grau aceita a possibilidade de alterações contratuais que afetem as quantidades de obras e serviços mas que não importem alterações na dimensão do objeto.[17]

É de se destacar, inclusive, que as alterações (qualitativas) poderão acarretar (e quase sempre acarretarão) alteração de *valor* no contrato (seja para mais ou para menos).[18] Mas desde que não afetem a *dimensão* do objeto não atrairão o regime jurídico das alterações quantitativas, restando intocadas pelos limites traçados pelos §§ 1º e 2º do art. 65 da Lei 8.666/1993.

Conclui-se que sempre que as alterações ensejadas visarem *imediatamente* a aspectos qualitativos do objeto serão classificáveis como *qualitativas*, sujeitando-se a regime jurídico específico. O acréscimo e o decréscimo do valor resultarão da proporcionalidade da variação do custo mediante o respeito ao equilíbrio econômico-financeiro do contrato. Pois a variação de custo, no caso, é mera *conseqüência* de alteração qualitativa. O desdobramento das modificações em variações no valor do contrato não significará, por isso, atração do regime das alterações quantitativas. Isto é: às alterações manejadas não se imporão os limites prescritos pelos §§ 1º e 2º do art. 65 da Lei 8.666/1993.

À questão se voltará em tópico seguinte.

---

17. *Licitação* ..., pp. 29-31.
18. Ainda antes da legislação atual, Hely Lopes Meirelles já pronunciou: "As alterações quantitativas implicam sempre modificações no valor do contrato (para mais ou para menos), ao passo que as qualitativas nem sempre. Isto porque toda vez que se alteram as quantidades de obras ou serviços afeta-se o custo global do ajuste, mas quando se modifica o método de trabalho ou o modo de sua realização pode-se melhorar a qualidade do empreendimento sem agravar o seu custo. Nem a lei, nem a doutrina vedam alterações quantitativas ou qualitativas, desde que exigidas pelo interesse público. O que se impõe, dentro de um critério de razoabilidade, é que as alterações quantitativas não ultrapassem o valor corrigido do contrato inicial e que as qualitativas não mudem o objeto da contratação originária. Dentro desses lindes é lícita qualquer alteração do projeto inicial" ("Contrato administrativo – Alteração de projeto com aumento de custo", in *Estudos e Pareceres de Direito Público*, vol. 6, p. 73).

4.1.2 As limitações à alteração qualitativa

Se é certo que as modificações poderão implicar a revisão qualitativa do objeto, alterando-o, a par da modificação do projeto, em diversos aspectos e quantidades, elas não são ilimitadas.

A primeira limitação que se infere diz com a vedação à transfiguração essencial do objeto; impede-se a desnaturação de aspectos do objeto do contrato (mediato e imediato) que lhe retirem a origem. Ou seja, a Administração, no uso da competência *variandi*, não pode ir a ponto de modificar a essência do objeto contratado, desnaturando-o. Há de se preservar um núcleo mínimo na qualidade do objeto. Não se pode, sob o título da competência *variandi*, impor-se ao co-contratante modificação de tal natureza que acabe por converter o objeto em "novo objeto". Isso ofenderia o *princípio da obrigatoriedade da licitação*, além de arranhar direitos do co-contratante.

O ponto nevrálgico da questão reside na identificação da tênue linha que separa as modificações não-essenciais daquelas que se transfigurem na introdução de um "novo objeto". A questão já foi enfrentada atrás, a propósito do exame do princípio da inalterabilidade do objeto do contrato.

Como segunda limitação põe-se o impedimento à oneração excessiva do co-contratante, acarretando-lhe um extravasamento de sua capacidade operacional. A regra do art. 65 deve ser aplicada sob a projeção do *princípio da preservação das condições de exeqüibilidade do objeto originalmente contraídas pelo co-contratante*. Conclui-se que: "Se a Administração pudesse impor ao particular a ampliação ou redução desmesurada de suas obrigações, mesmo com a garantia de incremento da remuneração, poderia, em muitos casos, inviabilizar o cumprimento do contrato".[19] O princípio defere um direito subjetivo ao co-contratante de realizar a contratação sob as condições técnicas e operacionais assumidas na avença originária.[20] Nos casos, pois, de haver necessidade de alteração excessiva relativamente às condições operacionais assumidas pelo co-contratante, poderá este optar pela rescisão.

---

19. Carlos Ari Sundfeld, *Licitação e Contrato Administrativo*, 2ª ed., p. 229.

20. Observa Fernando Andrade Oliveira, em relação às modificações impostas nos contratos, que, "sobrevindo essas exigências da Administração, o seu atendimento depende da capacidade técnica e econômico-financeira da outra parte, mesmo porque tal capacidade já foi considerada satisfatória, pela habilitação no procedimento da licitação" ("Contratos administrativos e suas alterações", in *Direito Administrativo na Década de 90*, p. 180).

O princípio, todavia, não se traduz apenas em direitos ao co-contratante, mas deriva de uma diretriz de *eficiência técnica* exigida pelo serviço público e, ainda, do *princípio da moralidade*. As alterações que excedam em patamar abusivo condições de habilitação técnica e econômico-financeira aferidas em prévio procedimento licitatório investirão contra o bom funcionamento do serviço (em sentido amplo) objeto do contrato, colocando em risco a execução contratual. Não se poderá, assim, admitir modificações que impliquem extravasamento (em grau abusivo) das condições de habilitação do co-contratante, sob pena de expor a atividade contratual ao risco de insucesso, pondo em desabrigo, desse modo, o interesse público.

Poder-se-ia cogitar de uma terceira limitação às alterações qualitativas, traduzida no alcance dos limites de quantidade expressos pelo § 1º do art. 65 da lei a esta ordem de modificações no contrato. Parece, no entanto, que tal não se verifica. Cabe aprofundar o exame.

4.1.2.1 A inaplicabilidade do § 1º do art. 65 às alterações qualitativas

É certo que as modificações qualitativas poderão refletir alterações na quantidade do objeto. Indaga-se se as modificações no contrato, quando estribadas na alínea "a" do inciso I do art. 65 da lei, poderiam extravasar os limites quantitativos impostos pelos §§ 1º e 2º do mesmo artigo. A resposta não tem sido uníssona na doutrina.

Entre os autores que afirmam a inaplicabilidade das limitações quantitativas às alterações estribadas em alteração de projeto para melhor adequação técnica estão Marçal Justen Filho,[21] Floriano Azevedo Marques Neto,[22] Adílson Dallari,[23] Celso Antônio Bandeira de Mello,[24] Caio Tácito[25] e Vera Lúcia Machado D'Ávila.[26] Noutro grupo, orientando-se pela imposição das limitações quantitativas a toda e qualquer

---

21. Parecer inédito de agosto/2001.
22. "Contrato administrativo: ...", *Boletim de Direito Administrativo*, 1998, pp. 112-113.
23. "Retomada de obras paralisadas – Execução de trabalhos não previstos – Indenização compensatória de custos decorrentes da suspensão da execução do contrato", *ILC – Informativo de Licitação e Contratos*, agosto/1998, *CD-Rom*.
24. *Curso de Direito Administrativo*, 15ª ed., p. 576.
25. "Contrato administrativo – Alteração quantitativa e qualitativa – Limites de valor", *RDA*, 1994, p. 366.
26. "Contrato. Alteração unilateral. Inexistência de limite quantitativo na hipótese do art. 65, inciso I, 'a'", in *Temas Polêmicos sobre Licitações e Contratos*, 5ª ed., pp. 314-316.

alteração, acham-se Carlos Ari Sundfeld,[27] Marcos Juruena Villela Souto,[28] Sérgio Ferraz[29] e Lúcia Valle Figueiredo.[30]

Entende-se – na esteira de parte da doutrina – que as limitações aludidas não alcançam as alterações de natureza qualitativa. O exame da questão se produz sob vários ângulos.

A primeira evidência que se tem aponta para a distinção entre os regimes jurídicos consagrada pela norma. Com efeito, a distinção entre alterações *qualitativas* e *quantitativas* havida em face da disposições das alíneas "a" e "b" do inciso I do art. 65 da Lei 8.666/1993, necessariamente indica a independência de tratamento jurídico às hipóteses. Na medida em que a letra da lei expressamente diferençou as hipóteses, remeteu-as a regimes jurídicos distintos, sob pena de ter formulado prescrição tautológica e supérflua. O raciocínio depreende-se de princípio hermenêutico que indica não se poder presumir a inutilidade das palavras da lei.[31] Assim – emprestando-se a ponderação de Marçal Justen Filho –, não se poderia presumir indiferença quando a norma diferençou.[32]

Partindo da autonomia dos regimes jurídicos, verifica-se que a Lei 8.666/1993 estabeleceu no § 2º do art. 65 vedação ao transbordamento dos limites previstos no § 1º, reportando-se a "acréscimos" ou "supressões" que se fizerem nos contratos administrativos. Referiu-se a dic-

---

27. *Licitação* ..., 2ª ed., p. 228. Embora o autor, em trabalho outro e ainda à luz da legislação anterior, pareça ter assumido posição diferenciada (cf. Carlos Ari Sundfeld, "Contratos administrativos ...", *RTDP* 2/156).

28. *Licitações e Contratos Administrativos*, 3ª ed., p. 338.

29. Sérgio Ferraz e Lúcia Valle Figueiredo, *Dispensa e Inexigibilidade de Licitação*, 3ª ed., p. 55.

30. *Extinção dos Contratos Administrativos*, 3ª ed., p. 93.

31. Na lição de Carlos Maximiliano: "Presume-se que a lei não contenha palavras supérfluas; devem ser todas entendidas como escritas adrede para influir no sentido da frase respectiva" (*Hermenêutica e Aplicação do Direito*, 19ª ed., p. 91).

32. Sobre esse aspecto específico, vale consultar as palavras de Marçal Justen Filho: "A diferenciação entre as duas hipóteses é relevante para fins jurídicos. Negar a distinção conduziria, inclusive, a tornar inúteis as palavras da lei. Afinal, se ambas as situações contidas nas alíneas do inciso I do art. 65 fossem idênticas, qual teria sido a finalidade de sua distinção? Se o regime jurídico aplicável aos dois casos fosse o mesmo, a lei não os teria distinguido. Portanto, a pura e simples previsão legislativa acerca de dois supostos distintos, realizada nas duas alíneas do inciso I do art. 65, já evidencia o reconhecimento legislativo de que as modificações contratuais envolvem casos diversos e variados. Em suma, aplica-se ao caso um princípio hermenêutico fundamental, consistente em ser vedado ao intérprete deixar de distinguir onde a lei o fez" (parecer inédito de agosto/2001).

ção da norma claramente a situações retratadas na alínea "b" do inciso I – "quando necessária a modificação do valor contratual em decorrência de acréscimo ou diminuição quantitativa de seu objeto, nos limites permitidos por esta Lei". Note-se a utilização das expressões "acréscimo" ou "supressão" pelo § 2º, em identidade com as expressões "acréscimo" ou "diminuição" veiculadas pela alínea "b" do inciso I do artigo. É clara a remissão do § 2º à alínea "b" do inciso I do art. 65. Logo, o aludido parágrafo buscou regular tão-somente modificações que afetem a dimensão do objeto, em termos meramente quantitativos.

Outra evidência que se tira de uma análise literal é a inclusão da locução contida na alínea "b" – e suprimida na alínea "a": "nos limites permitidos por esta Lei". A estrutura gramatical do texto da norma indica a pertinência da aplicabilidade dos limites a uma (às alterações retratadas pela alínea "b") e, conseqüentemente, a inaplicabilidade destes à outra (às alterações contidas na alínea "a"). Atento a isso, Celso Antônio Bandeira de Mello observa que esta "inclusão dos limites em uma e exclusão em outra não pode ser desconsiderada".[33]

Também a utilização pelo texto da norma de significantes como "acréscimos" e "supressões" indica a restrição às hipóteses de alteração quantitativa. Do contrário seria de supor que o texto legal se valesse de expressões cuja amplitude abrangesse as hipóteses de alteração qualitativa. Como não o fez, a lei determinou/circunscreveu o alcance da normação às situações de "acréscimos" e "supressões", não ampliando a projeção legal aos casos de alterações qualitativas. Novamente aqui se indica – na esteira de Marçal Justen Filho – que *interpretação absolutista*[34] implicaria a transformação da própria vontade legislativa.[35]

Mas a orientação esposada não se esgota no exame literal da norma. Reconhece-se que o *critério de admissibilidade* das alterações não é o mesmo para ambas as hipóteses. Expõe Justen Filho que: "Quando

---

33. *Curso ...*, 15ª ed., p. 576. Mas o autor reconhece que: "Isso não significa, entretanto, total e ilimitada liberdade para a Administração modificar o projeto ou suas especificações, pena de burla ao instituto da licitação. Estas modificações só se justificam perante circunstâncias específicas verificáveis em casos concretos, quando eventos supervenientes, fatores invulgares, anômalos, desconcertantes de sua previsão inicial, vêm a tornar inalcançável o bom cumprimento do escopo que o animara, sua razão de ser, seu 'sentido', a menos que, para satisfatório atendimento do interesse público, se lhe promovam alterações" (idem, ibidem).

34. Entendida como aquela que impõe, indiscriminadamente, os limites (quantitativos) expressos para ambas as tipologias contratuais.

35. Parecer inédito de agosto/2001.

se introduz modificação relacionada com o projeto ou com as circunstâncias técnicas, o critério de admissibilidade não é o econômico, mas o qualitativo. Tal como exposto acima, não se cogita de modificação do quantitativo a ser fornecido, mas de melhor adequar o projeto à necessidade de satisfazer o interesse público".[36]

Bem por isso é que Caio Tácito justifica a mesma orientação (ainda que sob outro argumento), reputando que a *imprevisibilidade* inerente às alterações qualitativas é o que as retira da esfera de aplicabilidade dos limites quantitativos. Em parecer sobre a matéria já aduziu que "se (...) situação imprevista, que se imbrique com o objeto do contrato, impuser alteração na qualidade do serviço, com modificação nas especificações contratuais, não se terá de cogitar de limitação da despesa superveniente e necessária à plena consecução da finalidade do contrato, podendo ser ultrapassado, na medida exigida, o preço global originariamente pactuado".[37]

Noutro grupo acham-se aqueles que propugnam pela aplicabilidade dos limites referidos às alterações qualitativas. Sérgio Ferraz e Lúcia Valle Figueiredo, por exemplo, incluindo as alterações contratuais (em sentido amplo) em critério amplo de sistematização de inexigibilidade de licitação, defendem que o "estabelecimento de um limite rígido, legal, se deu em virtude da necessidade de respeito aos princípios vetoriais do instituto". Não seria admissível – dizem os autores – "estabelecer-se como obrigatório o procedimento licitatório e, depois, permitir-se qualquer aumento quantitativo do objeto contratado".[38] Observa-se que os juristas não distinguem, para fins de sujeição a regimes jurídicos distintos, as alterações quantitativas e qualitativas.[39] Admitem que falhas no projeto inicial ou de elaboração do orçamento inicial, assim como superveniências de fato, que conduzam a extensões contratuais, não poderão ainda desbordar o aumento quantitativo taxativamente posto em lei.

No entanto, a orientação dos juristas reconhece que, "ainda que as invocações em prol de maiores aditamentos pareçam, em casos con-

---

36. Idem.
37. "Contrato administrativo – ...", *RDA*, 1994, p. 366.
38. Sérgio Ferraz e Lúcia Valle Figueiredo, *Dispensa* ..., 3ª ed., p. 55.
39. "A justificar um aditamento contratual, por extensão quantitativa, há de se ter em mente a necessidade absoluta de a Administração modificar o projeto original ou as especificações, para uma melhor adequação de seus objetivos" (Sérgio Ferraz e Lúcia Valle Figueiredo, *Dispensa* ..., 3ª ed., p. 56).

cretos, razoáveis (em verdade, na maior parte das vezes o que ocorreu foi simples incúria administrativa), ou junge-se a Administração à regra da licitação, ou traz a contexto, justificadamente, causas outras, que a dispensem ou a tornem inexigível. Fora daí, os limites quantitativos legais não devem ser ultrapassados".[40]

Marcos Juruena Villela Souto, adepto da mesma tese, funda numa interpretação histórica e na "literalidade" da norma a aplicabilidade dos limites quantitativos a *todas* as alterações levadas a efeito pela Administração.[41]

Também Carlos Ari Sundfeld admite a imposição das limitações (quantitativas) às modificações por alteração de projeto, argüindo configurarem parâmetros à segurança da capacidade operacional e econômico-financeira do co-contratante. Por isso – afirma Sundfeld – "a lei estipula limites para a variação de modo que, ao contratar com a Administração, o particular já sabe que, até certo tanto, pode ser constrangido a realizar mais ou menos".[42]

Os argumentos levantados por aqueles que propugnam a interpretação absolutista dos limites dos §§ 1º e 2º do art. 65 podem ser assim rebatidos:

(a) Em relação à possibilidade de transfigurarem-se os princípios atinentes à licitação, aduz-se que a assunção da tese oposta não significa o reconhecimento da não-preservação dos tais princípios; ao contrário, defende-se a orientação de que, embora aqueles específicos parâmetros plasmados pelo texto da norma não se apliquem às alterações qualitativas, há a imposição de limites, os quais serão desenhados nos casos concretos ante a projeção de um plexo de princípios que visam a assegurar a isonomia à licitação e os direitos do co-contratante.[43] Apenas se defende que a distinção de regimes jurídicos foi consagrada pela lei, de forma que os critérios de aferição de valores devem ser distintos (pela própria natureza de cada qual) para ambas as tipologias de alterações. A aplicação dos princípios aos casos concretos (sob ponderação ante a incidência do princípio da proporcionalidade), substitutivamen-

---

40. Sérgio Ferraz e Lúcia Valle Figueiredo, *Dispensa* ..., 3ª ed., p. 57.
41. "O art. 55, § 4º, do Decreto-lei 2.300/1986 não previa limites para essa alteração (qualitativa); porém, em face das inúmeras imoralidades surgidas, a lei incluiu todas as alterações nos limites da alteração quantitativa (...)" (Marcos Juruena Villela Souto, *Licitações* ..., 3ª ed., p. 338).
42. *Licitação* ..., 2ª ed., p. 229.
43. Conforme exposto no Capítulo IV desta monografia.

te à obediência aos limites expressa e abstratamente consagrados, consistirá em melhor atendimento aos valores inerentes à licitação.

(b) No que toca à interpretação histórica, não se vê como se possa adotá-la para a questão em foco. Não se pode alçar a interpretação histórica como método de intelecção com vistas a extrair o sentido originário da norma. Trata-se de metodologia interpretativa que poderá auxiliar o intérprete na aplicação do Direito, mas nunca deve esta ser adotada em conflito com o sentido objetivo, literal e teleológico-sistemático que se tira da norma. A interpretação histórica não teria o condão de subverter a direção normativa apontada pela norma; poderia apenas auxiliá-la na compreensão do seu alcance.[44] Entende-se que a orientação já adotada e justificada atrás em relação à questão considera o conteúdo objetivamente extraível das regras examinadas.

(c) Em relação à alegada literalidade da norma parece não proceder a tese, eis que, como já explicitado acima, o exame literal conduz ao entendimento pela existência de regimes jurídicos apartados e pela exclusividade da limitação dos §§ 1º e 2º da regra do art. 65 às hipóteses de alterações quantitativas.

(d) Por fim, e relativamente à preservação da capacitação operacional e econômico-financeira do co-contratante, entende-se que tal deve se estabelecer, não obstante reclame parâmetros outros que aqueles expressos pela norma. A questão será melhor abordada adiante.

4.1.2.1.1 A tese restritiva (da possibilidade de extravasamento dos limites) à via consensual – Há, ainda, juristas que, embora reconheçam a distinção entre as hipóteses (alterações qualitativas e alterações quantitativas), somente aceitam a extrapolação dos valores do § 1º do art. 65 da Lei 8.666/1993, a partir da *concordância* do co-contratante. Neste sentido se alinham Marçal Justen Filho[45] e Antônio Carlos Cintra do Amaral.[46]

---

44. Como referiu Karl Engisch, à Dogmática "há de interessar na verdade o conteúdo objectivo da lei *per se*, e em primeira linha o seu alcance prático, assim como lhe hão de igualmente interessar o conteúdo e o alcance (extensão) dos conceitos e normas jurídicas, mas em segunda linha interessam-lhe também os significados político, ético e cultural da mesma lei. Tudo o que é elemento histórico apenas pode estar subordinado a estes conteúdos objectivos e colocar-se ao seu serviço" (*Introdução ao Pensamento Jurídico*, 7ª ed., pp. 169-170).

45. Parecer inédito de agosto/2001.

46. *Ato Administrativo, Licitações e Contratos Administrativos*, 1ª ed., 2ª tir., p. 133.

Justen Filho defendeu que: "É admissível superar o limite do § 1º, mas apenas mediante concordância do particular. Logo, as modificações unilaterais, que se fundam exclusivamente na vontade da Administração Pública, nunca poderão ultrapassar aquele limite". Observou o autor que "a diferenciação entre alterações qualitativas e quantitativas não é inútil. Apresenta enorme relevância, eis que as alterações quantitativas não comportam nunca superação do limite de 25%. Já as alterações qualitativas podem conduzir a modificação além desse parâmetro, mas tal somente será possível através de modificações consensuais".[47]

A posição do jurista assenta-se num fundamento de convivência do interesse público com o interesse privado. O co-contratante "não pode ser constrangido a executar prestação radicalmente diversa daquela descrita no edital de licitação e pela qual se obrigara ao formular sua proposta e formalizar a contratação".[48]

Na mesma orientação incorreu o Tribunal de Contas da União em resposta a consulta que realizou análise profunda do sistema de alterações contratuais da Lei 8.666/1993. Nas conclusões destacou-se:

"(a) Tanto as alterações contratuais quantitativas – que modificam a dimensão do objeto – quanto as unilaterais qualitativas – que mantêm intangível o objeto, em natureza e em dimensão – estão sujeitas aos limites preestabelecidos nos §§ 1º e 2º do art. 65 da Lei 8.666/1993, em face do respeito aos direitos do contratado, prescrito no art. 58, I, da mesma lei, do princípio da proporcionalidade e da necessidade de esses limites serem obrigatoriamente fixados em lei.

"(b) Nas hipóteses de alterações contratuais consensuais, qualitativas e excepcionalíssimas de contratos de obras e serviços, é facultado à Administração ultrapassar os limites aludidos no item anterior, observados os princípios da finalidade, da razoabilidade e da proporcionalidade, além dos direitos patrimoniais do contratante privado, desde que satisfeitos cumulativamente os seguintes pressupostos: I – não acarretar para a Administração encargos contratuais superiores aos oriundos de uma eventual rescisão contratual por razões de interesse público, acrescidos aos custos da elaboração de um novo procedimento licitatório; II – não possibilitar a inexecução contratual, à vista do nível de capacidade técnica e econômico-financeira do contratado; III – decorrer de fatos supervenientes que impliquem dificuldades não previs-

---

47. Justen Filho, parecer inédito de agosto/2001.
48. Idem.

tas ou imprevisíveis por ocasião da contratação inicial; IV – não ocasionar a transfiguração do objeto originalmente contratado em outro de natureza e propósito diversos; V – ser necessária à completa execução do objeto original do contrato, à otimização do cronograma de execução e à antecipação dos benefícios sociais e econômicos decorrentes; VI – demonstrar-se – na motivação do ato que autorizar o aditamento contratual que extrapole os limites legais mencionados na letra "a", *supra* – que as conseqüências da outra alternativa (a rescisão contratual, seguida de nova licitação e contratação) importam sacrifício insuportável ao interesse público primário (interesse coletivo) a ser atendido pela obra ou serviço, ou seja, gravíssimas a esse interesse; inclusive quanto à sua urgência e emergência."[49]

Com respeito às elevadas posições dos juristas e ao alto nível das conclusões produzidas pelo Tribunal de Contas, tem-se que não será necessária a concordância do co-contratante para as hipóteses de alterações qualitativas em que se verificar excepcionalmente extravasamento dos limites quantitativos. Por tudo o que se expôs acima, conclui-se que o § 2º do art. 65 da Lei 8.666/1993 não se aplica às modificações unilaterais fundadas em aspectos qualitativos do contrato. Desta forma, para esta espécie de alteração não vigem os limites prescritos. Daí que a vontade do co-contratante, quanto a isso, é indiferente. A questão se põe no âmbito do poder administrativo de alteração *unilateral* do contrato determinado pela alínea "a" do inciso I do art. 65.

Não quer isso dizer que haverá, em face do co-contratante, liberdade ilimitada da Administração à alteração qualitativa no que diz com a variação do valor do contrato. O co-contratante é detentor de direito subjetivo à não-derrogação desarrazoada de suas condições de habilitação e qualificação técnica. Trata-se de admitir parâmetros de razoabilidade e proporcionalidade na adoção de modificações contratuais de molde a preservar as condições subjetivas do co-contratante. Mas estes parâmetros não são os mesmos expressos pela norma.

E não o são por uma questão aparentemente singela: os limites normativos específicos foram erigidos para fins de aplicação às alterações quantitativas; tomam por referência, por isso, variações na dimensão do objeto. Sua aplicação às variações na qualidade do objeto do contrato pode afigurar-se desconcertada em relação aos efeitos produzidos.

---

49. Decisão 215/1999, rel. Min. José Antônio Barreto de Macedo, j. 12.5.1999, *DOU* 96-E, 21.5.1999.

Assim é que o princípio da proporcionalidade irá nortear as decisões de alteração de contratos nos casos concretos. Cogita-se mesmo, e inclusive, de a Administração deparar-se com a inviabilidade de se promover extensões e reduções (de cunho qualitativo) a limites menos abrangentes que os expressos. A aplicação do princípio da razoabilidade poderá determinar não só o extravasamento dos limites como a restrição a parâmetros mais estreitos. Logo, em relação às alterações qualitativas, as limitações, no que diz ao aumento e redução no valor do contrato, serão desenhadas nos casos concretos. Exatamente assim é porque os parâmetros que se devem extrair para as alterações que repousem sobre a qualidade do objeto do contrato não poderão fixar-se previamente em função de "alterações quantitativas". Como já dito, os critérios de admissibilidade de alterações são distintos. Se a lei prescreveu limites às alterações quantitativas, assim o fez levando-se em conta as repercussões que aquela espécie de alterações poderia produzir nas contratações públicas. Para as alterações qualitativas os pressupostos e efeitos são distintos, merecendo parâmetros diversos. Como para os casos de alteração qualitativa não se previram limitações desta ordem, remete-se a solução aos casos concretos, ante a aplicação do princípio da razoabilidade.

Perceba-se que a lei explicitou limites às variações quantitativas, determinando implicitamente que o co-contratante, dentro dos parâmetros objetivamente traçados, prepare-se para eventuais acréscimos ou reduções. O co-contratante deverá contar com certa reserva de capacitação de molde a suportar os acréscimos e supressões decorrentes. Não obstante, silenciou a norma em relação a limites qualitativos no que toca ao valor do contrato. Seria extremamente difícil estabelecer parâmetros de quantidade pressupondo alterações de qualidade. Não há um critério único e apriorizado capaz de atribuir exata co-relação (de proporcionalidade) entre o valor do contrato e as alterações na qualidade do objeto, tal como existe para as hipóteses de alterações quantitativas.

Quer-se indicar que o co-contratante não poderia estar obrigado a aceitar modificações contratuais dentro de limites quantitativos rígidos para alterações qualitativas, assim como não poderia a Administração estar limitada àqueles parâmetros a atender às alterações (qualitativas) que se fizessem em nome do interesse público. Dada a extrema dificuldade de fixar-se parâmetros genéricos e abstratos, a questão será melhor solucionada a par dos casos concretos sob a projeção do princípio da razoabilidade.

O raciocínio esposado não pretende configurar modalidade de desconsideração de direitos do particular em face das contratações públicas. Ao contrário. Pensa-se que o não-reconhecimento dos limites quantitativos expressos significa a melhor consagração dos direitos do co-contratante, traduzidos em suas condições subjetivas de prestação da execução. O que não se pode é tornar a "vontade" do particular uma espécie de entrave para a Administração, quando sua resistência à aceitação de modificações desta ordem (havidas em casos excepcionais – registre-se) poderá acarretar desvantagem na continuidade das contratações.

Não se argumente que, desconsiderados os tais limites para fins de contenção das alterações unilaterais, a fixação estaria remetida para a discricionariedade administrativa. Como asseverado, as condições de habilitação serão sempre aferidas e analisadas em procedimento licitatório. Constituem elementos objetivos de aferição. Servem a delinear a potencialidade relativa à capacidade técnica e econômico-financeira do co-contratante.[50]

Não se contraponha, ainda, que, na prática, ter-se-ia expediente de buscar sempre a concordância do co-contratante como forma de legitimação/enquadramento das alterações programadas às condições subjetivas. Como referido, as condições de habilitação podem ser objetivamente identificadas pela Administração, afastando a implicação da vontade do co-contratante.

Ademais disso, a Administração Pública tem o dever de zelar pela perfeita execução do objeto do contrato; donde eventual falta de capacidade do co-contratante, gerando execuções imperfeitas e incompletas, acarretaria prejuízos ao interesse público. Assim, a concordância do co-contratante não seria o bastante para autorizar/produzir alterações para além dos limites taxativos prescritos, pois tem de haver aferição objetiva e concreta da capacitação do executor do contrato.

4.2 Alterações quantitativas

Serão consideradas alterações quantitativas para efeitos da Lei 8.666/1993 aquelas que versarem sobre variações na *dimensão* do objeto. Admite-se que no curso da execução contratual poderá a Admi-

---

50. A única ressalva fica para os contratos de longa duração em que o co-contratante experimenta abalo de suas condições de habilitação provocado por fato imprevisto (embora a lei preveja a obrigatoriedade de mantença da situação subjetiva apresentada na licitação). Nestas hipóteses ter-se-ia de buscar elementos atualizados de aferição da situação econômico-financeira e de capacitação técnica do co-contratante.

nistração deparar-se com a necessidade de ampliar ou restringir o objeto do contrato, conforme assim determine o interesse público primário. Envolvem simples variação de *quantidade* do objeto, atingindo sua *dimensão*. Não visam a acréscimos e supressões que, ainda que havidos no seio do contrato, sejam produzidos em decorrência de alterações qualitativas; perseguem *imediatamente* a variação da dimensão do objeto contratual.

Já foi visto que o § 1º do art. 65 da Lei 8.666/1993 fixa um limite para acréscimos e supressões, referentes a obras, serviços e compras, de 25% do valor inicial atualizado do contrato; e, para o caso particular de reforma de edifício, de 50% para seus acréscimos.[51]

A Lei 9.648/1998, que teve origem na Medida Provisória 1.531-15/1998, introduziu o § 2º do art. 65 da Lei 8.666/1993, o qual consignou que "nenhum acréscimo ou supressão poderá exceder os limites estabelecidos no parágrafo anterior, salvo: (...) II – as supressões resultantes de acordo celebrado entre os contratantes".

A regra tem aplicabilidade, em princípio, aos contratos administrativos em geral. Excetuam-se as tipologias contratuais em que o critério de aferição das variações quantitativas não se concilie com a natureza do objeto, como no caso das concessões de serviços públicos.[52] Isso porque tomou-se como referência aos parâmetros de quantidade fixados o *valor* do contrato.[53] Como *valor do contrato* deve-se entender o valor devidamente corrigido segundo índices consagrados no pacto.

---

51. A jurisprudência brasileira tem pronunciado a inviabilidade de reduções excessivas no âmbito das modificações unilaterais pela Administração: "Administrativo – Contrato de locação de serviços de limpeza e conservação – Interrupção brusca e unilateral do seu objeto – Impossibilidade. I – A existência de cláusulas exorbitantes nos contratos administrativos, em atenção ao interesse público, não justifica uma redução brusca e unilateral do seu objeto, em ordem a pôr em risco a equação financeira do ajuste. II – Se uma empresa, vencedora em licitação, contrata com a Administração Pública a prestação de serviços (limpeza, asseio e conservação), não é lícito que, em plena execução do ajuste, que já se aproxima do seu final, e com todo um contingente de pessoal em ação, sofra uma redução brusca do seu objeto, na ordem de 50%. Improvimento da apelação" (TRF-1ª R., 3ª T., Ap. cível 89.01.24527-2/MT, rel. Juiz Olindo Menezes, *DJ* 9.9.1996).

52. Justen Filho, nesse particular, afirma que "o problema de modificações quantitativas é examinado à luz da essência do objeto contratual. Trata-se de verificar se a ampliação de deveres quantitativos importará modificação essencial dos deveres das partes" (*Concessões de Serviços Públicos*, p. 257).

53. A doutrina mais qualificada tem advertido que a técnica legislativa mostrou-se inadequada e imprecisa quando utilizou como critério de aferição quantita-

Observa-se que o texto da lei (inciso I, "b", e §§ 1º e 2º) incorreu em descuido ao olvidar a aplicação de princípios básicos de uma economia de escala. Esta ponderação foi argutamente apontada por Justen Filho.[54] A noção de que o *preço unitário* possa ser variável em função da *quantidade* foi desconsiderada pela lei. Em algumas situações, quanto maior a quantidade prevista no contrato, menor o custo. "Reduzir 25% das quantidades não significa necessariamente reduzir 25% do preço; acrescentar 25% nas quantidades não importa obrigatoriamente acrescentar 25% do preço."[55] Isso é particularmente mais visível no caso de compras.

Em face disso, Justen Filho adota entendimento no sentido de que "o particular tem direito de exigir elevação no preço unitário quando forem reduzidas as quantidades desde que demonstre alterações no seu preço de custo. Por igual, a Administração pode impor a redução do preço unitário quando o acréscimo reduzir o custo".[56]

A solução proposta vem ao encontro do princípio da manutenção da equação econômico-financeira do contrato administrativo. Desde que alterada a *proporção* exata objetiva entre *custo* e *remuneração*, deve-se recompô-la de molde a restabelecer a situação originária. Se efetivamente o co-contratante demonstrar aumento de custo em face

---

tiva o valor do contrato; deveria fazê-lo a partir da prestação contratual. Marçal Justen Filho levanta a questão de "como apurar o valor da alteração". Observa o autor, por exemplo, que quando se tratar de contrato com preço global torna-se inviável estimar a dimensão econômica do acréscimo ou da supressão (*Comentários à Lei de Licitações e Contratos Administrativos*, 7ª ed., p. 551).

Parece, todavia, que a referência ao *valor* como critério de aferição de limites, porque se destinam estes (os limites) exclusivamente às alterações quantitativas, afigura-se hábil ao escopo a eles fornecido pela norma. Acrescente-se que a redação utilizada pela Lei 8.666/1993 não é destoante de outras normativas de contratações públicas erigidas no Direito Comparado. Na Espanha, a exemplo, a legislação que versa sobre a matéria estabeleceu causas de rescisão dos contratos administrativos. A Lei de Contratos das Administrações Públicas dispõe, em seu art. 149, as causas de rescisão, estipulando limites quanto ao valor do contrato: "Son causas de resolución del contrato de obras, ademáis de las señaladas en el art. 111, las siguientes: (...) e) las modificaciones en el contrato, aunque fueran sucesivas, que impliquen, aislada o conjuntamente, alteraciones del precio del contrato, en cuantía superior, en más o en menos, al 20 por 100 del precio primitivo del contrato, con exclusión del impuesto sobre el valor añadido, o representen una alteración sustancial del proyecto inicial".

54. *Comentários ...*, 7ª ed., p. 551.
55. Idem, ibidem.
56. Idem, ibidem.

de supressão de quantidade proposta pela Administração, ou se, noutra ponta, restar demonstrada a redução nos custos em face de acréscimos na quantidade, impor-se-á a variação de preço (unitário), a contemplar as diferenças experimentadas.

Embora no Direito nacional a imposição de limites quantitativos (e até qualitativos) seja fruto não só de preservação dos direitos do co-contratante mas, sobretudo, de respeito a valores inerentes ao procedimento de licitação – daí por que, em princípio, se apresentam tais limitações inexoráveis, produzindo, em caso de descumprimento, a invalidade do ato –, o Direito Comparado apresenta soluções distintas. Na França, por exemplo, tem tradição a idéia de que os critérios de delimitação qualitativa e quantitativa indicados pelos distintos *Cahiers de Charges* e pela jurisprudência do Conselho de Estado não se prestam a avaliar a ilegitimidade da medida, mas a possibilidade que tem o co-contratante de rescindir a avença. Seu transbordamento dá direito ao co-contratante à via rescisória. Não provoca, porém, a invalidade da alteração.[57]

Da mesma forma, na Espanha os limites erigidos se prestam a caracterizar a obrigatoriedade da imposição da modificação pela Administração; desde que esta se contenha nos limites referidos, será obrigatória ao co-contratante; ultrapassados os parâmetros objetivos (quantitativos), defere-se àquele a possibilidade de rescindir a avença. Na Lei de Contratos das Administrações Públicas dispôs-se como causa resolutiva do contrato, no art. 149-e, "as modificações dos contratos, ainda que forem sucessivas, que impliquem, isolada ou conjuntamente, alterações do projeto do contrato, em quantia superior, em mais ou menos, de 20 a 100 do preço primitivo do contrato (...)". No entanto – e como têm advertido autores como García de Enterría e Tomás-Ramón Fernández –, os "limites" traçados pela normativa não são senão

---

57. André de Laubadère, *Traité Théorique et Pratique des Contrats Administratifs*, vol. 2, pp. 389-390. Observa Baena, a propósito dos contratos de obra, que a solução tradicional adotada pelo Direito Francês era a de que os limites quantitativos determinavam-se com limite ao *ius variandi*, cifrados a partir da repercussão das alterações nos pressupostos. Atualmente, a partir da reforma de 1976 – CCAG, os parâmetros quantitativos se põem acerca do tipo de contrato (determinado pelo tipo de remuneração) e visam a estabelecer quando o co-contratante terá direito à obtenção de indenização pela modificação introduzida; "neste sentido, se a modificação ultrapassa certos limites quantitativos não significa, à diferença do que ocorria anteriormente, o direito do co-contratante a demandar a resilição do contrato" (*La Modificación del Contrato Administrativo de Obra (el "Ius Variandi")*, pp. 113-114).

"o limite da obrigatoriedade da modificação acordada". Isto é, não se está a estabelecer de forma imperativa a resolução do contrato desde que se modifique o contrato para além dos limites postos na lei, mas sim que quando as alterações produzidas transcenderem os parâmetros normativos quantitativos elas não serão obrigatórias para o co-contratante. Assume-se em face do alegado uma condição potestativa resolutória do contrato para o co-contratante. Caso haja a anuência deste à alteração produzida, esta será válida, mesmo que transcendente dos limites quantitativos fixados.[58]

É verdade que para casos de alterações qualitativas que agridam a essência do objeto veda-se naquele país a imposição, mesmo que com a anuência do co-contratante.

4.3 A questão da eleição bilateral dos preços unitários: § 3º do art. 65

A lei reputou, no § 3º do art. 65 da Lei 8.666/1993, que, desde que no contrato não tenham sido contemplados preços unitários para obras ou serviços, estes serão fixados mediante acordo entre as partes (respeitados os limites estabelecidos no § 1º do artigo).

A dicção da norma determina que os contraentes, na hipótese de se verificar ausência de preços unitários, "acordem" os valores unitários de molde a permitir-se a aplicabilidade da modificação contratual. Esta metodologia destina-se tanto às alterações qualitativas quanto às quantitativas.

Não parece, entretanto – e como se pode extrair de uma leitura mais apressada do dispositivo –, que a norma tenha delegado à *bilateralidade* a eleição dos preços unitários, admitindo que a negativa do co-contratante signifique a inviabilidade do exercício do poder de modificação unilateral.[59]

A eleição de preços quando não prevista no contrato deverá realizar-se a partir de parâmetros objetivos. As partes, em caso de divergências, haverão de transpô-las pela adoção de parâmetros notórios

---

58. *Curso de Derecho Administrativo*, 10ª ed., vol. 1, pp. 727-728. No mesmo sentido posiciona-se Luis Martín Rebollo, "Modificación de los contratos y consecuencias patrimoniales de las modificaciones irregulares (con especial referencia al contrato de obras)", in *Comentario a la Ley de Contratos de las Administraciones Públicas*, p. 467.

59. Há doutrina que tem entendido que, dada consensualidade da eleição da recomposição da relação custo/benefício, a mudança poderá acarretar a extinção do contrato (Marcos Juruena Villela Souto, *Licitações ...*, 3ª ed., p. 339).

consagrados por institutos especializados. Com base no contrato e em valores extraíveis de relatórios publicizados por essas entidades compõe-se um quadro objetivo capaz de permitir, com certa segurança, a determinação de preços unitários, concebendo-se a recomposição da situação remuneração/custo originariamente pactuada.[60] Poderão os contraentes, ainda, suplantar as controvérsias pela via da arbitragem. Daí que a remissão ao âmbito negocial não significa permitir ao co-contratante a injustificada recusa à adoção de parâmetros objetivos e notórios acerca de preços vigentes no mercado. Se assim fosse o co-contratante exerceria, nessas hipóteses, uma espécie de ato de consentimento ao exercício do poder de modificação unilateral – o que significaria desconsiderar a funcionalidade da competência.

De fato, interpretação que acolha a possibilidade de o co-contratante exercer um ato de consentimento à modificação unilateral proposta pela Administração em face da eleição de preços unitários poderá conduzir a sérios entraves no desenvolvimento prático das obras e serviços contratados. Corre-se o risco de o co-contratante exercer verdadeiro *poder de barganha* nas "negociações" acerca do aperfeiçoamento das modificações. Solução dessa ordem infringiria a natureza do poder de modificação conquanto competência informada pela *supremacia do interesse público, indisponível* às partes contraentes, impondo a inutilidade do poder modificatório.

Perceba-se, ademais, que a fixação dos preços unitários pelas partes é uma condição acessória e instrumental do poder de modificação unilateral. Após deferida a competência à Administração-contratante firma-se via de aperfeiçoamento da recomposição do equilíbrio contratual, em homenagem ao princípio da intangibilidade da equação econômico-financeira do contrato. Logo, sua natureza acessória não permitirá seu uso como fator de frustração da competência (principal) de atualização/modificação dos contratos, a qual se afigura irrenunciável e indisponível pela Administração.

Alternativa viável à solução dos entraves que poderiam surgir em decorrência de controvérsias existentes seria a instalação de juízo arbitral. Poder-se-ia conceber, no plano do contrato, procedimento e condições próprios ao estabelecimento de sistema arbitral destinado à re-

---

60. Adílson Dallari já afirmou que, na ausência de preços unitários preestabelecidos, deverão eles ser fixados por acordo entre as partes, "tomando-se como referencial *os valores de mercado* e os preços previstos no contrato" ("Retomada de obras paralisadas – ...", *ILC – Informativo de Licitações e Contratos*, agosto/1998, CD-Rom).

solução de eventuais conflitos que nasçam no mister de fixação de preços unitários.[61]

É válido recorrer, neste passo, ao exame comparativo com o Direito Espanhol, cuja experiência produziu interessantes conclusões. Com efeito, a antiga legislação atinente à matéria (Regramento de Contratos do Estado, art. 150.2), em termos próximos ao que se passa com a Lei 8.666/1993, dispunha que os preços unitários, quando não previstos no contrato, seriam fixados consensualmente entre Administração e co-contratante, de forma que, não havendo acordo, não estaria esse obrigado a executar os trabalhos relativos, os quais seriam adjudicados a outro contratante.

O sistema consensual de fixação dos valores unitários (de "preços contraditórios") – comenta Horgué Baena – redundou, na prática, na possibilidade de o co-contratante impor seus preços à Administração, sob pena de paralisação da obra e promoção de novo certame. "As disfunções práticas e técnicas que gerava a delegação da execução do contrato a contratantes distintos e, sobretudo, o desejo de finalizar o mais

---

61. Não se quer, com o exposto, aludir à aceitação incondicional da arbitragem no âmbito dos contratos administrativos. É verdade que a Lei 9.307/1996, ao tratar da arbitragem no campo contratual, autorizou-a como solução a conflitos versando acerca de interesses disponíveis – o que, em princípio, põe-se inconciliável com o âmbito administrativo-público, cujo terreno é o da indisponibilidade de interesses. Não obstante, a proposta da arbitragem que se cogita para a hipótese em exame é aquela que versa acerca de questões tecnicamente aferíveis, como a indicação de preços unitários. Não se está, com o exposto, propugnando a possibilidade de a Administração, por exemplo, exercer disponibilidade de direitos e interesses, podendo renunciá-los em prol de acordos e transações. Não é disso que se trata. A via da arbitragem, pensamos, é perfeitamente possível – e aconselhável – quando se versa sobre questões de fato (sobretudo de índole técnica), que comportam a indicação decisória por peritos e técnicos autorizados. Certamente nestas hipóteses a instituição de um juízo arbitral poderá poupar as partes de intermináveis discussões no âmbito jurisdicional. Acerca da arbitragem nos contratos administrativos, cf. estudo de Diogo de Figueiredo Moreira Neto, *Mutações do Direito Administrativo*, pp. 221-236.

Agregue-se que o Anteprojeto da nova Lei Geral de Contratações da Administração Pública (publicado no *DOU* 13.3.2002) previu, no § 2º de seu art. 136, que os contratos da Administração (incluída aí a espécie dos contratos administrativos) podem "prever meios para solução extrajudicial de conflitos, inclusive por juízo arbitral".

Lembre-se, ainda, que a Lei 8.987/1995 permite este modo de solução de controvérsias pela disposição de seu art. 23, XV, que, ao tratar das cláusulas necessárias do contrato de concessão, reza que a avença deverá prever sobre o modo amigável de solução de divergências contratuais.

rapidamente possível (a obra), fazia com que a Administração aceitasse praticamente os preços propostos pelo co-contratante".[62]

No fim de corrigir esses desvios, a Lei de Contratos das Administrações Públicas editada em 1995 havia reformado a disposição do texto normativo, estabelecendo que, "quando a modificação suponha a introdução de unidades de obra não compreendidas no projeto ou cujas características difiram substancialmente dele, os preços das mesmas serão fixados pela Administração, com base em proposta do diretor circunstancial das obras e nas observações do co-contratante a esta proposta, em trâmite de audiência por prazo mínimo de três dias. Se este não aceitar os preços fixados, deverá continuar a execução das unidades de obra e os preços das mesmas serão decididos por uma comissão de arbitragem em procedimento sumário, sem prejuízo de que a Administração possa, em qualquer caso, contratá-las com outro empresário nos mesmos preços que tivera fixado ou executá-las diretamente (...)". A finalidade da reforma introduzida foi a de "poder evitar a paralisação das obras no caso da modificação do contrato sem ter, necessariamente, que aceitar os preços fixados pelo co-contratante ou delegar a execução das obras a dois empresários diferentes".[63]

Viu-se que, nesse primeiro momento, os problemas decorrentes de se delegar à consensualidade a fixação de preços unitários não se corrigiram pela substituição à via autoritária e unilateral. Buscou-se alternativa que pudesse contemplar a bilateralidade inerente à fixação dos valores a unidades não previstas no contrato.

Contudo, a partir da edição do Real Decreto Legislativo 2/2000, o qual produziu alterações na Lei de Contratos das Administrações Públicas, suprimiu-se a possibilidade de resolução das controvérsias pela comissão arbitral.

A despeito da supressão (da possibilidade de submissão das controvérsias a juízo arbitral) pela nova normativa, a solução anterior era merecedora de aplausos, porquanto corrigira as disfunções que a antiga prescrição provocava no campo prático, sem desnaturar a bilateralidade essencial à missão de encontrar-se preços correspondentes aos novos trabalhos implantados por alteração unilateral do contrato.

Nesse espírito, pensa-se que a interpretação que se deve assumir em face do Direito nacional, no que diz com o tratamento conferido

---

62. *La Modificación* ..., pp. 93-94.
63. Idem, ibidem.

pela Lei 8.666/1993, deverá levar em conta a alternativa de julgamento arbitral em face de controvérsias havidas. Isso porque, como afirmado, não se pode, de um lado, prescindir da efetividade do *ius variandi* em troca de deferir ao co-contratante um poder de consentimento da medida; nem, de outro, tornar inócua a disposição normativa que remete à via consensual a fixação dos valores. Ademais, a solução da arbitragem produz maior celeridade à gestão administrativa, gerando-se maior eficiência, abreviando eventuais e diuturnas discussões junto ao Poder Judiciário. Por isso, tem-se a arbitragem como solução que melhor contempla a questão suscitada.

4.4 Possibilidade de extravasamento dos valores fixados às modalidades licitatórias

Outra questão que pode ser enfrentada, a par de um exame sistemático da lei, atina às modificações que exorbitarem os valores-limites de fixação da modalidade licitatória erigidos pelo art. 23 da Lei 8.666/1993.

Parece que o transbordamento dos tais valores-limites pelas variações no valor do contrato provocadas por alterações unilaterais introduzidas pela Administração não configura frustração da escolha da modalidade licitatória.

A lei determinou que a escolha da modalidade licitatória se fará em função do *valor estimado* do contrato. Esse exercício de previsão acerca do valor da contratação encerra uma função procedimental preparatória à celebração contratual (e ao desencadeamento do ato convocatório da licitação). A Administração, nessa missão, vale-se de competência de previsão de desembolsos, adotando-se os critérios e limitações consagrados pela lei para tal fim,[64] pautando, a par disso, a

---

64. Perceba-se que a Lei 8.666/1993 exigiu uma série de requisitos formais ao desencadeamento de uma licitação de molde a assegurar a correção e transparência dos demonstrativos de estimativa do custo da contratação. O art. 7º, § 2º, II, determina que as obras e serviços somente poderão licitar-se a partir da existência de "orçamento detalhado em planilhas que expressem a composição de todos os seus custos unitários", devendo tais planilhas constituir anexos ao edital respectivo (art. 40, § 2º, II). O art. 6º, IX, "f", inclui, ainda, como elemento obrigatório do "projeto básico", "orçamento detalhado do custo global da obra, fundamentado em quantitativos de serviços e fornecimentos propriamente avaliados". Estas exigências, além de impor à Administração o dever de publicização dos critérios e estudos atinentes à estimativa do valor do contrato, permitirão aos licitantes (e a qualquer cidadão) aferir a lisura dos procedimentos tomados pela Administração e a correção de seu exercício de previsão de desembolso.

eleição da modalidade licitatória apropriada e juridicamente viável à seleção dos candidatos à contratação. Superados o exercício de previsão e a eleição da modalidade compatível, encerra-se a competência específica. As variações de valor que se verificarem, fruto de situações supervenientes como o exercício do poder de modificação unilateral, não estão alcançadas pela finalidade daquela norma (art. 23 da Lei 8.666/1993).[65]

O raciocínio esposado aplica-se também aos casos de dispensa em face do valor do contrato.

Vê-se que a norma foi imposta como critério objetivo e cogente ao administrador para a formulação do procedimento licitatório conforme os valores envolvidos pela contratação. Presume-se que, de acordo com a dimensão do objeto buscado, deve-se adotar um procedimento condizente. Se assim foi feito, respeitados os parâmetros objetivos estipulados, as circunstâncias atinentes à execução contratual não terão o condão de acarretar frustração dos interesses protegidos pela norma. A finalidade da norma foi atendida na medida da escolha acertada do administrador segundo a correta estimativa de valor do contrato. Sua *mens* não se dedica a controlar o preço final do contrato, já computadas eventuais prorrogações e alterações oriundas; cuida, apenas e tão-somente, da fixação da modalidade de licitação segundo *estimativa* de valor *possível* e *previsível* à época da emanação da competência. Fosse diferente, normas específicas que deferem possibilidades de alterações de valor (como os preceitos que cuidam da modificação dos contratos e das hipóteses de prorrogação contratual) perderiam a extensão e o alcance a elas atribuídos pela lei.

Observe-se que a disposição literal do direito positivo não autoriza ilação contrária. O poder de modificação unilateral foi prescrito em

---

65. Jessé Torres Pereira adota posição distinta para a questão. Sustenta que a transgressão aos limites fixados às modalidades licitatórias (e assim também aos limites de valor erigidos para a hipótese de dispensa) pela variação contratual fruto do poder modificatório produz a invalidade do ato. Diz o jurista: "Se a Administração defrontar-se com a necessidade de acrescer o contrato em 25% e verificar que, se o fizesse, estaria invadindo valor correspondente a modalidade de licitação de maior amplitude do que aquela realizada e de que decorreu o contrato, deve concluir que tal contrato tornou-se insuficiente ou inadequado para atender às necessidades. Deve examinar o conjunto da obra, serviço ou compra em sua integralidade e definir se há economicidade no parcelamento, adotando-o em caso afirmativo, com as cautelas previstas no art. 23, §§ 1º, 2º e 5º" (*Comentários ...*, 5ª ed., pp. 654-655).

dispositivos próprios (arts. 58 e 65, I), não se fazendo menção à obediência a tais limitações. Ao revés, estipularam-se parâmetros específicos (para as alterações quantitativas) – §§ 1º e 2º do art. 65 –, os quais nenhuma relação mantêm com os valores-limites atinentes à escolha da modalidade licitatória. A omissão da norma específica quanto a isso indica a não-incidência destes valores-limites às hipóteses de alteração contratual.

De fato, não se poderia presumir prescrição onde a lei não prescreveu. Se é certo que não se pode inferir a inutilidade das palavras expressas pelo texto da lei,[66] exegese contrária denota que não se poderá inferir prescrição da lei onde o texto não a exprimiu.

Para além do invocado, reconhece-se que o mesmo entendimento combatido implicaria reconhecer a existência de antinomia entre as regras do art. 65 (§§ 1º e 2º) e do art. 23. Mais do que isso, ter-se-ia de admitir verdadeiro conflito interno no âmbito da Lei 8.666/1993, comprometendo o exame sistemático da normativa. Se a lei permitiu/limitou – para os casos de alterações quantitativas –, no art. 65, variações em proporção de 25% ou 50% do valor do contrato, não poderia, em outro registro (art. 23), ter prescrito constrição a esta latitude de variação, sob pena de produzir orientações distintas para a mesma hipótese, o que configuraria estipulações contraditórias.

Esse entendimento – parece-nos – desafiaria o sentido unitário da lei. Como se infere de princípio hermenêutico, deve-se supor que o legislador exprimiu seu pensamento de modo a que haja "unidade de pensamento, coerência de idéias; todas as expressões se combinem e harmonizem".[67] No dizer de Carlos Maximiliano: "Militam as probabilidades lógicas no sentido de não existirem, sobre o mesmo objeto, disposições contraditórias ou entre si incompatíveis, em repositório, lei, tratado ou sistema jurídico".[68]

De outro lado, a acolhida da tese aqui combatida produziria o risco de tratamentos desiguais em face das contratações com particulares, arranhando o princípio da isonomia. Como observou Carlos Ari Sundfeld, em análise acerca da questão: "(...) os particulares contratados pelo Estado estariam sujeitos a constrangimento mais intenso ou mais brando em função de circunstância que, (...), é totalmente aleatória: uma empresa seria obrigada a suportar acréscimo de 25% porque o va-

---

66. Cf. Carlos Maximiliano, *Hermenêutica ...*, 19ª ed., p. 204.
67. Idem, p.110.
68. Idem, ibidem.

lor de seu contrato não se aproxima do teto do convite, enquanto outra só seria constrangida a suportar acréscimo de 2% por o valor de sua avença aproximar-se desse teto. Haveria, destarte, tratamento profundamente desigual, sem que pudesse justificar-se por qualquer diferença intrínseca nas situações de ambas as empresas. Estaria rompido, pois, o princípio da isonomia".[69]

Logo – e também por isso –, o poder de modificação não se vê limitado pelos valores alçados à definição das modalidades licitatórias. Trata-se de situação extraordinariamente imposta devido a fatos de conhecimento superveniente e que a lei cuidou de regular em parte específica, estabelecendo seu âmbito de incidência.

Seria, ademais, solução contrária à *supremacia do interesse público* vedar a possibilidade de modificação contratual em face da limitação aludida quando verificada a necessidade oriunda do interesse público primário.

Atente-se a que o administrador poderá, ilicitamente, no exercício da função de fixação da modalidade licitatória ou de decretar a dispensa de licitação, desviar-se da finalidade normativa, premeditando ampliação no valor do contrato desde logo, usando do poder modificatório como fator de burla ao procedimento previsto na Lei 8.666/1993. Por isso a oportuna advertência de Marçal Justen Filho de que o exame acerca da superação destes valores deve-se realizar, ainda, à luz da teoria do desvio de finalidade. Quer-se dizer, na esteira do autor, que será reprovável a atuação administrativa que pretender elevar o valor do contrato pela via do *ius variandi* quando previsível desde a fase de fixação da modalidade licitatória tal necessidade. "Se a Administração sabia que a modificação poderia vir a ocorrer e adotou modalidade mais restrita e depois pretender prevalecer-se da faculdade de elevar quantitativos e valores, caracteriza-se desvio de finalidade."[70]

4.5 As regras atinentes à manutenção do equilíbrio econômico-financeiro

Relativamente ao tratamento do *ius variandi*, a Lei 8.666/1993 cuidou de acolher a intangibilidade da equação econômico-financeira no § 6º do art. 65. Além disso, referiu-o no art. 58, I, ao dispor o respeito "aos direitos do contratado". Também a Lei 8.987/1995, no tra-

---

69. "Contratos administrativos – (...)", *RTDP* 2/162.
70. Marçal Justen Filho, *Comentários* ..., 7ª ed., p. 212.

tamento específico das concessões, fez referência ao mesmo princípio no art. 9º.[71]

A recomposição será formalizada por aditamento, juntamente com a redução a termo das condições da alteração unilateral introduzida. O expediente de recálculo dos valores atinentes far-se-á a partir dos documentos produzidos com a proposta, de modo a tomar os dados e elementos fornecidos pelo próprio co-contratante e constantes do contrato como parâmetros a se alcançar a recomposição de preços. Em definitivo, será sobre os termos do contrato que se processarão os cálculos relativos a se produzirem os novos valores e condições de execução contratual.

Para a aferição da equação são relevantes não apenas os valores atinentes, mas as condições e circunstâncias que relacionem encargos e remuneração; o diagnóstico do equilíbrio contratual passa pela definição precisa dos *encargos* e da respectiva *remuneração*. Para tanto, avaliam-se, no que toca aos encargos, os prazos de início de execução; de cumprimento dos deveres contratuais; de recebimento provisório e definitivo; as tecnologias aplicáveis; as matérias-primas a serem utilizadas; etc.[72] Em relação à remuneração deve-se atentar para os prazos e formas assinalados para pagamentos, dentre outros fatores.

Delineada a equação, no processo de recomposição de preços, busca-se dimensionar/quantificar a *variação* havida decorrente da introdução de novas prestações. Após isso proceder-se-á ao restabelecimento da equação propriamente – expediente que passará pela *escolha* da *forma* de recomposição.

Previamente à fixação da forma de compensação, portanto, deve-se delinear a extensão da variação causada na equação, mediante processo de quantificação. Nem sempre é claramente conduzível a valores econômico-financeiros a diferença de *quantum* resultante da modificação introduzida no contrato. Aliás, em inúmeros casos essa diferença é deveras obscura. Nessas hipóteses a Administração terá, em princípio, de proceder à tradução das repercussões que as variações produzirem no objeto em valores exatos. Para tanto, avaliará, mediante expediente técnico, todos os elementos, introduzidos ou suprimidos, aptos a provocar variação de preço, relacionando-os com a situação originária do contrato. Como resultado obter-se-ão os valores-referências à recom-

---

71. A imposição da tutela do equilíbrio econômico-financeiro descende, ainda – e como já anotado –, do texto constitucional (art. 37, XXI).

72. Cf. Marçal Justen Filho, *Comentários* ..., 7ª ed., pp. 553-554.

posição. Em caso de não estarem previstos valores unitários remete-se à fixação consensual dos preços, nas condições já examinadas atrás.

Em princípio o restabelecimento da equação econômico-financeira se fará mediante a simples recomposição específica dos preços. Mas é possível conceber que a manutenção econômico-financeira do contrato se realize a partir de outros mecanismos que não a recomposição de preços. Vias alternativas existem de reconduzir a situação econômico-financeira afetada à proporção inicialmente travada. A supressão de outros encargos ou a prorrogação de prazo contratual[73] são exemplos de formas de contemplar a reorganização econômico-financeira do contrato.

A escolha pela forma de recomposição/compensação resultará do procedimento de formação da decisão de modificação unilateral; será extraível do colhimento de informações relativas, sobretudo da manifestação do co-contratante. A Administração deve, dentre as vias abstratamente disponíveis à manutenção da equação econômico-financeira, eleger a que melhor contempla o interesse público primário – exame que se realiza sob a égide da *economicidade, continuidade dos serviços públicos* e *razoabilidade*.

Cumpre destacar que as vias outras que não a *recomposição de preços*, em vista do respeito aos direitos do co-contratante, somente poderão ser adotadas desde que submetidas ao seu crivo (do co-contratante). Solução diversa acarretaria a frustração ao direito (do co-contratante) à intangibilidade da equação econômico-financeira originariamente pactuada, a qual se reporta às formas de remuneração inicialmente estatuídas pelo contrato.

De fato, a escolha por outras vias de recomposição haverá de submeter-se à *concordância* do co-contratante, sobretudo porque se têm as condições e formas de pagamento e remuneração como "cláusulas" intangíveis do contrato administrativo. Poder-se-ia reportar ao § 1º do art. 58 da Lei 8.666/1993 como óbice à imposição estatal de restabelecimento da equação econômico-financeira do contrato em forma alternativa à recomposição de preços.

Considera-se, em suma, que a modificação unilateral do contrato produz a necessidade de recompor-se os preços, ressarcindo finan-

---

73. Cf., a respeito, parecer de Floriano P. Azevedo Marques Neto, "Concessão de serviço público: dever de prestar serviço adequado e alteração das condições econômicas – Princípio da atualidade – Reequilíbrio através da prorrogação do prazo de exploração", *RTDP* 22/105-123. O caso é examinado sob a teoria do fato da Administração.

ceiramente o co-contratante. Não obstante, poder-se-ão conceber, em consenso com o co-contratante, vias alternativas à recomposição dos preços, desde que alcançado o devido restabelecimento do equilíbrio contratual.

4.6 Extensão do ressarcimento indenizatório

Além da recomposição da equação econômico-financeira, assegura-se ao co-contratante, em caso de modificação unilateral do contrato, o *ressarcimento indenizatório*, o qual deverá contemplar todos os prejuízos suportáveis objetivamente com a medida.

É útil apartar as noções de *restabelecimento da equação econômico-financeira* e de *indenização* por danos causados, para o fim de delimitar os regimes jurídicos respectivos.

A primeira assenta-se sobre o elemento *preço* do contrato. Toma como referência uma equivalência entre *encargo* e *preço* que se estabelece no contrato. Seu tratamento remete à manutenção de uma relação de equivalência, a qual se extrai dos valores contemplados internamente pelo contrato.

A *indenização* induz a idéia de *prejuízo* suportado pelo co-contratante em decorrência de atos estatais. Não pressupõe o *preço* do contrato ou se atém à equação financeira travada. Trata-se de ressarcimento de outra ordem, atrelado à verificação de danos efetivos ocasionados à esfera de direitos do particular, os quais não se relacionam *proporcionalmente* com as prestações introduzidas no contrato; põem-se, por isso, à margem do preço do contrato.[74]

Tal como a recomposição da equação contratual, o ressarcimento indenizatório funda-se num postulado de *igualdade entre os encargos sociais*.

No campo da indenização asseguram-se ao co-contratante, em princípio, os *danos emergentes* que se verificarem. Todos os prejuízos comprovados e efetivamente suportados pelo co-contratante em decorrência do ato de instabilização devem ser ressarcidos pela Administração.

---

74. Diferenciando a indenização como fator de reparação do princípio do equivalente econômico, Horgué Baena expõe que a indenização não terá correspondência no pressuposto do reformado, "sino que será una obligación de la Administración al margen del precio de la obra modificada. Se comprende así que, normalmente, estas pretensiones tengan que encauzarse al margen del propio procedimiento del reformado y mantengan una autonomía no sólo procedimental, sino conceptual y lógica" (*La Modificación...*, p. 183).

Há casos em que a alteração introduzida poderá provocar a substituição de tecnologias ou de serviços específicos, já implementados, o que acarretará a necessidade de ressarcimento integral dos danos oriundos; não bastará pura e simplesmente a recomposição aritmética da equação econômico-financeira originária, mas deverá a Administração promover o ressarcimento *indenizatório* ao co-contratante dos custos havidos com os trabalhos já desenvolvidos e inutilizados, assim como com os equipamentos adquiridos e locados para fins da execução.[75]

Nas hipóteses de supressão de encargos a Lei 8.666/1993 previu que, se o co-contratante já tiver adquirido os materiais relativos e posto estes no local dos trabalhos, deverá a Administração promover o pagamento dos custos de aquisição regularmente comprovados e monetariamente corrigidos, podendo ainda caber indenização por outros danos eventualmente decorrentes da supressão, desde que regularmente comprovados (§ 4º do art. 65).

A norma parece ter garantido ampla indenização, exigindo comprovação dos prejuízos pelo co-contratante. Há quem tenha pronunciado, todavia, a inconstitucionalidade da disposição, por não contemplar o ressarcimento na exata proporção da equação econômico-financeira originária. Argumenta Marçal Justen Filho que "a supressão de obras ou serviços não pode ofender a equação econômico-financeira da contratação. Logo, o particular tem direito a exigir a manutenção da exata equação consagrada na elaboração de sua proposta, que veio a ser aceita pela Administração". E acrescenta que o co-contratante "deverá ser indenizado por todos os custos (inclusive mão-de-obra) incorridos e pelas perspectivas de lucro que auferiria se a Administração não tivesse promovido a modificação".[76]

Parece que em caso de supressão de trabalhos o ressarcimento deverá abranger todos os danos emergentes. Isso significa remunerar o co-contratante pela mão-de-obra utilizada e disponibilizada à efetivação dos trabalhos, os equipamentos contratados e disponibilizados à execução, assim como os materiais adquiridos e disponibilizados, mesmo que inutilizados pela modificação/supressão. Trata-se de aceitar

---

75. Não se cogita, todavia, de lucros cessantes ou remuneração adicional advinda de prejuízos que tiver o co-contratante na captação de novos investimentos. Nestes casos reconhece-se álea própria da esfera empresarial do co-contratante, não merecendo a cobertura indenizatória pela Administração. Até porque uma das exceções que co-contratante pode opor à investida de instabilização administrativa trata-se da insuficiência de capacidade financeira de execução dos trabalhos.

76. *Comentários ...*, 7ª ed., p. 560.

uma ampla indenização, focalizando-se os prejuízos efetivos experimentados pelo co-contratante.

Entende-se, ainda, que a norma determinou o adimplemento de ressarcimento de valores, mesmo a título de lucros cessantes, desde que efetivamente comprovados. Isso depreende-se da dicção do artigo, que assegura indenização por "outros danos eventualmente decorrentes da supressão, desde que regularmente comprovados".

Não se tem como viável, entretanto, o ressarcimento pelo lucro que teria o co-contratante com a contratação caso não fosse promovida a supressão. Assegurar o lucro inerente à contratação originária – tirado da equação econômico-financeira primitiva – em caso de redução de encargos significa, sob certo ângulo, permitir um enriquecimento indevido ao co-contratante.

4.7 Necessidade de adequação do "prazo"

A aplicação do princípio da preservação das condições de exeqüibilidade fática do co-contratante conduz à necessidade de readequar-se o prazo originalmente estipulado para a conclusão dos trabalhos inerentes. À medida que são impostos novos encargos ao co-contratante, produzindo maior quantidade ou qualidade diferenciada de trabalhos àquele, é de se rever o prazo de execução, de molde a adequar as condições contratuais à possível e perfeita execução do objeto. Esta reorganização temporal é especialmente relevante nos contrato de escopo.[77]

---

77. Floriano Azevedo Marques Neto anota que:
"No que concerne ao aspecto do prazo, enquanto fator de extinção da avença, os contratos de obra pública, por exemplo, têm diferenças substanciais relativamente a outras espécies de contratos administrativos, particularmente aos de fornecimento ou de prestação de serviços.

"Enquanto nestes últimos o prazo é condição essencial de eficácia, naqueles o prazo tem o caráter de uma prerrogativa da Administração, de exigir que a execução da obra se dê dentro do tempo entendido como conveniente às suas necessidades e ao interesse público.

"Dito de outro modo: o prazo de vigência estabelecido nos contratos de fornecimento ou de prestação de serviços vincula a Administração e o particular contratado inclusive diante de terceiros, pois lá temos a avença de uma relação negocial contínua e permanente durante um certo tempo, findo o qual um terceiro particular poderá pretender contratar com a Administração. Já no contrato de obra pública o prazo vincula as partes no que tange à execução do objeto dentro do período estabelecido no contrato, sob pena de inadimplemento e conseqüentes sanções" ("A duração dos contratos administrativos na Lei 8.666/1993", in Maria Garcia (org.), *Estudos sobre a Lei de Licitações e Contratos*, pp. 170-171).

É evidente que o co-contratante, embora seja destinatário do dever de acatar as alterações impostas unilateralmente, não tem a obrigação de atender às novas imposições contratuais nas exatas condições temporais originariamente estatuídas, desde que as novas prestações provoquem a necessidade de dilação ou redução do prazo.

A Lei 8.666/1993 reconheceu, no § 1º do art. 57, incisos I, II e III, a possibilidade (o dever) de prorrogação de prazo ante modificação da situação contratual que assim determine. Particularmente os incisos I e III tratam da prorrogação de prazo como conseqüência do exercício de poderes exorbitantes pela Administração.

É certo, todavia, que a alteração de prazo não se trata propriamente de uma conseqüência necessária de toda e qualquer alteração contratual introduzida pela Administração. É preciso que se demonstre que as novas condições impostas acarretaram a necessidade de extensão (ou redução) do prazo.

A alteração de prazo obedece a um critério de proporcionalidade em face da complexidade e quantidade do que restou modificado no contrato. Não se trata, como parece óbvio, de um critério aritmético de proporcionalidade entre o percentual de *alteração no valor* do contrato e a *alteração de prazo*. Afasta-se a idéia de que a modificação de valor represente critério idôneo a buscar a fixação de novo prazo. Este deverá resultar do *grau de complexidade* oriundo das modificações; é muito mais conseqüência de uma transmudação qualitativa do que quantitativa.

A complexidade relaciona-se com as condições de exeqüibilidade *fática* das novas prestações; ou, melhor, com a situação de execução fática que resultará da introdução de novas prestações no contrato. Uma alteração no contrato por substituição de tecnologia (por exemplo) pode produzir acréscimo de valor e acarretar menos complexidade à execução. Isso demandaria, em tese, diminuição de prazo. Nessas hipóteses a Administração deverá estreitar o prazo, sob pena de frustração do dever de eficiência inerente às contratações, podendo, se não o fizer, acarretar ainda o desbalanceamento da equação econômico-financeira a favor do co-contratante. Quer-se dizer que é o *grau de complexidade* relativo à execução fática o que propiciará a base de cálculo para a estipulação de prazo diferenciado.

O critério deve ainda ser temperado com a *situação subjetiva* de execução que vinha desempenhando o co-contratante. É preciso que se olhe para as condições reais de prestação que o co-contratante vinha praticando, desde que conforme com o pactuado e com as regras de uma execução ótima, para alcançar-se uma definição de prazo condizente. Não basta que a redefinição do prazo atenda a um critério objetivo de proporcionalidade; deverá obedecer sobretudo às condições de agilidade técnica e econômico-financeira do co-contratante. E tal poderá ser aferido pela velocidade com que vinha atuando este. Deriva este raciocínio do princípio da boa-fé, já examinado.

Daí que não se traduz exclusivamente a relação entre *prazo* e *alteração* do contrato numa equação de proporcionalidade matemática, aritmética. Há fatores outros que poderão ser levantados e que poderão informar a fixação da extensão ou redução temporal conseqüente.

Por isso, parece extremamente importante a consulta ao co-contratante para que a Administração possa processar as informações relativas, informando sua atuação autoritária de fixação de novo prazo. Sob certo ângulo, é lícito dizer que essas questões acessórias, como reorganização de prazo e de outras condições instrumentais do poder modificatório, deverão ser buscadas com a participação do co-contratante. Aplicam-se aqui as considerações lançadas por ocasião do exame do § 3º do art. 65 da Lei 8.666/1993.

4.8 Revisão da garantia

Será preciso exigir do co-contratante complemento da garantia prevista no art. 56 da Lei 8.666/1993 aos casos em que houver acréscimo de valor do contrato?

Em princípio, sim. A instituição de garantia a favor da Administração-contratante foi prevista pela Lei 8.666/1993 de molde a acautelar o poder público quanto a eventuais condutas lesivas por parte do co-contratante. Presume-se – e deduz-se de um dever de *administração ótima* – que sua fixação quando da confecção do ato convocatório (planejamento da licitação) obedeça a um critério de proporcionalidade em face da contratação. Deve a Administração, por isso, toda vez que se produzir acréscimo ou redução de valor no contrato, alterar a garantia, complementando-a ou subtraindo-lhe a diferença.

No entanto, entende-se que, pela natureza da medida e de acordo com a dicção da norma que a institui, deve-se fazer prever no ato convocatório a possibilidade de extensão de garantia em proporcionalidade ao aumento do valor contratual. Se não prevista, sua complementação deverá ser buscada pela via bilateral, caso em que o co-contratante não estará obrigado a aceitá-la.

Não obstante, há situações em que a modificação no contrato é externada quando a execução contratual está avançada, de tal forma que o risco de insucesso na execução do objeto, já computadas as novas prestações, torna-se abrigado pelos valores retidos a título de garantia. Nestas hipóteses seria despropositado exigir ampliação da garantia, porquanto acarretaria agravamento desnecessário ao co-contratante.

O estabelecimento de garantia deve estar norteado pela idéia de *instrumentalidade*. Não se a concebe como um fim em si mesmo; ou como formalidade que se exige de forma inexorável. Trata-se mesmo de um fator de segurança às contratações públicas, que se justifica de molde a minimizar o risco de eventuais prejuízos ao poder público por inexecução ou inadimplemento do co-contratante. Mas é condição acessória e não poderá subsistir sem o motivo que lhe dá existência/ pertinência: o risco de dano econômico. Por isso é que se pode consagrar o entendimento de que por vezes, na análise de casos concretos, poderá a Administração dispensar o complemento de garantia, dada a inexistência de risco em face da implementação das novas prestações. A teleologia do instituto não autoriza sua exigência pura e simples, nestes casos, olvidando a suficiência de garantia que poderá se verificar desde logo.

CONCLUSÃO

Em sede de conclusão, é possível formular, a partir do exame produzido ao longo de todo o trabalho, as seguintes ponderações:

1. O contrato é instituto pertinente à Teoria Geral do Direito, assumindo feições diversas segundo o regime jurídico que o recepciona (e o produz). É válida, portanto, a pertinência da figura do contrato no campo do direito público.

2. A Administração Pública celebra contratos de direito público, gênero que compreende os contratos jurídico-privados e os contratos administrativos. Esta distinção, originária do Direito Francês, foi recepcionada pelo Direito Brasileiro, sacando-se atualmente a dicotomia da Lei 8.666/1993.

3. No Direito Brasileiro a distinção entre as figuras do contrato administrativo e do contrato jurídico-privado não se apresenta tão acentuada como em outros países. Há em face dos contratos jurídico-privados inexoráveis vinculações jurídico-públicas, tanto na fase de formulação da avença como na etapa de sua execução – o que produz a relativização da distinção entre as espécies. Não obstante, a independência de tratamento jurídico é mantida principalmente pela possibilidade de exercício de poderes exorbitantes na sede dos contratos administrativos, inexistente no âmbito dos contratos de direito privado da Administração – na hipótese de verificar-se tal situação, o que se denota é a transmudação da feição do contrato.

4. Os contratos administrativos são avenças celebradas entre a Administração e terceiros pelas quais se pactuam direitos e obrigações cujo objeto mostra-se relacionado com o interesse público primário de tal sorte que se faz possível, em tese, a verificação de pressupostos autorizativos de poderes exorbitantes de instabilização da relação jurídico-contratual.

5. O critério propício à qualificação do contrato administrativo é aquele que repousa sobre o objeto da avença. É preciso olhar-se para a vinculação teleológica do objeto (mediato) do contrato para com o interesse público primário, graduando-a, para fins de classificação do pacto como "administrativo".

6. Os contratos administrativos são classificáveis, quanto ao conteúdo, como de *atribuição* ou de *colaboração*. Os primeiros são menos usuais e têm por causa/função atribuir certas vantagens aos administrados; os segundos – a grande maioria das avenças administrativas – caracterizam-se quando o particular se obriga frente ao Estado a realizar uma prestação que atenda diretamente ao interesse público. A utilidade da classificação se põe no campo da interpretação contratual: os *contratos de atribuição* são marcados por uma exegese restritiva das vantagens outorgadas ao co-contratante, diferentemente dos *contratos de colaboração*, para os quais tem-se adotado hermenêutica favorável aos co-contratantes.

7. As cláusulas exorbitantes, pertinentes aos contratos administrativos, não se constituem como *cláusulas*, na acepção que lhes confere o Direito. São poderes jurídico-públicos outorgados à Administração-contraente, fruto de normas jurídico-injuntivas que disciplinam a matéria. Não são disponíveis livremente pelas partes contraentes.

8. A Lei 8.666/1993, em seu art. 62, § 3º, estende aos contratos privados da Administração a aplicação de dispositivos típicos do contrato administrativo, inclusive aqueles que asseguram à Administração poderes de modificação do vínculo (art. 58, I). Embora a letra do preceito pareça querer impor um critério subjetivo de aplicabilidade de normas gerais dos contratos administrativos, a estipulação não significa que os poderes exorbitantes se apliquem aos contratos jurídicos-privados na mesma medida em que se aplicam aos contratos administrativos. É iniludível a conclusão de que a índole do objeto contratual (como fator de qualificação do contrato) ditará, em última análise, a pertinência ou não da prevalência de poderes de direção da relação contratual pela Administração. Neste aspecto, um contrato de direito privado da Administração jamais terá objeto capaz de suportar modificações para "melhor adequação às finalidades de interesse público". Se o

tiver, estamos a tratar de contrato administrativo, e não mais de contrato jurídico-privado.

9. O *ius variandi* define-se como uma competência funcionalizada deferida à Administração Pública para que essa, no âmbito da relação jurídico-contratual administrativa, exerça a tutela do objeto do contrato, cuidando de adequar a prestação decorrente às necessidades públicas envolvidas. Desde que o interesse público imponha novas condições de prestação, deverá a Administração alterar os termos do contrato, com vistas a estabelecer a adequação relativa.

10. Tecnicamente, não se trata a competência do *ius variandi* de um *ius*; é poder público, cuja natureza impõe conseqüências definidas: irrenunciabilidade, funcionalidade e imperatividade. Sua descendência está no fundamento de autotutela administrativa; não decorre do plano contratual.

11. O poder público estatal de instabilizar uma relação jurídico-contratual veicula-se mediante ato administrativo (em sentido amplo). O ato *variandi*, por dirigir-se a uma relação jurídico-contratual determinada, produzindo sobre ela efeitos constitutivos, revela-se ato atuante num domínio concreto, endereçado à produção de efeitos a par de uma situação concreta.

12. O ato de modificação desses contratos, desde que tomado a par das novas tendências que se verificam no âmbito da ação administrativo-pública – dentre as quais se destaca o incremento da participação dos sujeitos envolvidos na atividade regulamentar contratual (instrumentada por meio da *procedimentalização* dinâmica da formação da autoridade estatal) –, insere-se num rol de provimentos que desafiam a clássica noção de ato administrativo. O ato que põe fim ao procedimento de modificação unilateral do contrato, e que resulta nos termos definitivos da alteração declarada, traduz-se na síntese de todo um *processo* que se desenvolve com vistas a alcançar a maneira mais *eficiente* e *adequada* de articular a alteração contratual.

13. É possível desdobrar o objeto do *ius variandi* em objeto *imediato* e principal, caracterizado pela alteração regulamentar nuclear visada, e objeto *mediato* e acessório, traduzido na produção das compensações/adequações relativas. O primeiro compreende alterações diretamente endereçadas ao contrato, as quais poderão afigurar-se qualitativas ou quantitativas (ou traduzir-se na conjugação de ambas). O segundo compreende as alterações acessórias destinadas a proceder à adequação das novas prestações introduzidas ou suprimidas ao demais pactuado, garantindo os direitos do co-contratante.

14. Os *pressupostos objetivos* ao exercício do *ius variandi* podem ser *materiais* – entendidos como as ocorrências havidas capazes de produzir a incidência do poder de modificação unilateral do contrato administrativo – e *procedimentais* – os quais se traduzem na exigência de rito procedimental suficiente à produção do ato.

15. Os *pressupostos materiais* (ou substanciais) definem-se como as situações ocorridas no mundo dos fatos, classificáveis como *de fato* ou *de direito*, que, mantenedoras de uma relação de pertinência direta com o objeto do contrato, provocam a necessidade de a Administração Pública – segundo um critério de atendimento ao interesse geral envolvido na contratação – promover a adequação das prestações decorrentes, nos termos e dimensão em que esses pressupostos a habilitem. As causas materiais que poderão dar existência o *ius variandi* são (a) a verificação de alteração das condições circunstanciais que presidiram a formação/celebração contratual e (b) a constatação de erros no projeto e/ou na formulação das condições contratuais.

16. Tanto às alterações qualitativas quanto às quantitativas consagradas pela Lei 8.666/1993 impõe-se a exigência de verificação de fato superveniente a autorizar a medida de instabilização, ressalvada a situação de erro no projeto, para a qual se exige a concreta demonstração do ato lesivo ao interesse geral.

17. O poder de modificação, embora previsto especificamente pela regra do art. 65 da Lei 8.666/1993, tem na norma (de natureza principiológica) do art. 58 da lei a prescrição de uma finalidade cogente, que deverá orientar a aplicação dos comandos específicos. O preceito acha-se dentre aqueles que usam de termos de conceitos indeterminados a conformar a previsão fática capaz de ensejar a produção do comando. Por isso se o reputa como uma norma que atribui "discricionariedade" (em tese) ao agente na aplicação ao caso concreto. Esta discricionariedade está alocada na circunscrição da zona de incerteza, isto é, no espaço decisório de exclusiva responsabilidade da Administração, onde não se acham elementos que permitem conduzir o juízo a zonas de vinculação positiva ou negativa.

18. Tanto dos conceitos indeterminados utilizados pela norma jurídica como das hipóteses explícitas de discricionariedade derivam espaços de livre apreciação dos quais resultarão indiferentes jurídicos (opções) a compor a decisão do administrador. Em um e outro caso haverá exercício de interpretação pelo administrador; mesmo na composição discricionária do ato decisório os critérios normativos balizadores (critérios de *razoabilidade* e *proporcionalidade*) da ação administrativa exigirão a tarefa interpretativa de molde a circunscrever/reduzir o leque de opções a serem tomadas pela Administração. Em ambos os casos, a partir do esgotamento da via interpretativa nascerá uma zona de incerteza, onde haverá dentro da moldura legal um quadro de opções igualmente lícitas à disposição do administrador.

19. Na tarefa interpretativa, no exercício de subsunção, o que se visa é justamente ao estabelecimento da relação de *pertinencialidade* entre os referentes empíricos dos conceitos jurídicos e os conceitos normativos. Esta latitude de ação será delimitada tão-somente no caso concreto. Quanto maior seja o conhecimento do agente-hermeneuta acerca dos elementos fáticos que compõem o pressuposto havido no mundo dos fatos, menor será a zona de incerteza.

20. Tomada a significação da expressão "melhor adequação às finalidades de interesse público", expressa pela norma do art. 58 da Lei 8.666/1993 como hipótese e finalidade normativas, vê-se que tais significantes estão a aludir a situações de fato ou de direito mantenedoras de uma relação de *relevância* e *pertinência* com o objeto do contrato capazes de repercutir alterações *necessárias* na relação jurídico-contratual, de modo a melhor atender ao interesse público. Estes atributos serão descobertos pela projeção dos princípios da *razoabilidade* e da *proporcionalidade*, aplicáveis ao caso.

21. Além de pressupostos substanciais, impõem-se ao exercício do *ius variandi* pressupostos procedimentais. A formação da autoridade do *ato variandi* depende de hábil e *suficiente* procedimento a dar-lhe validade. A exigência normativa de seu estabelecimento (do procedimento) é de cunho *injuntivo*, embora no concernente ao conteúdo de sua estipulação no caso concreto, respeitados os requisitos de suficiência, admita-se disposição pelas partes.

22. O procedimento aplicado às modificações unilaterais de contrato traduz três escopos definidos: (a) fiscalizatório; (b) de defesa; e (c) de otimização da atividade administrativa. O rito procedimental que instrumentará a formação do poder de modificação unilateral do contrato administrativo há de formalizar-se de molde a contemplar a tríplice função que lhe é prescrita pelo Direito.

23. Decorre de instituição do procedimento no âmbito das contratações públicas um exercício fiscalizatório pelos administrados e pelos órgãos encarregados do controle externo dos atos e contratos da Administração, preservando a lisura dos atos inerentes e a qualidade das decisões resultantes, garantindo um conhecimento amplo acerca da gestão contratual administrativa. O escopo fiscalizatório, além de favorecer o conhecimento da formação dos atos públicos aos administrados em geral, gera a possibilidade de *interferência* dos chamados "interessados" na produção decisória – isto é, daqueles que detenham interesse jurídico em face das modificações engendradas. Para estes o Direito assegura não apenas a possibilidade de conhecimento do atuar administrativo, mas a faculdade de manifestação nos autos, no âmbito de uma participação *ativa*. O co-contratante assim como os usuários de determinado serviço público, e até terceiros envolvidos, se interessados, hão de deter o necessário e imprescindível conhecimento acerca da feitura da decisão; devem ter a possibilidade de alcançar os pareceres técnicos produzidos, as diligências realizadas, os procedimentos internos adotados no fito de construção do ato decisório. Nenhuma informação lhes pode ser privada, sob pena da ofensa à publicidade administrativa. A transparência da atividade administrativa não se esgota no fornecimento da publicidade suficiente ao cidadão, mas tem a virtualidade de devolver à Administração o acesso a informações pertinentes, trazendo a ela a possibilidade de enriquecer seu conhecimento acerca das circunstâncias; trata-se de admitir que, quanto mais se alcance um procedimento dotado de ampla transparência, mais os cidadãos-administrados participarão da gestão pública e, de conseqüência, mais contribuirão para a otimização da função pública. Assim: quanto mais visibilidade, maior a participação do cidadão, melhor o desempenho da função.

24. O procedimento deverá atender ao contraditório e à ampla defesa. O co-contratante, em face das alterações unilaterais levadas a efeito, detém direito subjetivo ao procedimento de modo a permitir-se o estabelecimento do contraditório, a teor do art. 5º, LIV e LV, da Constituição Federal. O exercício do contraditório há de ser absorvido pela Administração como possibilidade de *otimização* da ação. Significa que o órgão administrativo deve mostrar-se "sensível" às informações e argüições produzidas, permitindo ao co-contratante a produção ampla de provas e informações.

25. A amplitude e a extensão das garantias inerentes aos institutos deverão graduar-se pela relevância do objeto do ato derradeiro (em tese). O princípio da proporcionalidade ditará a oportunidade da instituição de amplas garantias ou a prevalência de um procedimento esquálido, pautado pela absorção restrita da "participação" dos sujeitos. Não se pode pretender traduzir as garantias estipuladas em exercício tumultuário do processo, ou em expediente de estorvo da ação administrativa.

26. Além do co-contratante, há sujeitos que devem ser chamados ao processo, sob pena de subtração de seu direito de *indução* à decisão de modificação do contrato. São estes os terceiros (1) cuja decisão final do procedimento atinja de forma individual, ou (2) aqueles que detenham pretensão jurídica em decorrência da lei (como é o caso dos usuários de serviços públicos).

27. A relação de pertinência lógica com os elementos contratuais visados pela alteração será capturada pela motivação produzida pelo poder público; deve haver um atendimento à exigência de *suficiência* de motivação do ato. Para ser suficiente, a motivação deve não apenas dar conta do processo lógico que levou à decisão de alteração do contrato administrativo, demonstrando as razões fáticas e jurídicas, assim como sua correlação; mas, ainda, não poderá prescindir da demonstração do *iter* percorrido pela Administração até a decisão de alteração do contrato administrativo. Deverá a motivação apresentar o conhecimento de todas as informações produzidas no âmbito procedimental, fornecendo sua avaliação objetiva.

28. Despontam como normas-princípios genéricas aplicáveis ao *ius variandi* os princípios genéricos da *proporcionalidade, economicidade, eficiência, boa-fé* e *legalidade*. Como princípios dotados de maior especificidade – que podem assumir, ainda, a condição de *regra* –, a *inalterabilidade do objeto*, a *preservação das condições de exeqüibilidade fática e jurídica do objeto originalmente contraídas pelo co-contratante* e a *intangibilidade da equação econômico-financeira do contrato*.

29. Por força da aplicação do princípio da proporcionalidade, o conteúdo da modificação unilateral do contrato administrativo deverá levar em conta as circunstâncias fáticas que provocaram o surgimento do ato, a finalidade perseguida, assim como o meio eleito para seu atingimento. Esta norma desdobra-se em três elementos ou *subprincípios*: (a) adequação; (b) necessidade; e (c) razoabilidade (proporcionalidade em sentido estrito). Como *adequação* entende-se que os meios utilizados deverão ser adequados aos fins perseguidos. A *necessidade* determina que a decisão seja indispensável à conservação do direito protegido e que não possa ser substituída por outra igualmente eficaz mas menos gravosa. Já a *razoabilidade* remete a um exame da relação custo/benefício da medida. Pressupõe a *ponderação* de interesses sob a ótica da vantagem buscada pelo ato estatal.

30. O princípio da *economicidade* extrai-se da obrigação que tem a Administração de promover a escolha mais vantajosa à contratação perseguida (art. 3º da Lei 8.666/1993). Depreende-se como consectário lógico da imposição do princípio da *vantajosidade* aplicável às contratações públicas, o qual, por sua vez, descende de uma diretriz de *melhor administração*. O agente público está constrangido a não só gerir a coisa pública de molde a não praticar desperdícios de recursos públicos, mas, ainda, à otimização da vantagem perseguida em suas contratações (sempre dentro de parâmetros éticos e de boa-fé). Por isso, não lhe é dado abdicar de perquirir a solução mais vantajosa, sobretudo sob o aspecto financeiro. *Economicidade* significa, pois, a realização do menor ônus e da maior vantagem na manipulação de recursos públicos, promovida sob a perspectiva da racionalidade.

31. No campo específico das alterações contratuais o princípio da eficiência concebe-se como norma que traduz uma dúplice função: (1) como dever de adoção de meios racionais e técnicas eficientes na concepção e produção das decisões, sobretudo como dever de maximização do conhecimento das informações relativas (que se põe no âmbito do procedimento) e, ainda, (2) como dever de adoção de soluções que se afigurem eficientes aos destinatários e beneficiários (usuários e consumidores) dos serviços ou obras objeto das alterações concebidas.

32. Do postulado da dignidade da pessoa humana infere-se que a Administração não poderá arbitrariamente instabilizar as relações contratuais senão a partir de um *legítimo* interesse coletivo que o fundamente. Além disso, o preceito impõe que a Administração não poderá intervir na propriedade privada sob a rubrica da autoridade pura e simples. O ato de modificação unilateral de contratos administrativos subjuga-se à verificação do interesse público subjacente e exige a garantia do correspondente ressarcimento ao particular-contratante. Outro aspecto da incidência deste princípio diz de perto com a tutela do interesse público que se relaciona com a medida, de modo que toda e qualquer alteração unilateral de contratos administrativos não poderá desprezar os interesses humanos envolvidos na obra, serviço ou fornecimento regulado pela medida. As atualizações e correções que se produzirem no contrato haverão de primar pelo atendimento dos interesses implicados com o provimento administrativo.

33. O conteúdo da norma-princípio da boa-fé impõe o fiel cumprimento das partes às obrigações assumidas na esfera do contrato, inclusive aquelas derivadas da introdução de novas prestações. Tem o co-contratante o dever de conduzir o cumprimento das obrigações de molde a dar-lhes o melhor atendimento, zelando pela sua ótima execução, independentemente de aquelas lhe serem ou não simpáticas. O princípio deverá nortear, ainda, a conduta do co-contratante e da Administração na produção de atos inerentes à modificação unilateral. O co-contratante deverá mostrar presteza e eficiência nas solicitações que se lhe fizerem, permitindo o amplo conhecimento acerca de dados técnicos e inerentes à execução que lhe sejam solicitados, porque relevantes à decisão administrativa. Da mesma forma, a Administração deverá permitir o acesso do co-contratante às informações e aos atos produzidos no procedimento de feitura da decisão administrativa de alteração unilateral, tomando sua participação não como adversa ou intrusa, mas como *necessária* à confecção da medida. Outra imposição que se tira do princípio da boa-fé reside no reconhecimento que deverá a Administração realizar acerca das condições de prestação que vinha desempenhando o co-contratante. A Administração, no fito de orientar a formulação das novas prestações, deverá contemplar, sempre que possível, as metodologias e "cacoetes" técnicos que o co-contratante utilizara no desempenho da prestação contratual, de molde a não causar transtornos em sua esfera de atuação.

34. É decorrência do princípio da legalidade, para fins de exercício do *ius variandi*, que este esteja positivamente estatuído pelo ordenamento jurídico, de modo que se torna inviável seu exercício para além dos termos conformadores prescritos pelas normas específicas. Não se aceita que a Administração-contratante possa criar poderes não tipificados pelo ordenamento ou, mesmo, dar ao *ius variandi* interpretação extensiva, concebendo funções e efeitos não estatuídos pelas normas aplicáveis. Isso porque a relação de legalidade que o caracteriza é a de *conformação*.

35. O princípio da inalterabilidade do objeto traduz a vedação à transfiguração essencial do objeto do contrato; impede-se a desnaturação de aspectos do objeto contratual (mediato e imediato) que lhe retirem a origem. Há de se preservar um núcleo mínimo na qualidade do objeto. Não se pode, sob o título da competência *variandi*, impor ao co-contratante modificação de tal natureza que acabe por converter o objeto em "novo objeto". Isso ofenderia o *princípio da obrigatoriedade da licitação*, além de arranhar direitos do co-contratante.

36. O princípio da preservação das condições de exeqüibilidade do objeto originalmente contraídas pelo co-contratante visa a assegurar que as modificações contratuais não impliquem o extravasamento agressivo das condições de habilitação técnica e econômico-financeira assumidas pelo co-contratante na fase pré-contratual. Justifica-se a imposição sob dois aspectos: pela *ótica subjetiva* – admitindo-se que o co-contratante não poderá ter seus direitos mutilados pelo poder administrativo, podendo recusar a medida quando não detiver condições de execução (pela demonstração objetiva de transgressão de suas condições subjetivas de capacitação); e pela *ótica objetiva* – a Administração tem um dever de zelar pela boa execução do contrato, de modo que não poderá conceber alteração contratual de tal envergadura que ponha em risco a execução do contrato ante a insuficiência de capacitação técnica ou financeira de seu executor.

37. A intangibilidade da equação econômico-financeira do contrato significa que o ato estatal que introduz modificações na esfera do contrato não poderá acarretar o desbalanceamento do equilíbrio entre encargos e remuneração. O asseguramento da intangibilidade do equilíbrio contratual nos contratos administrativos não se justifica tão-somente na relação de eqüidade que deve pairar sobre a relação contratual (base econômica), mas também se funda na realização, viabilização e continuidade do interesse público perseguido pela via do contrato; se se desmonta a relação contratual, corre-se o risco de se ver atingido, prejudicado e interrompido o interesse público perseguido; de resto, fica ameaçada a eficácia contratual.

38. A regra do art. 65 tem natureza de *norma geral*, sendo, assim, de edição privativa da União, nos termos do art. 22, XXVII, da Constituição Federal, vinculando a União, os Estados, o Distrito Federal e os Municípios.

39. Em face do Direito Brasileiro as normas legais pertinentes ao regime jurídico do *ius variandi* possuem caráter injuntivo, pois que não se limitam a fornecer uma base legal para que, desde que previsto no plano contratual, o poder de instabilização possa ser exercido pela Administração-contratante. A previsão normativa por si só autoriza o exercício do *ius variandi* nos moldes em que o concebeu.

40. A Lei 8.666/1993 disciplinou, em seu art. 65, os parâmetros do poder de modificação unilateral do contrato administrativo, consagrando duas ordens distintas de alterações contratuais: as alterações qualitativas, previstas pela alínea "a" do inciso I, e as alterações quantitativas, constantes da alínea "b" do mesmo inciso, prescrevendo regimes jurídicos distintos para cada uma.

41. As alterações qualitativas têm como objeto as modificações no projeto ou de suas especificações para melhor adequação técnica de seus objetivos. Consagrou-se a possibilidade de a Administração promover mudanças na contratação engendrada, de molde a ajustar aspectos do projeto (em sentido amplo) às condições de execução. Estes ajustes podem ter como causa a *otimização técnica* da execução do objeto, quando se concebem alterações de tecnologia e de metodologia, ou a necessidade de promover adequações em decorrência de situações que podem obstaculizar os trabalhos-objeto, prejudicando o satisfatório despenho contratual.

42. As alterações quantitativas – para efeitos da Lei 8.666/1993 – são aquelas que versarem sobre variações na *dimensão* do objeto. Envolvem simples variação de *quantidade* do objeto, atingindo sua *dimensão*. Não visam a acréscimos e supressões que, ainda que havidos no seio do contrato, sejam produzidos em decorrência de alterações qualitativas; perseguem *imediatamente* a variação da dimensão do objeto contratual.

43. Os limites quantitativos impostos pelos §§ 1º e 2º do art. 65 da Lei 8.666/1993 não se aplicam às modificações estribadas na alínea "a" do inciso I do mesmo artigo. Isto é, as alterações qualitativas não se submetem aos limites quantitativos impostos pelo preceito.

44. A eleição de preços (a teor do § 3º do art. 65 da Lei 8.666/1993) quando não prevista no contrato deverá realizar-se a partir de parâmetros objetivos. As partes, em caso de divergências, haverão de transpô-las pela adoção de parâmetros notórios consagrados por institutos especializados. Poderão, ainda, suplantar as controvérsias pela via da arbitragem.

45. O transbordamento dos valores-limites de fixação da modalidade licitatória, erigidos pelo art. 23 da Lei 8.666/1993, pelas variações no valor do contrato provocadas por alterações unilaterais introduzidas pela Administração não configura frustração da escolha da modalidade licitatória.

CONCLUSÃO

46. Além da recomposição da equação econômico-financeira, assegura-se ao co-contratante, em caso de modificação unilateral do contrato, o *ressarcimento indenizatório*, o qual deverá contemplar todos os prejuízos suportáveis objetivamente com a medida. A norma do § 4º do art. 65 da Lei 8.666/1993 permitiu/determinou o adimplemento de ressarcimento de valores, mesmo a título de lucros cessantes, desde que efetivamente comprovados. Isso se depreende da dicção do artigo, que assegura indenização por *outros danos eventualmente decorrentes da supressão, desde que regularmente comprovados.*

47. A alteração do prazo contratual será obrigatória nos casos em que a modificação do contrato acarretar tal necessidade. A reorganização temporal deverá alcançar a proporcionalidade em face da complexidade e quantidade do que restou modificado no contrato.

48. Deve a Administração, toda vez que se produzir acréscimo ou redução de valor no contrato, alterar a garantia, complementando-a ou subtraindo-lhe a diferença. Este expediente, contudo, deve ser temperado com o princípio da instrumentalidade da garantia, de molde a não onerar desnecessariamente o co-contratante.

REFERÊNCIAS BIBLIOGRÁFICAS

ALLEGRETTI, BATTAGLINI e SORACE. *Diritto Amministrativo e Giustizia Amministrativa nel Bilancio di Un Decennio di Giurisprudenza.* vol. 2. Rimini, Maggioli Editore, 1987.
ALESSI, Renato. *Principi di Diritto Amministrativo.* vol. 1. Milão, Giuffrè Editore, 1974.
_____. *Sistema Istituzionale del Diritto Amministrativo Italiano.* 3ª ed.. Milão, Giuffrè Editore, 1960.
ALEXY, Robert. *Teoría de los Derechos Fundamentales.* Madri, Centro de Estudios Constitucionales, 1997.
AMARAL, Antônio Carlos Cintra do. *Ato administrativo, Licitações e Contratos Administrativos.* 1ª ed., 2ª tir. São Paulo, Malheiros Editores, 1996.
ANTUNES VARELLA. *Direito das Obrigações.* Rio de Janeiro, Forense, 1977.
ARAÚJO, Edmir Netto de. *Das Cláusulas Exorbitantes no Contrato Administrativo.* São Paulo, Ed. RT, 1986.
_____. *Do Negócio Jurídico Administrativo.* São Paulo, Ed. RT, 1992.
ATALIBA, Geraldo. *Sistema Constitucional Tributário Brasileiro.* São Paulo, Ed. RT, 1966.
_____, DALLARI, Adílson, e FOLGOSI, Rosolea. "Conversão do contrato de empreitada em concessão". *Revista de Direito Administrativo Aplicado* 9. Curitiba, Genesis, 1996.
ATHAYDE, Augusto de. *Poderes Unilaterais da Administração sobre o Contrato Administrativo.* Rio de Janeiro, Editora da Fundação Getúlio Vargas, 1981.
AUBY, Jean-Marie, e DUCOS-ADER, Robert. *Droit Administratif.* 6ª ed. Paris, Dalloz, 1983.
AZZARITI, Gaetano. *Dalla Discrezionalità al Potere.* Pádua, CEDAM (Casa Editrice Dott. Antonio Milani), 1989.

BACELLAR FILHO, Romeu Felipe. *Princípios Constitucionais do Processo Administrativo Disciplinar.* São Paulo, Max Limonad, 1998.
_____. *Responsabilidade Civil do Estado.* Trabalho inédito. 2000.
BAENA, Concepción Horgué. *La Modificación del Contrato Administrativo de Obra (el "Ius Variandi").* Madri, Marcial Pons, 1997.

BANDEIRA DE MELLO, Celso Antônio. *Ato Administrativo e Direitos dos Administrados*. São Paulo, Ed. RT, 1981.

_____. *Curso de Direito Administrativo*. 15ª ed. São Paulo, Malheiros Editores, 2003.

_____. *Discricionariedade e Controle Jurisdicional*. 2ª ed., 5ª tir. São Paulo, Malheiros Editores, 2001.

_____. "O equilíbrio econômico nos contratos administrativos". *Perspectivas de Direito Público (Estudos em Homenagem a Miguel Seabra Fagundes)*. Belo Horizonte, Del Rey, 1995.

BANDEIRA DE MELLO, Oswaldo Aranha. "Aspecto jurídico-administrativo da concessão de serviço público". *RDA, Seleção Histórica*. Rio de Janeiro: Renovar, 1991.

_____. "O contrato de direito público ou administrativo". *RDA* 88. Rio de Janeiro, Editora da Fundação Getúlio Vargas, 1967.

_____. *Princípios Gerais de Direito Administrativo*. 2ª ed., vol. 1. Rio de Janeiro, Forense, 1979.

BARDUSCO, Aldo. *La Struttura dei Contratti delle Pubbliche Amministrazioni*. Milão, Giuffrè Editore, 1974.

BARROS, Suzana de Toledo. *O Princípio da Proporcionalidade e o Controle de Constitucionalidade das Leis Restritivas de Direitos Fundamentais*. Brasília, Brasília Jurídica, 1996.

BARROSO, Luís Roberto. *Interpretação e Aplicação da Constituição*. 1999.

BATTAGLINI, ALLEGRETTI, e SORACE. *Diritto Amministrativo e Giustizia Amministrativa nel Bilancio di Un Decennio di Giurisprudenza*. vol. 2. Rimini, Maggioli Editore, 1987.

BAZILLI, Roberto Ribeiro. *Contratos Administrativos*. São Paulo, Malheiros Editores, 1996.

BÉNOIT, Francis-Paul. *Le Droit Administratif Français*. Paris, Dalloz, 1968.

BERÇAITZ, Miguel Ángel. *Teoría General de los Contratos Administrativos*. 2ª ed. Buenos Aires, Depalma, 1980.

BLANCO, Jiménez. "Los contratos de la Administración Pública". *Manual de Derecho Administrativo*. 4ª ed. Barcelona, Editorial Ariel, 1998.

BOCKMANN MOREIRA, Egon. *Processo Administrativo – Princípios Constitucionais e a Lei 9.784/1999*. 2ª ed. São Paulo, Malheiros Editores, 2003.

_____. "Processo administrativo e princípio da eficiência". In: SUNDFELD, Carlos Ari, e MUÑOZ, Guillermo Andrés (coords.). *As Leis de Processo Administrativo*. São Paulo, Malheiros Editores, 2000.

BORGES, Alice González. *Normas Gerais no Estatuto de Licitações e Contratos Administrativos*. São Paulo, Ed. RT, 1991.

BREWER-CARÍAS, Allan R. *Contratos Administrativos*. Caracas, Editorial Jurídica Venezolana, 1992.

BUECHELE, Paulo Armínio Tavares. *O Princípio da Proporcionalidade e a Interpretação da Constituição*. Rio de Janeiro, Renovar, 1999.

CABANA, Roberto M. Lopez. "Dever de informação ao usuário na Argentina". In: SUNDFELD, Carlos Ari (coord.). *Direito Administrativo Econômico*. 1ª ed., 2ª tir. São Paulo, Malheiros Editores, 2002.

REFERÊNCIAS BIBLIOGRÁFICAS

CABRAL DE MONCADA, Luís S. "Direito público e eficácia". *Estudos de Direito Público*. Coimbra, Coimbra Editora, 2001.
CAETANO, Marcello. *Manual de Direito Administrativo*. 10ª ed., vol. 1. Coimbra, Livraria Almedina, 1997.
CANOTILHO, J. J. Gomes. *Direito Constitucional*. Coimbra, Livraria Almedina, 1992.
CARRIÓ, Genaro R. *Notas sobre Derecho y Lenguaje*. 4ª ed. Buenos Aires, Abeledo-Perrot, 1990.
CASSAGNE, Juan Carlos. *El Contrato Administrativo*. Buenos Aires, Abeledo-Perrot, 1999.
CASSESE, Sabino. "Derecho público y derecho privado de la administración". *Problemática de la Administración Contemporánea*. Buenos Aires, IDA, 1997.
_____. *Le Basi del Diritto Amministrativo*. 6ª ed. Milão, Garzanti, 2000.
CAUPERS, João, CLARO, João Martins, FREITAS DO AMARAL, Diogo, GARCIA, Maria da Glória, RAPOSO, João, SILVA, Vasco Pereira da, e VIEIRA, Pedro Siza. *Código do Procedimento Administrativo Anotado*. 3ª ed. Coimbra, Livraria Almedina, 2001.
CIRNE LIMA, Ruy. "Contratos administrativos e atos de comércio". *Revista de Direito Administrativo, Seleção histórica*. Rio de Janeiro, Renovar, 1991.
CLARO, João Martins, CAUPERS, João, FREITAS DO AMARAL, Diogo, GARCIA, Maria da Glória, RAPOSO, João, SILVA, Vasco Pereira da, e VIEIRA, Pedro Siza. *Código do Procedimento Administrativo Anotado*. 3ª ed. Coimbra, Livraria Almedina, 2001.
COMADIRA, J. "Reflexiones sobre la regulación de los servicios privatizados y los entes reguladores (con particular referencia al ENARGAS, ENRE, CNT y ETOSS)". *Derecho Administrativo*. Buenos Aires, Abeledo-Perrot, 1996.
CRETELLA JÚNIOR, José. "As cláusulas de 'privilégio' nos contratos administrativos". *Separata da Revista de Informação Legislativa* 89. Ano 23. Brasília, Senado Federal, janeiro-março/1986.
_____. *Dos Contratos Administrativos*. 2ª ed. Rio de Janeiro, Forense, 1998.
CUÉLLAR, Leila. *As Agências Reguladoras e seu Poder Normativo*. São Paulo, Dialética, 2001.

D'ÁVILA, Vera Lúcia M. "Contrato. Alteração unilateral. Inexistência de limite quantitativo na hipótese do art. 65, inciso I, 'a'". In: *Temas Polêmicos sobre Licitações e Contratos*. 5ª ed. São Paulo, Malheiros Editores, 2001.
DALLARI, Adilson. *Aspectos Jurídicos da Licitação*. 4ª ed. São Paulo, Saraiva, 1997.
_____. "Limites à alterabilidade do contrato de obra pública". *RDA* 201. Rio de Janeiro, Renovar, 1995.
_____. "Retomada de obras paralisadas – Execução de trabalhos não previstos – Indenização compensatória de custos decorrentes da suspensão da execução do contrato". *ILC – Informativo de Licitação e Contratos*. Curitiba, Zênite, agosto/1998, *CD-Rom*.
_____, ATALIBA, Geraldo, e FOLGOSI, Rosolea. "Conversão do contrato de empreitada em concessão". *Revista de Direito Administrativo Aplicado* 9. Curitiba, Genesis, 1996.

_____, e FERRAZ, Sérgio. *Processo Administrativo.* 1ª ed., 2ª tir. São Paulo, Malheiros Editores, 2002.

DERANI, Cristiane. *Atividades do Estado na Produção Econômica: Interesse Coletivo, Serviço Público e Privatização.* Tese à Livre-Docência na Faculdade de Direito da Universidade de São Paulo. São Paulo, 2000.

DEVOLVÉ, Pierre, e VEDEL, Georges. *Droit Administratif.* 12ª ed., vol. I. Paris, Presses Universitaires de France, 1992.

DI PIETRO, Maria Sylvia Zanella. *Direito Administrativo.* 13ª ed. São Paulo, Atlas, 2001.

_____. "Equilíbrio econômico-financeiro do contrato administrativo". *Direito Administrativo na Década de 90.* São Paulo, Ed. RT, 1997.

DINAMARCO, Cândido Rangel. *Fundamentos do Processo Civil Moderno.* 5ª ed., vol. 1. São Paulo, Malheiros Editores, 2002.

DROMI, Roberto. *Derecho Administrativo.* 5ª ed. Buenos Aires, Ediciones Ciudad Argentina, 1996.

_____. *Las Ecuaciones de los Contratos Públicos.* Buenos Aires, Ediciones Ciudad Argentina, 2001.

DUARTE, David. *Procedimentalização, Participação e Fundamentação: para uma Concretização do Princípio da Imparcialidade como Parâmetro Decisório.* Coimbra, Livraria Almedina, 1996.

DUCOS-ADER, Robert, e AUBY, Jean-Marie. *Droit Administratif.* 6ª ed. Paris, Dalloz, 1983.

DWORKIN, Ronald. *Taking Rights Seriously.* Cambridge, Harvard University Press, 1999.

ENGISCH, Karl. *Introdução Ao Pensamento Jurídico.* 7ª ed. Lisboa, Fundação Calouste Gulbenkian, 1996.

ENTERRÍA, Eduardo García de. "Ámbito de aplicación de la ley, arts. 1 a 9, inclusive". *Comentarios a la Ley de Contratos de las Administraciones Públicas.* Madri, Civitas, 1996.

_____. "La figura del contrato administrativo". *Studi in Memoria di Guido Zanobini.* vol. 2. Milão, Giuffrè Editore, 1965.

_____, e FERNÁNDEZ, Tomás-Ramón. *Curso de Derecho Administrativo.* 10ª ed., vol. 1. Madri, Civitas, 2000.

ESCOLA, Héctor. *Tratado Integral de los Contratos Administrativos.* vol. 1. Buenos Aires, Depalma, 1977.

ESTORNINHO, Maria João. *A Fuga para o Direito Privado.* Coimbra, Livraria Almedina, 1996.

_____. *Contratos da Administração Pública (Esboço de Autonomização Curricular).* Coimbra, Livraria Almedina, 1999.

_____. *Réquiem pelo Contrato Administrativo.* Coimbra, Livraria Almedina, 1990.

FALLA, Garrido. *Tratado del Derecho Administrativo.* 10ª ed., vol. 2. Madri, Tecnos, 1992.

FERNÁNDEZ, Tomás-Ramón, e ENTERRÍA, Eduardo García de. *Curso de Derecho Administrativo.* 10ª ed., vol. 1. Madri, Civitas, 2000.

REFERÊNCIAS BIBLIOGRÁFICAS

FERRAZ, Sérgio, e DALLARI, Adílson. *Processo Administrativo*. 1ª ed., 2ª tir. São Paulo, Malheiros Editores, 2002.

_____, e FIGUEIREDO, Lúcia Valle. *Dispensa e Inexigibilidade de Licitação*. 3ª ed. São Paulo, Malheiros Editores, 1994.

FIGUEIREDO, Lúcia Valle. *Curso de Direito Administrativo*. 6ª ed. São Paulo, Malheiros Editores, 2003.

_____. *Direitos dos Licitantes*. 4ª ed. São Paulo, Malheiros Editores, 1994.

_____. *Extinção dos Contratos Administrativos*. 3ª ed. São Paulo, Malheiros Editores, 2002.

_____, e FERRAZ, Sérgio. *Dispensa e Inexigibilidade de Licitação*. 3ª ed. São Paulo, Malheiros Editores, 1994.

FOLGOSI, Rosolea, ATALIBA, Geraldo, e DALLARI, Adílson. "Conversão do contrato de empreitada em concessão". *Revista de Direito Administrativo Aplicado* 9. Curitiba, Genesis, 1996.

FRANCO SOBRINHO, Manoel de Oliveira. *Contratos Administrativos*. São Paulo, Saraiva, 1981.

_____. "Teoria jurídica dos contratos administrativos". *Revista de Direito Administrativo Aplicado* 15. Curitiba, Genesis, 1997.

FREITAS, Juarez. *Estudos de Direito Administrativo*. 2ª ed. São Paulo, Malheiros Editores, 1997.

_____. *O Controle dos Atos Administrativos e os Princípios Fundamentais*. 2ª ed. São Paulo, Malheiros Editores, 1999.

FREITAS DO AMARAL, Diogo. *Direito Administrativo*. vol. 2 (*Lições dos Alunos do Curso de Direito no Ano Lectivo de 1987/1988*). Lisboa, s/ed., 1988.

_____. *Direito Administrativo*. vol. 3 (*Lições dos Alunos do Curso de Direito no Ano Lectivo de 1988/1989*). Lisboa, s/ed., 1989.

_____, CAUPERS, João, CLARO, João Martins, GARCIA, Maria da Glória, RAPOSO, João, SILVA, Vasco Pereira da, e VIEIRA, Pedro Siza. *Código do Procedimento Administrativo Anotado*. 3ª ed. Coimbra, Livraria Almedina, 2001.

GARCIA, Maria (org.). *Estudos sobre a Lei de Licitações e Contratos*. Rio de Janeiro, Forense, 1995.

GARCIA, Maria da Glória, CAUPERS, João, CLARO, João Martins, FREITAS DO AMARAL, Diogo, RAPOSO, João, SILVA, Vasco Pereira da, e VIEIRA, Pedro Siza. *Código do Procedimento Administrativo Anotado*. 3ª ed. Coimbra, Livraria Almedina, 2001.

GAUDEMET, Yves, LAUBADÈRE, André de, e VENEZIA, J.-C. *Traité de Droit Administratif*. 11ª ed., vol. 2. Paris, Librairie Générale de Droit et de Jurisprudence, 1998; 12ª ed., vol. 1. Paris, Librairie Générale de Droit et de Jurisprudence, 1992.

GIANNINI, Massimo Severo. *Istituzioni di Diritto Amministrativo*. Milão, Giuffrè Editore, 1981.

GOMES, Orlando. *Contratos*. 12ª ed. Rio de Janeiro, Forense, 1990.

_____. *Transformações Gerais do Direito das Obrigações*. 2ª ed. São Paulo, Ed. RT, 1980.

GONÇALVES, Pedro. *A Concessão de Serviços Públicos*. Coimbra, Livraria Almedina, 1999.

GONZÁLEZ, Manuel Martín. "El grado de determinación legal de los conceptos jurídicos". *RAP* 54.

GRAU, Eros Roberto. *A Ordem Econômica na Constituição de 1988 (Interpretação e Crítica)*. 7ª ed. São Paulo, Malheiros Editores, 2002; 8ª ed. 2003.

_____. *Licitação e Contrato Administrativo*. São Paulo, Malheiros Editores, 1995.

_____. *O Direito Posto e o Direito Pressuposto*. 4ª ed. São Paulo, Malheiros Editores, 2002.

_____. "Preços: modificação unilateral de contrato celebrado com a Administração – Quitação – Expectativa inflacionária". *RTDP* 22. São Paulo, Malheiros Editores, 1998.

_____, e GUERRA FILHO, Willis Santiago (coords.). *Direito Constitucional – Estudos em Homenagem a Paulo Bonavides*. 1ª ed., 2ª tir. São Paulo, Malheiros Editores, 2003.

GROTTI, Dinorá Musetti. "Teoria dos serviços públicos e sua transformação". In: SUNDFELD, Carlos Ari (coord.). *Direito Administrativo Econômico*. 1ª ed., 2ª tir. São Paulo, Malheiros Editores, 2002.

GUERRA FILHO, Willis Santiago. "Princípio de proporcionalidade e Teoria do Direito". In: GRAU, Eros Roberto, e GUERRA FILHO, Willis Santiago (coords.). *Direito Constitucional – Estudos em Homenagem a Paulo Bonavides*. 1ª ed., 2ª tir. São Paulo, Malheiros Editores, 2003.

JÈZE, Gaston. "Notes de jurisprudence – Théorie du contrat administratif". *Revue du Droit Public et de la Science Politique*. 1945. Paris, Librairie Générale de Droit et de Jurisprudence.

_____. *Principios Generales del Derecho Administrativo*. vol. 4 (*Teoría General de los Contratos de la Administración*). Buenos Aires, Depalma, 1950.

JIMÉNEZ-BLANCO, Antonio, ORTEGA ÁLVAREZ, Luis, e PAREJO ALFONSO, Luciano. *Manual de Derecho Administrativo*. 4ª ed. Barcelona, Ariel, 1998.

JUSTEN FILHO, Marçal. *Comentários à Lei de Licitações e Contratos Administrativos*. 7ª ed. São Paulo, Dialética, 2000.

_____. "Conceito de interesse público e a 'personalização' do direito administrativo". *RTDP* 26. São Paulo, Malheiros Editores, 1999.

_____. *Concessões de Serviços Públicos*. São Paulo, Dialética, 1997.

_____. "Contratos entre órgãos e entidades públicas". *Revista de Direito Administrativo Aplicado* 10. Curitiba, Gensis, 1996.

_____. Parecer inédito de agosto/2001.

KELSEN, Hans. *Teoria Pura do Direito*. São Paulo, Martins Fontes, 1998.

L'HUILLIER, J. *Recueil Dalloz de Doctrine, de Jurisprudence et de Législation*. Paris, Dalloz, 1953.

LAUBADÈRE, André de. *Direito Público Econômico*. Coimbra, Livraria Almedina, 1985.

_____. "Du pouvoir de l'Administration d'imposer unilatéralement des changements aux dispositions des contrats administratifs". *Revue du Droit Public et de la Science Politique* 1954. Paris, Librairie Générale de Droit et de Jurisprudence.

_____. *Traité des Contrats Administratifs*. 2ª ed., vol. 2. Paris, Librairie Générale de Droit et de Jurisprudence, 1984.

_____. *Traité Théorique et Pratique des Contrats Administratifs*. vols. 1, 2 e 3. Paris, Librairie Générale de Droit et de Jurisprudence, 1956.

_____, VENEZIA, J.-C., e GAUDEMET, Yves. *Traité de Droit Administratif*. 11ª ed., vol. 2. Paris, Librairie Générale de Droit et de Jurisprudence, 1998; 12ª ed., vol. 1. Paris, Librairie Générale de Droit et de Jurisprudence, 1992.

LEBRETON, Jean Pierre, e MANSON, Stéphane. "Le contrat administratif". *Documents d'Études* 2.11. Paris, La Documentation Française, 1999.

LEITÃO, Alexandra. *A Protecção dos Terceiros no Contencioso dos Contratos da Administração Pública*. Coimbra, Livraria Almedina, 1998.

_____. *A Protecção Judicial dos Terceiros nos Contratos da Administração Pública*. Coimbra, Livraria Almedina, 2002.

LIBERATI, Eugenio Bruti. *Consenso e Funzione nei Contratti di Diritto Pubblico*. Milão, 1996.

LÓPEZ-MÜNIZ, J. L. Martínez. "Nuevo sistema conceptual". In: ORTIZ, Gaspar Ariño (coord.). *Privatización y Liberalización de Servicios*. Madri, Universidad Autónoma de Madrid/Boletín Oficial del Estado, 1999.

MAÑAS, José Luis Pinãr. "El derecho comunitario de la contratación pública, marco de referencia de la nueva ley". *Comentarios a la Ley de Contratos de las Administraciones Públicas*. Madri, Civitas, 1996.

MANSON, Stéphane, e LEBRETON, Jean Pierre. "Le contrat administratif". *Documents d'Études* 2.11. Paris, La Documentation Française, 1999.

MARQUES NETO, Floriano P. Azevedo. "A duração dos contratos administrativos na Lei 8.666/1993". In: GARCIA, Maria (org.). *Estudos sobre a Lei de Licitações e Contratos*. Rio de Janeiro, Forense, 1995.

_____. "A nova regulação estatal e as agências independentes". In: SUNDFELD, Carlos Ari (coord.). *Direito Administrativo Econômico*. 1ª ed., 2ª tir. São Paulo, Malheiros Editores, 2002.

_____. "Concessão de serviço público: dever de prestar serviço adequado e alteração das condições econômicas – Princípio da atualidade – Reequilíbrio através da prorrogação do prazo de exploração". *RTDP* 22 São Paulo, Malheiros Editores, 1998.

_____. "Contrato administrativo: superveniência de fatores técnicos dificultadores da execução de obra – Inaplicabilidade dos limites de 25% de acréscimos". *Boletim de Direito Administrativo* 1988. São Paulo, NDJ.

MARTÍN-RETORTILLO, Sebastián. "La institución contractual en el derecho administrativo: en torno al problema de la igualdad de las partes". *Studi in Memoria di Guido Zanobini*. vol. 2. Milão, Giuffrè Editore, 1965.

MÁS, Joaquín Torno. "Actuaciones relativas a la contratación: pliegos de cláusulas administrativas y de prescripciones técnicas, perfección y formalización de los contratos, prerrogativas de la Administración". *Comentario a la Ley de Contratos de las Administraciones Públicas.* Madri, Civitas, 1996.

MASAGÃO, Mário. *Natureza Jurídica da Concessão de Serviço Público.* São Paulo, Saraiva, 1933.

MASSERA, Alberto. "I contrattti". *Trattato di Diritto Amministrativo (A Cura di Sabino Cassese).* vol. 2. Milão, Giuffrè Editore, 2000.

MAURER, Harmut. *Droit Administratif Allemand.* Paris, Librairie Générale de Droit et de Jurisprudence, 1995.

MAXIMILIANO, Carlos. *Hermenêutica e Aplicação do Direito.* 19ª ed. Rio de Janeiro, Forense, 2001.

MAYER, O. *Derecho Administrativo Alemán.* vol. 1. Buenos Aires, Depalma, 1949.

MEDAUAR, Odete. *Processualidade no Direito Administrativo.* São Paulo, Ed. RT, 1993.

MEIRELLES, Hely Lopes. "Contrato administrativo †Alteração de projeto com aumento de custo". *Estudos e Pareceres de Direito Público.* vol. 6. São Paulo, RT, 1982.

_____. "Contrato administrativo – Características – Alteração". *Estudos e Pareceres de Direito Público.* vol. 3. São Paulo, Ed. RT, 1981.

_____. *Licitação e Contrato Administrativo.* 13ª ed. (atualizada por Eurico de Andrade Azevedo e Maria Lúcia Mazzei de Alencar). São Paulo, Malheiros Editores, 2002.

MERCADO, Francisco García Gómez de. "Contratos administrativos y privados tras la Ley de Contratos de las Administraciones Públicas". *Revista Española de Derecho Administrativo* (versão eletrônica) 95. 1997.

MODESTO, Paulo. "Notas para um debate sobre o princípio da eficiência". *Revista de Direito Administrativo e Econômico* 2001. Curitiba, Juruá.

MONEDERO GIL, Jose Ignácio. *Doctrina del Contrato del Estado.* Madri, Instituto de Estudios Fiscales, 1977.

MOREIRA NETO, Diogo de Figueiredo. *Apontamentos sobre a Reforma Administrativa.* Rio de Janeiro, Renovar, 1999.

_____. *Curso de Direito Administrativo.* 12ª ed. Rio de Janeiro, Forense, 2001.

_____. *Legitimidade e Discricionariedade.* Rio de Janeiro, Forense, 1989.

_____. *Mutações do Direito Administrativo.* Rio de Janeiro, Renovar, 2000.

_____. "Transformações juspolíticas do fim do século (remodelagem do direito público)". *Revista de Direito Administrativo Aplicado* 10. Curitiba, Genesis, 1996.

MORENO, Sainz. "Temas objeto de debate en la nueva ley". *Comentario a la Ley de Contratos de las Administraciones Públicas.* Madri, Civitas, 1996.

MUÑOZ, Guillermo Andrés, e SUNDFELD, Carlos Ari (coords.). *As Leis de Processo Administrativo.* São Paulo, Malheiros Editores, 2000.

NIGRO, Mario. "Diritto amministrativo e processo amministrativo nel bilancio di 10 anni di giurisprudenza". In: ALLEGRETTI, BATTAGLINI e SORACE. *Diritto Amministrativo e Giustizia Amministrativa nel Bilancio di Un Decennio di Giurisprudenza.* vol. 2. Rimini, Maggioli Editore, 1987.

_____. "Procedimento amministrativo e tutela giurisdizionale contro la Pubblica Amministrazione (il problema di una legge generale sul procedimento amministrativo)". *Rivista di Diritto Processualle* 1986.

NOBRE JÚNIOR, Edílson Pereira. "O Direito Brasileiro e o princípio da dignidade da pessoa humana". *RDA* 219. Rio de Janeiro, Renovar, 1991.

NOVAIS, Raquel Cristina Ribeiro. "A razoabilidade e o exercício da discricionariedade". *Estudos de Direito Administrativo (em Homenagem ao Professor Celso Antônio Bandeira de Mello)*. São Paulo, Max Limonad, 1996.

OLIVEIRA, Fernando Andrade. "Contratos administrativos e suas alterações". *Direito Administrativo na Década de 90*. São Paulo, Ed. RT, 1997.

OLIVEIRA, Régis Fernandes de. *Ato Administrativo*. 4ª ed. São Paulo, Ed. RT, 2001.

ORTEGA ÁLVAREZ, Luis, JIMÉNEZ-BLANCO, Antonio, e PAREJO ALFONSO, Luciano. *Manual de Derecho Administrativo*. 4ª ed. Barcelona, Ariel, 1998.

ORTIZ, Gaspar Ariño. *Economía y Estado: Crisis y Reforma del Sector Público*. Madri, Marcial Pons, 1993.

_____ (coord.). *Privatización y Liberalización de Servicios*. Madri, Universidad Autónoma de Madrid/Boletín Oficial del Estado, 1999.

PARADA, Ramón. *Derecho Administrativo*. vol. I. Madri, Marcial Pons, 1997.

PAREJO ALFONSO, Luciano, e SANTAMARÍA PASTOR, Juan Alfonso. *Derecho Administrativo, la Jurisprudencia del Tribunal Supremo*. Madri, Editorial Centro de Estudios Ramón Areces, 1992.

_____, JIMÉNEZ-BLANCO, Antonio, e ORTEGA ÁLVAREZ, Luis. *Manual de Derecho Administrativo*. 4ª ed. Barcelona, Ariel, 1998.

PELLEGRINO, C. R. "Os contratos da Administração Pública". *RDA* 179-180. Rio de Janeiro, Renovar, 1990.

PÉQUIGNOT, Georges. *Théorie Générale du Contrat Administratif*. Paris, Éditions A. Pédone, 1945.

PEREIRA, André Gonçalves. *Erro e Ilegalidade no Acto Administrativo*. Lisboa, Ática, 1962.

PEREIRA JÚNIOR, Jessé Torres. *Comentários à Lei das Licitações e Contratações da Administração Pública*. 5ª ed. Rio de Janeiro, Renovar, 2002.

PÉREZ, Jesús González. *El Principio General de la Buena Fe en el Derecho Administrativo*. 3ª ed. Madri, Marcial Pons, 1999.

PORTO NETO, Benedicto. "A Agência Nacional de Telecomunicações". In: SUNDFELD, Carlos Ari (coord.). *Direito Administrativo Econômico*. 1ª ed., 2ª tir. São Paulo, Malheiros Editores, 2002.

_____. *Concessão de Serviço Público no Regime da Lei 8.987/1995 †Conceitos e Princípios*. São Paulo, Malheiros Editores, 1998.

POUYAUD, Dominique, e WEIL, Prosper. *Le Droit Administratif*. 17ª ed. Paris, Presses Universitaires de France, 1997.

QUEIRÓ, Afonso. "Reflexões sobre a teoria de desvio de poder em direito administrativo". *Estudos de Direito Público*. vol. 1. Universidade de Coimbra, 1989.

RAINAUD, Jean Marie. "Le contrat administratif: volonté des parties ou loi de service public?". *Revue du Droit Public* setembro-outubro/1985. Paris, Librairie Générale de Droit et de Jurisprudence.

RAPOSO, João, CAUPERS, João, CLARO, João Martins, FREITAS DO AMARAL, Diogo, GARCIA, Maria da Glória, SILVA, Vasco Pereira da, e VIEIRA, Pedro Siza. *Código do Procedimento Administrativo Anotado*. 3ª ed. Coimbra, Livraria Almedina, 2001.

REBOLLO, Luis Martín. "Modificación de los contratos y consecuencias patrimoniales de las modificaciones irregulares (con especial referencia al contrato de obras)". *Comentario a la Ley de Contratos de las Administraciones Públicas*. Madri, Civitas, 1996.

RICHER, Laurent. *Droit des Contrats Administratifs*. 2ª ed. Paris, Librairie Générale de Droit et de Jurisprudence, 1999.

RIVERO, Jean. *Droit Administratif*. 18ª ed. Paris, Dalloz, 2000.

ROCHA, Cármen Lúcia Antunes. *Concessão e Permissão de Serviço Público no Direito Brasileiro*. São Paulo, Saraiva, 1996.

_____. *Princípios Constitucionais da Administração Pública*. Belo Horizonte, Del Rey, 1994.

ROPPO, Enzo. *O Contrato*. Coimbra, Livraria Almedina, 1988.

SALOMONI, J. L. "Contratos administrativos y MERCOSUR". *Actualidad en el Derecho Publico* 9. Buenos Aires, Ad-Hoc, 1999.

_____. "Regulação dos serviços públicos e defesa da concorrência na Argentina". In: SUNDFELD, Carlos Ari (coord.). *Direito Administrativo Econômico*. 1ª ed., 2ª tir. São Paulo, Malheiros Editores, 2002.

SANDULLI, Aldo. *Strumenti Giuridici della Contrattazione Pubblica per Programmi* (1ª publicação em *Impresa, Ambiente e Pubblica Amministrazione*). Milão/Nápoles, 1990.

SANTAMARÍA PASTOR, Juan Alfonso, e PAREJO ALFONSO, Luciano. *Derecho Administrativo, la Jurisprudencia del Tribunal Supremo*. Madri, Editorial Centro de Estudios Ramón Areces, 1992.

SANTI, Eurico Marcos Diniz de. "Análise crítica das definições e classificações jurídicas como instrumento para compreensão do Direito". *Direito Global*. São Paulo, Max Limonad, 1999.

SANTOS, José Beleza dos. *A Simulação em Direito Civil*. São Paulo, Lejus, 1999.

SANTOS, Márcia Walquiria Batista dos. "Contrato. Alteração unilateral. Princípio do contraditório". *Temas Polêmicos sobre Licitações e Contratos*. 5ª ed. São Paulo, Malheiros Editores, 2001.

SCARPINELLA BUENO, Cássio. "Inafastabilidade do controle judicial da Administração". In: SUNDFELD, Carlos Ari, e SCARPINELLA BUENO, Cássio (coords.). *Direito Processual Público*. 1ª ed., 2ª tir. São Paulo, Malheiros Editores, 2003.

SÉRVULO CORREIA, J. M. *Legalidade e Autonomia Contratual nos Contratos Administrativos*. Coimbra, Livraria Almedina, 1987.

SILVA, Vasco Pereira da. *Em Busca do Acto Administrativo Perdido*. Coimbra, Livraria Almedina, 1996.

_____, CAUPERS, João, CLARO, João Martins, FREITAS DO AMARAL, Diogo, GARCIA, Maria da Glória, RAPOSO, João, e VIEIRA, Pedro Siza. *Código do Procedimento Administrativo Anotado*. 3ª ed. Coimbra, Livraria Almedina, 2001.

SOARES, Rogério Ehrhardt. *Direito Administrativo* (Lições ao Curso Complementar de Ciências Jurídico-Políticas da Faculdade de Direito de Coimbra, 1977/1978). Coimbra, 1978.

SOLÉ, Juli Ponce. *Deber de Buena Administración y Derecho al Procedimiento Administrativo Debido*. Valladolid, Lex Nova, 2001.

SORACE, ALLEGRETTI e BATTAGLINI. *Diritto Amministrativo e Giustizia Amministrativa nel Bilancio di Un Decennio di Giurisprudenza*. vol. 2. Rimini, Maggioli Editore, 1987.

SOUTO, Marcos Juruena Villela. *Licitações e Contratos Administrativos*. 3ª ed. Rio de Janeiro, Esplanada, 1998.

SOUZA, António Francisco de. *"Conceitos Indeterminados" no Direito Administrativo*. Coimbra, Livraria Almedina, 1994.

SOUZA, Marcelo Rebelo de. *Lições de Direito Administrativo*. vol. 1. Lisboa, Lex, 1999.

STASSINOPOULUS, Michel. *Traité des Actes Administratifs*. Paris, Librairie Générale de Droit et de Jurisprudence, 1973.

SUNDFELD, Carlos Ari. "A concessão de energia elétrica – Desafios atuais". *ILC – Informativo Licitações e Contratos* junho/1996. Curitiba, Zênite, 1996, CD-Rom.

_____. "A duração dos contratos administrativos na Lei 8.666/1993". In: GARCIA, Maria (org.). *Estudos sobre a Lei de Licitações e Contratos*. Rio de Janeiro, Forense, 1995.

_____. *Ato Administrativo Inválido*. São Paulo, Ed. RT, 1990.

_____. "Contratos administrativos †Acréscimo de obras e serviços †Alteração". *RTDP* 2. São Paulo, Malheiros Editores, 1993.

_____. "Introdução às agências reguladoras". In: SUNDFELD, Carlos Ari (coord.). *Direito Administrativo Econômico*. 1ª ed., 2ª tir. São Paulo, Malheiros Editores, 2002.

_____. *Licitação e Contrato Administrativo*. 2ª ed. São Paulo, Malheiros Editores, 1995.

_____ (coord.). *Direito Administrativo Econômico*. 1ª ed., 2ª tir. São Paulo, Malheiros Editores, 2002.

_____, e MUÑOZ, Guillermo Andrés (coords.). *As Leis de Processo Administrativo*. São Paulo, Malheiros Editores, 2000.

_____, e SCARPINELLA BUENO, Cássio (coords.). *Direito Processual Público*. 1ª ed., 2ª tir. São Paulo, Malheiros Editores, 2003.

TÁCITO, Caio. "Contrato administrativo". *Temas de Direito Público*. vol. 1. Rio de Janeiro, Renovar, 1997.

_____. "Contrato administrativo – Alteração quantitativa e qualitativa – Limites de valor". *RDA* 1994. Rio de Janeiro, Renovar.

_____. "Contrato privado da Administração. Exportação de açúcar". *Temas de Direito Público*. vol. 1. Rio de Janeiro, Renovar, 1997.

_____. "Contratos administrativos". *RDP* 18. São Paulo, Ed. RT, 1971.

_____. "Fato do príncipe e contrato administrativo". *Temas de Direito Público*. vol. 2. Rio de Janeiro, Renovar, 1997.

_____. "Poder vinculado e poder discricionário". *Estudos de Direito Público (Estudos e Pareceres)*. vol. 1. Rio de Janeiro, Renovar, 1997.

TESAURO, Alfonso. "Il contrato del diritto pubblico e del diritto amministrativo in particolare". *Studi in Memoria di Guido Zanobini*. vol. 2, Milão, Giuffrè Editore, 1965.

VÁSQUEZ, R. Parada. *Los Orígenes del Contrato Administrativo*. Sevilha, IGO, 1963.

VEDEL, Georges, e DEVOLVÉ, Pierre. *Droit Administratif*. 12ª ed., vol. I. Paris, Presses Universitaires de France, 1992.

VENEZIA, J.-C., GAUDEMET, Yves, e LAUBADÈRE, André de. *Traité de Droit Administratif*. 11ª ed., vol. 2. Paris, Librairie Générale de Droit et de Jurisprudence, 1998; 12ª ed., vol. 1. Paris, Librairie Générale de Droit et de Jurisprudence, 1992.

VERNALHA GUIMARÃES, Fernando. *Estágio Atual das Contratações Públicas: a Escolha Entre as Formas de Atuação e as Vinculações Jurídico-Públicas à Atividade Contratual Privada da Administração*. Trabalho monográfico apresentado ao XIV Congresso Brasileiro de Direito Administrativo. Goiânia/GO, Instituto Brasileiro de Direito Administrativo, 2000.

_____. "O procedimento administrativo e a garantia da impessoalidade". *Revista de Direito Administrativo Aplicado* 10. Curitiba, Genesis, 1996.

_____. "Procedimento e função regulatória de serviços públicos no Estado Pós-Social". *Revista de Direito Administrativo e Constitucional* 7. Curitiba, Juruá, 2001.

_____. "Uma releitura do poder de modificação do contrato administrativo no âmbito das concessões de serviços públicos". *RT* 781. São Paulo, Ed. RT, novembro/2000.

VIEIRA, Pedro Siza, CAUPERS, João, CLARO, João Martins, FREITAS DO AMARAL, Diogo, GARCIA, Maria da Glória, RAPOSO, João, e SILVA, Vasco Pereira da. *Código do Procedimento Administrativo Anotado*. 3ª ed. Coimbra, Livraria Almedina, 2001.

VILLA, Jesús Leguina. "La extinción del contrato de obras". *Comentario a la Ley de Contratos de las Administraciones Públicas*. Madri, Civitas, 1996.

VILLAR-PALASI, José Luis, e VILLAR ESCURRA, José Luis. *Principios de Derecho Administrativo*. 4ª ed., vol. I. Madri, Servicio de Publicaciones/Facultad de Derecho/UCM, 1999.

WALINE, Marcel. *Traité Élémentaire de Droit Administratif*. 6ª ed. Paris, Recueil Sirey, 1951.

WEIL, Prosper, e POUYAUD, Dominique. *Le Droit Administratif*. 17ª ed. Paris, Presses Universitaires de France, 1997.

* * *